U0368786

高等院校精品课程系列教材

项目管理
理论与实务

PROJECT MANAGEMENT THEORY AND PRACTICE

|第2版|

左小德 梁云 刘敏 戴朝昕 编著

机械工业出版社
China Machine Press

图书在版编目（CIP）数据

项目管理理论与实务 / 左小德等编著 . --2 版 . —北京：机械工业出版社，2022.7（2025.1 重印）

（高等院校精品课程系列教材）

ISBN 978-7-111-71336-4

Ⅰ. ①项… Ⅱ. ①左… Ⅲ. ①项目管理 - 高等学校 - 教材 Ⅳ. ① F224.5

中国版本图书馆 CIP 数据核字（2022）第 140887 号

项目管理是一门实践性很强的课程。本书主要介绍了项目管理的知识体系框架，项目和项目管理的基本概念、内容、思路和特点，项目概念阶段、开发阶段、实施阶段以及收尾阶段的项目管理知识模块，项目生命周期各个阶段的知识模块，项目管理的基本方法和工具相关知识模块，项目管理实践等。

本书既可作为高等学校管理科学与工程、经济类等专业本科生、研究生、MBA、EMBA、ME、MEM 等的教材，也可作为项目经理的培训用书，还可作为工程技术管理人员的参考书。

出版发行：机械工业出版社（北京市西城区百万庄大街 22 号　邮政编码：100037）

责任编辑：李晓敏　　　　　　　　　　　　　责任校对：李　婷　张　薇

印　　刷：北京建宏印刷有限公司　　　　　　版　　次：2025 年 1 月第 2 版第 6 次印刷

开　　本：185mm×260mm　1/16　　　　　　印　　张：21.25

书　　号：ISBN 978-7-111-71336-4　　　　　定　　价：55.00 元

客服电话：（010）88361066　68326294

前　言
PREFACE

　　项目管理是一门融管理学、技术经济学、工程技术学等学科知识于一体的实操性很强的科学，广泛用于工商管理以及工程建设管理领域。随着社会的发展，实际工作对管理人员应用项目管理技能解决实际问题的要求越来越高。本书是一本供有志于从事项目管理的人士学习项目管理知识的入门书。

　　在项目管理领域中，国际上有两个影响力比较大的认证标准体系，一个是美国项目管理协会（Project Management Institute，PMI）的项目管理知识体系（Project Management Body of Knowledge，PMBOK）标准，另一个是国际项目管理协会（International Project Management Association，IPMA）的国际项目管理专业资质标准（IPMA Competency Baseline，ICB）。这两套体系各有特点，一个偏重对知识的考查，另一个偏重对能力的考查。在本书编写的过程中，作者结合多年从事认证培训研究与教学工作的经验和心得，力求做到以下几点：

　　（1）尽量遵循 PMBOK 标准。因为 PMBOK 标准分为十个知识模块，比较容易掌握和记忆，便于梳理项目管理的知识点和脉络。

　　（2）尽量照顾中国人的思维习惯，加强应用和能力方面知识的介绍。因为 ICB 4.0 的三大能力（环境、技术、行为）知识体系强调项目管理实际应用问题的解决，这样便于将理论和实际相结合。

　　（3）在照顾到通用项目知识介绍的基础上，尽量贴近工程问题的解决和应用，扩大本书的读者群。因为随着社会的进步和学科的发展，高校增设了许多专业学位，如工商管理硕士（MBA）、高级工商管理硕士（EMBA）、工业工程硕士（ME）、工程管理硕士（MEM）等，这些专业学位越来越面向实际的应用。

　　（4）章末的案例尽量按 STAR（Simulation，模拟情景；Task，分配任务；Action，扮演角色；Result，评估结果）的逻辑编排，增强了案例的代入感。

　　（5）加强了软件应用方面的介绍。随着计算机的广泛应用，各种项目管理软件如雨后春笋般地被开发出来，本书以软件可得性比较好的 Project 2013（其他版本的原理基本一样，只是菜单稍有差异）为平台，通过实际案例和例题介绍了该软件的使用。

党的二十大吹响了为全面建设社会主义现代化国家、全面推进中华民族伟大复兴而团结奋斗的前进号角，本书在深学细悟党的二十大精神的前提下，将项目管理的理论与实践融会贯通、知行合一、行稳致远。志不求易者成，事不避难者进，本书力求将项目管理的思想、工具、方法在实际工作中进行扎实推进，牢牢把握正确方向，统筹发展与安全，深化整合协同，使项目的规划、实施、运行、维护的各个环节做到安全、绿色、环保、低碳，助力推动整个社会的高质量发展。

本书分为 13 章，第 1 章、第 7 章由广东金融学院的梁云执笔，第 4 章、第 5 章、第 8 章由珠海城市职业技术学院的刘敏、蓝贤钢执笔，第 6 章、第 9 章由广船国际的苏凌茹执笔，第 2 章、第 3 章、第 10 章由东莞理工学院城市学院的吴雪梅、暨南大学的戴朝昕执笔，第 11 章由广东华润顺峰药业有限公司的廖志刚执笔，第 12 章由暨南大学的左小德、满香春以及毕马威全球商务服务（广东）有限公司的吴宇薇执笔，第 13 章由华南师范大学的左小明执笔。左小德、梁云、刘敏、戴朝昕对本书进行了体例的协调和统稿。

这次修订主要是对有些过时的内容进行了删减，使表述更精练，对有些过时的表述和认证规则方面的变化进行了更新，增强了本书的可读性、适用性以及与时代发展的同步性。这次修订主要由左小德、戴朝昕、吴宇薇负责。本书获暨南大学研究生教材项目资助（2021YJC003）。

本书在写作过程中参考了国内外大量的资料，已在参考文献中尽量列出，在此谨向这些文献的作者致以诚挚的敬意。

读者可以到中国慕课网上通过视频学习本书中的内容，网址是 https://www.icourse163.org/course/JNU-1207255801。

目　录
CONTENTS

第 1 章
CHAPTER 1

项目管理的概念

§ 本章的内容

- 项目概述
- 项目生命周期
- 项目管理及其过程
- 大型项目管理
- 项目管理系统
- 复习思考题

1.1 项目概述

1.1.1 项目的定义

项目是为达到特定的目的，使用一定资源，在确定的期间内，为特定发起人提供独特的产品、服务或成果而进行的一次性努力。

一般地说，所谓项目就是指在一定约束条件下（主要是限定资源、限定时间、限定质量），具有特定目标的一次性任务，是为提供某项独特的产品、服务或成果所进行的临时性的一次性努力。更具体地讲，项目是用有限的资源、有限的时间为特定客户完成特定目标的一次性工作。这里的资源指完成项目所需要的人、财、物，时间指项目有明确的开始和结束时间，客户是指提供资金、确定需求并拥有项目成果的组织及个人。

1.1.2 项目的共同特征

项目的共同特征如下：

（1）一次性。

（2）独特性。

（3）目标的明确性。

（4）活动的整体性。

（5）组织的临时性和开放性。

（6）开发与实施的渐进性。

许多项目管理的专家都给项目下过定义，PMBOK（第6版）给项目下的定义是：项目是为创造独特的产品、服务或成果而进行的临时性工作。

1.1.3　项目管理知识体系

项目管理知识体系将项目专项管理的内容构成一个整体，这个知识体系可以进一步划分成三个部分，这三个部分共同构成了项目管理知识体系的逻辑框架模型，其示意图如图1-1所示。

由图1-1（图中省略"项目"二字）可见，项目管理知识体系主要包括三大部分。第一部分是关于项目目标或指标的管理和控制，这是涉及项目成败考核指标管理的部分，包括项目成本管理、项目进度管理和项目质量管理。第二部分是关于项目资源和条件的管理与控制，这是涉及项目资源性和保障性管理的部分，包括项目沟通管理、项目相关方（Stakeholder，也叫利益相关者、干系人）管理、项目采购管理和项目资源管理。第三部分是关于项目决策和集成等方面的管理与控制，这是涉及项目全局性和综合性管理的

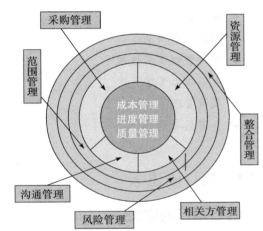

图 1-1　项目管理知识体系逻辑框架模型

部分，包括项目整合管理、项目范围管理和项目风险管理。这三部分构成了一种项目目标、资源保障和管理保障的逻辑关系，每部分中的项目专项管理相互关联和相互作用，从而构成一个项目管理知识体系的整体。不同知识领域的层次关系可以用图1-2（图中省略"项目"二字）表示，其关联关系可以用图1-3（图中省略"项目"二字）表示。

项目管理知识体系是指作为项目经理必须具备与掌握的重要知识和关键能力，用来帮助项目经理与项目团队成员完成项目的管理。

项目管理知识体系中各知识领域的主要管理职能如下。

（1）项目范围管理。项目范围管理是为了成功完成项目，对项目的工作内容进行控制的管理过程。它包括启动过程、范围计划、范围界定、范围核实和范围变更控制等工作。

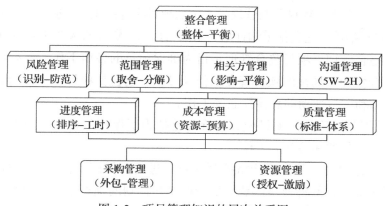

图 1-2　项目管理知识的层次关系图

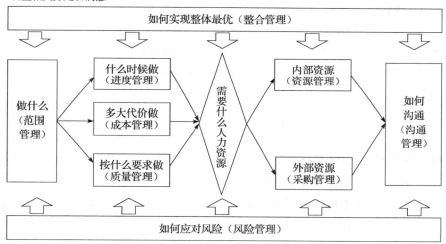

图 1-3　项目管理知识的关联关系图

（2）项目进度管理。项目进度管理是为了保证完成项目所实施的一系列时间管理过程。它包括具体活动界定、活动排序、时间估计、进度安排及时间控制等工作。

（3）项目成本管理。项目成本管理是为了保证完成项目的实际成本，使费用不超过预算成本所实施的管理过程。它包括资源的配置、成本和费用的预算及费用的控制等工作。

（4）项目质量管理。项目质量管理是为了确保项目达到客户所规定的质量要求所实施的一系列管理过程。它包括质量规划、质量控制和质量保障等工作。

（5）项目资源管理。项目资源管理包括识别、获取和管理所需资源以成功完成项目的各个过程，有助于确保项目经理和团队在正确的时间、地点使用正确的资源。

（6）项目沟通管理。项目沟通管理是为了确保项目信息的合理收集和传输所实施的一系列措施。它包括沟通规划、信息传输和进度报告等工作。

（7）项目风险管理。项目风险管理涉及项目可能遇到的各种不确定因素。它包括风险的规划、辨识、风险估计、风险监控和应对等工作。

（8）项目采购管理。项目采购管理是为了从项目实施组织之外获得所需资源或服务所实施的一系列管理措施。它包括采购计划、采购与征购、资源的选择和合同的管理等工作。

（9）项目整合管理。项目整合管理是指为确保项目的各项工作能够有机地协调与配合所开展的综合性和全局性的项目管理工作及过程。它包括项目整合计划的制订、项目整合计划的实施和项目变动的总体控制等工作。

（10）项目相关方管理。项目相关方管理是指为了保证项目的顺利进行，对项目的相关方进行识别、分类和管理等工作。

在项目管理过程中，首先要严格控制项目的进度，保证项目在规定的时间内完成；其次要合理利用资源，并将项目的费用尽量控制在计划的预算之内。同时，要跟踪项目执行的情况，保证项目按照规定的质量标准执行。

1.1.4   项目的特性

凡是人类为之创造特定产品或服务的一次性活动都属于项目的范畴。比如，建造一座大楼、举办一次会议都是项目。虽然不同项目的形式各式各样、规模不一，但它们都具有相似的特性。

项目的主要特性如下。

（1）目的性。每个项目都必须有明确的可度量的目标，而不是模糊的目标。目标必须满足SMART原则，即是具体的（Specific）、可以测量的（Measurable）、可能达到的（Attainable）、相关的（Relevant）和有时限的（Time-bound）。当项目目标实现了，项目也就结束了。有些项目还具有多目标属性，且每个目标具备明确性与整体性，这些目标相互依赖，有些还有一定的冲突属性。

（2）独特性。每个项目都会创造独特的产品、服务或成果。尽管某些项目可交付成果中可能存在重复的元素，但这种重复并不会改变项目工作本质上的独特性。例如，尽管采用相同或相似的材料，或者由相同的团队来建设，但每一幢办公楼的位置都是独特的，具有不同的设计、不同的环境和不同的承包商等。

（3）一次性。一次性是项目和其他重复性工作最大的区别。一个项目有明确的开始时间和结束时间。当项目目标已实现，或者因为明确预测到项目的目标无法实现而放弃项目，又或者项目的必要性已不存在时，该项目就到达了终点，具备一定的生命周期属性。

（4）临时性。项目的临时性是指项目有明确的起点和终点。临时性并不一定意味着持续时间短。项目所创造的产品、服务或成果一般不具有临时性，大多数项目都是为了创造持久性的结果，例如，国家纪念碑建设项目就是要创造一个流传百世的成果。项目所产生的社会、经济和环境影响，也往往比项目本身长久得多。

（5）不确定性。持续性的工作通常是按组织的现有程序重复进行的。相比之下，由于项目的独特性，其创造的产品、服务或成果可能存在不确定性。项目团队所面临的项目任务很可能是全新的，这就要求比其他例行工作进行更精心的规划。此外，项目可以在所有的组织层次上进行，一个项目可能涉及一个人、一个组织单元或多个组织单元。

（6）制约性。制约性是指每个项目都在一定程度上受客观条件和资源的制约。例如，项目的开始日期和结束日期必须符合时间要求。完成一个项目需要多种资源，包括人员、硬件和软件等。例如，一所房屋的建造就需要各种人力资源和物力资源。

1.1.5　项目组织中的角色

（1）项目经理。项目经理肩负一定的职责，因而需要具备一定的技能与素质。

项目经理是执行组织委派其实现项目目标的个人。这是一个富有挑战且备受瞩目的角色。项目经理需要有较好的综合素质，包括德高望重、技术专精、经验老到，因为综合素质过硬可以赢得总经理的充分授权。按照西方人的观点，项目经理的综合素质过硬，包括智商（Intelligence Quotient，IQ）高、情商（Emotional Quotient，EQ）高、逆商（Adversity Quotient，AQ）高，还有身体要好。项目经理要有较强的综合能力，包括政治水平要高，要有真材实料，能够与时俱进不断学习，会沟通，有能力解决项目中出现的问题，能取得上级的支持，能协调下级。

项目经理在与相关方的沟通中，尤其是在与项目发起人、项目团队和其他关键相关方的沟通中负主要责任。项目经理对促进相关方与项目之间的互动起核心作用。因此，其职责包括对甲方要按时交付，对公司要控制项目的成本，为公司赚取利润，对项目要做好范围、进度、成本、质量的管控，还要带好队伍、培养人才。

（2）项目团队。项目团队是项目的主体组织成员，在项目实施中承担具体的项目任务，是完成项目最为关键的角色。

项目团队由项目经理、项目管理团队和其他执行项目工作但无须参与项目管理的团队成员组成。项目团队中的个人来自不同的团体，分别掌握某些具体的专业知识或技能，并执行项目工作。任何项目团队的建设和发展都要经历四个阶段，如图 1-4 所示。

图 1-4　项目团队的建设和发展阶段

（3）项目相关方。项目相关方是指积极参与项目，或其利益因项目的实施或完成而受到积极或消极影响的个人和组织，他们还会对项目的目标和结果施加影响。一般项目相关方包括项目经理、项目发起人、客户或委托人、项目管理团队、供应商、分包商、投资人、被委托人或承约商、施加影响者、项目管理办公室。

1.1.6　组织的文化与风格

大多数组织都已形成了自己独特的、可描述的文化。

文化与风格可能对项目实现目标的能力产生强烈影响。文化与风格通常被称为"文化规范"。这里的"规范"包括一些共同的认识。例如，如何完成工作、哪些工作方式是可接受的以及谁能有力地推动工作的完成。

大多数组织都形成了自己独特的文化，其表现形式包括（但不限于）：①共同的愿景、价值观、行为规范、信念和期望；②政策、方法和程序；③对职权的看法；④工作伦理和工作时间。

组织文化是一种环境因素。因此，项目经理应该了解可能对项目造成影响的不同的组织风格和文化。例如，在某些情况下，位于组织结构图顶层的那个人其实并不掌握实权。项目经理必须了解谁才是组织真正的决策者，并通过与其合作来争取项目成功。

文化对一家企业的影响已经越来越显现出它的重大意义，其原因在于，文化决定着组织的决策方式，指导着企业的行动，驱动着所有成员的个人行为。文化的力量是潜在的，它可能阻碍企业战略，也可能推进企业战略。简言之，文化时常会表现为一种为人们所共享的信念、准则、标识、价值观和态度。

1.1.7 PMO 组织及其作用

项目管理办公室（Project Management Office，PMO）是负责对所管辖的各项目进行集中协调管理的一个组织部门，其职责可以涵盖从提供项目管理支持到直接管理项目。如果 PMO 对项目结果负有直接或间接的责任，那么它就是项目的一个相关方。

PMO 所提供的服务包括（但不限于）：

- 行政支持，如提供政策、方法和模板。
- 培训、辅导和指导项目经理。
- 关于如何管理项目和使用工具的支持、指导与培训。
- 项目间的人员协调。
- 项目经理、项目发起人、职能经理和其他相关方之间的集中沟通。

除了被集中管理之外，PMO 所支持或管理的项目不一定彼此关联。PMO 的具体形式、职能和结构取决于其所在组织的需要。

在项目开始阶段，PMO 可能有权起到核心相关方和关键决策者的作用。为确保项目符合组织业务目标，PMO 可能有权提出建议、提前中止项目或采取其他必要措施。此外，PMO 还可参与对共享资源或专用资源的选择、管理和调动。

PMO 的一个主要职能是通过各种方式支持项目经理，包括（但不限于）：①管理 PMO 所管辖全部项目的共享资源；②识别和开发项目管理方法、最佳实践和标准；③指导、辅导、培训和监督；④通过项目审计，监督对项目管理标准、政策、程序和模板的遵守程度；⑤开发和管理项目政策、程序、模板和其他共享文件（组织过程资产）；⑥协调项目之间的沟通。

项目经理与 PMO 的目标不同，所需遵守的要求也就不同，但他们的所有努力都必须符合组织的战略需求。项目经理与 PMO 之间的角色差异可能包括：①项目经理关注特定的项目目标，而 PMO 管理主要的项目集范围变更，这些变更可被视为能促进业务目标实现的潜在机会；②项目经理控制分配给本项目的资源，以更好地实现项目目标，而 PMO 负责优化利用全部项目所共享的组织资源；③项目经理管理单个项目的制约因素（范围、进度、成本和质量等），而 PMO 从企业层面管理方法论、标准、整体风险 /机会和项目间的依赖关系。

1.2 项目生命周期

项目生命周期是通常按顺序排列而有时又相互交叉的各项目阶段的集合。阶段的名称和数量取决于参与项目的一个或多个组织的管理与控制需要，项目本身的特征及其所在的应用领域。项目生命周期可以用某种方法加以确定和记录。例如，可以根据所在组织或行业的特性，或者所用技术的特性，来确定或调整项目生命周期。虽然每个项目都有明确的起点和终点，但其具体的可交付成果以及项目期间的活动会因项目的不同而有很大差异。无论项目涉及什么具体工作，项目生命周期都能为管理项目提供基本框架。

1.2.1 项目生命周期的特征

项目的规模和复杂性各不相同，但不论其大小繁简，所有项目都呈现如图 1-5 所示的生命周期结构。

这个通用的生命周期结构常被项目经理用来与高级管理层或其他不太熟悉项目细节的人员进行沟通。它从宏观视角为项目间的比较提供了通用参照系，即使项目的性质完全不同。

通用的生命周期结构通常具有以下特征。

（1）成本与人力投入水平。在开始时较低，在工作执行期间达到最高，并在项目快要结束时迅速回落。这种典型的走势如图 1-5 中的虚线所示。

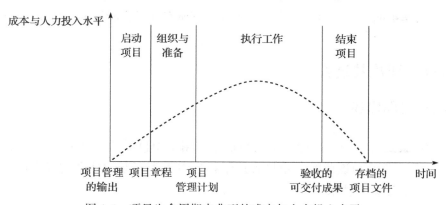

图 1-5 项目生命周期中典型的成本与人力投入水平

（2）相关方的影响力、项目的风险与不确定性。在项目开始时最大，并在项目的整个生命周期中随时间推移而递减，如图1-6所示。

在不显著影响成本的前提下，改变项目产品最终特性的能力在项目开始时最大，并随项目进展而减弱，变更和纠正错误的代价在项目接近完成时通常会显著增高。

在通用生命周期结构的指导下，项目经理可以决定对某些可交付成果施加更有力的控制。大型复杂项目尤其需要这种特别的控制。在这种情况下，最好能把项目工作正式分解为若干阶段。

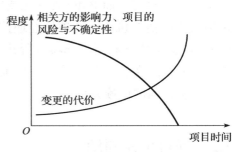

图 1-6　随项目时间而变化的变量影响

1.2.2　产品生命周期与项目生命周期的关系

产品生命周期包含通常顺序排列且不相互交叉的一系列产品阶段，由组织的制造和控制要求决定，最后阶段通常是产品的退出。一般而言，项目生命周期包含在一个或多个产品生命周期中。如果项目的目标是创造一项服务或成果，则其生命周期应为服务或成果的生命周期，而非产品生命周期。

如果项目产出的是一种产品，那产品与项目之间就有许多种可能的关系。例如，新产品的开发，其本身就可以是一个项目。或者，现有的产品可能得益于某个为之增添新功能或新特性的项目，或可以通过某个项目来开发产品的新型号。产品生命周期中的很多活动都可以作为项目来实施。例如，进行可行性研究、开展市场调研、开展广告宣传、安装产品、召集焦点小组会议、试销产品等。在这些例子中，项目生命周期都不同于产品生命周期。

由于一个产品可能包含多个相关项目，所以可通过对这些项目的统一管理来提高效率。例如，新车的开发可能涉及许多单独的项目。虽然每个项目都是不同的，但最终都是为了将这款新车推向市场。由一位高级负责人监管所有项目，能显著提高成功的可能性。

1.3　项目管理及其过程

1.3.1　项目管理概述

项目管理就是将知识、技能、工具与技术应用于项目活动，以满足项目的要求。项目管理是一个专业的知识范畴，项目管理学科也在人类不断的社会实践中产生和发展，其需要的是专业知识和技术。

组织通过开展工作来实现各种目标。很多组织所开展的工作都可分成"项目"和

"运营"两大类。这两类工作具有以下共同特征：①由人来做；②受制约因素（包括资源制约因素）的限制；③需要规划、执行和监控；④为了实现组织的目标或战略计划。

项目与运营的主要区别在于：运营是持续性的，生产重复的产品、服务或成果；项目（连同团队，也经常连同机会）是临时性的，有明确的终点。运营不会因当前目标的实现而终止，而会根据新的指令继续支持组织的战略计划。表 1-1 列出了项目管理与运营管理工作的一些区别。

表 1-1　项目管理与运营管理的区别

区　别	项目管理	运营管理
根本目的和作用	为实现独特性目的所开展的独特性任务	通过使用特定项目的成果开展周而复始的日常工作从而获得回报
结果和回收模式	结果是创新性成果	结果是通过开展周而复始的运营活动不断获得收益并收回项目和运营的投入
工作性质与内容	存在较多创新性、一次性、非程序性和具有一定不确定性的工作	存在大量确定性、程序性、常规性、不断重复的工作
工作环境与方式	环境相对开放和不确定	环境相对封闭和确定
组织管理模式	基于专长权的工作授权的管理和基于合作的团队管理的模式	基于分工的职能制的管理和基于命令的直线指挥式组织管理结合的模式

运营为项目所处的业务环境提供支持，因此运营部门与项目团队之间通常都会产生大量互动，以便为实现项目目标而协同工作。例如，在重新设计某个产品的项目中，项目经理可能要与多名运营经理合作，共同研究消费者喜好、设计技术规格、制作与测试原型，并安排生产。项目团队需要与运营部门沟通，了解现有设备的生产能力或确定新产品投放生产线的最佳时间。

不同项目需要运营部门为之提供数量不等的资源。例如，运营部门可向项目选派全职员工。他们将与项目团队其他成员一起工作，利用其运营专业技能来协助完成项目可交付成果，进而协助完成项目。

基于项目的性质，其可交付成果可能改变或影响既有的运营工作，运营部门将把项目的可交付成果整合到未来的经营活动中。改变或影响运营工作的项目包括（但不限于）：①开发将投放于本组织生产线的新产品或服务；②安装需长期后续支持的产品或提供需长期后续支持的服务；③会对组织结构、人员配备水平或组织文化产生影响的内部项目；④开发、采购或升级运营部门的信息系统。

1. 项目管理的特点

（1）项目管理的对象是项目或被当作项目来处理的运作。

（2）项目管理的思想是系统的管理方法论。

（3）项目管理的组织具有特殊性，通常是临时性、柔性、扁平化的组织。

（4）项目管理的机制是项目经理负责制，强调责权利的对等。

（5）项目管理的方式是目标管理，包括进度、费用、技术与质量。

（6）项目管理的要点是创造和保持一种使项目顺利进行的环境。

（7）项目管理的方法、工具和手段具有先进性与开放性。

2. 项目管理的原则

实施项目管理需要遵循的原则如下。

（1）项目经理必须关注成功的三个标准：一是准时；二是预算控制在既定的范围内；三是质量以用户满意为准则。

（2）任何事都应当先规划再执行。

（3）项目经理必须以自己的实际行动向项目小组成员传递一种紧迫感。

（4）成功的项目应使用一种可以度量且被证实的项目生命周期。

（5）所有项目目标和项目活动必须生动形象地得以交流与沟通。

（6）采用渐进的方式逐步实现目标。

（7）项目应得到明确的许可，并由投资方签字实施。

（8）要想获得成功必须对项目目标进行透彻的分析。

（9）项目经理应当权责对等。

（10）项目投资方和用户应当主动介入，不能被动地坐享其成。

（11）项目的实施应当采用市场运作机制。

（12）项目经理应当获得项目小组成员的最佳人选。

1.3.2　项目管理的过程

项目管理的过程分为启动、规划、执行、监控、收尾等子过程。

- 启动过程，定义并批准项目。
- 规划过程，定义并细化目标。
- 执行过程，整合人员和其他资源，完成项目目标。
- 监控过程，定期测量和监控项目。
- 收尾过程，正式接受产品、服务或工作成果。

在项目实践中，过程是相互作用的。项目管理就是将知识、技能、工具与技术应用于项目活动中，以满足项目的要求。项目管理是通过合理运用与整合47个项目管理过程来实现的，可以根据其逻辑关系，把这47个过程归类成5大过程组，如表1-2所示。

表1-2　项目管理5大过程组、10大知识模块、47个管理过程组

序号	知识模块	管理过程组				
		启动过程组	规划过程组	执行过程组	监控过程组	收尾过程组
1	整合管理	制定项目章程	制订项目管理计划	指导和管理项目工作	监控项目工作 实施整体变更控制	结束项目或阶段

（续）

序号	知识模块	管理过程组				
		启动过程组	规划过程组	执行过程组	监控过程组	收尾过程组
2	范围管理		规划范围管理 收集需求 定义范围 创建工作分解结构（Work Breakdown Structure，WBS）		确认范围 控制范围	
3	进度管理		规划进度管理 定义活动 排列活动顺序 估算活动资源 估算活动持续时间 制订进度计划		控制进度	
4	成本管理		规划成本管理 估算成本 制定预算		控制成本	
5	质量管理		规划质量管理	实施质量保证	控制质量	
6	资源管理		规划资源管理	组建项目团队 建设项目团队 管理项目团队		
7	沟通管理		规划沟通管理	管理沟通	控制沟通	
8	风险管理		规划风险管理 识别风险 实施定性风险分析 实施定量风险分析 规划风险应对		控制风险	
9	采购管理		规划采购管理	实施采购	控制采购	结束采购
10	相关方管理	识别相关方	规划相关方管理	管理相关方参与	控制相关方参与	

（1）启动过程组。启动过程组包含获得授权，定义一个新项目或现有项目的一个新阶段，正式开始该项目或阶段。在启动过程中需要做的工作包括定义一个项目或项目阶段的工作与活动，决策一个项目或项目阶段的起始，以及决定是否将一个项目或项目阶段继续进行下去等。

（2）规划过程组。规划过程组包含明确项目总范围，定义和优化目标，以及为实现上述目标而制订行动方案。在规划过程中要做的工作包括拟订、编制和修订一个项目或项目阶段的工作目标、工作计划方案、资源供应计划、成本预算、计划应急措施等。

（3）执行过程组。执行过程组包含完成项目管理计划中确定的工作以实现项目目标的一组过程。在执行过程中要做的工作包括组织和协调人力资源与其他资源，组织和协调各项任务与工作，激励项目团队完成既定的工作计划、生成项目交付物等方面的工作。

（4）监控过程组。监控过程组包含跟踪、审查和调整项目进展与绩效，识别必要的计划变更并启动相应变更。在监控过程中要做的工作包括制定标准、监督和测量项目工作的实际情况、分析差异和问题、采取纠偏措施等。这些都是保障项目目标得以实现、防止偏差积累而造成项目失败的管理工作与活动。

（5）收尾过程组。收尾过程组包含为完结所有项目管理过程组，以正式结束项目、项目阶段或合同责任而实施的所有活动。在收尾过程中要做的工作包括制定一个项目或项目阶段的移交与接收条件，完成项目或项目阶段成果的移交，从而使项目顺利结束。

另外，项目各过程不是相互分立的、一次性的事件。整个项目的每个过程都会不同程度地相互交叠。从图1-7中可以看出，在项目执行过程中，执行所占的比例最大，需要付出的人力、物力、财力最多，关系到项目的成败，而监控则贯穿项目始终，保证执行不偏离既定目标，同时根据内外部环境的变化，适时调整计划，保证计划的有效性。

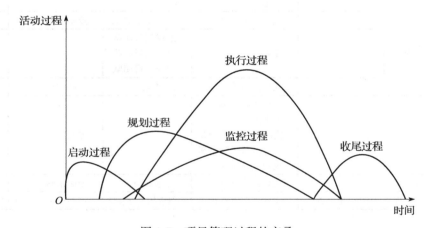

图1-7　项目管理过程的交叠

管理一个项目通常需要：①识别需求；②在规划和执行项目时，处理相关方的各种需要、关注和期望；③平衡相互竞争的项目制约因素，包括（但不限于）如图1-8所示的内容。

具体的项目会有具体的制约因素，项目经理需要加以关注。

这些因素间的关系是，任何一个因素发生变化都会影响至少一个其他因素。例如，缩短工期通常都需要提高预算，以增加额外的资源，从而在较短时间内完成同样的工作量；如果无法提高预算，则只能缩小范围或降低质

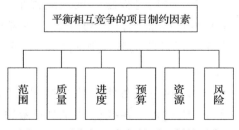

图1-8　平衡相互竞争的项目制约因素

量，以便在较短时间内以同样的预算交付产品。不同的项目相关方可能对哪个因素最重

要有不同的看法，从而使问题更加复杂。改变项目要求可能导致额外的风险，为了取得项目成功，项目团队必须能够正确分析项目状况以及平衡项目要求。

由于可能发生变更，项目管理计划需要在整个项目生命周期中反复修正、渐进明细。渐进明细是指随着信息越来越详细和估算越来越准确，而持续改进和细化计划。它使项目管理团队能随着项目的进展而进行更加深入的管理。

1.3.3　单项目管理

项目管理的过程与项目目标相关，单项目管理一般指为实现单个项目目标实施的管理过程，项目管理是通过一系列过程来完成的，图 1-9 展示了单项目管理的过程。

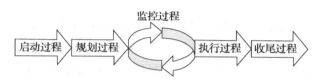

图 1-9　单项目管理的过程

1.3.4　多项目管理

多项目管理（Multi-project Management）又称为企业项目管理，组织在进行单项目管理时，采用项目管理所强调的项目组织、计划、范围、风险、沟通、成本管理等一整套的管理方法，然而在多项目管理环境中，组织仅仅依靠这些方法是不够的，原因有如下三个。

（1）在进行项目选择时，单项目管理只考虑单个项目的盈利性、技术可行性，而多项目管理还要求从组织整体角度出发，考虑单个项目对其他正在进行的项目的影响，以及实施期间资源的可获取性。

（2）在安排项目进度计划时，单项目管理认为资源是专有的，资源不具有可调动性；在多项目管理发生资源冲突时，需要在多个项目之间合理地调动资源，降低资源冲突的程度。

（3）在管理组织内信息流动时，单项目管理中不需要和其他项目交换信息、共享知识，而多项目管理中项目管理的任何流程都需要考虑各个项目之间交换各种信息，处理好各项目之间知识共享的问题。因此，如果仅仅使用单项目管理方法来管理多个项目，经常会导致需求分析不明、计划控制不力、人才缺乏、组织内部冲突等矛盾，使组织失去应有的活力，而项目管理本身也失去意义。

有关研究报告表明，大多数经理都认为两个或者三个项目同时进行，效率会更高。传统的项目管理是为管理单个项目而设计的，面对的是特定的项目，而多项目管理是基于整个组织范围的目的和任务。

1.3.5　多项目管理与单项目管理的区别

与单项目管理相比,多项目管理是一种全新的管理模式,它是从整个组织层面,对现行组织中所有的项目进行计划、组织、执行与控制的项目管理方式。多项目管理继承了单项目管理中的理论和方法,不同的是多项目管理把关注焦点从单个项目内部转向多个项目之间,强调了项目之间、项目与组织之间协调一致的关系。

多项目管理的核心是如何在各个项目之间合理地分配各种资源,其管理的难度和复杂性要高于单项目管理。

1.4　大型项目管理

大型项目一般具有投资额度大、多目标性、组织结构复杂、社会影响面广等特点。在实际执行中,可依据项目的情况,将大型项目分解为多个细分项目进行管理,与多项目管理和单项目管理具有一定的共性,将大型项目分解为多个项目阶段或目标进行组合管理,并可按照单项目来管理每个子项目。

1.5　项目管理系统

项目管理系统是指用于管理项目的工具、技术、方法、资源和规程。项目管理系统在项目管理计划中予以规定,可以是正式的或非正式的,有助于项目经理有效地控制。

项目管理系统,就是项目的管理者应用专门管理项目的系统软件,在有限的资源约束下,运用系统的观点、方法和理论,对项目涉及的全部工作进行有效的管理。它对从项目的投资决策开始到项目结束的全过程进行计划、组织、指挥、协调、控制和评价,以实现项目的目标。

项目管理系统的应用领域从 20 世纪 80 年代仅限于建筑、国防、航天等迅速发展到今天的计算机、电子通信、金融业甚至政府机关等众多领域。目前在国内,对项目管理的认识正逐渐深入,但要求项目管理人员拥有相应资格认证的主要还是大的跨国公司、IT 公司等与国际接轨的企业。

项目管理系统是在现代管理学基础之上发展起来的一种新兴的管理学科,它把企业管理中的财务控制、资源管理、风险控制、质量管理、信息技术管理(沟通管理)、采购管理等有效地进行整合,以达到高效、高质、低成本地完成企业内部各项工作或实现项目目标。

随着社会的发展,企业需要提高项目管理水平,赢得市场竞争。特别是随着中国加入 WTO,企业越来越重视在国内、国际市场上拥有与国际接轨的项目管理人才,因此越来越多的业界人士正通过不同的方式参加项目管理培训并力争获得职业项目经理资格认证(PMP;IPMP/A,B,C,D)。

国内外常用的项目管理系统品牌如下：

（1）国外项目管理软件有甲骨文公司的 Primavera P6、阿特米丝公司的 Artemis Viewer、纽克公司的 Open Workbench、威尔康公司的 Open Plan、微软公司的 Project 等软件。

（2）国内项目管理软件有智邦国际项目管理软件、禅道项目管理软件、云计算 Appfarm、易建工程项目管理软件、统御项目管理软件、梦龙项目管理软件，以及 OA（Office Automatic）办公软件的项目管理模块等。这些项目管理软件或模块一般都是按照我国标准或习惯来实现项目管理的功能的，从而增强了产品的易用性。

BIM（Building Information Modeling）技术是 Autodesk 公司在 2002 年率先提出的，核心是通过建立虚拟的建筑工程三维模型，利用数字化技术，为这个模型提供完整的、与实际情况一致的建筑工程信息库。该信息库不仅包含描述建筑物构件的几何信息、专业属性及状态信息，还包含非构件对象（如空间、运动行为）的状态信息。它可以帮助实现建筑信息的集成，从建筑的设计、施工、运行直至建筑全生命周期的终结，各种信息始终整合于一个三维模型信息数据库中，设计团队、施工单位、设施运营部门和业主等各方人员可以基于 BIM 进行协同工作。BIM 不仅可以在设计中应用，还可应用于建设工程项目的全生命周期中，BIM 的数据库是动态变化的，在项目的执行过程中不断更新、丰富和充实，从而为建筑工程项目的利益相关方提供一个工程信息交换和共享的平台，有效提高工作效率，节省资源，降低成本，以实现可持续发展。

◈ 复习思考题

■ 案例分析 1

项目验收

某网络建设项目在商务谈判阶段，建设方和承建方鉴于以前有过合作经历，并且在合同谈判阶段双方都认为理解了对方的意图，因此签订的合同只简单规定了项目建设内容、项目金额、付款方式和交工时间。

在实施过程中，建设方提出了一些新需求，对原有需求也做了一定的更改。承建方项目组经评估认为新需求可能会导致工期延迟和项目成本大幅增加，因此拒绝了建设方的要求，并让此项目的销售人员通知建设方。当销售人员告知建设方不能变更时，建设方对此非常不满意，认为承建方没有认真履行合同。

在初步验收时，建设方提出了很多问题，甚至将曾被拒绝的需求变更后重新提出，双方交涉陷入僵局。建设方一直没有在验收清单上签字，最终导致项目进度延误，而建设方以未按时交工为由，要求承建方进行赔偿。

问题

为了使项目通过验收，请简述作为承建方的项目经理应该如何处理。

■ **案例分析 2**

项目文物的迁建

深圳某广场工程由一幢 35 层高住宅楼和两幢 33 层高写字楼组成，总高 127 m，建筑面积 10 3450 m²。地下室 3 层，地下室底板面标高 –10.2 m，底部标高 –10.9 m。在本建筑之前，此地为一文物建筑，后将其整体移位至城东区。在施工时，为保证其质量，施工单位非常注意现场的质量控制，为此用目测法等进行了质量检查。结果证明，这样做是很有效的。

问题

1. 我们知道，文物建筑迁移过程中必须特别谨慎，请指出基本注意事项。

2. 项目经理部的外部关系的协调包括哪几个方面？

第2章
CHAPTER 2

项目整合管理

§ **本章的内容**

- 项目整合管理概述
- 制定项目章程
- 项目管理计划编制
- 项目实施与管理
- 项目整体监控
- 项目整体变更控制
- 结束项目
- 复习思考题

2.1 项目整合管理概述

2.1.1 项目整合管理的概念

项目整合管理，也称为项目整体管理，是运用项目管理的系统化思维、方法和工具，统筹项目从启动到收尾整个过程的动态关系，系统整合项目资源，以达到或实现项目设定的目标或投资效益，为确保项目各项工作之间能够有机地协调与配合而开展的综合性、全局性的项目管理活动。它是以项目整体利益最大化为目标，对项目的范围、进度、成本质量各种项目管理要素进行协同和优化的一种综合性管理活动。

项目整合管理由项目经理负责，主要是在充分了解项目目标以及项目相关方需求与期望的基础上，对项目资源分配方案进行选择，平衡项目相互竞争的目标和方案，以及管理知识领域之间的依赖关系，以协调项目各工作在相互竞争的各方面之间取得平衡。项目整合管理还包括开展各种活动来管理项目文件，以确保项目文件与项目管理计划及可交付成果（产品、服务或能力）的一致性。具体而言，主要是在相互竞争的项目各分目标之间、在具有不同利益的各项目相关方之间、在项目所需要的不同技术专业之间、在项目管理的各过程之间进行有机的协调与配合。

2.1.2　项目整合管理的主要内容

项目管理涉及很多方面，贯穿项目整个生命周期与项目管理整个过程，而项目整合管理在整个项目管理中起到统筹兼顾、保持平衡、综合协调、稳步推进的作用。项目整合管理在项目从启动到完成的过程中，对于成功管理相关方期望和满足项目要求都至关重要。项目整合管理的主要内容大致包括以下几个方面。

1. 项目全方面整合管理

为了实现预期的项目绩效，项目经理需要恰当地选择和应用项目管理知识、技能和所需的过程，根据每个过程和项目环境，决定在具体项目中各过程的实施程度，以及各种知识和技能的选用。项目全方面整合管理就是对项目各个方面的全面整合管理，即对项目全过程、全要素和全团队的整合管理，以及对上述三个方面相互之间进行的统筹、协调与控制，最终得到项目全方面整合管理要求的结果，并实现项目目标。

2. 项目全过程整合管理

项目全过程整合管理是指项目团队根据项目目标和项目产出物，结合项目生命周期及其各个阶段的关系，对项目实施全过程的各项工作和活动进行的整体规划与协调，其目的就是找出并按照项目各过程之间的合理配置关系，对项目过程进行合理的规划与安排。项目管理过程组的各过程会相互作用，这就需要项目经理与项目团队对项目管理过程进行持续整合，并与项目的整体规划进行整合，确保项目各工作的协调与统一性。例如，在项目早期已经完成的项目管理计划，随着项目的实施，可能还需要根据项目实际的变更情况对其进行重新规划与更新。

3. 项目全团队整合管理

项目全团队整合管理，主要是进行项目团队组建、建设与管理，对项目资源进行合理配置，并根据项目目标与项目相关方的不同要求和期望，平衡相互竞争的目标和方案，进行合理的资源配置与建构良好的关系，实现项目团队与相关方之间的要求和期望的协调与均衡。

4. 项目全要素整合管理

项目的实施是一项系统工程，任何项目要素的变化都会直接或间接地对项目产生影响。项目全要素整合管理是指对涉及项目质量、范围、进度、成本、资源、风险等的各种要素，按它们之间的配置关系进行协调和综合平衡的管理。项目全要素整合管理以项目整体最优为目标与原则，根据项目各个要素或专项管理之间应有的合理配置关系开展项目各要素的配置与协调管理，以防止各利益相关主体考虑某单方面的最优而造成项目整体的失败。

管理启示：整合管理中的短板原理

如图 2-1 所示，由长短不同的木板做成的一只水桶，它能盛多少水，是由最短的那块板所决定的，而其他较长的木板并没有使木桶盛更多的水。由此可以说，项目的整合管理就是为了避免项目实施中的"短板"而做出的各种改进、控制、整合和提升。

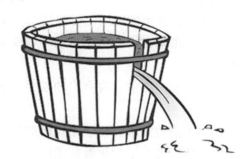

图 2-1　短板原理示意图

2.2　制定项目章程

项目章程是由项目启动者或发起人发布的，正式批准项目成立，并授权项目经理动用组织资源开展项目活动的文件。项目章程的批准意味着项目正式启动，它是指在项目启动决策之后而编制、批准和确定的关于项目管理的大政方针文件，它为人们提供了项目具体的要求、目标、规则和方向，以及对于项目经理的正式授权和项目团队与其他项目相关利益主体相互关系等方面的规定。项目章程一般由项目发起人或经授权的项目经理进行编写，并经发起项目的实体批准后正式生效。项目章程的启动者应当为项目以外的实体，且应该具有一定的职权，能为项目获取资金并提供资源，如项目管理办公室（Project Management Office，PMO）、项目治理委员会主席或授权代表如组织内的高级管理层。

项目章程是组织内部协议，是一份文件，不是合同。首先，它在项目执行组织和需求组织之间建立起伙伴关系，确认了项目是符合组织战略和运营需要的，正式确立项目的合法地位；其次，项目章程授权项目经理使用组织资源，确立项目的正式地位，以及高级管理层直述他们对项目的支持；最后，项目章程从高层次明确定义项目开始和项目边界，是指导项目实施和管理的"根本大法"。

2.2.1　制定项目章程的依据

任何项目文件都不可能是凭空想象编制出来的，项目章程往往是基于项目决策的相关文件，通过项目团队对项目的综合分析而编制的。项目章程编制的主要依据有以下几个。

1. 项目商业论证

项目商业论证是指从商业角度提供必要的信息，决定项目是否值得投资。在商业论证中，开展业务需要分析和成本效益分析，论证项目的合理性并确定项目边界。在多阶段项目中，定期审核商业论证，确保项目能实现其商业利益。在项目生命周期早期阶段，发起组织对商业论证的定期审核，有助于确认项目仍然与商业论证保持一致。项目经理负责确保项目有效地满足在商业论证中规定的组织目的和广大相关方的需求。

组织或企业启动项目决策的目的通常是应对遇到的某种问题或抓住机遇。组织或企业启动项目决策的原因主要包括以下几个方面。

（1）市场需求。由于市场环境变化，如为应对汽油紧缺，批准一个低油耗车型的研发项目。

（2）客户要求。应客户的需要，如为了给新工业园区供电，批准一个新变电站建设项目。

（3）消费需求。由于出现新的消费需求或时尚发生变化，如由于现代青年更加追求独特个性，批准定制化服务项目。

（4）科技进步。由于科技发展带来新的技术，如基于技术进步，批准开发电子机票以取代纸质机票。

（5）法律要求。由于法律规定发生变化，如某油漆制品厂批准一个项目来编写有毒物质处理指南，或者应环保法律的要求，某公司批准一个项目来降低对环境的影响等。

（6）组织需要。由于组织的环境或条件发生变化必须对组织进行变革以适应新的环境和条件，如因管理费用太高，批准一个项目来合并一些职能并优化流程以降低成本。

（7）社会需要。为了增进社会利益，维护社会安全或稳定，如为应对霍乱频发，批准一个建设饮用水系统和公共厕所的项目。

2. 项目协议

项目协议定义了启动项目的初衷、项目的标的以及协议各方的主要权利与义务，是制定项目章程的重要依据。项目协议有多种形式，主要包括项目主体合同，以及相关有效的协议书、补充协议、意向书、谅解备忘录等。通常，为外部客户做项目时，就需要用合同。

3. 项目工作说明书

工作说明书（Statement of Work，SOW）是对项目所需交付的产品、服务或成果的叙述性说明。如果是组织内部项目，工作说明书一般由项目启动者或发起人根据业务需要及对产品或服务的需求来提供。如果是组织外部承担的项目，工作说明书由客户提供，可以是招标文件，如建议邀请书（Request for Proposal，RFP）、信息邀请书（Request for Information，RFI）、投标邀请书（Invitation for Bid，IFB）等，也可以是合同的一部分。它主要说明项目的业务需要、组织战略计划、项目产品范围描述等。项目的业务需要主要说明项目启动的原因，如基于市场需求、技术进步、法律要求或政府法规及环境考虑；项目的组织战略计划主要记录了组织的愿景、目的和目标，所有项目都应该支持组织的战略计划；项目产品范围描述主要记录项目所需产出的产品、服务或成果的特征，以及这些产品、服务或成果与项目所对应的业务需要之间的关系。

4. 事业环境因素

事业环境因素是指项目团队不能控制的，将对项目产生影响、限制或指令作用的各种条件。它可以提高或限制项目管理的灵活性，并可能对项目结果产生积极或消极的影响。事业环境因素主要包括组织文化，组织结构和治理，设施和资源的地理分布，政府或行业标准，基础设施，现有资源制度及状况，公司的工作授权系统等。能够影响制定项目章程过程的事业环境因素主要包括政府标准，行业标准和法规，组织文化和结构，市场条件。

5. 组织过程资产

组织过程资产是执行组织所特有并使用的正式或非正式的计划、流程、政策、程序和知识库，包括来自任何项目参与组织的，可用于执行或治理项目的任何产物、实践或知识，还包括组织的知识库，如经验教训和历史信息。在项目管理全过程中，项目团队成员可以对组织过程资产进行必要的更新和增补。组织过程资产主要包括以下两大类。

（1）流程与程序。组织用于执行项目工作的流程与程序，包括启动、规划、执行、监控和收尾。

（2）共享知识库。组织用来存取信息的知识库，包括：

1）配置管理知识库，主要包括执行组织的所有标准、政策、程序和任何项目文件的各种版本与基准。

2）财务数据库，包括人工工时、实际成本、预算和成本超支等方面的信息。

3）历史信息与经验教训知识库，如项目记录与文件、完整的项目收尾信息与文件、关于以往项目选择决策的结果及决策的信息，以及从风险管理活动中获取的信息等。

4）问题与缺陷管理数据库，包括问题缺陷的状态、控制信息、解决方案以及相关行动的结果。

5）过程测量数据库，用来收集与提供过程和产品的测量数据。

6）以往项目的档案，如范围、成本、进度与绩效测量基准，项目日历，项目进度网络图，风险登记册、风险应对计划和风险影响评价等。

能够影响制定项目章程过程的组织过程资产包括组织的标准过程、政策和过程定义、模板、历史信息与经验教训知识库等。

2.2.2　制定项目章程的主要方法与技术

1. 专家判断

制定项目章程的专家可以是具有专业知识或受过专业培训的任何小组或个人，也可以从许多渠道获取，如组织内部的其他部门、顾问、相关方、专业与技术协会、行业团体、主题专家等。

2. 引导技术

项目章程制定常用的引导技术有头脑风暴、冲突处理、问题解决和会议管理等。

2.2.3　制定项目章程的主要成果

项目章程实际上是项目内部的"宪法"，它主要是对项目相关利益主体责、权、利的规定，主要包括以下几个方面的内容：

（1）项目目的或批准的原因、项目目标和相关成功标准、项目审批的要求。

（2）总体假设条件和制约因素、总体里程碑和进度计划、总体预算。

（3）高层级需求、高层级项目描述和边界定义、高层级风险。

（4）项目审批人、委派的项目经理及其权责、项目主要相关方。

上述基本内容可以在项目章程中直接列明，也可以援引其他相关的项目文件。

2.3　项目管理计划编制

2.3.1　项目管理计划的概念

项目管理计划是对项目所进行的事先安排，是说明项目将如何规划、执行、监督和控制的一套文件。项目管理计划是一套完整的体系，它整合了其他规划过程所输出的所有子计划，是项目管理的一份核心文件，作为所有项目工作的依据。项目管理计划也应当渐进明细，并且对于经批准的变更部分，应当及时更新，保持项目管理计划的系统性与一致性。项目管理计划应当在项目经理总负责、相关方参与的情况下，由项目团队成员进行编制。

项目管理计划是项目管理团队对如何开展项目的安排，是所有项目工作的依据，对项目顺利完成起着非常重要的作用，主要包括如下几个方面：

（1）通过计划可以分析研究总目标能否实现。

（2）计划是对目标实现方法、措施和过程的安排，也是目标的分解过程。

（3）计划是实施的指南和实施控制的依据。

（4）业主和项目的其他方（如投资者）需要利用计划的信息。

（5）计划又是项目参加者协调的工具。

项目管理计划对项目管理有着重要且深远的影响。项目管理计划对项目管理不同阶段的影响及其之间的关系，具体如图 2-2 所示。在项目实施过程中，要对所有将来可能涉及的问题进行事先安排，以指导项目开展，因此，项目管理计划需要全面计划，形成一整套项目管理计划体系，主要在规划阶段进行。但是在项目实施的过程中，每个控制期末都要对计划进行调整，因此，随着项目实施与环境的逐渐细化和逐步深入，形成了滚动式规划。

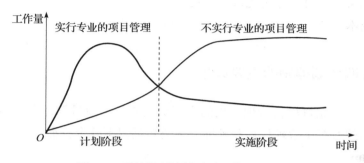

图 2-2　项目管理计划对项目管理的影响

2.3.2　项目管理计划编制的主要依据

1. 项目章程

项目章程是项目启动过程组中的初始规划的始点，项目章程的内容多少取决于项目的复杂程度及所获取的信息数量。

2. 其他过程的输出成果

编制项目管理计划需要整合诸多规划过程的输出成果。其他规划过程所输出的任何基准和子管理计划都是本过程的依据。此外，相关文件的变更也可能导致项目管理计划的相应更新。

3. 项目环境因素

能够影响制订项目管理计划过程的项目环境因素主要包括政府或行业标准、相关行业或领域的项目管理知识体系、项目管理信息系统、组织文化与结构、组织管理实践、基础设施、人事管理制度等。

4. 组织过程资产

能够影响制订项目管理计划过程的组织过程资产主要包括标准化指南、工作指示、建议书评价准则、绩效测量准则、项目管理计划模板、变更控制程序、以往项目的项目档案、历史信息与经验教训知识库、配置管理知识库等。

2.3.3　项目管理计划编制的方法与技术

（1）专家判断。在制订项目管理计划过程中，专家判断常用于项目管理过程的裁决、项目管理计划的技术与管理细节的编制、确定项目所需的资源与技能水平、项目配置管理级别的定义、项目工作优先级的确定等。

（2）引导技术。

2.3.4　项目管理计划编制的主要成果

项目管理计划是制订项目管理计划的主要输出成果。项目管理合并与整合了其他各规划过程所输出的所有子管理计划和基准，主要包括以下几个方面。

1. 范围基准

范围基准是经过批准的范围说明书、工作分解结构和相应的 WBS 词典（WBS Dictionary，WBSD），只有通过正式的变更控制程序才能进行变更，它被用作比较的基础。

2. 进度基准

进度基准（Baseline）是经过批准的进度模型，只有通过正式的变更控制程序才能进行变更，它用作与实际结果进行比较的依据。它被相关方接受和批准，其中包含基准开始日期和基准结束日期。在监控过程中，将实际开始和结束日期与批准的基准日期进行比较，以确定是否存在偏差。

3. 成本基准

成本基准是经过批准的，按时间段分配的项目预算，不包括任何管理储备，只有通过正式的变更控制程序才能变更，用作与实际结果进行比较的依据。成本基准是不同进度活动经批准的预算的总和。

4. 子管理计划

子管理计划按计划的内容划分主要包括范围管理计划、需求管理计划、进度管理计划、成本管理计划、质量管理计划、过程改进计划、资源管理计划、沟通管理计划、风险管理计划、采购管理计划、变更管理计划、配置管理计划、相关方管理计划，根据美国项目管理知识体系（PMBOK）指南的阐述，项目管理计划体系如图 2-3 所示（具体内容见相关章节）。

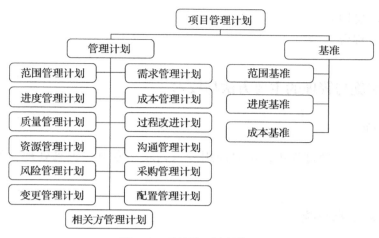

图 2-3 项目管理计划体系

2.4 项目实施与管理

2.4.1 项目实施与管理的概念

项目实施与管理由项目经理与项目团队一起，按上述所完成的项目管理计划实施，对项目工作提供全面管理，确保项目工作由正确的组织或人，在正确的时间，以正确的顺序与方法进行，完成项目所有活动，生成项目可交付成果，产出项目工作绩效信息，并根据项目实际进展情况提出必要的变更请求，按计划实现项目目标。

项目成功与否，很大程度上取决于项目的计划是否得到有效的执行。项目计划的编制目的就是使之得到落实，以实现项目目标，而执行就是将计划落到实处。项目的执行力是指项目管理组织落实项目计划的能力。影响项目实施效果的主要因素有如下几个：

（1）项目计划的可执行性。

（2）项目管理人员的执行意识与能力。

（3）项目组织的执行机制与流程。

（4）项目经理。

（5）项目组织文化。

2.4.2 项目实施与管理的主要依据

（1）项目管理计划。项目管理计划包括与项目各个方面相关的子计划，主要有范围内管理计划、需求管理计划、进度管理计划、成本管理计划、相关方管理计划等。

（2）批准的变更请求。批准的变更请求是实施整体变更控制过程的输出成果，包括那些经变更控制委员会审查和批准的变更请求。项目团队应当把批准的变更请求列入进度计划并付诸实施。

（3）项目环境因素。

（4）组织过程资产。

2.4.3　项目实施与管理的主要方法与技术

1. 专家判断

在项目实施与管理过程中，可以使用专家判断和专业知识来处理各种技术与管理问题。

2. 项目管理信息系统

项目管理信息系统是指由收集、整合和传播项目管理过程成果的工具和技术所组成的信息系统，主要由以下几部分组成：

（1）进度计划工具。

（2）工作授权系统。其由正式形成文件的若干明确核准项目工作的程序所组成，确保该项工作由正确的组织在正确的时间以恰当的顺序完成。它包括签发工作核准所需要的步骤、文件、追踪制度以及事先确定的审批层次。

（3）配置管理系统。它是指一套收集正式文件的程序，主要功能包括：识别和记载产品或组成部分的功能与实体特征，控制上述特征的变更，记录每个变更的实施情况，辅助审核，核实产品、服务是否符合要求。

（4）信息收集与发布系统。

（5）变更管理信息系统。它是指规定控制、改变和批准项目可交付成果及文件方式的有案可稽查的一套正式程序。其主要作用为明确变更控制委员会（Change Control Board，CCB）的角色和职责，辅助完成变更控制活动。变更管理信息系统由文字工作、跟踪系统、变更审批层次构成。

3. 会议

在项目实施与管理过程中，可以通过各种会议来讨论和解决项目的相关问题。各种会议根据不同的主题，由相关方参加。项目管理中常用的会议很多，如项目启动会议、项目开工（Kick-off）会议、例会、决策会议等。因此，项目经理应当根据制定的会议管理制度与会议组织规则，确保各相关方有效参会。

2.4.4　项目实施与管理的成果

1. 可交付成果

可交付成果，就是在完成某一过程、阶段或项目时，必须产出的任何独特的并可核实的产品、成果或服务能力。根据可交付成果所处阶段的不同，可将可交付成果划分为以下几类：完成的可交付成果、核实的可交付成果、验收的可交付成果、最终可交付成果。符合验收标准的可交付成果应该由客户或发起人正式签字批准，应该从客户或发起人那里获得正式文件，证明相关方对项目可交付成果的正式验收。

2. 项目工作绩效数据

项目工作绩效数据，是在执行项目工作的过程中，从每个正在执行的活动中收集到的原始观察结果或测量值，主要作用是描述与核实项目工作实施的实际情况，提供项目实施状况的相关信息，如已完成的工作量、项目进度情况、产出物的数量与质量情况、实际成本等。

3. 项目变更请求

项目变更请求，就是关于对项目计划、实施方法或技术、可交付物等任何文档或活动的修改的正式提议。项目变更请求往往涉及项目工作的各方面，如项目政策、项目计划、项目范围、项目成本或预算、项目进度或项目质量等。项目变更请求根据其变更内容可划分为以下几种类型。

（1）纠正措施，即为了使项目工作绩效重新与项目管理计划一致而进行的有目的的项目活动纠正方案。

（2）缺陷补救方案，即为了修正不一致的新产品或产品组件而提供的产品缺陷补救提议。

（3）预防措施，即为了确保项目工作的未来绩效符合项目计划而提出的防止偏差的方案或提议。

（4）更新方案，即变更正式受控的文件或计划等，反映修改或增加的意见或内容。

4. 更新后的项目管理计划与项目文件

项目管理计划中可能需要更新的各子计划或可能需要更新的项目文件，包括需求文件、项目日志、风险登记册、相关方登记册等。

2.5　项目整体监控

2.5.1　项目整体监控概述

项目整体监控，是指跟踪、审查和报告项目的进展，以实现项目计划中确定的绩效目标的过程。项目整体监控系统的要素主要有以下几个：

（1）项目结构的各层次的单元（项目活动）。

（2）各个生产要素，包括劳动力、材料、设备、现场、费用等。

（3）项目管理任务的各个方面，如成本、质量、工期等。

（4）项目实施过程的秩序、安全、稳定性等。

（5）项目控制点，通常都是项目的关键点，能最佳地反映目标。主要的关键点可以设置在以下几个方面：重要的里程碑事件上，对工程质量有重大影响的工程活动或措施上，对成本有重大影响的措施上，标的大、持续时间长的主要合同上，主要的工程设备和主体工程上。

项目整体监控主要是把实际绩效与项目管理计划进行比较，让相关方了解项目的当前状态、已采取的步骤，以及预测项目完工时的预算、进度和范围。其具体作用包括如下几个方面：

（1）管理和监督项目实施。

（2）跟踪项目实施过程。

（3）实施过程诊断。

（4）采取调控措施。

2.5.2 项目控制期与项目控制的内容

控制期是提供项目报告、做出阶段核算、召开协调会议的时间间隔。通常项目按生命周期划分成几个大的阶段，按年、季、月、周划分控制期。

最小控制期与总工期有关，通常一年以上的项目，控制期以月计。工期较短的项目，控制期可以为周或双周。控制期越短，越能早发现问题，并及早采取纠正措施，但计划和控制的细度与管理费用会大幅度增加。在特殊情况下，如对重要的、风险大、内容复杂、新颖的项目或单元，可以划小控制期，做更精细的和更严密的控制。

项目整体监控各方面是互相影响、互相联系的，强调综合控制。要综合地采取技术、经济、合同、组织、管理等措施，对工期、成本、质量进行综合调整。其主要内容有以下几个方面：

（1）工期（进度）、成本、质量控制。工期、成本与质量是项目管理的三大关键点，因此对它们的控制是项目整体监控中的三大控制。

（2）合同控制。合同控制是项目管理的关键，主要包括合同进度控制、合同质量控制、合同投资控制。合同进度控制，包括双方对合同工期的约定、承包方提交进度计划、设计图纸的提供、材料设备的采购、延期开工及工期延误的处理等；合同质量控制，主要包括标准、规范和图纸、材料设备供应的质量控制、施工企业的质量管理、工程验收的质量控制、保修等；合同投资控制，主要包括施工合同价款及调整、工程预付款、工程款（进度款）支付、变更价款的确定、施工中涉及的其他费用、竣工结算、质量保修金等。

（3）风险控制。项目经理需要全面掌握从项目筹建到项目结束全过程中可能会出现的风险因素，实行项目管理事前控制、事中检查、事后总结，确保项目按照预期目标发展。

2.5.3　项目整体监控的依据

（1）项目管理计划：是项目整体监控的基线。

（2）进度预测：基于实际进展与进度基准的比较计算出进度预测，通常表示为进度偏差（Schedule Variance，SV）和进度绩效指数（Schedule Performance Index，SPI）。如果项目没有采用挣值管理，则需要提供实际进展与计划完成日期的差异，以及预计的完工日期。通过预测可以确定项目是否仍处于可容忍范围内，并识别任何必要的变更。

（3）成本预测：基于实际进展与成本基准的比较而计算出的完工尚需成本（Estimate to Completion，ETC），通常表示为成本偏差（Cost Variance，CV）和成本绩效指数（Cost Performance Index，CPI）。通过比较完工估算（Estimate at Completion，EAC）与完工预算（Budget at Completion，BAC），可以看出项目是否仍处于可容忍范围内，是否需要提出变更请求。如果项目没有采用挣值管理，则需要提供实际支出与计划支出的差异，以及预测的最终成本。

（4）确认的变更：经批准的变更，需要对它们的执行情况进行确认，以保证它们都得到正确的落实。

（5）工作绩效信息：从各控制过程中收集，并结合相关背景和跨领域关系进行整合分析而得到的绩效情况。工作绩效信息可以包括可交付成果的状态、变更请求的落实情况、预测的完工尚需估算。

（6）事业环境因素：如对项目适用的法律、法规及各种文件，它们构成项目实施的边界条件。

（7）组织过程资产。

2.5.4　项目整体监控的方法与技术

（1）专家判断。

（2）分析技术。根据可能的项目或环境变量的变化，以及它们与其他变量之间的关系，采用分析技术来预测潜在的后果，如故障树分析（Fault Tree Analysis，FTA）、储备分析、趋势分析、挣值管理、差异分析等方法。

（3）项目管理信息系统。

（4）项目会议。

2.5.5　项目整体监控的成果

（1）批准的变更请求。变更可能会影响项目管理计划、项目文件或产品可交付成果。符合项目变更控制准则的变更，应当由项目既定的整体变更控制过程进行处理。其主要的变更可能包括纠正措施、预防措施和缺陷补救等。

（2）工作绩效报告。工作绩效报告是指为制定决策、采取行动或引起关注而汇编工作绩效信息所形成的实物或电子项目文件。其主要向关键相关方报告项目开始时规定具体的项目绩效指标的落实情况，包括状态报告、备忘录、论证报告、信息札记、推荐意见情况更新。这些可以口头传达，便于记录、存储和分发，有必要使用实物形式或电子形式的项目文件，旨在引起关注，并制定决策或采取行动。

（3）项目管理计划更新。

（4）项目文件更新。

2.6 项目整体变更控制

项目整体变更控制，是指审查所有变更请求，批准变更，管理可交付成果、组织过程资产、项目文件和项目管理计划的变更并就变更处理结果进行沟通的过程。其主要作用是从整合的角度考虑记录在案的项目变更，从而降低因未考虑变更对整个项目目标或计划的影响而产生的项目风险。只有经批准的变更才能纳入修改后的基准中，但必须以书面形式记录，并纳入变更管理和配置管理系统中。必要时，实施整体变更控制过程，由变更控制委员会批准，还可能需要得到客户或发起人的批准，除非他们本来就是变更控制委员会的成员。

项目变更可能对项目诸多方面产生影响，如可能导致定义工程目标和工程实施的各种文件的变更，也可能引起项目组织责任的变化和组织争执，有些工程变更还会引起已完工程的返工等。项目变更主要有三大类型：一是目标的变更，二是工程技术系统的变更，三是实施计划或实施方案的修改。其他如投资者的退出。

项目的变更，无论大小都必须提交实施整体变更控制过程的审批，因为很小的变更也可能引起很大的后果。项目变更通过审批后还应当及时进行项目文件更新，并及时送达或告知利益相关方。在变更处理中还应当注意如下两点要求：①变更应尽可能快地做出；②变更指令做出后，应迅速、全面、系统地落实变更指令。因此，项目变更根据其变更内容的不同或对项目影响的程度不同，其批准的权限也不同，具体如表 2-1 所示。

表 2-1 变更控制的权限

变更类型	批　　准	备　　注
项目章程的变更	签署或批准该章程的人	
目标或基准的变更	变更控制委员会	PM 可分析变更的情况并提出意见
与合同相关的变更	客户	
项目计划内的变更（可通过赶工或快速跟进来解决）	项目经理	
紧急情况下的变更	项目经理	后补相关手续

2.6.1　项目整体变更控制的依据

（1）项目管理计划。

（2）工作绩效报告。实施项目整体变更控制过程常用的工作绩效报告主要有资源可用情况、进度和成本数据、挣值管理报告等。

（3）变更请求。

（4）事业环境因素。

（5）组织过程资产。

2.6.2　项目整体变更控制的主要方法与技术

（1）专家判断。

（2）会议。变更控制会议，是指根据项目的需要，可能由变更控制委员会开会审查变更请求，并做出批准、否决或其他决定（如悬置）。

（3）变更控制工具。可以使用一些手工或自动化的工具来开展变更管理和后续的决策，项目团队应当基于项目相关方的需要，并考虑组织和环境情况或制约因素进行工具选择。

2.6.3　项目整体变更控制的成果

（1）批准的变更请求。项目经理、项目变更控制委员会或指定的项目团队成员应当根据变更控制系统处理变更请求。变更请求的处理结果可能是批准、否决或其他决定。

（2）变更日志。全部变更请求的处理结果，无论批准与否，都应当在变更日志中记录并更新，并且应当与相关方沟通这些变更及其对项目时间、成本、进度和风险的影响。

（3）项目管理计划变更。对于项目管理计划以及项目基准的变更，一般只能针对未实施的情况，而不能变更以往或已经实施的绩效。这有利于保护基准和历史绩效的数据的严肃性。

（4）项目文件的更新。

2.7　结束项目

结束项目，是指完结所有项目管理过程组的所有活动以正式结束项目。其主要作用是总结经验教训，正式结束项目工作，为开展新工作而释放组织资源。如果项目目标已经达成，则按项目规划结束项目过程。如果项目提前终止，也应记录提前终止的原因并移交已完成和未完成的可交付成果。项目可能因为多种原因结束，但是任何原因结束项目都要遵循图 2-4 所示的流程。

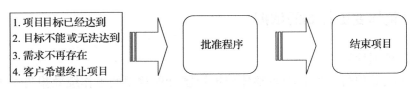

图 2-4　项目结束的流程图

结束项目的主要工作包括以下几个方面：

（1）移交项目的产品、服务或成果。

（2）财务收尾，支付最后的项目款项，完成财务结算。

（3）更新项目记录，如项目的绩效报告和项目团队的业绩记录。

（4）总结经验教训，进行完工后评价。

（5）存档项目信息，供组织未来使用。

（6）解散项目团队，标志着项目正式结束。

项目收尾，包含合同收尾与行政收尾（Administrative Closure，又称管理收尾）两部分程序。合同收尾通常在行政收尾之前，有时合同收尾中又包括行政收尾，二者的区别如表 2-2 所示。

表 2-2　合同收尾与行政收尾的区别

类　　别	收尾对象	产品核实	收尾确认	关系描述
合同收尾	每个合同发生一次	有	由买方授权的采购管理员向卖方签发书面文件确认	采购审计（验收可交付成果，产品核实，财务收尾，更新记录管理系统最终合同执行报告，采购档案或合同档案存档等）
行政收尾	阶段或项目结束	有	发起人或管理层给项目经理签发书面文件	通常把项目收尾时组织过程资产的总结和更新叫行政收尾（管理收尾），包括项目档案、项目或阶段收尾文件历史信息和经验总结

2.7.1　结束项目的依据

（1）项目管理计划。

（2）验收的可交付成果。验收的可交付成果可能包括批准的产品规范、交货收据和工作绩效文件。在分阶段实施的项目或被取消的项目中，可能会包括未全部完成的可交付成果或中间可交付成果。

（3）组织过程资产。

2.7.2　结束项目的主要方法与技术

1. 专家判断

专家判断主要用于开展项目行政收尾活动，由相关专家确保项目或阶段收尾符合适用标准。

2. 会议

项目结束会议常用的包括经验教训总结会、收尾会、用户审查会等。

3. 分析技术

用于项目收尾的分析技术常用的有回归分析、趋势分析等。

2.7.3　结束项目的结果

1. 最终产品、服务或成果移交

移交项目所产出的最终产品、服务或成果。

2. 组织过程资产更新

在项目结束过程中，需要更新的组织过程资产主要包括项目档案、项目收尾文件、历史信息等。

◆ 复习思考题

■ 案例分析 1

A 公司的项目管理合理吗

A 公司是一家中小型系统集成公司。2020 年 3 月，A 公司正在准备对某证券公司数据集成系统项目的投标工作，A 公司副总裁张某授权销售部的林某为本次投标的负责人来组织和管理整个投标过程。林某接到任务后，召集了由公司商务部、销售部、服务部和质管部等相关部门参加的启动说明会，并对各部门的分工和进度计划进行了部署。在投标前进行投标文件评审时，林某发现技术方案中所配置的设备在以前的项目使用中是存在问题的，必须更换，随后修改了技术方案。最终 A 公司中标了。

根据公司的项目管理流程，林某把项目移交到了实施部门，由实施部门具体负责项目的实施与验收。鲍某为实施项目经理，负责项目的实施和验收工作。鲍某由于没有介入项目前期的工作，对项目前期的很多事情都不清楚，导致后续跟进速度缓慢。同时鲍某还发现技术方案中存在一些问题，如方案遗漏一项基本需求、有多项无效需求、没有书面的用户需求调研报告、对客户承诺过度等，于是项目组重新调研用户需求，编制技术方案，这就增加了实施的难度和成本。可是后来项目组又发现采购部仍然按照最初的方案采购设备，导致设备中的模块配置功能存在不符合要求的情况，而在 A 公司中，类似现象已多次发生。

问题

1. 针对案例中所描述的现象，分析 A 公司在项目管理方面存在的问题。

2. 针对 A 公司在该项目管理方面存在的问题，提出补救措施。

3. 针对 A 公司的项目管理现状，结合你的实际经验，就 A 公司项目管理工作的持续改进提出意见和建议。

■ **案例分析 2**

施工规划与验收

某办公楼工程地下为 3 层混凝土结构，片筏基础，地面以上为 11 层，北部裙房为钢结构，总建筑面积 80 万 m^2，建筑高度 48.7 m，其中地下室每层面积均为 1.5 万 m^2 左右，三层总建筑面积为 4.5 万 m^2。在进行此建筑物施工规划时，有人提出施工规划中没有包括环境保护内容及方法，并没有被重视起来，在竣工验收时，其主要功能项目的抽查结果均符合相关专业质量验收规范的规定，但在竣工 1 年后，此建筑物的给排水管道出现了问题。

问题

1. 在该案例中，项目相关方对施工规划中施工方案的认识正确吗？简述在施工规划中施工方案应包含的内容。

2. 结合该案例，除了上面所提到的验收内容，还应包含哪些单位工程质量验收的内容？

3. 对此建筑物而言，此刻是否处于保修期限内？为什么？

模板与样例

附件一：项目章程模板

<table>
<tr><td colspan="3" align="center">项目章程
（版本号 *:　　　）</td></tr>
<tr><td>一</td><td>项目名称</td><td>简要地写出项目名称</td></tr>
<tr><td>二</td><td>项目的重要性</td><td>从微观和宏观层面论述启动项目的理由，使项目相关方知道为什么要开展这个项目</td></tr>
<tr><td>三</td><td>项目目标</td><td></td></tr>
<tr><td></td><td>总目标</td><td>概述项目的总体目标</td></tr>
<tr><td></td><td>分目标</td><td>列出支持总体目标的分目标</td></tr>
<tr><td>四</td><td>项目范围概述</td><td></td></tr>
<tr><td></td><td>主要的项目范围</td><td>概述主要的项目范围</td></tr>
<tr><td></td><td>主要的可交付成果</td><td>列出项目必须提交的高层次可交付成果</td></tr>
<tr><td>五</td><td>项目经理</td><td></td></tr>
<tr><td></td><td>项目经理人选</td><td>列出项目经理的姓名及基本信息</td></tr>
<tr><td></td><td>项目经理的职责</td><td>明确项目经理的权力和责任</td></tr>
<tr><td>六</td><td>项目主要相关方</td><td></td></tr>
<tr><td></td><td>内部主要相关方</td><td>列出来自项目所在组织的内部主要相关方</td></tr>
<tr><td></td><td>外部主要相关方</td><td>列出来自项目所在组织的外部主要相关方</td></tr>
</table>

（续）

七	项目总体进度计划	
	项目开始时间	规定项目的开始时间
	项目结束时间	规定项目的结束时间
	主要里程碑	列出在项目执行过程中必须实现的阶段性里程碑及其实现时间
八	项目总体预算	列出项目的总体预算
九	各职能部门应给予的配合	指出各职能部门应给予何种配合
十	项目审批要求	指出在项目的规划、执行、监控和收尾阶段，应该由谁做出哪些重要的审批
十一	本章程的批准	指出项目章程的审批人（包括姓名、职务等），并由批准人签字，注明批准时间

附件二：样例——中国铁塔某分公司新建铁塔项目

项目章程

（版本号：1.0）

项目名称	中国铁塔某分公司龙川市 2019 年连城城区童子巷基站新建铁塔项目
项目背景和重要相关方期望	1. 连城童子巷小区为连城县较大型安置型小区，作为三家电信运营商信号覆盖的重点区域，为支持三家运营商做好该小区的信号覆盖，提供小区周边居民 4G 高速上网和语音业务 2. 支撑连城三家运营商业务发展的需求，以良好的网络覆盖为客户提供优质的通信服务 3. 作为运营商五年都拿不下来的历史纠纷及疑难站点区域，我们完成该站址，将进一步完善铁塔公司重要基础设施建设能力，巩固公司口碑和优良的网络品牌，提升公司网络建设的能力 4. 做好移动通信基站的建设和保障，可为今后铁塔公司其他纠纷及疑难站址覆盖积累经验
项目目标	
总目标	2019 年 3 月 1 日至 6 月 30 日（120 天）、投资成本控制在 36 万元的前提下，按时按质按量完成连城城区童子巷基站项目，确保 5 月 20 日前投入使用，于 2019 年 6 月 30 日前完成项目结项
分目标	1. 120 天完成项目（在 2019 年 3 月 1 日启动项目，5 月 20 日前开通入网，6 月 30 日前结项） 2. 总投资金额控制在 36 万元内 3. 连城童子巷小区 2G、4G 铁塔，一体化机柜，电源配套及电力引入建设 4. 配合运营商调试组建 2G 和 4G 网络，做好复杂环境下综合通信覆盖解决方案的实施 5. 为周边居民提供优质的语音及数据网络服务 6. 做好移动通信基站的建设和保障，可为今后铁塔公司其他纠纷及疑难站址覆盖积累经验
项目范围概述	
主要可交付成果	1. 验收合格的铁塔、一体化机柜及配套基础设施 2. 规范的项目管理文件（可行性研究报告、设计图纸、设计批复、立项批复、施工组织计划、采购清单、到货验收、施工等文件） 3. 合格的工程质量验收报告 4. 竣工文件 5. 运营商交付验收证书 6. 项目审计报告
主要项目工作 （项目范围）	1. 完成该安置小区的综合通信网络规划 2. 完成站址选址、协调、场地赔补及电费引入谈判 3. 完成铁塔、一体化机柜及配套基础设施等的勘查、设计 4. 完成招标购买铁塔、预埋件、电缆、蓄电池、一体化机柜及开关电源等配套设备，完成此项目涉及的施工、设计、监理、地勘招标 5. 完成此站点电力引接 6. 组织运营商完成此项目的交付验收，做好审计工作

（续）

项目经理	
项目经理人选	连城项目经理
项目经理的职责	1. 在本章程规定的限额内动用财务资源来开展项目活动 2. 做好项目的合规性管理 3. 确保项目在规定的范围、时间、成本、质量、安全等要求之下完工 4. 协调监理、设计、施工等合作单位按照项目进度实施 5. 协调施工中出现的各种突发状况
项目主要相关方	
内部主要相关方	公司总经理、分管副总经理。职责：①全面领导和推动项目，为项目成功创造条件；②审核项目重大决策 建设维护部区域经理。职责：①支撑项目经理工作；②帮助项目经理协调项目进度、费用、质量等各方面工作；③帮助项目经理有效地整合兄弟部门和外部资源；④协调解决超出项目经理控制范围的事项 运营发展部经理。职责：①提供宏观需求和范围；②对项目可行性进行把控；③对项目投资进行把控；④对设计院所提供的可行性研究结果进行审核；⑤提供网络规划及选址人员参与本项目；⑥负责提供技术协助指导、技术协议审核 采购经理。职责：①对项目所涉及的外购资源进行招标采购；②评选性价比高的外包商；③签订合同协议；④控制项目采购成本 验收交付组。职责：①严格按照铁塔公司工程管理规范，把关项目质量；②依据验收标准阶段和最终验收项目；③对项目不足之处提出整改意见；④审核项目概预算实际发生情况；⑤工程物资核算
外部主要相关方	运营商：明确需求和目标，站址的经纬度、天线挂高、产品配置、维护指标、电力引入费用及场地赔补费用、交付时限 设计院：对站点技术方案进行合理规划，对方案质量负责；提出站址建设所需外购资源的技术标准及要求；提供设计实施方案和概预算 施工单位：按进度保质保量地做好工程实施、安全管理、工程物资的现场管理，及时提供项目竣工资料 监理单位：对工程质量、进度进行管控，对材料进行检验 选址经理：协调业主方，批准施工方案，提供项目的各类基础资源，如位置、管道、电力 业主：明确业主产权及铁塔公司的使用权及使用年限、场地赔补费
项目总体进度计划	本项目需在 2019 年 5 月 20 日前完成此站址铁塔、一体化机柜及配套基础设施建设，2019 年 6 月 30 日结项
项目开始时间	2019 年 3 月 1 日
项目结束时间	2019 年 6 月 30 日
主要里程碑	1. 网络规划评审完成：2019 年 3 月 1 日 2. 技术方案评审及选址完成：2019 年 3 月 10 日 3. 施工设计完成：2019 年 3 月 20 日，设计批复 2019 年 3 月 25 日 4. 项目立项、立项批复完成：2019 年 3 月 28 日 5. 塔基施工完成：2019 年 4 月 3 日 6. 设备采购到货：2019 年 4 月 30 日 7. 铁塔和一体化机柜及配套基础设施完成：2019 年 5 月 4 日 8. 设备调试入网开通：2019 年 5 月 20 日 9. 项目初步验收交维：2019 年 5 月 28 日，终验 5 月 31 日 10. 结算审计提交：2019 年 6 月 10 日，决算审计提交 6 月 30 日
项目总体预算	1. 项目总体预算为人民币 36 万元 2. 若项目成本超出人民币 36 万元，需提出追加投资申请并说明理由，经公司管理层批准后方可投资

（续）

项目主要风险	1. 设计方案风险 2. 业主方协调风险及周边居民阻挠风险 3. 项目执行团队能力不足，导致项目协调不畅、预算失准、工期安排不当、计划执行力差等问题 4. 天气因素导致养护期延长 5. 采购资源到货时间超过预定时间，造成项目周期拖长 6. 阶段验收和最后验收时关键专家缺席，导致验收结果难以保证
项目审批要求	1. 授权运营发展部经理对项目计划进行审批 2. 公司将从相关部门选定专家组成项目验收小组，对项目进行最终验收 3. 在验收小组认为项目符合要求之后，由项目发起人签字批准项目结束
本章程的批准	本项目章程于 2019 年 3 月 28 日由下列人员签字批准 姓名：洪 ×× 　　　　职务：副总经理 签字：
内部相关方签字	1. 项目经理： 2. 区域经理： 3. 运营发展部经理： 4. 建设维护部经理：

第3章
CHAPTER 3

项目范围管理

§ **本章的内容**

- 项目范围管理概述
- 项目范围规划
- 项目需求收集
- 项目范围定义
- 项目范围分解
- 项目范围确认
- 项目范围控制
- 复习思考题

3.1 项目范围管理概述

项目范围管理，就是为项目管理确定一个界限，对项目产出物范围和项目工作范围进行分析、界定和管理的工作。项目范围管理包括确保项目做且只做成功完成项目所需的全部工作的各过程。其主要内容包括项目范围规划、项目需求分析、项目范围定义、项目范围确认、项目范围控制。

项目范围是指为了实现项目成果所需要做的全部工作，既包括项目产出物范围，也包括项目工作范围。项目产出物范围，或称产品范围，是指项目最终需要生成或交付的产品、服务或成果的具体形态、特性与功能。项目工作范围是指为了实现具有项目所规定的形态、特性与功能的产品、服务或成果而需要完成的所有工作。两者共同构成项目范围，两者之间在作用和衡量标准上的区别具体如表 3-1 所示，两者在内容上的不同如图 3-1 和图 3-2 所示。

表 3-1 项目产出物范围与项目工作范围的区别

项目范围	作 用	衡量标准
项目产出物范围	界定项目最终所交付的产品、服务或成果的具体形态、特性与功能	产品需求
项目工作范围	界定为实现项目可交付成果而需要完成的所有工作	项目基准与项目计划

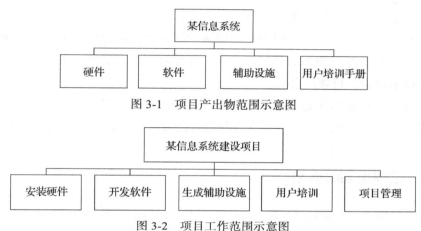

图 3-1 项目产出物范围示意图

图 3-2 项目工作范围示意图

3.2 项目范围规划

项目范围规划，就是分析与界定项目范围，并创建相关的项目范围说明文件与项目范围管理文件的过程。它主要是为整个项目确定一个明确的界限，就项目的内容和结构形成基本构架，并对如何进行项目范围管理提供指南和方向。项目范围规划不仅是对项目产出物及项目工作进行的事先安排，也要对项目范围管理与控制进行统一的规划。

3.2.1 项目范围规划的主要依据

编制项目范围规划，必须有以下依据：

（1）项目管理计划。项目范围规划须依据项目管理计划中已经批准的基准与子计划来创建范围管理计划。

（2）项目章程。项目范围规划应当依据项目章程中的项目背景信息、项目假设前提及项目工作说明书等来规划各个部门范围管理过程，并完成项目产品特征的描述或规划。

（3）事业环境因素。

（4）组织过程资产。

3.2.2　项目范围规划的主要技术与方法

（1）成果分析。成果分析用以加深对项目成果的理解，主要运用系统工程、价值工程、功能分析等技术，以确定项目是否必要、是否有价值。

（2）成本效益分析。成本效益分析主要是估算不同项目方案的有形和无形费用、效益，并对诸方案进行评价与比选，进行方案决策的方法。

（3）专家判断。专家判断是利用相关领域专家来提出或评价各方案。专家主要是指经过专门训练或具有专门知识的集体或个人，专家可以来自组织内的其他部门、咨询机构、职业或技术协会、行业协会等。

（4）会议。项目范围规划会议，参会人员可能包括项目经理、项目发起人、选定的项目团队成员、选定的相关方、范围管理各过程的负责人，以及其他必要的人员。

3.2.3　项目范围规划的成果

项目范围规划的成果主要包括项目范围说明书、项目范围管理计划与需求管理计划等。

1. 项目范围说明书

项目范围说明书用以说明启动项目的缘由，详细说明项目的实施目标和期望成果，使项目业主或项目管理团队能够系统地分析项目关键问题及项目形成中的相互作用的要素，使项目的利益相关方在项目实施前或项目文件编制前，能够就项目的基本内容和结构达成一致。其主要内容包括以下几个方面，具体可参考本章附件二的样例文件。

（1）项目合理性说明，解释为什么要开展项目。项目合理性说明为以后权衡各种利弊关系提供依据。

（2）项目目标，主要是说明完成项目所必须达到的指标和标准。项目目标必须包括项目成本预算、项目工期和项目质量等方面的指标，这些指标须具体、明确，且尽可能量化。

（3）项目可交付成果的形式和内容，主要是对项目可交付成果的归纳性的高层次的描述。

（4）项目范围说明书一般由项目团队编写，它是项目团队和任务委托人之间签订协议的基础，也是项目相关各方进行项目决策、推动项目进展的基础。

（5）项目的例外责任，通常需要识别出什么是被排除在项目之外的。明确说明哪些内容不属于项目范围，有助于管理相关方的期望。

（6）项目制约因素，列出并说明与项目范围有关、限制项目团队选择的具体项目制约因素，例如，客户或执行组织事先确定的预算、强制性日期或强制性进度里程碑。如果项目是根据合同实施的，那么合同条款通常也是制约因素。有关制约因素的信息可以列入项目范围说明书，也可以独立成册。

（7）项目假设条件，列出并说明与项目范围有关的具体项目假设条件，以及万一不成立而可能造成的后果。在项目规划过程中，项目团队应该经常识别、记录并验证假设条件。有关假设条件的信息可以列入项目范围说明书，也可以独立成册。

2. 项目范围管理计划

项目范围管理计划是项目管理计划的组成部分，描述将如何执行、管理、监督与控制项目范围的项目管理文件，主要对以下工作的管理过程做出规定，如创建 WBS、维护和批准 WBS、正式验收已完成的项目可交付成果、处理项目范围变更与控制等。根据项目工作的需要，项目范围管理计划可以是正式或非正式的，也可以是非常详细或高度概括的。

3. 需求管理计划

需求管理计划描述将如何分析、记录和管理需求。其内容主要包括如何规划、跟踪和报告各种需求活动，配置管理活动，需求优先等级排序过程，产品测量指标及使用这些指标的理由，用来反映哪些需求属性将被列入跟踪矩阵的跟踪结构中。

3.3　项目需求收集

项目需求，是指根据特定协议或其他强制性规范，项目必须满足的条件或能力，或者产品、服务或成果必须具备的条件或能力。它包括项目业务需求、相关方需求、解决方案需求、项目需求等。项目需求是进行项目 WBS 分解的基础，也是项目成本、进度、质量规划的基础，更是项目采购工作的基础。

项目需求收集，就是为实现项目目标，对项目相关方关于项目的需求与期望的分析、确定、记录与管理的过程。项目需求收集，就是在项目启动之后尽快弄清楚项目相关方对项目具体的需求与期望，并把项目相关方对项目的需求与期望尽可能地具体化且记录下来。

3.3.1　项目需求收集的依据

1. 项目章程

从项目章程中可了解总体项目需求以及关于项目产品的总体描述，并据此制定详细的产品需求。

2. 范围管理计划

根据范围管理计划，可了解项目需求与项目目标和项目范围之间的储存关系，确保相关方的需求不超越项目范围。

3. 需求管理计划

从需求管理计划中可以了解项目总体的需求记录与管理计划，并以此制定相关方需求分析的目标与主要方法等。

4. 相关方管理计划

从相关方管理计划中了解相关方的沟通需求和参与程度，以便评估并适应相关方对需求活动的参与程度，主要包括以下几方面的内容：

第一，如何规划、跟踪和报告各种需求活动。

第二，配置管理活动，例如，如何启动产品变更，如何分析其影响，如何进行追溯、跟踪和报告，以及如何变更审批权限。

第三，需求优先等级排序过程。

第四，产品测量指标及使用这些指标的理由。

第五，跟踪结构，用来反映哪些需求属性将被列入跟踪矩阵，并可在其他哪些项目文件中追踪到这些需求。

5. 相关方登记册

相关方登记册可用来识别那些能提供详细的项目和产品需求信息的相关方。

3.3.2   项目需求分析的主要技术与方法

项目需求分析通过使用一定的方法，使项目各方的需求明确化、具体化和书面化，为定义和管理项目范围奠定基础。项目需求分析应该对包括发起人、客户以及其他相关方的需求和期望进行量化且书面记录，分析的主要方法有如下几种。

1. 访谈

访谈是通过与相关方直接交谈来获取信息的正式或非正式的方法。采用访谈法，可以在访谈过程中提出预设和即兴的问题，并记录访谈双方的回答，实现双向交流。访谈形式多样，可以一对一、一对多、多对多，通常采取"一对一"的访谈，相关方能够更愿意且能说清楚需求。访谈法的优点主要是，有助于识别和定义项目可交付成果的特征和功能以及可用于获取机密信息，但操作比较烦琐耗时。

2. 焦点小组会议

焦点小组会议是把预先选定的相关方和主题专家集中在一起，了解他们对所提议产品、服务或成果的期望和态度，由一位受过训练的主持人引导大家进行互动式讨论。焦点小组会议往往比"一对一"的访谈更热烈。

焦点小组会议的基本内容包括如下几部分：

第一，明确需求主题。主题明确是焦点小组会议成功的基本要求。

第二，主持人要事先做好充分的准备，了解本次会议讨论的主题及需要问的问题。

第三，控制好会议的时间和进程。主持人应掌控好会议的时间和进程，如何时应该鼓励大家进行讨论，何时应结束相关话题。

第四，全场录像，形成会议记录。全过程录像焦点小组会议，并由训练有素的人做会议记录。

第五，撰写报告。报告中应说明所调查的主要问题，描述小组参与者的个人情况，总结调研发现，并提出建议。

3. 引导式研讨会

引导式研讨会是指通过邀请主要的跨职能相关方一起参加会议，对产品需求进行集中讨论与定义。研讨会是快速定义跨职能需求和协调相关方差异的重要技术。由于群体互动的特点，被有效引导的研讨会有助于建立信任、促进关系和改善沟通，从而有利于参加者达成一致意见。该技术的另一好处是能够比单项会议更快地发现和解决问题。

4. 头脑风暴法

头脑风暴法（Brain Storming）是用来产生和收集对项目需求与产品需求的多种创意的技术。

5. 德尔菲技术

德尔菲（Delphi）技术是用来获得专家意见的常用方法，减少偏见和个人意见对结果的不合理影响，可用于风险、范围、时间、成本、质量等各方面的管理。

6. 问卷调查

预先设计问卷调查表进行调查，向众多受访者快速收集信息。这非常适用于以下情况，如受众多样化、需要快速完成调查、想对调查结果进行统计分析、受访者地理位置分散。

7. 观察

观察是直接察看个人在各自的环境中执行工作（或任务）的流程，也称为"工作跟踪"，由观察者从外部来观看（旁站式）或由参与观察者（体验式）来观察，适用于产品使用者难以或不愿清晰说明他们的需求时。

8. 模型法

模型法是在实际制造预期产品之前，先制造出该产品的实用模型，并据此征求对需求的早期反馈，如房地产中常用的楼盘模型。它使相关方可以体验最终产品的模型，而不是仅限于讨论抽象的需求描述；支持渐进明细的理念。模型法是一种原型技术，通过一系列的图像或图示来展示顺序或导航路径，用于各行业的各种项目中。在软件项目中，模型法使用实体模型来展示网页、屏幕或其他用户界面的导航路径。

9. 标杆对照

标杆对照是将实际或计划的做法（如流程和操作过程）与其他可比组织的做法进行比较，以便识别最佳实践，形成改进意见并为绩效考核提供依据。这种方法既可用于产品，又可用于过程；既可在组织内部使用，也可在组织外部使用。

10. 文件分析

文件分析是通过分析现有文档、识别与需求相关的信息来挖掘需求。可以分析的文档主要有商业计划、营销文献、协议、建议邀请书、现行流程、政策、程序和法规文件（如法律、准则、法令等）、逻辑数据模型、业务规则库、业务流程和接口文档等。

3.3.3 项目需求分析的主要成果

1. 需求文件

需求文件是描述各种单一需求将如何满足与项目相关业务需求的文件，主要是记录项目相关方对项目各种具体的需求，主要包括（但不限于）业务需求、相关方需求、解决方案需求、项目需求、过渡需求，以及与需求相关的假设条件、依赖关系和制约因素。一开始，可能只有概括性的需求，然后随着信息的增加而逐步细化。只有明确的（可测量和可测试的）、可跟踪的、完整的、相互协调的且主要相关方愿意认可的需求，才能作为基准。需求文件的格式多种多样，既可以是一份按相关方和优先级分类列出全部需求的简单文件，也可以是一份包括内容提要、细节描述和附件等的详细文件。

2. 需求跟踪矩阵

需求跟踪矩阵是把产品需求从其来源连接到能满足需求的可交付成果的一种表格，以便在整个项目生命周期中对需求进行跟踪。需求跟踪矩阵可以把每个需求与业务目标或项目目标联系起来，确保每个需求都具有商业价值，确保每个需求在项目结束时都能交付。需求跟踪矩阵的主要内容或格式可以参考本章附件一。

3.4 项目范围定义

项目范围定义，是制定项目和产品详细描述的过程，并对项目工作和项目产出物进行全面细化与界定的项目管理活动。正确合理的项目范围定义对于项目的成功至关重要。项目范围定义是创建项目工作分解结构的依据，也是项目成本、时间和资源估算与管理的前提及基础之一。通过项目范围定义明确所收集的需求哪些将包含在项目范围内，哪些将排除在项目范围外，从而明确项目产出物、服务或成果的边界。

3.4.1　项目范围定义的依据

1. 项目管理计划

项目管理计划中的范围管理计划确定了制定、监督和控制项目范围的各种活动。

2. 项目章程

项目章程中包括对项目和产品特征的高层级描述，还包括项目审批要求、制约因素、假设条件等。制约因素主要是指限制项目团队行动的因素，如项目预算、人员配置以及日程安排等。假设条件是指制订项目计划而考虑假定某些因素将是真实的、符合现实的和肯定的，假设常常包含一定程度的风险。

如果项目执行组织不使用项目章程，则应当使用根据项目章程编制的项目范围说明书，对项目的范围进行归纳性的总体描述。

3. 组织过程资产

组织其他项目的相关历史资料，特别是用于制定项目范围说明书的政策、程序和模板，组织内部以往经验教训等，也应在确定范围定义时考虑。

3.4.2　项目范围定义的主要方法与技术

1. 专家判断

专家判断就是利用各领域的专家来帮助项目团队定义项目范围，利用专家以往类似项目的范围管理方式所做出的判断。项目成本估算的类比估计也是一种专家判断方法的应用。

2. 产品分析

对于那些以产品为可交付成果的项目（区别于提供服务或成果的项目），产品分析是一种有效的工具。每个应用领域都有一种或几种普遍公认的把概括性的产品描述转变为有形的可交付成果的方法。产品分析技术包括产品分解、系统分析、需求分析、系统工程、价值工程和价值分析等。

3. 备选方案生成

备选方案生成，即制订尽可能多的潜在可选方案的技术，用于识别执行项目工作的不同方法，可用的方法有各种通用的管理技术，如头脑风暴法、横向思维等。

项目范围定义的主要方法与技术除了以上三种外，还有引导式研讨会等。

3.4.3 项目范围定义的成果

1. 更新的项目范围说明书

更新的项目范围说明书，也称为详细项目范围说明书，是在初步项目范围说明书的基础上进一步细化和制定的，它更加详细地说明了项目产出物或可交付物及相关项目工作的要求。

2. 更新的项目范围管理计划

更新的项目管理计划，是根据范围定义所得信息，对在前面制订的项目范围管理计划所进行的必要修订或更新。它主要是对项目产出物或项目工作范围的更新，对项目产出物和项目工作配置关系的更新，以及由于项目范围变动所引起的项目成本、时间和质量等方面的更新。

3. 项目文件更新

根据项目范围定义，对相关项目文件进行修订或更新。

3.5 项目范围分解

项目范围分解的过程，即是创建 WBS 的过程，就是把项目工作和项目的主要可交付成果划分为较小的、更容易管理的许多组成部分的过程。其主要作用就是通过分解技术对所要交付的内容提供一个结构化的视图。

3.5.1 项目范围分解的依据

（1）范围管理计划。

（2）需求文件。

（3）项目范围说明书。

（4）环境制约因素。

（5）历史资料。

3.5.2 项目范围分解的主要方法与技术

（1）专家判断。

（2）项目工作分解法。常用的项目工作分解法是工作分解结构法，就是按一定的关系将项目分为可管理的工作单元，它先将一个项目分解为数个子项目，每个子项目再逐级分解成相对独立的小的工作单元，并确定每个工作单元的任务及其从属的工作（或活动）的项目分解技术。工作分解结构是以可交付成果为导向的工作层级分解，其分解的对象是项目团队为实现项目目标、提交所需可交付成果而实施的工作。工作分解结构每下降一个层次就意味着对项目工作更详尽的定义。工作分解结构组织并定义项目的总范围，代表着现行项目范围说明书所规定的工作。

需要注意的是，每个项目并非只有一种正确的项目工作分解结构而可能有多种可行的项目工作分解结构，所以项目团队应当结合项目实际情况，选择最满意的项目工作分解结构。

3.5.3 项目范围分解的成果

（1）项目范围基准。项目范围基准是项目管理计划的重要组成部分，主要包括正式批准的项目范围说明书、项目工作分解结构以及项目工作分解结构词典。

正式批准的项目范围说明书，一般项目范围说明书应当由项目实施和组织方与客户或业主方双方或多方共同确认并批准，只有批准后的项目范围说明书才能作为项目范围基准。如果在项目规划或项目范围分解过程中对项目范围进行变更，也必须将通过正式的变更控制程序批准后的变更纳入项目范围说明书，使之更新，具体如表 3-2 所示。

表 3-2 工作分解结构样例

WBS 词典									
项目名称：					准备日期：				
工作包名称：					账户代码：				
工作描述：					假设条件和制约因素：				
里程碑： 1. 　　2. 　　3.					到期日：				
编号	活动	资源	人工			材料			总价
			小时	单价	合计	数量	单价	合计	
质量需求：									
验收标准：									
技术信息：									
合同信息：									

项目工作分解结构词典（Work Breakdown Structure Dictionary，WBSD），是对项目工作分解结构中各个部分的详细说明，而且是将项目工作分解结构中的各个要素与各工作包按照逐个单列词条的方式进行说明的文件。针对每个 WBS 组件，详细描述可交付成果、活动和进度信息。

（2）更新的项目范围管理计划。如果在创建工作分解结构过程中有涉及项目范围管理计划的已经批准的变更请求，则须将批准的变更纳入其中。

（3）更新的项目文件。

3.5.4   创建项目工作分解结构

项目工作分解结构是项目所有计划和控制工作的基础，也是考核项目完成情况的依据，因此，如果项目团队在项目规划阶段遇到困难，无法编出 WBS，一般不要再开始接下来的其他项目规划工作，更不要开始实施工作。

（1）创建项目工作分解结构的步骤。项目工作分解结构创建的主要步骤如下：

第一，识别主要的项目要素或项目可交付成果。

第二，确定工作分解结构的分解与编排方法。

第三，按项目要素的构成分解，按详细程度顺序列出分解任务，不断分解，直到所有有意义的任务或工作包都已被识别。

第四，为 WBS 组件制定和分配标识编码。

第五，核实项目分解的准确性。所有工作包信息应该和负责实施或支持该工作的个人或组织一起进行审查，确定底层对项目分解是否必要，每项定义是否完整，每项编制是否恰当，每项职责分配是否恰当等。

第六，进行项目绩效度量和责任分配。对每个工作包，列出负责每项工作的人员和机构，构建一个责任表，也叫责任矩阵，既能显示谁负责什么，也能显示需要特殊管理协调的单位之间的重要接口或界面。责任分配矩阵是将所分解的工作任务落实到项目有关部门或个人，并明确表示出他们在组织中工作的关系、责任和地位的一种方法和工具，具体的内容见后面 5.2.3 节中角色和职责的分配。

（2）项目工作分解结构的可视化形式。项目工作分解结构的可视化形式主要有树形图、列表法和气泡图三种，各种形式的具体做法如下。

树形图是最常见的表现形式，即将项目工作分解结构图绘制成树形图状。其优点是直观、层次分明，缺点是不易修改。对于中小型项目，树形图能够展示项目的全貌，故应用广泛，但对于大型和特大型项目来说，一张图纸很难完成，只能采用各个分系统图来表示，具体如图 3-3 所示，图中数字是一种不等长度的 WBS 编码方式。

列表法即以列表形式来展示项目工作分解结构。项目工作结构分解表可以单独使用，也可以与树状结构图配合使用，它也是项目工作结构分析的常用工具，比如三峡建设这样的大项目，可以印制三峡项目的 WBS 手册。手册就需要采用列表的形式表示，但列表法往往由于项目较大，分解内容较多，不够在一张列表中全面、直观地展示全貌。

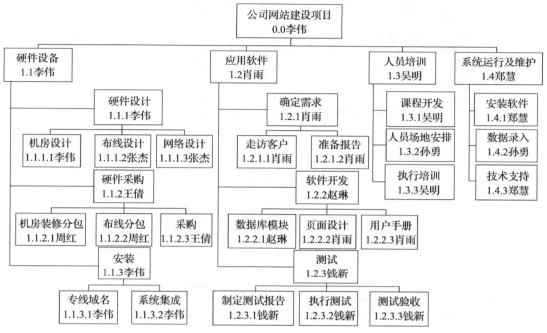

图 3-3　某公司网站建设项目工作分解结构图

气泡图的优点是修改添加比较容易，缺点是不够直观，较难反映项目全貌，具体如图 3-4 所示。

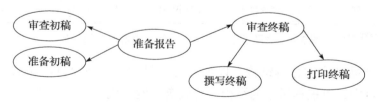

图 3-4　项目工作分解结构气泡图

（3）创建项目工作分解结构的方法。根据项目要素的工作结构，分解方法有以下几种。

一是基于成果（任务）的分解结构，如飞机系统软件开发项目，可按项目完成后提交给客户的结果分为程序、用户手册、培训教材，具体参考图 3-5。

二是基于工作过程（阶段）的分解结构，按项目实施过程，可以把项目管理划分为规划、实施、运行等过程；按管理工作过程，将整个项目管理分解为预测、决策、计划、实施控制等，也可按项目专业工作的实施过程进行划分。如软件产品开发项目，可按实施顺序分为项目管理、项目需求、详细设计、构建、整合与测试几大块，具体可参考图 3-6。

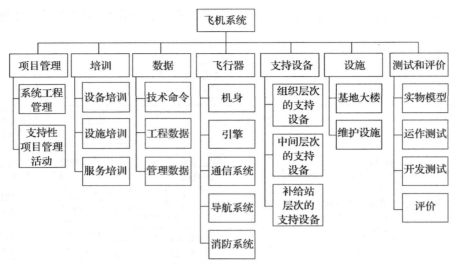

图 3-5 项目工作分解结构示例：以主要可交付成果为第一层

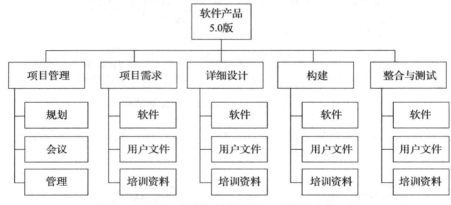

图 3-6 项目工作分解结构示例：以阶段为第一层

三是基于产品结构的分解结构，以项目可交付成果，即项目产品的结构进行分解，如轿车开发项目中，可根据轿车的结构分为底盘、发动机、车身、内饰、电控系统。

四是基于组织的职责分配的分解结构，例如，在一个项目中，市场部负责前期调查及可行性分析，工程部负责设计开发，采购部负责供应商的选取与材料采购，生产部负责样件制造，质量部负责测试和质量控制等，具体参考图 3-7。

五是基于功能区间的分解结构，如按平面或空间位置进行分解，如一栋办公楼，可分为办公室、展览厅、会议厅、停车场、交通、公用区间等。

另外，面向项目整体的工作结构分解方法有以下三种：

第一，自上而下法（Top-down），从项目的目标开始分解得到项目产出物，再向下一层分解给出项目可交付物，最下一层分解给出项目工作包。

第二，自下而上法（Bottom-up），让项目组成员一开始尽可能确定与项目有关的各项具体任务，然后将各项具体任务进行整合，并归到一个整体活动或 WBS 的上一级内容中。

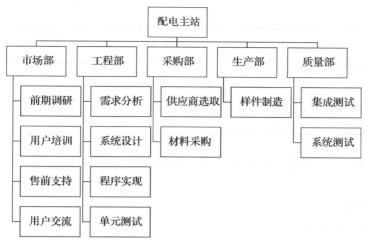

图 3-7　项目工作分解结构示例：以组织分解为第一层

　　第三，工作分解结构模板法，就是指人们借助项目所属专业技术领域中的标准化或通用化的项目工作分解结构模板，结合项目具体要求通过增删而得到项目工作分解结构的方法。采用这种方法，首先要选择和确定所需要使用的项目工作分解模板。项目团队可以借用所属专业技术领域和行业的标准化或通用化的项目工作分解结构模板，也可以使用某个类似的历史项目工作分解结构作为模板，甚至可以专门设计和定制一个项目工作分解的模板。其次要根据具体项目要求进行工作增删。在选定项目工作分解结构模板后，项目团队就需要根据具体的情况、要求和条件，通过增加或删除一些项目工作包而创建新项目的工作分解结构。最后要对项目工作分解结构进行分析、优化和检验。

　　（4）创建项目工作分解结构。项目工作分解结构主要是对所要交付的内容提供一个结构化的视图，清楚展示所有工作，明确具体的任务及其关联关系，具体参考图 3-8。项目工作分解结构的要素包括层次结构、编码设计、设计报告三部分。

　　项目工作分解通常是按照一定层次进行的，如项目、子项目、任务、子任务……工作包。一般分解为 4 ～ 6 层比较合适，不宜超过 6 层。底层是管理项目所需的最底层次的信息，要求能满足用户对交流或监控的需要。结构内的层次不必建得太多，因为层次太多不易进行有效的管理。一般正常情况下每个工作包可以在不超过 80 个小时内完成工作（即 80 小时规则），所需要的资源、时间、成本等已经可以比较准确地估算，可以对其进行有效的时间、成本、质量、范围、风险等的控制。若准备把项目某部分工作外包出去，则相关的项目工作分解结构由承包者来细分，常见的工作包说明表的格式如表 3-3 所示。

表 3-3　常见的工作包说明表的格式

项目名：	工作包编码：		日期：
子项目名：			版次：
工作包名称：			
结果：			

（续）

前提条件：		
工程活动（或事件）		
负责人：		
费用：	其他参加者：	工期：
计划：		计划：
实际：		实际：

编码设计即在对项目进行分解后，要对所分解的内容按层级进行编码，编码时要遵循如下原则：

第一，编码的唯一性。

第二，编码的科学性。

第三，编码的可扩充性。

第四，编码的合理性，便于查询、检索和汇总。

第五，反映特定项目的特点和需要。

项目工作分解结构的设计报告的基本要求是以项目活动为基础产生所需的实用管理信息，而不是为职能部门产生其所需的职能管理信息或组织的职能报告，即报告的目的是要反映项目到目前为止的进展情况。通过这个报告，管理部门将能判断和评价项目各方面是否偏离了目标、偏离了多少，图 3-8 中的数字是一种等长度的 WBS 分组编码方式。

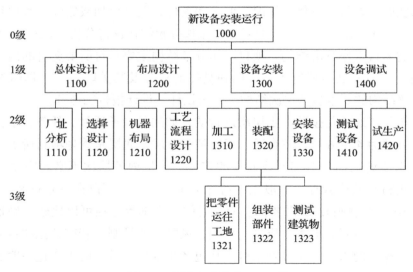

图 3-8　新设备安装的 WBS 图

（5）项目工作分解结构创建中应遵循以下几个原则。

第一，完整且各要素相互独立。工作分解结构应当包含项目管理活动，各层次上保持项目内容的完整性，不能遗漏任何必要的组成部分。项目的所有工作都必须包含在 WBS 中，不包含在其中的任何工作都不是项目的组成部分，都不能做，否则就是"镀金"，且子要素之和必须 100% 等于上层的母要素。同时，一个项目单元只能从属于某一个上层单元，不能同时交叉从属于两个上层单元。

第二，相同层次的项目单元应用相同的性质。例如，某一层次是按照实施的过程进行分解的，则该层次的单元均应表示实施过程，而在并列的单元中，不能有的表示过程，有的表示中间产品，有的表示专业功能，这样容易造成混乱。

第三，分解后的任务应该是可管理的、可定量检查的、可分配任务的、独立的。项目单元应能区分不同的责任者和不同的工作内容，项目单元应有较高的整体性和独立性，单元之间的工作责任应尽可能明确，界面应尽可能小，这样就会方便项目目标和责任的分解与落实，便于进行成果评价和责任的分析。最底层的工作包应该是一个明确的可交付成果，这个可交付成果应该建立准确的、可被测量的检验标准，以便各工作包的承担者都能明确自己的任务、努力的目标和应承担的责任。

第四，要统一编码。分解出的项目结构应有一定的弹性，能方便地扩展项目的范围、内容和变更项目的结构。

第五，活动用"动名词"的形式来描述。项目工作分解结构中的每个单元尽可能用"动名词"的形式来描述。不要把项目工作分解结构变成物品清单。项目工作分解结构可以不考虑活动之间的先后顺序。

3.6　项目范围确认

项目范围确认是指项目相关利益主体（项目业主／客户、项目发起人／委托人、项目实施组织或项目团队等）对于项目范围的正式认可和接受的工作，即正式验收已完成的项目可交付成果的过程。学习项目范围确认，可以使验收过程具有客观性；同时通过验收每个可交付成果，提高最终产品、服务或成果获得验收的可能性。

3.6.1　项目范围确认的依据

（1）项目管理计划。项目管理计划包括范围管理计划和范围基准。其中，范围管理计划定义了项目已经完成可交付成果的正式验收程序。范围基准包含批准的范围说明书、工作分解结构和相应的工作分解结构词典。只有通过正式的变更控制程序才可对范围基准进行变更。

（2）需求文件。需求文件列出了全部项目需求、产品需求及对项目和产品的其他类型的需求，以及项目的验收标准。

（3）需求跟踪矩阵。

（4）核实的可交付成果。核实的可交付成果是指已经完成，并被控制质量过程检查为正确的可交付的成果。

（5）工作绩效数据。项目范围确认所需要的绩效数据可能包括符合需求的程度、不一致的数量、不一致的严重性或在某时间段内开展的确认的次数等。

3.6.2　项目范围确认的方法与技术

1. 群体决策技术

当由项目团队和其他相关方进行确认时，可以使用这些群体决策技术来达成一致的结论。

2. 检查

检查即是开展测量、审查与确认等活动，来判断工作和可交付成果是否符合需求和产品验收标准。项目范围确认主要使用核检清单法，这种方法主要核检两个方面的内容，即项目范围核检表和项目工作分解结构核检表。

3.6.3　项目范围确认的成果

1. 验收的可交付成果

符合验收标准的可交付成果应该由客户或发起人正式签字批准。项目范围确认的结果是对项目范围定义工作的接受，同时还要编制经项目相关方确认并已经接受的项目范围定义和项目阶段性工作成果的正式文件。这些文件应该分发给有关的项目相关方。如果项目范围没有被项目相关方确认，则项目或项目阶段立即宣告终止。

2. 变更请求

对已经完成但未通过正式验收的可交付成果及其未通过验收的原因，应该记录在案，并提出适当的变更请求，以便进行缺陷补救。变更请求应该由实施整体变更控制过程审查与处理。

3. 项目文件更新

作为核实范围过程的结果，可能需要更新的项目文件包括定义产品和报告产品完成情况的任何文件。

3.7　项目范围控制

项目范围控制，是指监督项目和产品的范围状态、管理范围基准变更的过程。在项目的实施过程中，项目范围这个"圈"的边界有可能会出现模糊、扩大的现象，这些扩大和模糊的部分会给项目带来风险，具体可参考图 3-9。项目团队应当采取措施保持在整个项目期间对范围基准的维护。

引起项目范围变更的原因有很多，主要有如下几个方面：

（1）项目外部环境发生变化（新法规、新产品等）。

（2）项目范围的初始规划不周，有错误或遗漏。

（3）出现新技术、手段或方案。

（4）项目实施的组织本身发生变化。

（5）项目业主对项目、项目产品的要求发生变化。

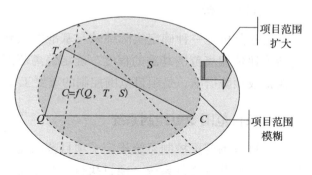

图 3-9　项目范围控制示意图

注：S 表示项目范围，T 表示工期，Q 表示质量，C 表示成本。

3.7.1　项目范围控制的依据

1. 项目管理计划

项目管理计划是有关项目范围总体管理与控制的计划文件。项目管理计划可以用于项目范围控制的主要有范围基准、范围管理计划、变更管理计划、配置管理计划、需求管理计划等。

2. 需求文件

需求应明确、可跟踪、完整、相互协调且得到主要相关方的认可。记录完好的需求文件便于发现任何对批准的项目或产品范围的偏离。

3. 工作绩效数据

工作绩效数据一般包括两类信息或资料：一是项目的实际完成资料，二是有关项目范围、工期计划和成本预算的变更信息。

4. 组织过程资产

可用于项目范围控制的组织过程资产主要包括现有的、正式的和非正式的，与范围控制相关的政策、程序和指南；可用的监督和报告的方法与模板等。

3.7.2　项目范围控制的方法与技术

1. 绩效测量

绩效测量技术可以帮助项目团队评估发生偏差的程度，分析导致偏差的原因，并且做出相应的处理，一般包括偏差分析、绩效审查、趋势分析等技术。

2. 偏差分析

偏差分析是一种确定实际绩效与基准的差异程度及原因的技术。可利用项目绩效测量结果评估偏离范围基准的程度。确定偏离范围基准的原因和程序，并决定是否需要采取纠正或预防措施，是项目范围控制的重要工作。

3. 项目范围变更控制系统

项目范围变更控制系统规定了项目范围变更的基本控制程序、控制方法和控制责任等，它包括范围文件系统、项目执行跟踪系统、偏差系统、项目范围变更申请和审批系统等，具体可参考图 3-10。根据范围的变动随时调整、补充原有的项目工作分解结构图，并以此为基础，调整、确定新项目计划，根据新的项目计划的要求，对项目范围的变更进行控制。

3.7.3 项目范围控制的成果

（1）工作绩效信息。本过程的工作绩效信息是有关项目范围实施情况的、相互联系且与各种背景相结合的信息，包括收到的变更的分类、识别的范围偏差和原因、偏差对进度和成本的影响，以及对将来范围绩效的预测。这些信息是制定范围决策的基础，需要记录下来并传递给相关方。

（2）变更请求。通过对项目范围工作绩效的分析，可导致对范围基准或项

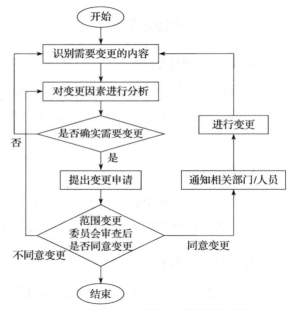

图 3-10 项目范围变更控制流程图

目管理计划其他组成部分提出变更请求。项目范围变更会涉及成本、进度、质量和其他目标的调整，变更请求应当经过实施整体变更控制过程的审查和处理。

（3）项目管理计划的更新。如果批准的变更请求会对项目范围或项目管理计划其他组成部分产生影响，项目范围变更后，必须根据范围变更文件相对应的范围说明书、工作分解结构及工作分解结构词典重新修订和发布，以反映这些批准的变更。

（4）项目文件更新。

（5）组织过程资产更新。可能更新的组织过程资产主要包括各种变更的原因、选择纠正措施的理由及从范围变更控制中得出的经验教训等，这些均需要用书面形式记录下来。

◈ 复习思考题

■ 案例分析 1

项目经理小张负责整个项目的管理工作。小张根据合同和项目章程对 K 企业的负责人和他的领导进行了访谈，了解了 K 企业负责人及领导对项目的期望和项目的初始范围。通过这些调研，小张认为整个项目可以明确地划分为两个子项目：网络环境建设和系统软件开发。于是，小张分解出了初始项目 WBS，如图 3-11 所示。

项目团队中的王工负责软件系统需求的编写工作，所以小张让王工根据经验继续分解需求工作，得到需求工作的 WBS。同样，小张让负责设计的李工和负责网络建设的陈工也分解对应的工作包。在王工、李工和陈工提交了分解结果后，小张认为王工分解的 WBS 存在问题，一些工作包缺乏清晰的定义，工作包缺少交付物，且不能判断是否完成了该工作，故让王工修改后重新提交。

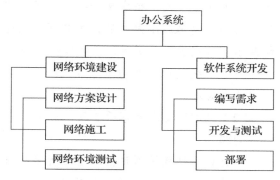

图 3-11　初始项目 WBS

针对第三方评测的事情，小张认为合同中规定的范围不明确，没有指定第三方评测工作由谁来承担。因此，小张就此问题同 K 企业的负责人进行了沟通。通过沟通，双方确定在项目提交工作产品 3 天内，K 企业负责组织第三方机构来对交付的软硬件系统进行评测，项目团队需要配合第三方机构完成整个评测工作。小张整理了"关于×××系统第三方机构评测计划备忘录"的文档，并发给 K 企业的负责人确认，同时将配合第三方机构进行评测的工作加入项目的 WBS 中。

问题

1. 请描述创建项目的 WBS 的一般过程。
2. 小张认为王工分解的 WBS 存在一些问题，请描述创建项目 WBS 时应注意的事项。
3. 请从项目范围管理的角度评价小张对于"第三方机构评测工作"所做的工作。

■ 案例分析 2

2020 年 3 月系统集成商 BXT 公司承担了某市电子政务三期工程，合同金额为 5 000 万元，全部工期预计 6 个月。

该项目由 BXT 公司执行总裁涂总主管，小刘作为项目经理具体负责项目的管理，BXT 公司总工程师老方负责项目的技术工作，刚毕业的大学生小吕负责项目的质量保证。项目团队的其他 12 个成员分别来自公司的软件产品研发部、网络工程部。来自软件产品研发部的人员负责项目的办公自动化软件平台的开发，来自网络工程部的人员负责机房、综合布线和网络集成。

总工程师老方把原来类似项目的解决方案直接拿来交给了小刘，而 WBS 则由小刘自己依据以往的经验进行分解。小刘依据公司的计划模板，填写了项目计划。项目的验收日期是合同里规定的，人员是公司配备的，所以进度里程碑计划是从验收日期倒推到启动日期分阶段制订的。在该项目计划的评审会上，大家是第一次看到该计划，在改了若干个错别字后，就匆忙通过了该计划。该项目计划交到负责质量保证的小吕那里，小吕看到计划该填的内容都填了，格式也符合要求，就签了字。

在需求分析时，项目团队制作的需求分析报告的内容比合同的技术规格要求更具体、更细致。小刘把需求文档提交给了甲方联系人审阅，该联系人也没提什么意见。在项目启动后的第二个月月底，甲方高层领导来到开发现场听取项目团队的汇报并观看系统演示，看完后很不满意，具体提出如下意见：

（1）系统演示出的功能与合同的技术规格要求不一致，最后的验收应以合同的技术规格要求为准。

（2）进度比要求的落后 2 周，应加快进度赶上计划……

问题

1. 你认为造成该项目出现上面所述问题的原因是什么？

2. 项目经理小刘应该如何科学地制定该项目的 WBS（说明 WBS 的制定过程）？如何在项目的执行过程中监控项目的范围（说明 WBS 的监控过程）？

3. 项目经理小刘应该如何科学地检查及控制项目的进度执行情况？

模板与样例

附件一：需求跟踪矩阵

需求跟踪矩阵								
项目名称								
成本中心								
项目描述								
编号	关联编号	需求描述	业务需要、机会、目的、目标	项目目标	WBS 可交付成果	产品设计	产品开发	测试用例
001	1.0							
	1.1							
	1.2							
	1.2.1							
	1.2.2							
002	2.0							
	2.1							
	2.1.1							
	2.1.2							

（续）

编号	关联编号	需求描述	业务需要、机会、目的、目标	项目目标	WBS 可交付成果	产品设计	产品开发	测试用例
003	3.0							
	3.1							
	3.2							
004	4.0							
005	5.0							

附件二：项目范围说明书样例

【样例 1】 约翰房屋项目范围说明书

约翰房屋项目范围说明书

项目目标：5 个月内成本不超过 15 万美元的情况下构造高质量的房屋。

可交付物：一座 2 200 平方英尺[⊖]、2 个浴室和 3 个房间的完工房屋；一个完工的车库；厨房用具，包括电炉、烤箱、微波炉和洗碗机等。

里程碑：

（1）批准许可：3 月 5 日。

（2）浇灌地基：3 月 14 日。

（3）框架、水管、电力和通过机械检查：5 月 25 日。

（4）最后检查：6 月 7 日。

技术要求：

（1）房屋必须满足地方建筑标准。

（2）所有门窗必须通过 NFRC40 能量分级检验。

（3）结构必须通过地震稳定性标准。

（4）车库必须可容纳两辆大型汽车。

限制和排除：

（1）房屋必须根据客户提供的规格说明和原始蓝图设计建造。

（2）业主负责风景。

（3）冰箱不包括在厨房设备内。

（4）现场工作限制在从星期一到星期五早上 8 点到下午 6 点。

【样例 2】 ××立交桥改扩建工程范围说明书

二环路某立交桥改扩建工程范围说明书

项目名称：二环路某立交桥改扩建

项目经理：×××

项目发起人：市政工程公司

项目论证：

⊖　1 平方英尺 = 0.092 903 0 米²。

二环路某立交桥建成于20世纪70年代末。自1990年以来，迅速增长的交通量远远超过了该桥的设计能力，使其成为二环路最拥堵的结点之一，成为制约交通情况改善的瓶颈。经过反复论证和报市政府审批后，市政工程公司决定将该立交桥的改扩建作为二、三环改建工程的一个组成部分。

项目产品：

（1）在旧桥的原位上建成一座三层走向型立交桥。

（2）将二环路主路机动车道由原来双向六车道拓宽为双向十车道。

（3）完成立交桥区的综合地下管线等多项改造。

项目可交付成果：

（1）拆除旧桥。

（2）新桥上层有三座匝道桥。

（3）新桥中层有东西向跨线主桥和南、北辅桥。

（4）新桥下层将二环路主路机动车道由原来的双向六车道拓宽为双向十车道。

（5）完成新建桥区的地下管线和地下构筑物的改扩建。

（6）完善周边路网及该桥相关的辅助系统、交通设施、照明及绿化等配套工程。

附件三：中国铁塔某分公司新建铁塔项目

工作分解结构词典

（版本号：1.0）

基本信息				
项目名称	连城城区童子巷基站新建铁塔项目		项目经理：林经理	
编制者			日期：2019-04-16	
WBS 编号	工作包名称	工作描述	质量要求	负责
	项目工作概述	一般包括立项、选址、勘查、设计、施工、验收、结（决）算及审计等	1. 满足运营商提出的建站需求；验收和成功交付 2. 工程质量满足设计和施工验收规范要求	区域经理
1.0.0	规划设计	选址、立项、可研、勘查、设计等	满足立项、可研报告及规范要求	
1.1.0	确定需求	1. 接受运营商提出的建站需求 2. 明确运营商提出的技术指标	1. 满足经纬度建站需求 2. 满足运营商提出的天线挂高、机房使用面积、电力容量等技术指标	运营主管
1.2.0	基站选址	1. 组织人员进行现场选址 2. 与业主洽谈，场地租赁协议的签订 3. 确定站址的具体位置、接电方式等	1. 基站选址满足经纬度要求，偏差在允许范围内 2. 基站选址满足通信网络安全性要求	区域经理
1.3.0	立项批复	1. 按照建设程序进行立项并批复 2. 确定基站建设形式以及工程投资 3. 按照招标结果派发任务订单	1. 满足上级部门的批复要求 2. 确定工程投资估算并进行限额设计	运营主管

（续）

WBS 编号	工作包名称	工作描述	质量要求	负责
1.4.0	地质勘查	1. 组织人员、机械现场钻孔取土样 2. 进行土样实验，确定技术指标 3. 出具地质勘查报告	1. 勘查施工满足国家规范要求 2. 地质勘查深度满足技术规范书要求	区域经理
1.5.0	设计会审	与运营商确定实施方案	满足规划要求	区域经理
1.6.0	施工图设计	1. 设计铁塔（含基础）施工图 2. 设计一体化机柜施工图 3. 设计一体化机柜设备工艺图 4. 确定市电引入的设计方案	1. 土建设计满足国家强制性标准 2. 设计满足国家行业规范标准 3. 设备工艺图满足使用要求 4. 市电引入满足容量使用等要求	区域经理
2.0.0	项目采购	订单确认、线上、线下、到货确认	符合集团及省公司采购标准	运营主管
2.1.0	订单确认	根据设计要求确定采购订单推送运营平台	运营平台接受订单并进行采购	运营主管
2.2.0	线上采购	铁塔	1. 符合国家标准、集团要求 2. 满足安装、质量、安全标准	运营主管
2.3.0	线下采购	甲供材及相应服务	1. 符合国家标准、集团要求 2. 满足安装、质量、安全标准	运营主管
2.4.0	到货确认	收货并进行现场验收	到货符合采购技术标准，种类、数量、外观、质量符合要求到达指定地域	区域经理
3.0.0	实施阶段	塔基、一体化机柜、市电、铁塔、电源设备等	满足设计及施工验收规范要求	区域经理
3.1.0	铁塔基础实施	1. 铁塔基础包括钻孔开挖、钢筋绑扎、预埋件安装、混凝土浇筑、避雷接地、二次浇注等工作内容 2. 依监理规范对施工单位监督管理 3. 技术资料及影像资料的收集整理	1. 土建施工满足设计图纸要求 2. 土建施工满足施工验收要求 3. 满足通信工程施工安全操作规定要求	区域经理
3.2.0	铁塔安装实施	1. 完成铁塔构件的工厂化制作 2. 铁塔现场安装 3. 铁塔基础强度经养护达到要求 4. 走线架、接地网的安装 5. 按照监理规范进行监理实施	1. 铁塔生产、安装满足设计图纸要求 2. 铁塔安装满足施工验收要求 3. 满足通信工程施工安全操作规定要求 4. 要求材料合格证及人员证件齐全	区域经理

（续）

WBS 编号	工作包名称	工作描述	质量要求	负责
3.3.0	市电引入实施	1. 完成市电引入的报装手续 2. 确定市电引入的路由及敷设形式 3. 完成外电引入及机房电源接入 4. 协调市电引入接火入网 5. 按照监理规范进行监理实施 6. 技术资料及影像资料的收集整理	1. 施工满足国家电气验收规范要求 2. 电力电压满足运营商提出的使用要求 3. 满足通信工程施工安全操作规定要求	区域经理
3.4.0	电源设备安装	1. 电源、设备的到货验收 2. 一体化机柜内设备安装及调测 3. 按照监理规范进行监理实施 4. 技术资料及影像资料的收集整理	1. 设备安装满足设计图纸要求 2. 设备安装满足施工验收规范要求 3. 满足通信工程施工安全操作规定要求	区域经理
4.0.0	验收阶段	一般包括内部验收和验收交付	1. 施工满足设计图纸要求 2. 施工满足国家验收规范 3. 验收满足工艺使用要求 4. 竣工技术资料整理归档齐全	区域经理
4.1.0	内部验收	1. 工程完工后施工单位自检 2. 自检合格后进行内部预验收	1. 施工满足设计图纸要求 2. 施工满足国家验收规范 3. 验收满足工艺使用要求 4. 竣工技术资料整理归档齐全	区域经理
4.2.0	验收交付	1. 联合运营商验收 2. 内部预验收合格后联合运营商验收 3. 签订验收交付表	1. 施工满足设计图纸要求 2. 施工满足国家验收规范 3. 验收满足工艺使用要求	区域经理
5.0.0	审计阶段	1. 工程完工，完成设计工作量 2. 工程质量验收合格 3. 完成竣工技术资料编制整理	1. 达到设计图纸的要求；工程质量达标，满足规范要求 2. 可以满足网络需求，运行顺畅	区域经理
5.1.0	竣工结算	1. 完成设计图纸工作量 2. 工程质量验收合格 3. 技术资料齐全 4. 完成工程量结算表的编制 5. 审计单位出具审计报告	1. 工程质量满足设计及规范要求 2. 工程量及定价依据满足合同及招标定价要求	区域经理
5.2.0	竣工决算	1. 完成结算审计 2. 完成工程终验报告 3. 完成工程量决算表的编制 4. 审计单位出具审计报告	1. 工程试运行 3 个月达到合理期限 2. 工程质量满足使用要求	区域经理
5.3.0	后评估	1. 完成项目评估 2. 完成供应商评估	1. 项目在规定时限内完成建设，符合规范标准 2. 根据供应商供货质量、周期、服务完成评价	区域经理

第4章
CHAPTER 4

项目的相关方管理

§ **本章的内容**

- 相关方的概念
- 相关方管理过程分析
- 识别相关方
- 规划相关方管理
- 管理相关方参与
- 监督相关方参与
- 复习思考题

4.1　相关方的概念

项目相关方是其利益会受项目活动或结果正面或负面影响的个人、群体或组织，以及能对项目活动或结果施加正面或负面影响的个人、群体或组织。简单来说，影响或者受项目影响的人，都是项目的相关方。PMBOK 对项目相关方的划分如图 4-1 所示。

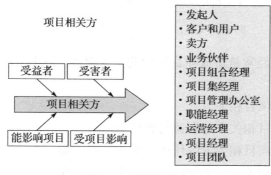

图 4-1　项目相关方

从项目实施组的角度考虑，主要有组织内部的相关方、客户方的相关方、管理职能的其他外部相关方，以及影响或者受影响较弱的其他相关方，比如组员的家人、项目现场临边的居民。

相关方影响的方面主要有资金、范围、限制、环境、绩效评定、验收等，几乎覆盖全部管理过程，离开了相关方，项目将偏离预期目标。对客户方的相关方，主要会影响资金、范围、参与和支持、验收等方面，做好了客户方的相关方的管理，也就做好了60%的相关方管理工作。

项目相关方管理的发展趋势和新兴实践包括：

（1）识别所有相关方，而非在限定范围内。

（2）确保所有团队成员都涉及引导相关方参与的活动。

（3）定期审查相关方社区，往往与单个项目风险的审查并行开展。

（4）应用"共创"概念，咨询最受项目工作或成果影响的相关方，其重点是将团队内受影响的相关方视为合作伙伴。

（5）关注与相关方有效参与程度有关的正面及负面价值。正面价值是相关方（尤其是强大相关方）对项目积极支持所带来的效益；负面价值是因相关方未有效参与而造成的真实成本，包括产品召回、组织信誉损失或项目信誉损失。

4.2　相关方管理过程分析

项目相关方管理贯穿项目启动、规划、执行、监控、收尾的全过程，如图 4-2 所示，具体涉及：识别能影响项目或受项目影响的全部人员、群体或组织；分析相关方对项目的期望和影响；制定合适的管理策略来有效调动相关方参与项目决策和执行。

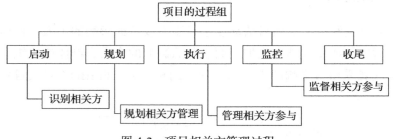

图 4-2　项目相关方管理过程

相关方管理做得不好，经常是造成项目失败的主要原因。项目相关方管理遵循以下几个基本原则：

（1）需要识别出全部的项目相关方。

（2）需要考虑全部的项目相关方的利益与影响力。

（3）需要充分发挥全部项目相关方的作用来保证项目成功。

（4）应该尽早面对负面相关方，如同面对正面相关方一样。

（5）应该充分利用相关方的知识与技能。

4.3　识别相关方

识别相关方是识别能影响项目决策、活动或结果的个人、群体或组织，以及被项目决策、活动或结果所影响的个人、群体或组织，并分析和记录他们的相关信息的过程。

本过程的主要作用是，帮助项目经理建立对各相关方或相关方群体的适度关注。项目相关方是积极参与项目，或其利益可能受项目实施或完成的积极或消极影响的个人和组织，如客户、发起人、执行组织和有关公众（积极参与项目或可能从项目的执行或完成中受益或受害的公众）。他们也可能对项目及其可交付成果施加影响。识别相关方过程的主要工作如图 4-3 所示。

相关方在项目开始阶段，对项目的影响力比较大，随着项目的进展，相关方对项目的影响力会变小，所以应尽早识别相关方。相关方对项目的影响如图 4-4 所示。

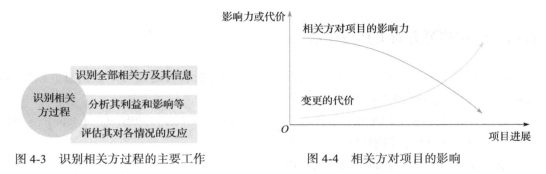

图 4-3　识别相关方过程的主要工作　　　　图 4-4　相关方对项目的影响

4.3.1　识别相关方的输入

（1）项目章程。可提供与项目有关的、受项目结果或执行影响的内外部各方的信息，如项目发起人、客户、团队成员、项目参与小组和部门，以及受项目影响的其他个人或组织。

（2）商业论证和收益管理计划。它们是项目相关方信息的来源。

1）商业论证可用于确定项目目标以及受项目影响的相关方的最初清单。

2）收益管理计划描述了如何实现商业论证中所述收益。它可能指出将从项目成果交付中获益并因此被视为相关方的个人及群体。

（3）项目管理计划。在首次识别相关方时，项目管理计划并不存在。编制完成的项目管理计划的组件包括：

1）沟通管理计划，沟通与相关方参与之间存在密切联系，沟通管理计划中的信息是了解项目相关方的主要依据。

2）相关方参与计划，确定了用于有效引导相关方参与的管理策略与措施。

（4）项目文件。并非任何项目文件都可作为首次识别相关方的输入。然而，需要在整个项目期间识别相关方。项目经历启动阶段以后，将会生成更多项目文件，用于后续的项目阶段。可作为本过程输入的项目文件包括：

1）变更日志。可能引入新的相关方，或改变相关方与项目的现有关系的性质。

2）问题日志。所记录的问题可能为项目带来新的相关方，或改变现有相关方的参与类型。

3）需求文件。它可以提供关于潜在相关方的信息。

（5）协议。协议的各方都是项目相关方，还可涉及其他相关方。

（6）事业环境因素。能够影响识别相关方过程的事业环境因素包括：组织文化、政治氛围，以及治理框架；政府或行业标准（法规、产品标准和行为规范）；全球、区域或当地的趋势、实践或习惯。

（7）组织过程资产。组织过程资产包括：相关方登记册模板和说明；以往项目的相关方登记册；经验教训知识库，涉及与相关方偏好、行动和参与有关的信息。

4.3.2　识别相关方的工具与技术

（1）相关方分析。相关方分析是系统地收集和分析各种定量与定性信息，以便确定在项目中应该考虑哪些人的利益的过程。相关方利害关系如图 4-5 所示。

通过相关方分析，识别出相关方的利益、期望和影响，并把它们与项目的目的联系起来。利益相关方分类结果示意图如图 4-6 所示，图中 A、B、C、D、E、F、G、H 代表不同的利益相关方。

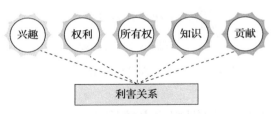

图 4-5　相关方利害关系

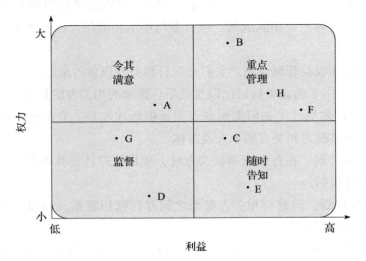

图 4-6　利益相关方分类结果

相关方分析通常应遵循以下步骤：

1）识别全部潜在项目相关方及其相关信息，如他们的角色、部门、利益、知识、期望和影响力。关键相关方通常很容易识别，包括所有受项目结果影响的决策者和管理者，如项目发起人、项目经理和主要客户。通常可对已识别的相关方进行访谈，来识别其他相关方，扩充相关方名单，直至列出全部潜在相关方。

2）分析每个相关方可能的影响或支持，并把他们分类，以便制定管理策略。在相关方很多的情况下，就必须对关键相关方进行排序，以便有效分配精力，来了解和管理关键相关方的期望。有多种分类方法可用，包括（但不限于）：①权力 / 利益方格，即根据相关方的职权（权力）大小及对项目结果的关注（利益）程度进行分类；②权力 / 影响方格，即根据相关方的职权（权力）大小及主动参与（影响项目）的程度进行分类；③影响 / 作用方格，即根据相关方主动参与（影响）项目的程度及改变项目计划或执行的能力（作用）进行分类；④凸显模型，即根据相关方的权力（施加自己意愿的能力）、紧急程度（需要立即关注）和合法性（有权参与），对相关方进行分类。

3）评估关键相关方对不同情况可能做出的反应或应对，以便策划如何对他们施加影响，提高他们的支持，减轻他们的潜在负面影响。

（2）专家判断。为确保识别和列出全部相关方，应该向受过专门培训或具有专业知识的组织或个人寻求专家判断和专业意见。

（3）会议。召开情况分析会议，交流和分析关于各相关方的角色、利益、知识和整体立场的信息，加强对主要项目相关方的了解。

4.3.3 识别相关方的输出：相关方登记册

相关方登记册是识别相关方过程的主要输出，用于记录已识别相关方的所有详细信息，包括（但不限于）：

（1）基本信息——姓名、职位、地点、项目角色、联系方式。

（2）评估信息——主要需求、主要期望、对项目的潜在影响、与生命周期的哪个阶段最密切相关。

（3）相关方分类——内部 / 外部，支持者 / 中立者 / 反对者等。

应定期查看并更新相关方登记册，因为在整个项目生命周期中相关方可能发生变化，也可能识别出新的相关方。

4.4 规划相关方管理

规划相关方管理是基于对相关方需要、利益及对项目成功的潜在影响的分析，制定合适的管理策略，以有效调动相关方参与整个项目生命周期的过程。本过程的主要作用是，为与项目相关方的互动提供清晰且可操作的计划，以支持项目利益。规划相关方管理的过程如图 4-7 所示。

为满足项目相关方的多样性信息需求，应该在项目生命周期的早期制订一份有效的计划；然后，随着相关方社区的变化，定期审查和更新该计划。在通过识别相关方过程明确最初的相关方社区之后，就应该编制第一版相关方参与计划，然后定期更新，以反映相关方社区的变化。会触发该计划更新的典型情况包括：

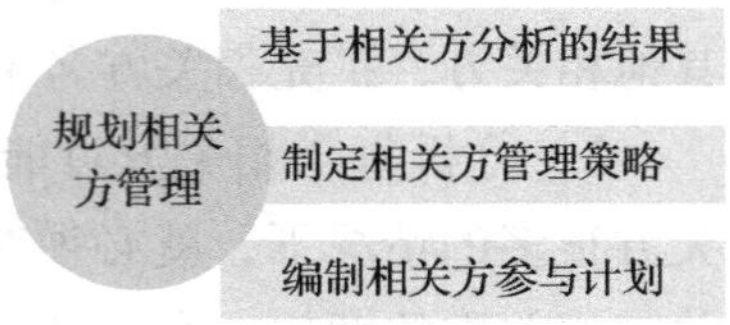

（1）项目新阶段开始。

（2）组织结构或行业内部发生变化。

（3）新的个人或群体成为相关方，现有相关方不

再是相关方社区的成员，或特定相关方对项目成功的重要性发生变化。

图 4-7　规划相关方管理的过程

（4）当其他项目过程（如变更管理、风险管理或问题管理）的输出导致需要重新审查相关方参与策略时，都可能导致已识别相关方的相对重要性发生变化。

4.4.1　规划相关方管理的输入

（1）项目章程。项目章程包含与项目目的、目标和成功标准有关的信息，在规划如何引导相关方参与项目时应考虑这些信息。

（2）项目管理计划。项目管理计划用于制订相关方管理计划的信息包括（但不限于）：项目所选用的生命周期及各阶段拟采用的过程；对如何执行项目以实现项目目标的描述；对如何满足人力资源需求，如何定义和安排项目角色与职责、报告关系和人员配备管理等的描述；风险管理计划，包含风险临界值或风险态度，有助于选择最佳的相关方参与策略组合；沟通管理计划，用于制定相关方管理的沟通策略以及用作实施策略的计划，既可作为项目相关方管理中各个过程的输入，又会收录来自这些过程的相关信息。

（3）相关方登记册。相关方登记册中的信息有助于对项目相关方的参与方式进行规划。

（4）协议。在规划承包商及供应商参与时，通常涉及与组织内的采购小组和（或）合同签署小组开展合作，以确保对承包商和供应商进行有效管理。

（5）事业环境因素。所有事业环境因素都是本过程的输入，因为对相关方的管理应该与项目环境相适应。其中，组织文化、组织结构和政治氛围特别重要，因为了解这些因素有助于制订最具适应性的相关方管理方案。

（6）组织过程资产。所有的组织过程资产都是本过程的输入。其中，经验教训数据库和历史信息特别重要，因为能够从中了解以往的相关方管理计划及其有效性。这些信息可用于规划当前项目相关方的管理活动。

4.4.2　规划相关方的工具与技术

（1）专家判断。为了创建相关方管理计划，应该向受过专门培训、具有专业知识或深入了解组织内部关系的小组或个人寻求专家判断和专业意见。

（2）会议。应该与相关专家及项目团队举行会议，以确定所有相关方应有的参与程度。这些信息可用于准备相关方管理计划。

（3）数据收集。适用于本过程的数据收集技术如标杆对照，是将相关方分析的结果与其他组织或项目的信息进行比较。

（4）数据分析。适用于本过程的数据分析技术包括：

1）假设条件和制约因素分析。可能需要该技术以合理剪裁相关方参与策略。

2）根本原因分析。开展根本原因分析，识别是什么根本原因导致了相关方对项目的某种支持水平，以便选择适当策略来改进其参与水平。

（5）决策。适用于本过程的决策技术如优先级排序或分级。应该对相关方需求以及相关方本身进行优先级排序或分级，具有大利益和高影响的相关方通常应该排在优先级清单的前面。

（6）数据表现。适用于本过程的数据表现技术包括（但不限于）：

1）思维导图。思维导图用于对相关方信息、相互关系以及他们与组织的关系进行可视化整理。

2）相关方参与度评估矩阵。相关方参与度评估矩阵用于将相关方当前参与水平与期望参与水平进行比较。相关方参与水平分类模板如表 4-1 所示。①不知晓型：不知道项目及其潜在影响。②抵制型：知道项目及其潜在影响，但抵制项目工作或成果可能引发的任何变更。此类相关方反对或不支持项目工作或项目成果。③中立型：了解项目，但既不支持，也不反对。④支持型：了解项目及其潜在影响，并且会支持项目工作及其成果。⑤领导型：了解项目及其潜在影响，而且积极参与以确保项目取得成功。

表 4-1　相关方参与水平分类模板

相关方	参与水平分类				
	不知晓型	抵制型	中立型	支持型	领导型
相关方 1	c_{11}			d_{14}	
相关方 2			c_{23}	d_{24}	
相关方 3				d_{34}	

在表 4-1 中，c_{ij} 代表相关方当前不同的参与水平，而 d_{ij} 是项目团队评估出来的、为确保项目成功所必不可少的参与水平（期望的）。应根据每个相关方的当前与期望参与水平的差距，开展必要的沟通，有效引导相关方参与项目。弥合当前与期望参与水平的差距是监督相关方参与过程中的一项基本工作。

4.4.3　规划相关方的输出

相关方管理计划是项目管理计划的组成部分，是为有效调动相关方参与而规定所需的管理策略。根据项目的需要，相关方管理计划可以是正式或非正式的，也可以是非常详细或高度概括的，模板如表 4-2 所示。

表 4-2　相关方管理计划表

相关方管理计划					
项目名称			准备日期		
相关方	不知晓型	抵制型	中立型	支持型	领导型
相关方	沟通需求		方法或媒介		时间或频率
即将发生的相关方变更					
内部关系					
相关方参与途径					
相关方	途径				

除了相关方登记册中的资料，相关方管理计划通常还包括：

（1）关键相关方的所需参与程度和当前参与程度。

（2）相关方变更的范围和影响。

（3）相关方之间的相互关系和潜在交叉。

（4）项目现阶段的相关方沟通需求。

（5）需要分发给相关方的信息，包括语言、格式、内容和详细程度。

（6）分发相关信息的理由，以及可能对相关方参与产生的影响。

（7）向相关方分发所需信息的时限和频率。

（8）随着项目的进展，更新和优化相关方管理计划的方法。

项目经理应该意识到相关方管理计划的敏感性，并采取恰当的预防措施。例如，那些抵制项目的相关方的信息可能具有潜在的破坏作用，因此对于这类信息的发布必须特别谨慎。更新相关方管理计划时，应审查所依据的假设条件的有效性，以确保该计划的准确性和相关性。

4.5　管理相关方参与

管理相关方参与是在整个项目生命周期中，与相关方进行沟通和协作，以满足其需要与期望，解决实际出现的问题，并引导相关方合理参与项目活动的过程。本过程的主要作用是，为与项目相关方的互动提供清晰且可操作的计划，以支持项目利益；帮助项目经理提升来自相关方的支持，并把相关方的抵制程度降到最低，从而显著提高项目成功的机会。管理相关方参与的主要步骤如图 4-8 所示。

管理相关方参与包括以下活动：

（1）调动相关方适时参与项目，以获取或确认他们对项目成功的持续承诺。

（2）通过协商和沟通，管理相关方期望，确保实现项目目标。

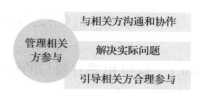

图 4-8　管理相关方参与的主要步骤

（3）处理尚未成为问题的相关方关注点，预测相关方在未来可能提出的问题。需要尽早识别和讨论这些关注点，以便评估相关的项目风险。

（4）澄清和解决已经识别的问题。

4.5.1　管理相关方参与的输入

（1）相关方管理计划。该计划描述了用于相关方沟通的方法和技术。该计划用于确定各相关方之间的互动程度。与其他文件一起，该计划有助于制定在整个项目生命周期中识别和管理相关方的策略。

（2）沟通管理计划。该计划为管理相关方期望提供指导和信息。所用到的信息包括（但不限于）：相关方的沟通需求；需要沟通的信息，如语言、格式、内容和详细程度；发布信息的原因；将要接收信息的个人或群体；升级事态升级过程流程。

（3）变更日志。变更日志用于记录项目期间发生的变更。应该与适当的相关方就这些变更及其对项目时间、成本和风险等的影响进行沟通。

（4）组织过程资产。能够影响管理相关方参与过程的组织过程资产包括（但不限于）：组织对沟通的要求；问题管理程序；变更控制程序；以往项目的历史信息。

4.5.2　管理相关方参与的工具与技术

（1）沟通方法。可以使用多种沟通方法，在项目相关方之间共享信息。

（2）人际关系技能。项目经理应用人际关系技术（包括建立信任、解决冲突、积极倾听、克服变更阻力）来管理相关方的期望。

（3）管理技能。项目经理应用管理技能来协调各方以实现项目目标。

4.5.3　管理相关方的输出

（1）问题日志。在管理相关方参与过程中，可以编制问题日志。问题日志应随新问题的出现和老问题的解决而动态更新。

（2）变更请求。在管理相关方参与过程中，可能对产品或项目提出变更请求。变更请求可能包括针对项目本身的纠正或预防措施，以及针对与相关方互动的纠正或预防措施。

4.6 监督相关方参与

全面监督项目相关方之间的关系，调整策略和计划，以调动相关方参与。

4.6.1 监督相关方参与的输入

（1）项目管理计划。该计划用于制订相关方管理计划。可用于监督相关方参与的信息包括（但不限于）：项目所选用的生命周期及各阶段拟采用的过程；对如何执行项目以实现项目目标的描述；对如何满足人力资源需求，如何定义和安排项目角色与职责、报告关系和人员配备管理等的描述；变更管理计划，规定将如何监控变更；相关方之间的沟通需要和沟通技术。

（2）问题日志。问题日志随新问题的出现和老问题的解决而更新。

（3）工作绩效数据。在执行项目工作的过程中，从每个正在执行的活动中收集原始的观察结果和测量值。在各控制过程中收集关于项目活动和可交付成果的各种测量值。

（4）项目文件。来自启动、规划、执行或控制过程的诸多项目文件，可用作监督相关方参与的支持性输入。这些文件包括（但不限于）：项目进度计划；相关方登记册；问题日志；变更日志；项目沟通文件。

4.6.2 监督相关方参与的工具与技术

（1）信息管理系统。它为项目经理获取、储存和向相关方发布有关项目成本、进展和绩效等方面的信息提供了标准工具。它也可以帮助项目经理整合来自多个系统的报告，便于项目经理向项目相关方分发报告。例如，可以用报表、电子表格和演示资料的形式分发报告，也可以借助图表把项目绩效信息可视化。

（2）专家判断。为确保全面识别和列出新的相关方，应对当前相关方进行重新评估。应该向受过专门培训或具有专业知识的小组或个人寻求专家意见。

（3）会议。可在状态评审会上交流和分析有关相关方参与的信息。项目常用会议的小结步骤如图 4-9 所示。

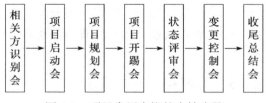

图 4-9 项目常用会议的小结步骤

4.6.3 监督相关方参与的输出

（1）工作绩效信息。从各控制过程收集，并结合相关背景和跨领域关系进行整合分析，得到绩效数据，这样，工作绩效数据就转化为工作绩效信息。数据本身不用于决策，因为其意思可能被误解。但是，工作绩效信息考虑了相互关系和所处背景，可以作为项目决策的可靠基础。工作绩效信息通过沟通过程进行传递，包括可交付成果的状态、变更请求的落实情况及预测的完工尚需估算。

（2）变更请求。在分析项目绩效及与相关方互动中，经常提出变更请求。需要通过实施整体变更控制过程对变更请求进行处理：推荐的纠正措施，包括为使项目工作绩效重新与项目管理计划保持一致而提出的变更；推荐的预防措施，这些措施可以降低在未来产生不良后果的可能性。

（3）项目管理计划更新。随着相关方参与项目工作，要评估相关方管理策略的整体有效性。如果发现需要改变方法或策略，那么就应该更新项目管理计划的相应部分，以反映这些变更。项目管理计划中可能需要更新的内容包括（但不限于）：变更管理计划、沟通管理计划、成本管理计划、人力资源管理计划、采购管理计划、质量管理计划、需求管理计划、风险管理计划、进度管理计划、范围管理计划、相关方管理计划。

（4）项目文件更新。可能需要更新的项目文件包括（但不限于）：

1）相关方登记册。相关方登记册因下列情况而更新：相关方信息变化，识别出新相关方，原有相关方不再参与项目，原有相关方不再受项目影响，或者特定相关方的其他情况变化。

2）问题日志。问题日志随新问题的出现和老问题的解决而更新。

（5）组织过程资产更新。可能需要更新的组织过程资产包括（但不限于）：

1）给相关方的通知——可向相关方提供有关已解决的问题、已批准的变更和项目总体状态的信息。

2）项目报告——采用正式和非正式的项目报告来描述项目状态。项目报告包括经验教训总结、问题日志、项目收尾报告和出自其他知识领域的相关报告。

3）项目演示资料——项目团队正式或非正式地向任一或全部相关方提供的信息。

4）项目记录——包括往来函件、备忘录、会议纪要及描述项目情况的其他文件。

5）相关方的反馈意见——可以分发相关方对项目工作的意见，用于调整或提高项目的未来绩效。

6）经验教训文档——包括对问题的根本原因分析，选择特定纠正措施的理由，以及有关相关方管理的其他经验教训。应该记录和发布经验教训，并在本项目和执行组织的历史数据库中收录。

为了保证项目成功和相关方满意度，项目管理者需引导项目相关方对项目抱有合理期望。相关方满意度计算公式为

$$相关方满意度 = \frac{实际得到的利益}{期望得到的利益}$$

需正确对待负面相关方，原则是：面对而非逃避。应尽早识别他们，尽早与其打交道；听取他们的意见；尽量采取措施减轻对他们的损害；用合理的方法使项目能带给他们一定的利益。

◈ 复习思考题

■ 案例分析 1

内部信息系统整合项目

某市财政局局长在参加了一次信息化专题研讨会后，开始反思本单位的信息化问题：自己对局里的信息化一直很重视，每次开会都将信息化挂在嘴边，每年信息化预算和实际投入都非常大，财政局里各部门也都积极加入信息化建设中。局里对信息化人才队伍建设也非常重视，三年前就成立了信息中心并负责信息化的工作。但目前信息化的结果却不尽如人意，各部门都分别立项建立了本部门的信息系统。财政局的收支两条主业务流程在多个独立的系统中却无法顺畅地实现，分散的信息不利于掌握全局。局长决定由某位副局长负责信息化整合工作。这位副局长分析了整个项目情况后，先从某部门提拔了一位有胆识且有足够能力的人做信息中心副主任负责信息化的具体推进工作，然后通过招投标选择了一家信息化建设合作伙伴，来完成内部信息系统整合这个艰巨的项目。

问题

假如你就是这个项目的乙方项目经理，你将如何开展工作？

■ 案例分析 2

财务管理信息系统项目

谢经理是学赛信息技术公司软件开发部的项目经理，6个月前被公司派往新动力贸易集团有限公司（以下简称新动力）现场组织开发财务管理信息系统，并担任项目经理。谢经理已经领导开发过好几家公司的财务系统，并已做出较为成熟的财务管理软件产品，所以他认为此次去后只要适当地做一些二次开发，并根据用户需求做少量的新功能开发即可大功告成。

谢经理满怀信心地带着他的项目团队进驻了新动力。谢经理和项目团队在技术上已经历过多次考验，他们在3个月的时间内就将系统开发完毕，项目很快进入了验收阶段。可是新动力分管财务的陈总认为，一个这么复杂的财务系统在短短的3个月时间里就完成了，这在新动力的IT项目中还是首次，似乎不太可能。他拒绝在验收书上签字，并要求财务部的刘经理和业务人员认真审核集团公司及各个子公司的财务管理上的业务需求，严格测试相关系统的功能。

财务部的刘经理和相关人员经过认真审核和测试，发现系统开发基本准确，但实施起来比较困难，因为业务流程变更较大。这样，又过去了1个月，新动力的陈总认为系统还没有考虑集团公司领导对财务的需求，并针对实施较困难的现状，要求项目组从集团公司总部开始，一家一家子公司地逐步推动系统的使用。

　　谢经理答应了新动力陈总的要求，开始先在集团公司总部使用财务系统。可是 2 个月过去了，连系统都没有安装成功。集团公司信息中心的人员无法顺利地购买服务器，因为这个项目没有列入信息部门的规划；财务部门的人员说项目在集团总部都推不动，何必再上？谢经理一筹莫展："我该如何让项目继续并走向成功？"眼看半年过去了，项目似乎没有终结之日，更不用说为学赛信息技术公司带来效益了。

　　面对项目的艰难处境，谢经理和他的团队认真分析了他们在项目的整体管理中所做的工作，发现了项目中存在的主要问题，于是积极主动地采取了应对的措施，最终圆满完成了整个项目的开发和应用。

问题

1. 请用 200 字以内的文字描述项目相关方中需要重点关注的角色。

2. 项目相关方分析是项目整体管理中的一项重要工作，请用 400 字以内的文字说明如何进行项目相关方分析。

3. 谢经理和他的团队认真分析了他们在项目的整体管理中所做的工作，发现了项目中存在的主要问题，请用 400 字以内的文字描述谢经理发现的主要问题。

4. 面对项目的艰难处境，如果你是谢经理，你该如何做呢？请用 400 字以内的文字描述。

■ **案例分析 3**

管理团队

　　A 公司组织结构属于矩阵结构，该公司的项目经理小刘正在接手公司售后部门转来的一个项目，对某客户的企业管理软件进行重大升级。小刘的项目组由 5 个人组成，项目组中只有资深技术人员 M 参加过该软件的开发，主要负责研发该软件最难的核心模块。根据公司与客户达成的协议，需要在一个月之内升级完成 M 原来开发过的核心模块。

　　M 隶属于研发部，由于在日常工作中经常迟到早退，经研发部经理口头批评后仍没有改善，研发部经理萌生了解雇此人的想法。鉴于 M 离职的话会严重影响项目的工期，因此小刘提醒 M 要遵守公司的有关规定，并与研发部经理协商，希望给 M 一个机会，但 M 仍然我行我素。项目开始不久，研发部经理口头告诉小刘要解雇 M，为此，小刘感到很为难。

问题

1. 从项目管理的角度，请简要分析造成小刘为难的主要原因。

2. 请简要叙述面对上述困境应如何妥善处理。

3. 请简要说明该公司和项目经理应采取哪些措施以避免类似情况的发生。

模板与样例

附件：某轮胎集团密炼机线路梳理项目

相关方登记册及管理策略
（版本号：1.0）

项目名称	9#\11#\12# 密炼机线路梳理项目				项目经理		杜一
编制者	杜一				编制时间		2021.4.2
序号	姓名	职务	角色	职责	利益需求	权力/利益评估	策略	当前/期望参与评估	获得支持或减少障碍的策略
1	张三	常务副总	第一协作者（发起人）	1.为项目提供资源和支持，为成功创造条件，从宏观上领导和推动项目 2.启动过程中，领导项目直到项目正式获得批准 3.协调解决超出项目经理控制范围的事项	1.满足公司安全零事故推进工作的要求 2.提升公司设备现场标准化管理水平	权力大/利益高	重点	支持/领导	1.通过多种方式向公司管理层汇报项目进展情况，确保持续取得他们的支持 2.在项目启动阶段积极向该相关方争取项目所需的资源及政策支持，并形成书面文件 3.各阶段或重要里程碑邀请其参与验收和提意见
2	李四	设备保全部部长	第一协作者（项目主导部门负责人）	1.支持项目经理工作 2.帮助项目经理协调项目招标、进度、厂家联系、质量各方面工作 3.帮助项目经理有效整合兄弟部门和外部资源	1.设备安全隐患处理 2.规范部门设备电缆铺设 3.降低安全用电故障率	权力大/利益高	重点	支持/领导	1.通过多种方式向部门领导汇报项目进展情况，确保持续取得他们的支持 2.通过项目进展报告，让部门员工，特别是管理人员及时了解项目情况，确保续取得他们的支持 3.可能要抽调个别技术能手参与项目，提早与其主管沟通协调好
3	一	安全环境管理部部长	重要协作者（安全主管）	1.提供安全部分技术协议要求 2.安排安全员对施工现场进行安全监督管理 3.施工完成后安全验收评价	1.安全隐患整改，提高安全管理 2.提高现场5S规范管理水平	权力大/利益低	满意	中立/支持	1.通过多种方式向部门领导汇报项目进展情况，确保持续取得他们的支持 2.可能要抽调个别技术能手参与项目，提早与其主管沟通协调好 3.项目运作初期多与此相关方进行沟通，便于后期项目运作

（续）

序号	姓名	职务	角色	职责	利益需求	权力/利益评估	策略	当前/期望参与评估	获得支持或减少障碍的策略
4	—	生产管理部部长	重要协作者（生产主管）	负责调整生产计划，能够按项目计划进行停产	减少安全用电故障障耽产	权力大/利益低	满意	抵制/支持	1. 由项目经理与其进行沟通获取所需的资源和服务，并形成书面文件 2. 如不能获取支持可让公司领导与其沟通协调 3. 执行阶段及时与该相关方充分沟通，及早发现并解决问题
5	—	项目管理小组	重要协作者（项目评判者）	1. 项目运作管理 2. 严格把关项目质量 3. 依据验收标准阶段和最终验收项目 4. 对项目不足之处提出整改意见 5. 项目整体运作绩效评价	1. 项目符合验收标准，提升公司竞争力 2. 体现自己的权力和专业技能 3. 获得公司高管好评	权力大/利益低	满意	支持/领导	1. 使验收小组不受干扰地独立开展验收工作 2. 项目要求与验收标准明确、具体 3. 验收前召开协调会，使验收小组充分了解项目要求与验收标准 4. 在项目各阶段和关键里程碑，都要邀请其参与验收，并保留好记录以备查验
6	—	设备保全部采购技术员	协作者（项目团队成员）	1. 负责厂家联系、交流 2. 组织招标 3. 后期问题厂家沟通处理	1. 项目成员可以获取一定的报酬 2. 提升能力，有利于今后职业发展，积累项目管理知识及经验 3. 项目期间会加重其工作负荷	权力小/利益高	沟通	中立/支持	1. 支付合理的报酬，创造良好的工作氛围 2. 严格按项目管理方法来规范、执行、监控和收尾项目 3. 合理的奖惩制度，特别是在其直属领导面前的认可与奖励
7	—	安全环境管理部安全员	协作者（项目团队成员）	1. 负责安全技术协议制定、评审 2. 项目施工时现场安全监督 3. 项目完工后安全验收评审	1. 项目成员可以获取一定的报酬 2. 提升能力，有利于今后职业发展，积累项目管理知识及经验 3. 项目期间会加重其工作负荷	权力小/利益高	沟通	抵制/中立	1. 支付合理的报酬，创造良好的工作氛围 2. 严格按项目管理方法来规范、执行、监控和收尾项目 3. 合理的奖惩制度，特别是在其直属领导面前的认可与奖励

（续）

序号	姓名	职务	角色	职责	利益需求	权力/利益评估	策略	当前/期望参与评估	获得支持或减少障碍的策略
8	—	设备保全部电气技术员	协作者（项目团队成员）	1. 提供技术支持 2. 技术协议协助编写、评审 3. 现场施工质量监督	1. 项目成员可以获取一定的报酬 2. 提升能力，有利于今后职业发展，积累项目管理知识及经验 3. 项目期间会加重其工作负荷	权力小/利益高	沟通	中立/支持	1. 支付合理的报酬，创造良好的工作氛围 2. 严格按项目管理方法来规范、执行、监控和收尾项目 3. 合理的奖惩制度，特别是在其直属领导面前的认可与奖励
9	—	设备一科电气技术员	协作者（项目团队成员）	1. 现场施工监督 2. 施工现场问题协调、汇报	1. 项目成员可以获取一定的报酬 2. 提升能力，有利于今后职业发展，积累项目管理知识及经验 3. 项目期间会加重其工作负荷	权力小/利益高	沟通	抵制/中立	1. 支付合理的报酬，创造良好的工作氛围 2. 严格按项目管理方法来规范、执行、监控和收尾项目 3. 合理的奖惩制度，特别是在其直属领导面前的认可与奖励
10	—	采购中心	重要协作者（项目协作者）	1. 设备的招标采购按进度要求完成 2. 评选性价比高的外包商 3. 签订合同协议	1. 为项目提供了项目成员，影响本部门工作，或导致本部门员工需要加班 2. 期望项目利益分配明确，并有利于自己	权力大/利益低	满意	抵制/中立	1. 由采购员与其沟通谈判，获取所需的资源和服务，并形成约定 2. 如不能获取支持可让公司领导与其沟通协调 3. 执行阶段及时与该相关方充分沟通，确保按要求开展招标采购工作，及早发现并解决问题 4. 建议：由相关部门跟踪或监督其工作进度
11	—	施工方	协作者（项目施工方）	1. 按合同（技术协议）实现产品质量和项目质量要求 2. 以合适的价格提供设备及服务 3. 按进度完成施工	1. 供应商可以从中获得收益 2. 期望获得好评提高声誉，为今后与公司更多地合作奠定基础	权力小/利益高	沟通	支持/支持	1. 采取竞争性招标，保证采购的公正性 2. 合理签订合同，明确双方的权利义务及奖惩措施 3. 以合同为依据，公平对待供应商

第 5 章
CHAPTER 5

项目资源管理

§ **本章的内容**

- 项目资源管理概述
- 项目组织规划编制
- 项目管理的团队组建
- 项目管理的团队建设
- 项目实物资源管理
- 复习思考题

5.1　项目资源管理概述

5.1.1　项目资源管理的含义及意义

1. 项目资源管理的含义

项目资源管理包括人力资源管理和实物资源管理。

人力资源管理是在对项目的目标、规划、任务以及项目的进展情况等进行了合理、有序分析和统筹的基础上，采用科学的方法，对项目过程中所涉及的所有人员，包括项目经理、项目的团队成员、项目的发起方、项目资金的投入者、项目业主以及项目产品的客户或服务的接受者进行有效的协调、控制和管理，最终实现项目的战略目标。

实物资源包括设备、材料和设施，对于实物资源，项目经理必须有效地获取、分配和使用。实物资源管理是要了解项目当前和未来对实物资源的需求，包括资源的种类、性能和数量；了解可用的实物资源供应渠道；在确保实物资源按时可用的同时，也要避免库存太多。

2. 项目资源管理的意义

要实现项目的进度、成本费用、质量目标，就必须高效地管理好项目资源。项目资源管理同项目进度、成本费用、质量等方面的管理一样重要，是项目经理和项目管理组织必不可少的管理职能。

5.1.2　项目人力资源管理的主要内容

项目人力资源管理主要包括两个方面的管理，项目班子成员内在因素、外在因素的管理。项目班子成员内在因素的管理主要包括：

（1）通过人尽其才、事得其人、人事相宜，使项目的人力资源得到最好的使用；

（2）使成员在工作中感到身心愉快，在实现项目目标的同时也能实现个人的目标。

（3）使成员在项目管理过程中受到锻炼，在各方面迅速成长起来。

项目班子成员外在因素的管理主要是根据项目活动的变化，调整班子成员，满足项目对人力资源的实际需要。

5.1.3　项目人力资源管理的主要过程

项目人力资源管理主要包括以下三个阶段：

1. 组织规划编制

对项目工作进行分解与归类，分析确定完成项目任务需要哪些角色、各角色应承担的责任以及它们之间的相互关系，将各角色的职责及角色之间的报告关系制成组织结构图与职责描述表，并结合项目进度要求制订人员配备管理计划。

2. 项目团队组建

根据组织规划提出的角色要求，从各个来源物色项目班子成员，将合乎要求的编入项目班子，把组织规划阶段确定的角色职责分配给各成员，明确各成员之间的配合、汇报和从属关系。

3. 项目团队管理

项目团队组建完毕之后，通常不能马上形成项目管理能力，需要培养、改进和提高班子成员个人以及班子整体的工作能力，使项目团队成为一个战斗力强大的集体。项目团队管理包括人员培训与激励、项目团队精神的培养、沟通与绩效评价等多个方面。

5.2 项目组织规划编制

5.2.1 项目组织规划的概念

确定项目角色、职责、相互关系并制订人员配备管理计划的过程。角色、职责和相互关系可以分配到个人或团队，这些个人和团队可以是执行项目组织的组成部分，也可以是项目组织外部的人员。人员配备管理计划描述如何满足项目对人力资源的需求，包括何时招募人员、如何招募人员、人员的培训需求、绩效考核计划、人员的遣散计划等，并考虑人员配备管理的合规性、安全问题等。

5.2.2 项目组织规划的原则

1. 目的性原则

项目组织成员的配备、组织结构选择的根本目的，是满足组织功能从而实现项目目标。项目组织规划要从这一根本目的出发，因目标设事、因事设岗、因岗定人、因职责定权力。

2. 效率原则

项目组织与其他组织的区别在于大多数项目都是一次性的临时活动，项目结束以后组织就要解散。因此，项目组织应该精干高效，力求一专多能、一人多职，组织结构尽量简化，从而提高项目的管理效率。

3. 层级和跨度原则

层级（level）是指项目组织从上到下按照角色、任务、职责和权限划分为若干层次。跨度也称幅度（span），是指一个主管直接管理的下属人数。跨度大，需要协调的人际关系就多；跨度小，需要协调的人际关系就少。在组织规模一定的情况下，层次与跨度成反比。因此，应根据项目负责人、班子成员能力和项目的大小进行权衡，确定合适的层级和跨度。

4. 系统化原则

在项目实施的过程中，不同部门、工序之间存在着大量的结合部，这就要求项目组织要形成一个有机整体协调一致，防止因职能分工、权限划分而导致信息沟通的相互矛盾。因此，在设计组织结构时要使其成为严密的有机系统。

5. 及时更新原则

项目的临时性、阶段性和一次性必然带来项目管理时间和地点的变化，带来项目管理任务量的变化以及资源配置种类和数量的变化。这就要求项目组织结构随之进行相应的调整，及时更新，以适应项目活动内容的变化。

5.2.3 项目组织规划的内容

1. 角色和职责的分配

项目组织角色和职责必须分配给恰当的个人或者团队，形成职责分配矩阵（Responsibility Assignment Matrix，RAM），通常如果用 RACI 就是指默认的负责（Responsible）、批准（Accountable）、咨询（Consulted）和通知（Informated），也可以用文字或符号自己定义不同的角色（如项目经理、项目团队其他成员等）。分配工作应该与项目范围的确定结合起来，明确其角色与职责，通过这样的关系矩阵，项目团队每个成员的角色（谁做什么）以及他们的职责（谁决定什么）都可以得到直观的反映，每个具体的任务都能落实到参与项目团队成员的身上。

下面以某一城镇节日庆典活动项目为例来说明责任分配矩阵。项目的工作单元有文娱节目、宣传、志愿者召集、游戏、清洁、安保、食品、综合服务等，项目团队由刘明等 16 人组成，通过职责分配矩阵可以将所需完成的工作合理分配给每一位团队成员，并明确各自在项目中应承担的职责。用字母表示的职责分配矩阵如表 5-1 所示。

表 5-1　项目职责分配矩阵表

序号	工作单元	刘明 王刚 刘强	王楠楠 李青 沈清	侯琳 胡玉 白晓天	王庆 王丹 李珊	刘琴 苏丽	杨甜甜 徐玉婷
1	文娱节目	P	X	X	D	X	X
2	宣传	X		X	D		
3	志愿者召集	D		X		D	X
4	游戏			X			P
5	清洁		X		P	D	
6	安保			D			X
7	食品	X	P		D	X	
8	综合服务	X	P	X			X

注：D 表示决定性决策，P 表示参与性决策，X 表示执行工作。

2. 人员配备管理计划的制订

人员配备一般是指对组织中全体人员的配备，既包括主管人员的配备，也包括非主管人员的配备。人员配备的主要工作包括：

（1）确定人员需要量。主要依据设计出的职务类型和数量来确定。职务类型指出了需要什么样的人，职务数量则告诉我们每种类型的职务需要多少人。构成组织结构基础的职务可以分成许多类型。比如，全体职务可分成管理人员与生产作业人员：管理人员又可分成高层、中层、基层管理人员，每一层次的管理人员又可分成直线主管与参谋或管理研究人员；生产作业人员可分成技术工人与专业工人、基本生产工人与辅助生产工人等。如果为一个新建的组织选配人员，只需要利用上述职务的类型和数量直接向社会公开招聘、选聘。如果对现有组织结构的人员配备重新调整，就应重新设计组织的结构后，检查和对照企业内部现有的人力资源情况，找出差额，确定需要从外部选聘的人员类型与数量。

（2）选配人员。为了保证担任职务的人员具备职务要求的知识和技能，必须对组织内外的候选人进行筛选，做出最恰当的选择。待聘人员可能来自企业内部，也可能来自外部社会。从外部新聘员工或从内部进行调整，各有其优势和局限性。

（3）制订和实施人员培训计划。人员特别是管理人员的培训，无疑是人员配备中的一项重要工作。培训，既是为了适应组织技术变革、规模扩大的需要，也是为了实现成员个人的充分发展。因此，要根据组织的成员、技术、活动、环境等特点，利用科学的方法，有计划、有组织、有重点地进行全员特别是有发展潜力未来管理人员的培训。

3.组织结构设计

组织结构设计，是通过对组织资源的整合和优化，确立企业某一阶段最合理的管控模式，实现组织资源价值最大化和组织绩效最大化。在企业组织结构设计中，要对构成企业组织的各要素进行排列、组合，明确管理层次，厘清各部门、各岗位的职责和相互协作关系，并使其在企业实现战略目标过程中获得最佳的工作业绩。组织结构设计的内容包括：

（1）职能设计。职能设计是指企业的经营职能和管理职能的设计。企业作为一个经营单位，要根据其战略任务设计经营、管理职能。如果企业的有些职能不合理，那就需要进行调整，对其弱化或取消。

（2）框架设计。框架设计是企业组织设计的主要部分，其内容简单来说就是对纵向进行分层次设计、对横向进行分部门设计。

（3）协调设计。协调设计是指协调方式的设计，主要研究分工和协作，具体就是研究分工的各个层次、各个部门之间如何合理地协调、联系、配合，以保证其高效率地协作，发挥管理系统的整体效应。

（4）规范设计。规范设计最后要落实并体现为规章制度，保证各个层次、部门和岗位按照统一的要求和标准进行配合和行动。

（5）人员设计。按照组织设计的要求进行人员设计，配备相应数量和质量的人员。

（6）激励设计。激励设计是指设计激励制度，对管理人员进行激励，其中包括正激励和负激励。正激励包括工资、福利等，负激励包括各种约束机制，也就是所谓的奖惩制度。激励制度既有利于调动管理人员的积极性，也有利于防止一些不正当和不规范的行为。

5.2.4 项目组织结构的形式

1. 职能式组织结构

职能式组织结构是一种传统的、松散的项目组织结构，也称 U 型组织，又称为多线性组织结构。它起源于 20 世纪初法约尔在其经营的煤矿公司担任总经理时所建立的组织结构形式，故又称"法约尔模型"。它是按职能来组织部门分工，即从企业高层到基层，把承担相同职能的管理业务及其人员组合在一起，按照各种管理职能划分为生产、财务、营销、人事和研发等若干职能部门。职能式组织结构如图 5-1 所示。

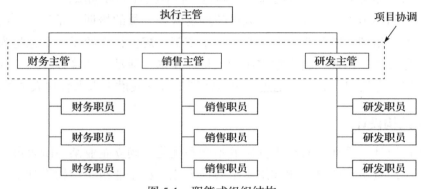

图 5-1　职能式组织结构

职能式组织结构具有如下优点：

（1）在人员的使用上具有较大的灵活性。一方面，为了实施项目，可以把这些人员临时借调过来，等他们完成自己的任务之后，回到他们原来的日常工作岗位上；另一方面，职能部门技术专家的专业基础通常都比较广泛，在职能式组织结构下，同样的技术专家就能够同时为不同的项目所使用。

（2）同一部门的专业人员在一起易于交流知识和经验。部门按照职能和专业进行划分，有利于各职能部门的专业人员钻研业务，提高专业技能。

（3）当有人员离开项目或公司时，职能部门可作为保持项目技术连续性的基础。一个项目以至一个公司中，人员流动是不可避免的，在这种情况下，要保持项目技术的连续性，职能部门就是最为可靠的基础。

职能式组织结构的缺点如下：

（1）项目及客户的利益得不到优先考虑。要完成一个复杂的项目，通常要求多个职能部门共同合作，而各个部门更为注重的往往是本领域，而不是项目，常常会因为追求局部利益而忽视了客户和项目的整体利益。而一个成功的项目所采用的工作方式，必须是面向问题和客户的。

（2）没有一个人承担项目的全部责任，对客户要求的响应迟缓。由于团队成员一般都是兼职的，所以不会主动承担责任和风险，而且团队成员往往是由职能部门派遣的，具有一定的流动性，导致权责难以明确，更是增加了项目管理的难度。

（3）项目成员之间缺乏合作。调配给项目的成员来自不同的部门，横向联系较少，而且往往把项目看作是额外的工作甚至负担，积极性也不高。

（4）当不同职能部门发生利益冲突且因项目经理的权力限制难以协调时，可能会影响项目目标的实现。

（5）职能式结构适用于规模较小的项目，不适用于以技术为重点的项目，也不适用于时间限制性强或要求对变化快速响应的项目。

2. 项目式组织结构

项目式组织是指那些一切工作都围绕项目进行、通过项目创造价值并达成自身战略目标的组织。每个项目实施组织有明确的项目经理，每个项目组之间具有相对的独立性。项目式组织结构如图 5-2 所示。

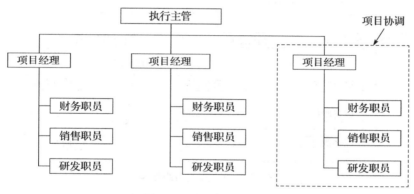

图 5-2　项目式组织结构

项目式组织结构的优点如下：

（1）项目经理享有最大限度的决策管理自主权，可以调动项目内外部的所有资源，对项目全权负责。

（2）项目团队成员通常都是专职人员，项目组织比较稳定，每个成员只有一个上司，有利于项目组织的统一指挥和管理。

（3）项目组织的目标是单一的，每个部门都是基于项目而组建的，项目成员的首要目标就是圆满完成项目的任务，使团队精神能够得到充分的发挥。

（4）项目经理可以直接与高层管理人员沟通，沟通途径便捷，提高了沟通的效率。

项目式组织结构的缺点如下：

（1）一个公司通常有多个项目，每个项目组织都有自己独立的职能部门，不能形成资源共享，造成了专业技术人员以及设备的重复设置，导致资源配置效率低下。

（2）项目成员缺乏归属感，没有职业生涯的规划。项目一旦结束，项目成员就有可能失去工作，缺乏事业上的保障。

（3）项目内部成员之间沟通比较顺畅，而项目外部成员之间的横向联系少，沟通比较困难。由于不同的项目团队很难共享知识，因此不利于成员技术水平的提高。

（4）项目式组织结构只适用于长期的、大型的、重要的和复杂的项目。

3.矩阵式组织结构

矩阵式组织结构是在职能式组织的垂直层次结构中叠加了项目式组织的水平结构。它弥补了职能式组织结构和项目式组织结构的不足，在职能部门积累专业技术的长期目标和项目的短期目标之间找到适宜的平衡点，从而发挥这两种组织结构的最大优势。矩阵式组织结构可以分为弱矩阵式、平衡矩阵式、强矩阵式和复合矩阵式，如图 5-3 ～图 5-6 所示。

弱矩阵式：没有明确对项目目标负责的项目经理。

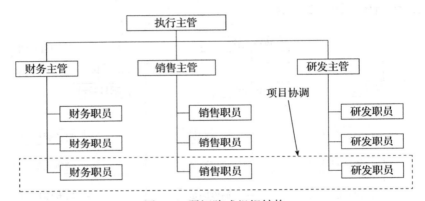

图 5-3   弱矩阵式组织结构

平衡矩阵式：任命了一名对项目负责的管理者，即项目主管。

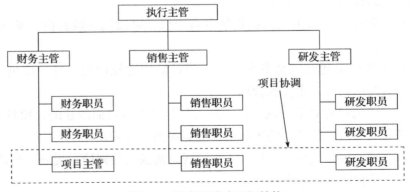

图 5-4   平衡矩阵式组织结构

强矩阵式：资源都由职能部门所有和控制，有任命的项目经理。

复合矩阵式：某个小组成员经常为某项目提供服务时，该小组作为一个独立的职能单元。

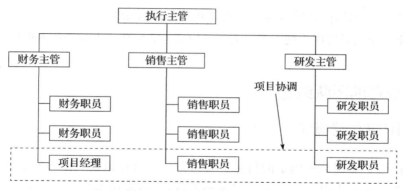

图 5-5 强矩阵式组织结构

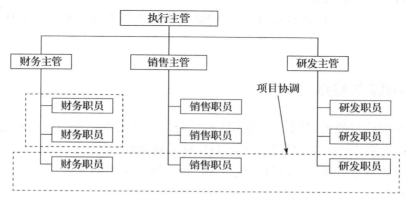

图 5-6 复合矩阵式组织结构

矩阵式组织结构的优点有：

（1）同时具备职能式和项目式组织结构的优点。

（2）项目是工作的焦点，有专人即项目经理负责管理整个项目，负责在规定的时间、经费范围内完成项目的要求。

（3）加强了横向联系，专业设备和人员得到了充分利用，实现了人力资源的弹性共享。

（4）当有多个项目同时进行时，公司可以平衡资源以保证各项目都能完成其各自的进度、成本费用及质量要求。

（5）项目组成员对项目结束后的忧虑减少了。虽然他们与项目具有很强的联系，但他们对职能部门也有一种"家"的归属感。

（6）项目团队对客户要求能做出快捷的响应，对公司组织内部的要求也能做出较快的响应。

矩阵式组织结构的缺点有：

（1）矩阵式结构存在多重领导。项目成员至少有两个上司，即项目经理和部门经理。当他们的命令有分歧时，下属会左右为难，无所适从。

（2）对项目经理的要求很高。项目经理必须与部门经理就资源分配、技术支持及进度等进行谈判。如果项目经理在这方面能力不强，项目很难成功开展。

（3）每个项目都是独立进行的，容易导致重复性劳动。

矩阵式组织结构只适用于技术相对复杂，但又不需要技术人员全职为项目工作的项目。

5.3　项目管理的团队组建

5.3.1　项目团队组建概述

团队是指为了实现某一确定的目标，通过分工、协作以及借助不同层次的权利与责任制度组合在一起的人群。比尔·盖茨曾经说过："小成功靠个人，大成功靠团队。"项目团队并不仅仅指被分配到某个项目中工作的一组人员，它更是指一组相互联系的人员同心协力地进行工作，以实现项目目标。团队组建是指获取完成项目工作所需项目团队的过程。

5.3.2　项目团队的特点

按照组建团队目的的不同，项目团队可以分成三种常见的类型：问题解决型团队、自我管理团队、多功能团队。不同类型项目团队的特点归纳如下：

（1）共同的目标。对一个项目来说，为使项目团队工作有成效，就必须有一个统一明确的共同目标。

（2）合理的角色定位。在一个团队里面要有明确合理的分工与协作，每个成员都要明确自己的角色、责任、权利与义务。

（3）高度的凝聚力。凝聚力是指成员在项目内的团结与相互吸引力。团队成员之间的吸引力越强，队员的凝聚力越大。

（4）团队成员相互信任。信任也是团队成功的一个必要因素，一个团队能力的大小受到团队内部成员相互信任程度的影响。在一个具有凝聚力的高效团队里，成员之间会相互关心，承认彼此之间存在的差异，信任他人所做的工作，这也是避免冲突的一个主要前提。

（5）有效的信息沟通。有效的沟通能够营造团队开放、坦诚的氛围，使得团队在友好的环境中发挥更高的工作效率，创造一个和谐的团体，提高团队的凝聚力。

5.3.3　项目团队组建的内容

1. 项目团队人员获取的依据

项目团队组建应该根据项目的环境因素、成员之间的角色和职责分配、组织结构以及人员配备管理计划等因素来决定人员的聘用。具体来说，应考虑如下因素：

（1）个人的工作经验。他们是否从事过类似或相关的工作。

（2）个人的兴趣爱好。他们是否愿意在这个项目中工作？

（3）个人的能力。他们是否具备完成该项目的工作能力？

（4）个人的时间安排。他们是否能在项目需要的时间段内从事该项目的工作？

2. 项目团队人员获取的途径

（1）组织内部。从总公司的职能部门挑选团队成员是首选方案，完成某些项目的大多数成员都可以从相关的职能部门中调配。比如项目团队的财务人员、技术人员等，可以从总公司的财务部、技术部挑选合适的人选。组织内部的人员大多具有丰富的项目经历，是项目团队的首选人员。组织内部的人员挑选可以采用谈判和事先指定两种方式。

（2）组织外部。当组织内部缺乏完成项目所需人员时，需要组织外部以招聘或者提供咨询服务的方式获得。一般是以临时雇员的方式对外招聘合适的人选，通过签订协议、支付佣金的方式把一些专业的协作方（如咨询顾问、供应商等）纳入项目团队的管理体系。当项目工作需要时，支付佣金就可以进行雇用；当项目工作完成时，协议马上终止。这种项目管理方式比较灵活，可以为项目团队带来新的活力，并且可以节省项目成本。

3. 项目团队成长阶段

根据著名的塔克曼团队模型理论，项目团队的成长有五个阶段，包括形成期（Forming）、磨合期（Storming）、规范期（Norming）、表现期（Performing）和解散期（Adjourning），如图 5-7 所示，图中虚线为团队士气，实线为工作绩效。

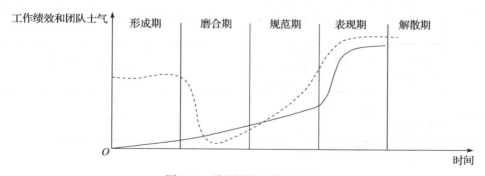

图 5-7　项目团队的成长阶段

形成期：在这个阶段，团队中的个体转变为团队成员，并形成共同的目标。在初次会面中，团队成员开始交流各自的背景、兴趣和经验，进行简历分享，开始了解团队即将着手去做的工作，讨论项目的目标并开始思考各自在项目中的角色。

磨合期：在这个阶段，团队成员为了地位，为了让自己的意见得到采纳而互相竞争。在应该做什么和应该怎么做上，他们都有不同的意见。在团队领导的带领下，他们在经历这一阶段时会学会如何共同解决问题，既能独立又能与团队一道发挥作用，并能找到各自在团队中的角色和应担负的责任。

规范期：在这个阶段，团队已经就如何一起工作，如何分享信息和解决团队矛盾，以及使用何种工具和流程来完成工作方面都达成了一致意见。团队成员开始相互信任，主动为他人提供帮助，或向他人寻求帮助。他们在为完成一个共同的目标而相互帮助，而不是相互竞争。

表现期：在这个阶段，团队以高水准运行。团队成员已经相互了解、相互信任和相互依赖。高度成熟的团队能在无监管的情况下正常运作，成员间相互依赖，积极完成工作，能快速有效地决策和解决问题。当他们的意见出现分歧时，团队成员能够在不中断项目进度的情况下解决问题并达成共识。当工作流程需要发生变化时，团队能不依赖领导，而靠自身去适应变更。

解散期：在这个阶段，项目走向完结，团队成员也开始转向不同的方向。这个阶段的视角在于团队的福利而不是像其他四个阶段那样在于团队成长。团队领导应确保团队有时间庆祝项目的成功，并为将来总结实践经验。这个时候团队成员关注的重点是下一个项目的情况而非本项目的收尾，同时，还有一个心理调整过程，项目经理对此应充分重视。团队在不同阶段需要的领导风格如表 5-2 所示。

表 5-2　团队在不同阶段需要的领导风格

阶段	成员情绪	典型疑问 / 行为	PM 重点	PM 风格
形成期	兴奋、期望、焦虑、怀疑	我的目的是什么 我的角色和任务是什么 我和别人合得来吗	指导、分析	指导型
磨合期	挫折、愤怒、紧张、对立	我的职责是什么 我该如何配合别人 我知道他的缺点，可不知道如何帮助他	冲突管理、运用影响	影响型
规范期	明确、信任、规范、交流	关系确定 接受团队规则 逐步有凝聚力	帮助建立关系	参与型
成熟期	开放、沟通、积极、激情	具有集体感、荣誉感 积极开放 配合默契	授权	授权型

5.4　项目管理的团队建设

5.4.1　项目团队建设的含义及意义

1. 项目团队建设的含义

项目团队建设是指跟踪项目团队成员绩效并提供反馈，解决问题并协调各种变更，以提高项目绩效的过程。在团队建设过程中，管理层将观察项目团队的行为，管理冲突，评估团队成员的绩效，适时更新项目人员配备管理计划，同时为组织的绩效评价提供依据。

2. 项目团队建设的意义

在项目管理的过程中，人的因素是第一位的。人是主观的、有情感的。不同的人价值观不同，为人处世的方法、思考问题的方法不同，还有其他种种差异。而团队在项目运作过程中，需要体现的是一种合力，积极的合力可以使得整体大于部分。一个项目虽然可以获得各种优秀人才，但是让他们协同工作，就需要有一个良好的团队建设管理组织。所以，整个团队的建设和管理就很重要，只有建设一个健康发展、积极向上、团结配合的团队，才能更好地完成项目目标。

5.4.2　项目团队建设的内容

项目团队建设在项目管理中是非常重要的，没有高效的团队就没有高质量的项目。由于团队成员从事的岗位不同，价值的体现形式就不同，所以需要一种合理的、公平的、公正的绩效考核与奖励机制，保证团队的良性发展并保持团队的凝聚力。而且在团队工作过程中，由于工作性质、个人性格等方面存在差异，必然会发生很多原则性或非原则性的冲突，所以要想建设优秀的团队，还应该有成熟的冲突管理。为了保持和提高团队的实力，还应该有相应的、及时的团队成员开发与培训。在项目团队组建之后，一个完整的、高效的项目团队，要有自己的绩效考核体系，对团队成员进行绩效评估。项目团队建设的内容主要包括项目团队的培训管理、绩效管理、激励管理和冲突管理。

1. 项目团队的培训管理

项目团队培训的目的是使项目成员具备完成本项目任务所需的技能，如新产品推广项目中推销员如何介绍公司产品的技能、大型项目中成员之间如何合作的技能等。培训过程可以分为如下四个步骤：

（1）评估培训需求。评估工作所需的技能与完成这项工作的员工实际技能之间的差距，从而确定需要培训什么技能。在培训之前，首先要做任务分析，即对项目工作做详尽的研究以确定必需的技能。其次要做工作绩效分析，即分析员工当前的工作绩效与要求的工作绩效之间的差距，从而确定是否应当通过培训来调整这种差距。

（2）建立培训目标。培训目标是指具体的、可度量的目标，是确定培训需求应达到的最终目标。培训目标应详尽说明圆满完成培训计划后受训者能够做到的事情。

（3）选择合适的培训方式。常见的培训方式包括在职培训、工作指导培训、讲座、远程培训等。

（4）评价培训效果。在受训者完成培训计划后，应对其培训情况进行评价，以便对培训计划的效果进行评价。培训效果可以从四个方面来衡量：受训者的反应、培训知识测试、受训者工作行为的变化以及成效（工作中错误率的减少、解决冲突能力的提高等）。

2. 项目团队的绩效管理

项目团队的绩效管理是指为了完成项目目标，通过持续开放的沟通过程，实现项目目标中所预期的利益和产出，并推动团队做出有利于项目目标完成的行为。绩效管理不仅仅是评价方法，更是对工作进行组织，以达到最好结果的过程思想和方法的总和。绩效管理过程包括绩效计划、绩效监控、绩效评估、绩效反馈四个环节，如图 5-8 所示。

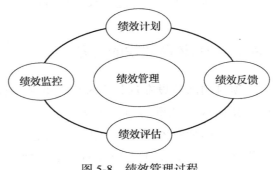

图 5-8　绩效管理过程

（1）绩效计划。绩效计划是指制定部门绩效考核指标的目标和标准，并通过分管领导与部门负责人的沟通，就部门的工作目标和标准达成一致意见，形成绩效契约的过程。绩效计划是被评估者与评估者在明晰责、权、利的基础上签订的一个内部协议。绩效计划的设计从公司总部最高层开始，将绩效目标层层分解到各级子公司及各部门，最终落实到每个人。

（2）绩效监控。绩效监控包括从计划形成到项目目标实现的全部活动。这个过程主要包括绩效指导、持续的沟通、收集信息三个方面。

（3）绩效评估。绩效评估是指评估者运用科学的方法、标准和程序，观察、收集、组织、储存、提取、整合有关被评估者的绩效信息，并尽可能做出准确评价的过程。部门绩效考核的方法主要包括定量分析和定性分析，常用的绩效考核方法包括平衡计分卡（Balance Score Card，BSC）、关键绩效指标（Key Performance Index，KPI）、360 度考核等。

（4）绩效反馈。绩效反馈是将绩效评估的结果反馈给被评估者，并对被评估者的行为产生影响。它主要通过评估者与被评估者之间的沟通，就被评估者在考核周期内的绩效情况进行面谈，在肯定成绩的同时，找出工作中的不足并加以改进。绩效反馈的目的是让员工了解自己在本绩效周期内的业绩是否达到所定的目标，行为态度是否合格，让管理者和员工双方达成对评估结果一致的看法；双方共同探讨绩效未合格的原因并制订绩效改进计划。绩效反馈是绩效评估工作的最后一环，也是最关键的一环，能否达到绩效评估的预期目的，取决于绩效反馈的实施。

3. 项目团队的激励管理

对项目团队成员进行激励，可以激发团队成员工作的积极性与创造性，勉励团队成员向着所期望的目标与方向而努力，是项目资源管理的重要内容。科学研究与现实实践表明：人的行为或工作动机产生于人的某种欲望或期望，这也是人的能动性的源泉，有助于提高项目团队成员的工作效能。大多数人把自己的努力工作看作是获取某种报酬的手段，期望报酬与自己的努力成正比，如果项目结束时，团队成员努力能得到相应合理而公平的报酬，则满意程度自然会增加，这就有利于强化和巩固这种努力，从而形成良性循环，但同时也要注意到项目的短期性，因此，项目的团队激励与组织中的团队激励在方法上存在着很大的不同，如图 5-9 所示。

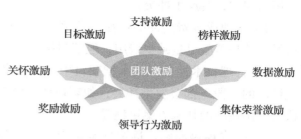

图 5-9　项目团队激励方法

有效的项目团队激励方法包括：

（1）目标激励。通过设置目标来激发人的动机、引导人的行为，使被管理者的个人目标与组织目标紧密地联系在一起，以激发被管理者的积极性、主动性和创造性。

（2）支持激励。要支持被管理者的创造性建议，充分挖掘被管理者的聪明才智，包括尊重被管理者的人格、尊严、创造精神，信任团队成员，主动为被管理者排忧解难，敢于承担自己应承担的责任等。

（3）榜样激励。选出在实现目标过程中做法先进、业绩突出的个人或集体，给予肯定和表扬，要求大家学习，从而激发团体成员的积极性。

（4）数据激励。运用数据显示业绩，对能够定量显示的各种指标进行定量考核，并定期公布考核结果，使被管理者能明确差距，有急迫感。

（5）集体荣誉激励。项目经理在工作中通过多表扬、奖励集体，来激发下属的集体意识，使每个集体成员产生一种强烈的荣誉感、责任感和归属感，从而形成一种自觉维护集体荣誉的向心力。

（6）领导行为激励。项目经理要加强品德修养，严于律己，利用好的领导行为给被管理者带来信心和力量，从而起到激励下属的作用。

（7）奖励激励。项目经理对项目团队成员的某种行为给予肯定和奖赏，使这种行为得以巩固和发展。奖励激励主要包括物质奖励和精神奖励。

（8）关怀激励。项目经理要了解团队成员的工作状况、经济条件、身体情况、家庭情况等，经常与团队成员交流思想感情，从而增进了解和信任。

4. 项目团队的冲突管理

冲突就是个人、团队、组织限制或阻止另一部分个人、团队、组织达到预期目标的行为。在项目运作过程中，存在冲突是难免的，但如果仅仅试图避免冲突或者压制冲突，结果只能是进一步恶化冲突，导致效率严重下降。冲突既有积极的一面，也有消极的一面，如果能有效地化解这些冲突，可能会改善团队的建设和项目进展状况，给团队一个学习与提高的机会；如果解决不当，就可能会给项目埋下隐患或者使整个团队处于一种混乱状态，最终导致解散、失败。因此项目团队管理者要引导冲突解决结果向着团队成员积极协作的有利方向发展，而不是向着消极的方向发展，造成不可挽救的恶果。

（1）项目团队冲突的类型。

1）人力资源冲突：对有来自其他职能部门或参谋部门人员的项目团队而言，围绕着用人问题，会产生冲突。

2）管理成本费用冲突：往往发生在费用如何分配环节。由于紧张的预算限制，项目经理总是希望尽量减少费用，但部门执行者往往都希望扩大其部门的预算。

3）管理技术冲突：技术型项目中，在技术质量、技术性能要求、技术权衡以及实现性能的手段上都会发生冲突，如客户认为应该采用最先进的技术方案，而项目团队则认为采用成熟的技术方案更稳妥。

4）管理程序冲突：许多冲突来源于项目应如何管理，即项目经理的权利和职责、报告关系、管理支持、不同项目团队间或项目团队与协作方的合作冲突等。

5）项目优先权冲突：项目参加者经常对实现项目目标应该执行的工作活动（或工作）任务的次序有不同的看法。优先权冲突不仅发生在项目班子与其他合作队伍之间，在项目班子内部也会经常发生。

6）项目进度冲突：围绕项目工作活动（或工作任务）的时间确定次序安排和进度计划会产生冲突。

7）项目成员个性冲突：这种冲突大多源于个人价值观、判断事物的标准等方面的差异，这并非技术上的问题。

（2）项目冲突的解决模式。

解决冲突的方式主要有：建立完善的解决冲突的方针与管理程序；冲突双方直接沟通协调，解决矛盾；利用会议解决冲突；等等。在解决冲突的过程中，沟通的方式有很多，如口头沟通、书面沟通、正式沟通、非正式沟通、面对面沟通或者通过其他方式沟通等，需要根据项目以及冲突的不同性质选择不同的沟通方式，以达到效率最高。具体来说，冲突的解决模式主要有如图5-10中所示的五种。

1）撤出（回避）：卷入冲突的项目成员从冲突中撤出，从而避免发生实质的或潜在的争端。

2）强制：这是一种积极的解决冲突的方式，认为在冲突中"获胜"要比勉强保持人际关系更为重要，即"非赢即输"的策略。

3）缓和（调停）：尽量在冲突中强调意见一致的方面，实质是"求同存异"。

4）妥协：通过谈判、协商等寻求双方都满意的一种折中方案。

5）面对（解决问题）：对于双方都很重要的事情，力图寻求一个整合的解决方案。

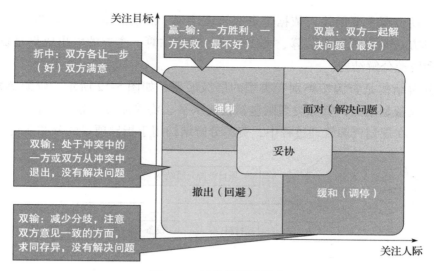

图 5-10　冲突的解决模式

5.5　项目实物资源管理

5.5.1　实物资源管理规划

项目经理应依据项目实施的实际需要，确保实物资源充足可用，并采用合适的方法优化实物资源的采购。

5.5.2　估算活动资源

估算活动资源是估算执行项目所需的团队资源及材料、设备和用品的类型、数量的过程。其作用是明确完成项目所需的资源种类、数量和特性。

估算活动资源过程与其他过程的相互作用关系如图 5-11 所示。

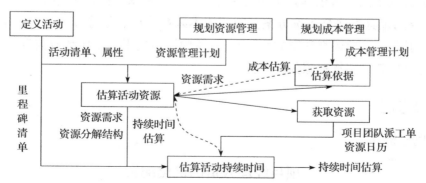

图 5-11　估算活动资源过程与其他过程的相互作用关系

注：图中实线表示过程之间的直接关系，虚线表示两个过程之间还需要反复协调的关系。

　　估算活动资源主要的输入依据是资源管理计划、活动清单、成本估算、资源日历。主要的工具方法是自下而上估算、类比估算、参数估算。主要的输出成果是资源需求、估算依据和资源分解结构。

　　资源分解结构是资源按类别和类型的层级展现，如图5-12所示。资源类别包括人力、材料、设备和用品，资源类型则包括技能水平、要求证书、等级水平或适用于项目的其他类型。在规划资源管理过程中，资源分解结构用于指导项目的分类活动。

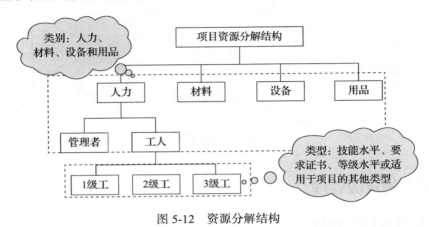

图 5-12　资源分解结构

5.5.3　控制资源

　　控制资源是确保按计划为项目分配实物资源，以及根据资源使用计划监督资源的实际使用情况，并采取必要纠正措施的过程。该过程的作用是，确保所分配的资源适时、适地可用于项目，且在不再需要时及时释放。

　　项目经理在此过程中应：监控资源支出；识别和处理资源缺乏或剩余情况；确保根据计划和项目需求使用和释放资源；在出现资源相关问题时通知相应的相关方；影响可导致资源使用变更的因素；在变更实际发生时对其进行管理。

　　控制资源主要的输入依据是实物资源分配、资源需求、协议（包括外部合同和内部协议）。主要的工具方法是备选方案分析、成本效益分析、趋势分析、绩效审查、人际关系与团队技能（包括谈判和影响力等）。主要的输出成果是工作绩效信息、变更请求、资源管理计划更新、实物资源分配更新。

◈ 复习思考题

　　■ 案例分析 1

项目经理人员的优化配置

　　某高新技术企业 L 公司现有员工近 150 人，其中技术部门 120 人，主要由研发工程师、项目经理、软件开发工程师、硬件工程师、售后服务工程师等组成。由于公司承接全国各地的项目，在项目启动时往往会任命一名项目经理，全权负责某个开发项目。L公司目前的项目主要有两种：一种是新项目，需要组建团队，设计方案。设计方案验收后，进行项目方案的实施。另一种是售后项目，主要是进行项目技术方案的设计、软件系统的升级、硬件配置优化，由售后服务人员完成。最近，L公司老板朱先生很头疼，客户投诉了武汉和内蒙古的两个项目经理。

武汉的项目管理混乱，内蒙古的项目技术方案实际不过关。但是目前，L公司的项目经理均有正在负责的具体项目，已经没有项目经理可派。武汉的项目是刚接下来的新项目，项目经理王先生技术过硬，但管理水平一般。内蒙古的项目是成熟的项目，项目经理吴先生有一定的团队管理能力，但技术能力一般。

问题

如何进行 L 公司项目经理人员的优化配置？

■ 案例分析 2

软件项目

小王被任命为一个重要的软件项目的经理，项目组有 3 名成员。如果该项目不能按照客户的质量要求如期完成，公司将损失大笔收入，这一损失将影响到公司未来的发展。但结果是项目在小王手上失败了，不但延期了 25%，而且客户还在项目组成员各自开发的模块间发现了明显的集成问题。

情形是这样的：

小王过去是一名很好的程序员，在去年被提拔为经理。

成员 A 是一名有能力的程序员，在项目进行过程中他被小王的经理调去参加公司的培训课程，这造成了他 30% 的工作延期。培训结束以后，公司宣布他在完成该项目后将被提拔到新的岗位，于是他一直忙于熟悉新的岗位，导致他的项目后期工作质量受到了严重影响。

成员 B 是最没经验的程序员，开发进度较慢，不幸的是在项目进行过程当中他病了 5 天，这更减慢了他的进度。尽管他努力追赶，但由于没有任何有经验的成员的帮助，他还是不能按时完成任务。

成员 C 是最有经验的程序员，他的绩效是公司的一个标杆。他被分配完成这个项目最困难的任务，并提前 25% 完成了该项工作。他还被分配负责集成所有的软件并进行测试，但他声称由于 A 和 B 的延误、A 的低质量，在规定的发布时限之前，他没有时间对软件进行彻底的测试。

对于眼下的工作问题小王与 3 名成员有过几次谈话，但没能见到任何改进。小王要求休完病假的 B 加班以赶上进度，B 也照办了。小王要求 C 帮助 B，C 说他做过努力，但他认为 B 缺乏经验太难交流。

问题

究竟谁该为项目的失败负主要责任？

■ 案例分析 3

构建资源管理制度

某公司是安监、安防类企业，在业内处于领先地位，公司计划通过抓管理上台阶，做好上市的准备工作。公司重点要求构建资源管理制度，能够适应公司未来发展的需要。公司让人力资源部收集相关的准备资料，制订制度建设的工作方案。

问题

作为人力资源部经理，应该如何做？

◈ 模板与样例

附件：某电科院山地城市电动汽车分时租赁模式及支撑技术研究与示范应用项目

职责分配矩阵						
（版本号：1.0）						
基本信息						
项目名称	山地城市电动汽车分时租赁模式及支撑技术研究与示范应用					
编制者	孙一					
项目背景	1. 随着全球能源危机的不断加深，石油资源的日趋枯竭以及大气污染、全球气温上升的危害加剧，各国政府及汽车企业普遍认识到节能和减排是未来汽车技术发展的主攻方向。电动汽车作为新一代交通工具，在节能减排、减少人类对传统化石能源的依赖方面具备传统汽车不可比拟的优势。 2. 电动汽车作为一种储能设备，可通过电价调整，调节电动车的充放电时间，从而调节电网的负荷峰谷。 3. 人们对交通出行便捷的要求逐渐提高，希望有一种方便的租车工具。					
WBS 编号	工作包名称	工作描述	负责	协助	审批	通知
09YD	山地城市电动汽车分时租赁模式及支撑技术研究与示范应用	包括项目立项、物资采购、技术研究、工程推进、项目审计、项目验收、成果鉴定及报奖、成果转化等	项目经理孙一	技术负责人刘二	市公司主管领导	
1.0.0	项目申请	立项调研、项目可研、项目申报				
1.1.0	立项调研	对电动汽车生产企业、汽车租赁平台进行调研，形成调研报告	技术负责人刘二	项目组成员	电科院分管领导	
1.2.0	项目可研	根据既定的研究内容，确定研究目标和研究成果，形成可研报告	技术负责人刘二	项目组成员	电科院分管领导	
1.3.0	项目申报	根据研究内容和研究经费，确定项目申报目标、行程项目申报书	项目经理孙一	项目组成员	市公司主管领导	其他参研单位
2.0.0	项目启动	编制任务书，并组织召开项目启动会				
2.1.0	编制任务书	根据任务下达情况，编制任务书	项目经理孙一	市公司管控组、项目组成员	市公司分管领导	其他参研单位
2.2.0	项目启动会	组织项目各参研单位召开项目启动会	项目经理孙一	市公司管控组、项目组成员	市公司主管领导	其他参研单位
3.0.0	项目实施	包括物资采购、技术研究、工程推进等内容				

（续）

WBS 编号	工作包名称	工作描述	负责	协助	审批	通知
3.1.0	项目实施路线确认	包括项目实施路线内部确认和召开专家评审会等				
3.1.1	项目实施路线内部确认	结合任务书研究内容和当前技术发展情况	项目经理孙一	市公司管控组、项目组成员	电科院分管领导	其他参研单位
3.1.2	实施路线专家评审会	组织召开项目专家评审会，对项目实施路线进行评审	项目经理孙一	市公司管控组、项目组成员	电科院分管领导	其他参研单位
3.2.0	技术研究	包括研究内容、技术指标、设备试制等	技术负责人刘二	市公司管控组、项目组成员	电科院分管领导	其他参研单位
3.2.1	充电桩等关键技术	基于充电桩现状，分析研究充电桩现有问题，结合技术发展，研制新型充电设备，包括直流充电桩和交流充电桩	技术负责人刘二	市公司管控组、项目组成员	电科院分管领导	其他参研单位
3.2.2	运营平台	基于租赁商业运行模式，实现租车全流程管理，提升客户感知度	技术负责人刘二	市公司管控组、项目组成员	电科院分管领导	其他参研单位
3.2.3	车载装置研制	基于车辆管理和租车业务需要，开展新功能车载终端的研制工作	技术负责人刘二	市公司管控组、项目组成员	电科院分管领导	其他参研单位
3.3.0	工程推进	包括电动汽车租赁平台建设、电动汽车购置、充电桩购置与安装等	技术负责人刘二	市公司管控组、项目组成员	电科院分管领导	其他参研单位
3.3.1	租赁平台建设	包括系统功能开发、系统硬件部署、系统联调等内容	深国电公司			其他参研单位
3.3.2	电动汽车购置与系统接入	包括电动汽车购置、统一车载装置要求、电动汽车系统接入等内容	三家车企			其他参研单位
3.3.3	充电桩购置与系统接入	包括统一充电桩技术要求、充电桩购置、充电桩系统接入	电力公司/车企			其他参研单位
3.3.4	联合调试试运行	运营平台、充电汽车、充电桩接入平台，运行并消缺				
4.0.0	审计阶段	包括项目财务结算和项目审计两部分内容				
4.1.0	项目财务结算	完成财务结算，出具财务结算报告	财务部门、审计部门	项目组成员	电科院分管领导	
4.2.0	项目审计	按照项目任务书，对项目发生的依据、合规性等方面进行审计，并形成审计报告	审计部门	项目组成员	电科院分管领导	
5.0.0	验收阶段	包括自验收和科技部组织验收两个阶段				
5.1.0	自验收	项目完成后市公司组织自验收	项目经理孙一	市公司管控组、项目组成员	市公司分管领导	其他参研单位
5.2.0	科技部组织验收	自验收合格后，申请国家科技部进行验收	电科院分管领导	市公司管控组、项目组成员	市公司主管领导	其他参研单位

第6章
CHAPTER 6

项目进度管理

§ **本章的内容**

- 项目进度管理概述
- 项目活动分解和定义
- 项目活动排序
- 项目活动资源估算
- 网络图
- 项目活动持续时间估算
- 项目进度计划编制
- 流水节拍计算
- 项目进度控制
- 复习思考题

6.1 项目进度管理概述

6.1.1 项目进度管理的定义、意义及研究方法

1. 项目进度管理的定义

项目进度管理（Project Schedule Management），又称为项目工期管理和项目时间管理，作为项目管理中不可或缺的重要环节，与项目成本管理、质量管理和范围管理相互联系、相互影响、彼此制约，共同对项目能否按时、低耗、高质量地完成起着至关重要的作用。合理高效的项目进度管理，能够考虑到其他因素的管理，确保项目在受限条件下顺利完成。

2. 项目进度管理的意义

在项目管理中，进度往往是最重要的约束条件之一，实现对进度的有效控制是使项目管理成功的关键，是保证整个项目在计划预定的时间内成功实施的重要环节。一个项目能否在预定的时间内完成，是项目最为重要的问题之一，也是进行项目管理所追求的目标之一。

良好的进度管理对保证项目按照时间期限在预算内完成项目全部工作具有重要作用，有助于合理分配资源和发挥最佳工作效率，因此也有人说项目进度管理是项目控制工作的首要内容。

3. 项目进度管理的研究方法

目前对项目进度管理的研究多集中在项目进度计划制订和项目监督控制方面，人们已经开发、研究了不少管理技术，包括流水作业方法、科学排序方法、网络计划方法、滚动计划方法等。从项目进度管理实践看，常用的方法有关键日期法、甘特图（Gantt Chart）技术、关键路径法（Critical Path Method，CPM）、计划评审技术（Program Evaluation and Review Technique，PERT）等四种，后来又陆续提出了新的网络技术。在实际应用中，可结合不同行业项目的特点，采用适当的方法做好特定项目的进度管理。

6.1.2 项目进度管理的主要内容

根据 PMBOK（第 6 版）的观点，项目进度管理的主要内容及过程或主要工作可以大致归纳为六个方面：活动分解和定义、活动排序、活动资源估计、活动历时估算、项目进度计划编制和进度控制。将项目进度管理周期大致分为四个阶段，即编制进度计划、实施进度计划、检查与调整进度计划、分享与总结。

6.1.3 项目进度计划的表达方式

（1）图形方式表达时间计划：甘特图、带有日历时间的网络图。
（2）表格形式表达时间计划。

6.2 项目活动分解和定义

6.2.1 项目活动分解

项目活动分解和定义是项目进度管理的前期基础工作之一，是项目经理在已完成项目范围界定工作的基础上，对项目范围做出的进一步细化。

项目活动分解是进度计划编制、进度控制的基础，也是项目管理的一项最基本的工作。一个项目分解成多少项工作和活动，这是在项目分解过程中应该加以研究确定的问题（具体的分解方法在范围管理章节中有详细介绍）。

6.2.2   项目活动定义

项目活动定义是指确认和描述项目的特定活动，它把项目的组成要素细分为可管理的更小部分，以便更好地管理和控制。确定计划活动需要确定和记载计划完成的工作。项目活动定义过程识别处于工作分解结构最下层，叫作工作包的可交付成果。

项目活动定义的依据有项目的目标、范围说明和项目的工作分解结构，同时在项目活动定义过程中，还需要参考各种历史数据和信息，考虑项目的各种约束条件和假设前提。

6.3   项目活动排序

项目活动排序是指识别项目活动清单中各项活动的相互关系与依赖关系，并据此对项目各项活动的先后顺序予以安排和确定，然后形成文档用以指导以后项目的具体实施工作。

项目活动排序的依据主要有进度管理计划、活动清单、活动属性、里程碑清单、项目范围说明书、事业环境因素和组织过程资产等。

项目活动排序的主要工具和技术包括单代号网络图、双代号网络图、确定依赖关系、提前量与滞后量等，其输出成果有项目进度网络图、更新后的项目活动清单等。

6.4   项目活动资源估算

6.4.1   项目活动资源估算概述

项目活动资源对于项目来说，是指一切具有使用价值，可以为项目接受和利用，且属于项目发展过程所需求的客观存在。由于项目活动资源具有有限性、即时消耗性、专有性、多用性等特点，因而不为该活动所需的资源配置情况做出考虑就讨论其时间长短是没有任何实际意义的。

估算活动资源是估算执行各项活动所需的材料、人员、设备或用品的种类和数量的过程。明确完成活动所需的资源种类、数量和特性，不仅能做出更精确的持续时间估算，也能做出更准确的成本估算。

6.4.2   项目活动资源估算的依据

项目活动资源估算的依据主要有工作分解结构、项目进度计划、历史资料、项目范围陈述、资源安排的描述、组织策略等。

6.4.3 项目活动资源估算的方法

项目活动资源估算的方法主要有专家判断法、备选方案分析法、自下而上估算法、自上而下估算法、参数估算法（即发布的估算数据）等。专家判断法就不再介绍了，下面只简要介绍其他几种方法。

1. 备选方案分析法

备选方案是指决策者用来解决政策问题、达成政策目标的可供利用的手段、措施或办法。备选方案的形式可以是多种多样的，依据政策问题性质的不同，备选方案可以表现为政策、策略或各种行动过程。备选方案分为互斥方案、独立方案、混合方案三种。互斥方案是指接受一系列方案中某一个方案时就排斥了其他方案；独立方案是指在一系列方案中接受某一方案并不影响其他方案的接受；混合方案是兼有互斥方案和独立方案两种形式的方案。备选方案具有不可同时被采用和各有优缺点等特性。

2. 自下而上估算法

自下而上估算法是一种估算项目持续时间、成本或资源的方法，通过从下而上逐层汇总工作分解结构组件的估算而得到项目估算。这种方法的缺点是要保证所有的工作和任务都被考虑到，而且对每个工作单元有过高估算的倾向，常常导致最后资源估算无法接受。这种方法的优点在于底层直接参与项目工作的人员更清楚项目工作所需要的资源种类和数量，估算得更精确。

3. 自上而下估算法

自上而下估算法也叫类比法，是指根据历史经验，用类似项目的历史经验数据进行从上往下的预估。这种方法的缺点很明显，由于项目是一次性的工作，因此估算的结果可能存在差异。

4. 参数估算法

参数估算法是指根据项目发布的各种基本参数进行估算的方法。这种方法相对较准确，但是在项目初期要获得这些准确的参数也不是一件容易的事情。

6.4.4 项目活动资源估算的工具

项目活动资源估算的工具主要有资源计划矩阵、资源数据表、资源甘特图、资源负荷图（Load-Curve）以及资源需求曲线、资源累积需求曲线（S-Curve）。

6.4.5 项目活动资源估算的成果

通过采用各种项目活动资源估算方法，最终可以确定每项活动需要的资源目录和资源水平，同时还可以获得其他一些与资源需求相关的文档资料，如活动资源需求、更新的活动特性、资源分解结构、资源日历、必要的变更等。

6.5 网络图

6.5.1 网络计划技术

传统的进度计划方法是甘特图，其特点是通俗易懂、直观可视，但作为管理工具，其存在不能明确表明各项工作之间的相互关系，管理人员难以迅速判断某一工作对于整个项目的影响的缺点。随着现代项目管理的发展，产生了关键路径法（CPM）和计划评审技术（PERT）等现代管理方法。

网络计划技术是用网络计划对人物的工作进度进行安排和控制，以保证实现预定目标的、科学的计划管理技术。网络计划是在网络图上加注工作的时间参数等而编制成的进度计划。

6.5.2 网络图的基本介绍

网络图在实际应用中，是把某项任务中许多具体的工作及各工作间的逻辑关系，即工艺性、组织性的相互联系、相互制约的关系，依流程的方向，按先后顺序进行排列，用图形直观地表达出来。网络图是用来表示工作流向的有向、有序的网状图形，由箭头线（Arrow）和节点（Node）组成。常用的有双代号网络图（Activity on Arrow，AOA），也叫箭杆式网络图（Arrow Diagram Method，ADM），以及单代号网络图（Activity on Node，AON），也叫先后关系图（Predence Diagram Method，PDM），在土建行业双代号网络图较为常用，而在 IT 行业，单代号网络图较常用。

网络图的运用在项目计划控制中作用巨大：能显示项目活动并表明活动之间的逻辑关系；能识别出哪些活动是"关键性"的；每个项目参与者都能清楚自己在整个项目进度计划成功实现中的关键作用，并能达成一致以实现项目的进度、成本费用和质量目标；在实施之前就能发现项目进度计划本身存在的缺陷，便于跟进实际情况对项目进度计划进行系统的调整和优化；它是资源安排的基础，能发现可能妨碍进度的各种瓶颈，并有针对性地制定出消除这些"瓶颈"的方法和措施；能显示应考虑需要压缩哪些活动以确保项目最终期限内完成。

6.5.3　网络图的绘制

1. 网络图的绘制方式

网络图的绘制方式包括以下几个方面。

（1）召集相关专家。

（2）讨论一切活动，记在即时贴卡上。

（3）估算活动持续时间。

（4）找出第一项必须首先进行的活动。

（5）考察有没有可以与第一项活动同时进行的其他活动。

（6）考察什么是下一项必须做的活动。

（7）给每项活动编号。

（8）确定关键路径和项目活动的持续时间。

2. 网络图的绘制规则

网络图的绘制规则包括以下几个方面。

（1）从左到右排列项目活动。

（2）只有所有前置的相关活动已经完成时，后续的活动才能开始。

（3）箭线可以彼此交叉。

（4）每个活动应有唯一的识别编码。

（5）后续编码必须答应前一个活动编码。

（6）环路不允许发生。

（7）不允许条件陈述或判断。

6.5.4　双代号网络图

双代号网络图是由节点（点）、弧及权所构成的有向图，即有向的赋权图。它以箭杆作为工程活动，箭杆两端用编上号码的圆圈连接，杆上表示工作名称，杆下表示持续时间。

（1）节点。节点表示一项活动的开始或结束，用圆圈和数字表示，如①、②等。网络图左边第一个节点称作网络的始点事项，表示计划任务的开始；右方最后一个节点称为网络图的终点事项，表示计划任务的接受；介于始点和终点间的节点既表示前一活动的结束，又表示后一活动的开始。

（2）弧。一项计划任务可以分解为许多项具体活动。弧标是一个工序，用"→"表示。每项工序都有相应的名称，如"浇混凝土"就是一个工序，一般用代号标在弧的上方。

（3）权。权表示完成某个工序所需要的时间或资源等数据，通常标注在弧的下面或其他合适的位置上，如图 6-1 所示，下方标注"10 天"。

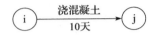

图 6-1   权即工期的表达

（4）虚工序与先行（后续）作业。网络图中的虚箭线（弧）表示虚活动，是既不消耗资源也不占用时间的活动，它只表示前后工序的衔接关系。网络图中的活动，依先后顺序有先行作业、后续作业、平行作业之称，如图 6-2 所示。

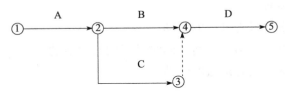

图 6-2   虚工作的表达

在图 6-2 中，A 是 B 的先行作业（又称紧前工序）；B 和 C 是平行作业；D 是 B、C 的后续作业（又称紧后工序），D 直接受制于 B。

［例 6-1］   某项工程的工序名称及工序之间的逻辑关系如表 6-1 所示。

表 6-1   某项工程的逻辑关系

工程项目	工序名称								
	A	B	C	D	E	F	G	H	I
紧前工序	—	—	A	B	B	C、D	C、D	E、F	G
工序时间	4	6	6	7	5	9	7	4	8

该工程项目的双代号网络图如图 6-3 所示。

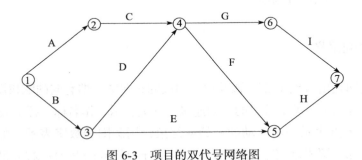

图 6-3   项目的双代号网络图

6.5.5   单代号网络图

单代号网络图更易于表达工序的时间参数和工序之间的搭接情况。其中，弧表示工序间前后的逻辑关系，节点表示工序。在单代号网络图中，最前面加上一个节点表示项目的开始，最后加上一个节点表示项目的结束。

[例 6-2]　某项目的逻辑关系如表 6-2 所示，绘制出的单代号网络图如图 6-4 所示。

表 6-2　某项目的逻辑关系

工程项目	工序名称								
	A	B	C	D	E	F	G	H	I
紧前工序	—	—	A	B	B	C、D	C、D	E、F	G
工序时间	4	6	6	7	5	9	7	4	8

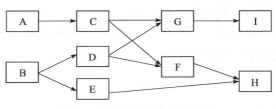

图 6-4　项目的单代号网络图

6.5.6　搭接网络图

1. 项目活动的逻辑关系

在项目中，有时候并不一定是前道工序做完后道工序才开始，而是存在重叠或搭接的情况，如图 6-5 所示。

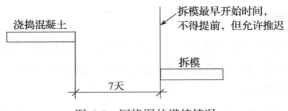

图 6-5　网络图的搭接情况

（1）FS，即结束 – 开始（Finish to Start）关系。

FS 关系是指某一工作完成后或完成一定时间后，其紧后工作才开始的顺序关系。例如，混凝土浇捣成型之后，至少要养护 7 天才能拆模，如图 6-6 所示。

图 6-6　搭接的具体事例（1）

（2）SS，即开始 – 开始（Start to Start）关系。

SS 关系是指紧前活动开始后一段时间，紧后活动才能开始的关系。例如，某基础工程采用井点降水，按规定抽水设备安装完成，开始抽水 1 天后，即可开挖基坑，如图 6-7 所示。

图 6-7　搭接的具体事例（2）

（3）FF，即结束 – 结束（Finish to Finish）关系。

FF 关系是指紧前活动结束后一段时间，紧后活动才能结束的关系。例如，基坑回填土结束后基坑排水才能停止，如图 6-8 所示。

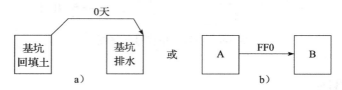

图 6-8　搭接的具体事例（3）

（4）SF，即开始 – 结束（Start to Finish）关系。

SF 关系是指紧前活动开始后一段时间，紧后活动才能结束的关系，这在实际中用得较少。

2. 绘制搭接网络图

根据项目中各种逻辑关系可以绘制出搭接网络图。工作间的搭接关系可以用双代号网络图表示，但是比较复杂，需要在时标网络图中才能清晰表达。更多的是用单代号网络图表示，表达起来简单明了。

[**例 6-3**]　某项目各项工作的搭接关系如表 6-3 所示，绘制该项目网络图如图 6-9 所示。

表 6-3　项目工作搭接关系信息

项　　目	工作代号					
	A	B	C	D	E	F
紧后工作	C	D、E	E	F	—	—
搭接关系	A、C 之间 SS3	B、D 之间 FS2	—	D、F 之间 FF3	—	—

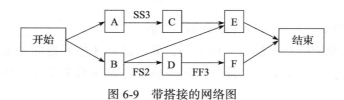

图 6-9　带搭接的网络图

6.6　项目活动持续时间估算

6.6.1　项目活动持续时间估算概述

项目活动时间是一个随机变量，项目实际进行时将处于何种环境在事前无法准确地指导，只能近似地估算，尽量确保项目将来正常实施。同时，在计划和实施阶段也要随着时间的推移和经验的增多而不断地进行估计更新。

工作持续时间是指在一定的条件下，直接完成该工作所需要的时间与必要停歇时间之和，单位可为日、周、旬、月等。工作持续时间是计算其他网络参数和确定项目工期的基础。工作持续时间的估算是编制项目时间计划的一项重要基础工作，要求客观、正确。

（1）活动持续时间估算的依据：工作详细列表、项目的约束和限制条件、资源需求、历史信息。

（2）估算工作持续时间的主要方法：定量计算法、专家判断法、经验法和类比估计法等。

6.6.2　项目活动持续时间估算的参数

1. 最早开始时间和最早结束时间

最早开始时间（Earliest Start Time，ES）是指某项活动能够开始的最早时间，最早结束时间（Earliest Finish Time，EF）是指某项活动能够完成的最早时间。最早结束时间等于最早开始时间加上该活动的估算时间，即 EF = ES + 活动估算时间。

2. 最迟开始时间和最迟结束时间

最迟开始时间（Latest Start Time，LS）是指为了使项目在完工时间内完成，某项活动最迟必须在什么时候开始；最迟结束时间（Latest Finish Time，LF）是指为了使项目在要求完工的时间内完成，某项活动最迟必须在什么时候结束。最迟开始时间，可以用该项活动的最迟结束时间减去该活动的估算时间，即 LS = LF – 活动估算时间。

3. 总时差

如果最迟开始时间与最早开始时间不同，那么该活动的开始时间就可以浮动，称为总时差（Total Float or Slack，TF 或 TS）；同理，如果最迟结束时间与最早结束时间不同，那么该活动的结束时间也可以浮动，同样称为总时差。总时差是指在不推迟整个项目的最迟结束时间的前提下，一个活动可能的最早开始时间的推迟时间量。对同一个活动来说，以下两个公式计算出来的总时差是相等的：

总时差（TF）= 最迟开始时间（LS）– 最早开始时间（ES）

或者　　　　总时差（TF）= 最迟结束时间（LF）– 最早结束时间（EF）

4. 自由时差

自由时差（Free Float，FF），指一项工作在不影响其紧后工作最早开始时间的条件下，本工作可以利用的机动时间。自由时差用紧后工作的最早开始时间与该工作的最早结束时间之差表示：

$$自由时差（FF_{i-j}）=（ES_{j-k}）-（EF_{i-j}）$$

该公式中，ES_{j-k} 表示紧后工作 $j–k$ 的最早开始时间，EF_{i-j} 表示工作 $i–j$ 的最早结束时间，如果有多个紧后工作，则取计算出来所有自由时差的最小值。

该公式针对没有搭接的网络图是有效的，但是针对更一般的情况（有无搭接都可以）自由时差的计算公式为：自由时差 = 该工作的总时差 −min｛该工作紧后所有工作的总时差｝。

5. 活动计时方式

（1）正推法（Forward Pass）。正推法是指按照网络逻辑关系从项目开始的那一刻正向（一般从左至右）对所有网络活动中未完成部分的最早开始时间和最早结束时间进行计算。

（2）逆推法（Backward Pass）。逆推法是指按照网络逻辑关系从项目结束的那一刻反向（一般从右至左）计算网络中所有未完成活动的最迟开始时间和最迟结束时间。

6.6.3　项目活动持续时间估算的方法

具体估计工作时间的方法主要有单一时间估计法和三种时间估计法两种。

1. 单一时间估计法

单一时间估计法是指只估计一个最可能的工作持续时间，对应于关键路径网络。关键路径在项目网络图中，是指决定项目最早结束时间的路线，通常会随着时间的变化而变化。它是整个项目所有路径中耗费时间最长的，决定着项目能够完工的最短时间。在网络图中用双箭头或加粗箭头表示。

如例 6-1 中，该工程项目的网络图的关键路径如图 6-10 中黑色粗线所示。

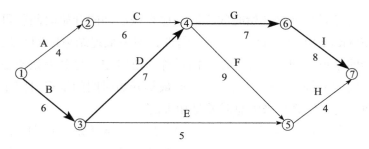

图 6-10　网络图的关键路径

在网络图中，共有 5 条路线，5 条路线的组成及所需的时间如表 6-4 所示。

表 6-4　网络图各路径的结果

路　　线	路线组成	各工序所需的时间之和
1	①→②→④→⑥→⑦	4+6+7+8=25
2	①→②→④→⑤→⑦	4+6+9+4=23
3	①→③→④→⑥→⑦	6+7+7+8=28
4	①→③→④→⑤→⑦	6+7+9+4=26
5	①→③→⑤→⑦	6+5+4=15

该网络图的关键路径为①→③→④→⑥→⑦，总工期为 28。

2. 三种时间估计法

对于含有高度不确定性工作的项目，例如研究与开发（Research & Development，R&D）项目可采用三种时间估计法来估计各项工作的持续时间，即预先估计三个时间值，然后根据概率统计的原理和方法来确定工作的持续时间，对应的是计划评审技术（PERT）。在 PERT 中，工作的持续时间事先不能完全确定，这种网络计划方式适用于不可预知因素较多的、从未做过的新项目和复杂项目。

PERT 画法与 CPM 画法相同，区别在于工作时间的估计与分析。PERT 分析是对三种时间估计，即对工作持续时间 t 估计出乐观（Optimistic）时间（t_o）、最可能（Most Likely）时间（t_m）、悲观（Pessimistic）时间（t_p）三个值。三种时间都基于概率统计，是在综合分析项目特点、工作特点、环境等因素的基础上做

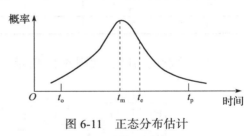

图 6-11　正态分布估计

出的估计。根据统计，某项工作实际消耗的持续时间以及出现的概率分布为正态分布。某项工作的估计时间 t_e 有 $t_e \sim N(t_e, \sigma^2)$，如图 6-11 所示。

期望工时和方差的计算公式如下：

$$t_e = (t_o + 4t_m + t_p) / 6 \qquad \sigma_e^2 = [(t_p - t_o) / 6]^2$$

6.6.4　项目工期估算举例

当一个项目活动历时估计受到影响的因素较少，或者各项活动持续时间能较有把握估计时，可以对各活动估计一个时间。利用关键路径法进行估算，该技术所用的基本规则描述如下。

规则 1：一个项目的开始时间都定于时刻 0，即网络图中最早开始时间（ES）都是时刻 0。

规则 2：任何活动节点 j 的最早开始时间（ES）等于其紧前活动节点 i 的最早结束时间（EF）的最大值。

规则 3：活动 i 的最早结束时间（EF）是该活动的最早开始时间与该活动持续时间的估计值 t_i 的和。

规则 4：项目最早结束时间等于项目网络中最后一个节点的最早结束时间。

规则 5：按惯例，项目的最迟结束时间为项目的最早结束时间。

规格 6：活动 i 的最迟结束时间（LF）是该活动紧后活动 j 的最迟开始时间（LS）的最小值。

规则 7：假设活动 j 有一个紧前活动 i，并且活动 j 确定为关键活动，此时比较 EF_i 和 ES_j。若两者相等，则活动 i 为关键活动。

规则 8：若网络中只有单一的起点或单一的终点，则该节点一定在关键路径上。

以下将通过举例来说明推算过程。

（1）单点时间估算。

[**例 6-4**]　表 6-5 列出了一个简单的项目网络数据，估算项目工期。

表 6-5　项目的信息

活　　动	紧前活动	持续期/天	活　　动	紧前活动	持续期/天
A	—	3	E	C	3
B	—	4	F	C、D	2
C	A	5	G	E、F	1
D	B	6			

1）绘制网络图，如图 6-12 所示。

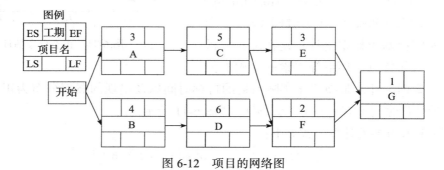

图 6-12　项目的网络图

2）计算网络参数。

计算工作的最早时间：首先，从左到右，计算活动的最早开始时间和最早结束时间。最早开始时间取紧前工序最早完工时间的最大值，如工序 F 的最早开始时间 ES（F）= max{EF（C），EF（D）}= max{8，10}=10，如图 6-13 所示。

计算工期：利用正推法求解关键路径得出项目工期，由关键路径 B→D→F→G 计算出本项目的工期为 13。

计算工作的最迟时间：从右到左，从最后一个节点反推每个节点的最迟开始时间和最迟结束时间。最迟结束时间取紧后工序最迟开始时间的最小值，如工序 C 的最早开始时间 LF $(C) = \min\{LS(E),\ LS(F)\} = \min\{9,\ 10\} = 9$，如图 6-14 所示。

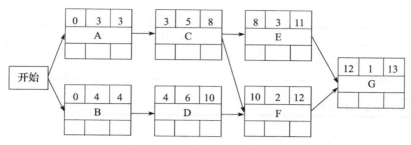

图 6-13　网络工序的最早时间

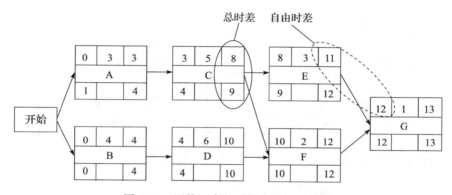

图 6-14　网络工序的时间参数计算结果

计算工作的总时差和自由时差：如图 6-14 所示，根据总时差公式和自由时差公式。如活动 C 的总时差为 $9 - 8 = 1$，活动 E 的自由时差为 $12 - 11 = 1$，活动 C 的自由时差为 $\min\{8 - 8,\ 10 - 8\} = 0$。

（2）搭接网络图的时间估计。

根据项目中完成工序的搭接关系，可绘制搭接网络图。有搭接关系的网络图时间的计算和没有搭接关系的网络图的时间计算原理相同。

［例 6-5］　某工程中，设计工序 A 工期为 10 天，结束后建造工序 B 开始，工期为 30 天；建造工序开始后 15 天安装与调试工序 C 开始，工期为 20 天。

图 6-15 是有搭接关系网络图的计算结果。

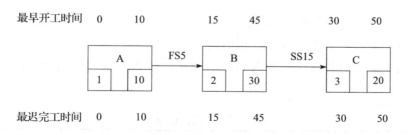

图 6-15　搭接情况的计算

注：在表示工序的节点中，前一个数字表示工序顺序号，第二个数字表示工序持续的时间。

[例6-6] 某项目工序的搭接关系如表6-6所示。

表6-6 项目搭接关系信息

项　　目	工序代号						
	A	B	C	D	E	F	G
持续时间	3	2	7	4	8	6	5
紧后工作	B、C、D	E	E、F	F	G	G	—
搭接关系	A、D之间FS8		C、E之间SS4				G和F之间FF3

1) 绘制网络图，如图6-16所示。

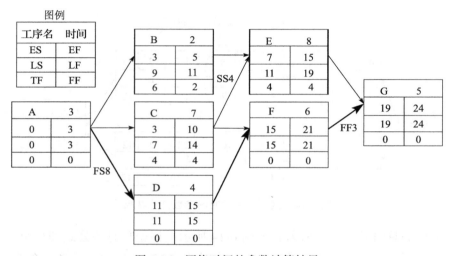

图6-16　网络时间的参数计算结果

2) 计算网络参数。

计算工作的最早时间：首先，从左到右，计算活动的最早开始时间和最早结束时间。如A与D之间存在搭接关系FS8，因此D的最早开始时间 ES(D) = EF(A) + 8 = 11。

计算工期：由关键路径 A→D→F→G，计算出本项目的工期为24。

计算工作的最迟时间：从右到左，从最后一个节点反推每个节点的最迟开始时间和最迟结束时间。如C与E之间存在搭接关系SS4，因此C的最迟开始时间 LS(C) = LS(E) – 4 = 11 – 4 = 7。

3) 计算工作的总时差和自由时差。

（3）采用计划评审技术（PERT）的时间估计。

[例6-7] 某项目各活动持续时间的三种估计值如表6-7所示，计算项目期望完工时间。

表6-7　项目信息　　　　　　　　　　　　　　（单位：天）

工序	工作描述	紧前工作	乐观时间	最可能时间	悲观时间	期望完工时间	方差
A	选择地点	—	21	21	21	**21**	0

（续）

工序	工作描述	紧前工作	乐观时间	最可能时间	悲观时间	期望完工时间	方差
B	建立组织和制订计划	—	20	25	30	**25**	**2.78**
C	确定需求的人力资源	B	15	20	30	**20.83**	**6.25**
D	定位设计	A、C	20	28	42	**29**	**13.44**
E	人力资源安排	D	40	48	66	**49.67**	**18.78**
F	人力资源平衡	C	12	12	12	**12**	**0**
G	雇用新雇员	F	20	25	32	**25.33**	**4**
H	撤回关键人员	F	28	28	28	**28**	**0**
I	人力资源培训	E、G、H	10	15	24	**15.67**	**5.44**

以活动 C 为例，总时差 TF(C) = LS(C) – ES(C) = 7 – 3 = 4，其他工序总时差类似计算；自由时差 FF(C) = 总时差 TF(C) – min{TF(E),TF(F)}=4 – min{4,0}=4；

以活动 D 为例，可以按没有搭接的公式计算，自由时差 FF(D) = EF(F) – LS(D) = 15 – 15 = 0，或按更一般的公式计算，自由时差 FF(D) = TF(D) – TF(F) = 0 – 0 = 0。其他工序自由时差类似计算。

根据公式计算出 A 到 I 工序的期望时间和方差，填入表格中（字体加粗部分），并绘制出网络图 6-17，利用图解法求出关键路径为开始→B→C→D→E→I，期望完工时间为 140.17 天。

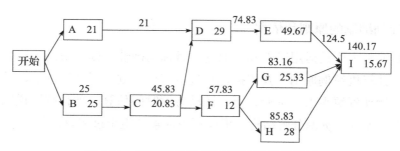

图 6-17　网络图所有工序时间参数计算结果

关键路径上方差和为：$\sigma_B^2 + \sigma_C^2 + \sigma_D^2 + \sigma_E^2 = 45.96$，则项目完工的标准差为 $\sigma = \sqrt{45.96} = 6.779\,4$，对应的 140.17 天完工概率为 50%。如果想知道其他时间的完工概率，通过公式 $p\left(\lambda = \dfrac{x-\mu}{\sigma}\right)$ 求得，见表 6-8。其中 μ 是项目的期望完工时间，σ 为项目关键路径上完工的标准差，通过正态分布的反函数 NORMSDIST() 求得完工概率 p。

表 6-8　不同预计工期下的完工概率

期望完工时间 / 天	λ	完工概率 /%
135	−0.762 6	22.28
137	−0.467 59	32.00
139	−0.172 58	43.15
141	0.122 43	54.87

（续）

期望完工时间 / 天	λ	完工概率 /%
143	0.417 441	66.18
145	0.712 452	76.19
147	1.007 464	84.31
149	1.302 475	90.36
151	1.597 487	94.49
153	1.892 498	97.08
155	2.187 509	98.56
157	2.482 521	99.35

6.7　项目进度计划编制

6.7.1　项目进度计划介绍

项目进度计划就是分析活动顺序、持续时间、资源需求和进度制约因素，创建项目进度模型的过程。项目进度计划的编制，就是确定项目工作的起始日期和结束日期。项目的主要特点之一就是有严格的时间期限要求，因此项目时间计划在项目管理中具有重要作用。在项目管理过程中，随着时间计划编制依据的变化，编制时间计划的过程在时间计划最终确定之后也会进行，保证计划与实际工作进展和要求相符。

1. 进度计划编制的原则和依据

进度计划编制主要是运用以下几个原则：目标明确性原则、协调一致性原则、经济合理性原则、计算机惯例原则。其依据包括进度管理计划、活动清单、活动属性、项目进度网络图、活动资源需求、资源日历、活动持续时间估算、项目范围说明书、风险登记册、项目人员配置、资源分解结构、事业环境因素及组织过程资产等。

2. 进度计划编制的时间参数

在大多数复杂的项目时间计划中，一般记录以下几种时间日期：活动历时、最早和最迟时间、活动时差、基线和计划安排时间、其他计划时间等。

3. 进度计划编制的输出成果

进度计划编制的输出成果有：项目时间计划书（里程碑图、甘特图、网络图、电子计划表格），执行和控制管理计划，资源需求计划等。

4. 进度计划编制的方法

进度计划编制的方法有：数学分析法、甘特图法、时间压缩法、资源平衡法、仿真（如 Crystal Ball）及项目管理软件（如 Project）等。

[**例6-8**] 工程师 T 和 H 分别作为系统需求分析师和软件设计工程师，参与①、②、③、④四个软件的开发工作。T 的工作必须发生在 H 开始工作之前。每个软件开发工作需要的工期见表6-9。

问题1：顺序安排工作需要多少天？

表 6-9 四个软件工作包开发所需的工期

工作	软件工作包			
	①	②	③	④
需求分析工期 / 天	7	3	5	6
软件设计工期 / 天	8	4	6	1

画出问题1的网络图，如图6-18所示，求得项目的完工时间为26天。

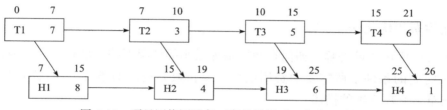

图 6-18 项目网络图及各工序的最早开工和完工时间

问题2：有更优的排序方法吗？更优方法的完工时间是多少？

事实上，如果按照②→③→①→④的顺序安排工作，网络图如图6-19所示，工期就只要24天了，比按顺序安排节省了2天。

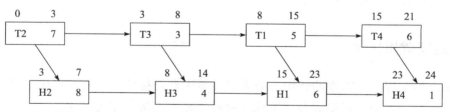

图 6-19 优化后的项目网络图及各工序的最早开工和完工时间

在有并行的多道工序的项目中，工作排序时前工序时间短的尽可能往前排，后工序时间短的尽可能往后排。在上面的例子中，首先找出所有工序时间的最短时间是第④个工作包的后工序时间"1"，因为是后工序，所以工作包④安排在最后做，下面就不考虑工作包④了。然后在剩下的3个工作包所有工序时间中，最小的是工作包②的前工序时间"3"，因为是前工序，所以工作包②安排在最前面。依次类推，排完所有的工序。

6.7.2 项目进度计划的优化方法

在实际工作中，编制一个计划，不仅要考虑工期、时间是否合理的问题，还要考虑资源利用和降低成本费用等问题，利用时差，不断改善网络计划的最迟方案，从而获得最佳工期、最低成本和对资源的最合理利用。

1. 进度压缩法

进度压缩法是在不改变项目范围的情况下寻找方法来缩短项目时间，以满足强制性日期的要求或其他时间计划目标。时间压缩法是数学分析方法的具体应用，包括赶工和快速跟进两种技术。赶工是考虑怎样平衡时间计划与成本，从而以最低的增加成本进行最大限度的时间压缩。快速跟进是考虑如何并行进行那些通常会按顺序完成的活动。无论是赶工还是快速跟进，通常都是对于关键路径活动上的考量。

具体的方法有加强控制、资源优化、改变工艺或流程、加强沟通、加班加点、外包和牺牲项目约束条件等。

2. 进度费用优化法

进度费用优化法可以解决如何在费用增加最小的情况下缩短项目工期，或是在保证期望完工时间的条件下所需要的费用最少，或在限制费用的条件下项目的完工时间最短。后续章节有较详细的描述。

3. 进度资源优化法

在初步生成的进度计划中，某一特定时段要求有更多的可利用资源，或者要求确保那些难以管理的资源。通过利用资源平衡法，生产一个反映了这些限制条件的时间计划。该方法也称为"资源导向方法"。

6.7.3　进度费用优化

完成一项工程，所需要的费用可分为直接费用和间接费用。直接费用包括直接生产工人的工资及附加费，设备能源、工具及材料消耗等直接与完成工序有关的费用。间接费用包括管理人员的工资、办公费等。活动的直接费用和间接费用随时间的变化而出现不同方向的变化。一般情况下，时间缩短，直接费用上升，间接费用下降；时间延长，直接费用下降，间接费用上升。完成工程项目的直接费用、间接费用、总费用与工程完工时间的关系如图 6-20 所示。因此，编制进度计划的关键问题之一就是找到时间和费用的最优点，即最低成本日程（T'），而各项工作的费用与其持续时间一般呈线性关系，即压缩工期则追加费用，如图 6-21 所示。

这里介绍该技术将用到的一些基本概念。

（1）正常时间：按照原先的时间计划，在正常条件下完成某项工作所需要的估计时间。

（2）正常成本：在正常时间下完成某项工作所消耗的成本。

（3）赶工时间：在赶工的情况下完成某项工作的最快时间。

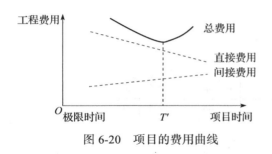

图 6-20　项目的费用曲线

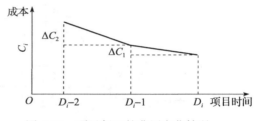

图 6-21　项目赶工的费用变化情况

（4）赶工成本：在赶工情况下完成某项工作所需要的成本。

（5）直接费用变动率：缩短一天增加的直接费用，用 g 表示，如果以线性变化的规律来考虑，则工序的直接费用变动率为：

$g = $（极限时间的工序直接费用 $-$ 正常时间的工序直接费用）$/$（正常时间 $-$ 极限时间）

　[例 6-9]　假设有表 6-10 中的网络和数据，计算每个项目时间长度的总直接成本。如果每个项目时间长度的间接成本是 450 美元（21 时间单位）、400 美元（20 时间单位）、350 美元（19 时间单位）、300 美元（18 时间单位）、250 美元（17 时间单位）和 200 美元（16 时间单位），计算该项目的最低成本日程。

表 6-10　项目赶工的时间与费用参数

紧前	活动	最大压缩时间 / 天	直接费用变动率 /%	直接成本			
				正　常		压　缩	
				时间 / 天	成本 / 美元	时间 / 天	成本 / 美元
—	A	**1**	**30**	5	90	4	120
A	B	**4**	**10**	9	100	5	140
A	C	**1**	**40**	8	80	7	120
A	D	**1**	**20**	7	60	6	80
C	E	**2**	**60**	4	70	2	190
D	F	**2**	**70**	6	50	4	190
B、E、F	G	**1**	**80**	3	200	2	280

　　根据公式，计算出项目各工序的最大压缩时间和直接费用变动率，填入表格中（字体加粗部分）。根据工序关系绘制网络图 6-22，关键路径为 A → D → F → G，正常的工期为 21 天，工程直接成本为 650 美元，间接成本为 450 美元，工程总费用为 1 100 美元，将赶工费用和日期填入网络图 6-23 中。

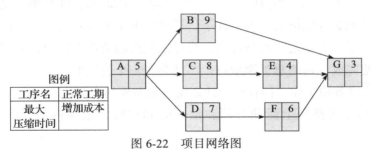

图 6-22　项目网络图

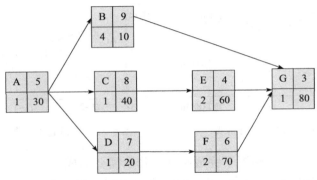

图 6-23　项目赶工费用和日期

第一步：找到关键路径上直接费用变动率最低的 D 工序，压缩 1 天，总工期 20 天。工序费用增加 20 美元，间接费用减少 50 美元，总费用减少 30 美元。工程总费用为 1 070 美元。

关键路径为 A → D → F → G 或 A → C → E → G。

第二步：两条关键路径上同时优化，再把 A 工序压缩 1 天，总工期 19 天。工序费用增加 30 美元，间接费用减少 50 美元，总费用减少 20 美元，工程费用为 1 050 美元。

第三步：优化到 19 天后，若再赶工 1 天（工期 18 天），再压缩 G 工序 1 天，总成本增加 30 美元，工程总费用为 1 080 美元，30 美元换来了 1 天的工期；若赶工 2 天（工期 17 天），再同时压缩 C 工序和 E 工序各 1 天，总成本增加 60 美元，工程总费用为 1 140 美元，90 美元换来了 2 天的工期；若赶工 3 天（工期 16 天），同时再压缩 E、F 工序各 1 天，总成本增加 80 美元，工程费用为 1 220 美元，170 美元换来了 3 天的工期。

因此，项目的最低成本日程为 19 天。

6.7.4　进度资源优化

进度费用优化蕴含的假设是能够得到所需的最佳资源，但实际上，项目都或多或少受到资源的制约。进度资源优化是在一定的工期条件下，通过平衡资源，求得工期与资源的最佳结合。优化的原则是：①优先安排关键工序所需要的资源；②利用非关键工序的总时差，错开各工序的开始时间，拉平资源需求量的高峰；③在确实受到资源限制的条件下，或在考虑综合经济效率的条件下，适当推迟工期完工时间。资源优化通常有两个目标：一是对于一个确定的网络计划，当可供使用的资源有限时，如何合理安排各项工作的进度，使完成计划的总工期最短；二是对于一个确定的网络计划，当总工期一定时，如何合理安排各项工作，使在整个计划期内所需要的资源比较均衡。

（1）通过非关键路径上活动开始和结束时间在时差范围内的合理调整达到资源均衡。

[例 6-10]　若完成工序 d、f、g、h、k 的机械加工人数有限，总工人数为 65 人，且这些工人可以完成上述任何一个工序，各工序所需人数及工序的总时差如表 6-11 所示。

表 6-11　人力资源需求情况

工　序	起始时间 / 天	作业时间 / 天	结束时间 / 天	延续时间 / 天	所需的机械加工工人数
d	60	20	80	不可延续	58
f	70	18	88	135	22
g	80	30	110	不可延续	42
h	100	15	115	135	39
k	110	25	135	不可延续	26

若上述各工序均按最早时间安排，在完成关键工序的 75 天中，所需要的机械加工工人数的"资源负荷图"如图 6-24 和图 6-25 所示。

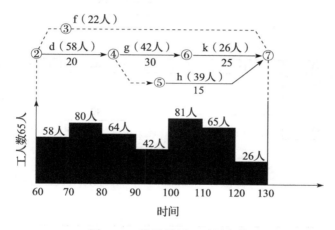

图 6-24　按最早开工时间安排

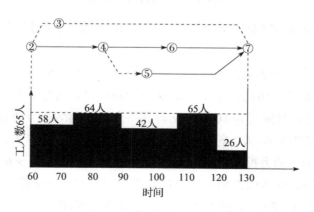

图 6-25　优化后的安排情况

如图 6-24 所示，项目中资源负荷不均，其中有两段时间所需工人总数超过了 65 人的限制，负荷极差为 55 人。若利用非关键工序 f、h 的总时差，f 工序从第 80 天开始，h 工序从第 110 天开始，就可以拉开资源负荷高峰，负荷不均情况有所改善，负荷极差为 55 人，如图 6-25 所示。

[例 6-11] 劳动力需求情况如图 6-26 所示，如果本工程劳动力可用量（限制）仅为 45 人，要求能保证工程的顺利实施，则分析 E 活动可以在第 5 周至第 25 周之间实施。图 6-26 为按最早时间安排的劳动力计划最多需要 58 人，在第 5 周至第 9 周工程不能进行（资源不够），则可以将 E 活动安排在第 18 周到第 22 周进行，得到图示的劳动力计划曲线，则最高需要量为 43 人，符合限制要求。

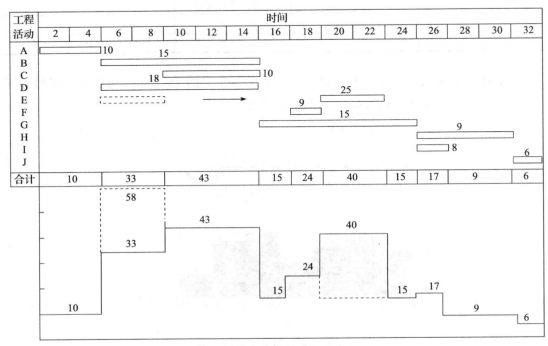

图 6-26　劳动力需求情况

（2）可考虑减少非关键路径活动的资源投入强度，在它的时差范围内，延长它的持续时间。

如例 6-11 中如果劳动力限制为 40 人，计划上在第 10 周至第 14 周需 43 人，不能符合要求，再用非关键活动移动已很难解决这个问题，可以考虑将 C 活动劳动力由 10 人减少至 6 人，C 的持续时间变为 10 周，则得到一个新的网络和劳动力曲线。

这样资源投入强度为 40 人，符合限制。如果总投入限制为 35 人，则可以用同样的方法压缩 B 和 E 活动的劳动力投入，达到目的。C 的工作量是 10 人 ×6 周 ＝ 6 人 ×10 周。

（3）如果非关键活动的调整仍不能满足要求，则尚有如下途径：

1）修改工程活动之间的逻辑关系，重新安排施工顺序，将资源投入强度高的活动错开施工。

2）改变方案采取高劳动效率的措施，以减少资源的投入，如将现场搅拌混凝土改为商品混凝土以节约人工。

3）缩减关键线路的资源投入，当然，这必然会影响总工期。

6.8　流水节拍计算

6.8.1　流水施工概述

流水施工是指所有的施工过程按一定的时间间隔依次投入施工，各个施工过程陆续开工，陆续竣工，使同一施工过程的施工班组保持连续、均衡，不同施工过程尽可能平行搭接施工的组织方式。某工程流水节拍如图 6-27 所示。

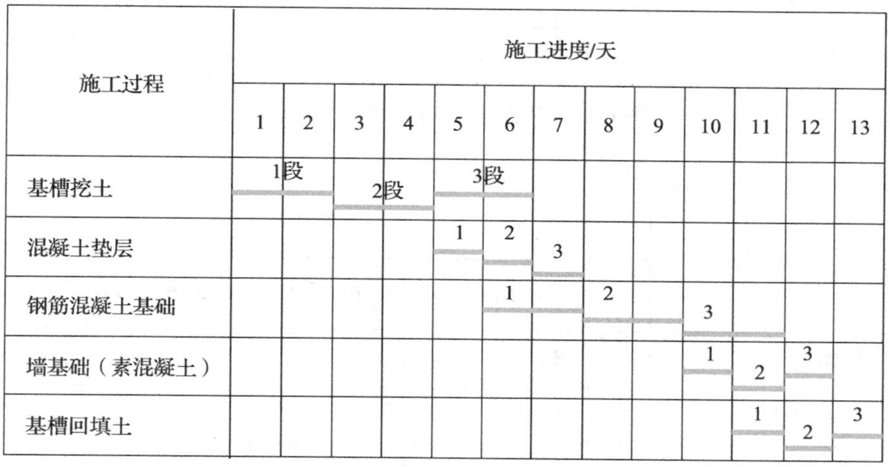

施工过程	施工进度/天												
	1	2	3	4	5	6	7	8	9	10	11	12	13
基槽挖土	1段		2段		3段								
混凝土垫层					1	2	3						
钢筋混凝土基础						1		2		3			
墙基础（素混凝土）										1	2	3	
基槽回填土											1	2	3

图 6-27　某工程流水节拍

其他施工组织方式与流水施工的比较如下。

（1）依次施工及特点。依次施工是指各施工段或各施工工程依次开工、依次完成的一种施工组织方式，如图 6-28 和图 6-29 所示。它的优点是单位时间内投入的人力和物资资源较少，施工现场管理简单；缺点是专业工作队的工作有间歇，工地物资资源消耗也有间断性，显然工期拉得很长。

适用范围：工作面有限、规模小、工期要求不紧的工程。

（2）平行施工及特点。平行施工是全部工程的各施工段同时开工、同时完成的一种施工组织方式，如图 6-30 所示。它的优点是工期短，充分利用工作面；缺点是专业工作队数目成倍增加，现场临时设施增加，物资资源消耗集中，施工现场的管理比较复杂。

适用范围：工期要求紧、大规模的建筑群。

（3）搭接施工及特点。搭接施工是指对施工项目中的各个施工过程，按照施工顺序和工艺过程的自然衔接关系进行安排的一种方法，如图 6-31 所示。它的优点是前后施工过程之间安排紧凑，充分利用了工作面，有利于缩短工期；缺点是有些施工过程会出现不连续的现象。

施工过程	施工进度/天																				
	1	2	3	4	5	6	7	8	9	10	11	12	13	14	15	16	17	18	19	20	21
基槽挖土	1段							2段							3段						
混凝土垫层		1								2							3				
钢筋混凝土基础				1								2						3			
墙基础（素混凝土）						1								2						3	
基槽回填土							1								2						3

图 6-28　依次施工（按段数依次施工）

施工过程	施工进度/天																				
	1	2	3	4	5	6	7	8	9	10	11	12	13	14	15	16	17	18	19	20	21
基槽挖土	1段		2段		3段																
混凝土垫层							1	2	3												
钢筋混凝土基础										1		2		3							
墙基础（素混凝土）																1	2	3			
基槽回填土																			1	2	3

图 6-29　依次施工（按施工过程依次施工）

施工过程	施工进度/天						
	1	2	3	4	5	6	7
基槽挖土	1段 2段 3段						
混凝土垫层			1 2 3				
钢筋混凝土基础				1 2 3			
墙基础（素混凝土）					1 2 3		
基槽回填土						1 2 3	

图 6-30　平行施工

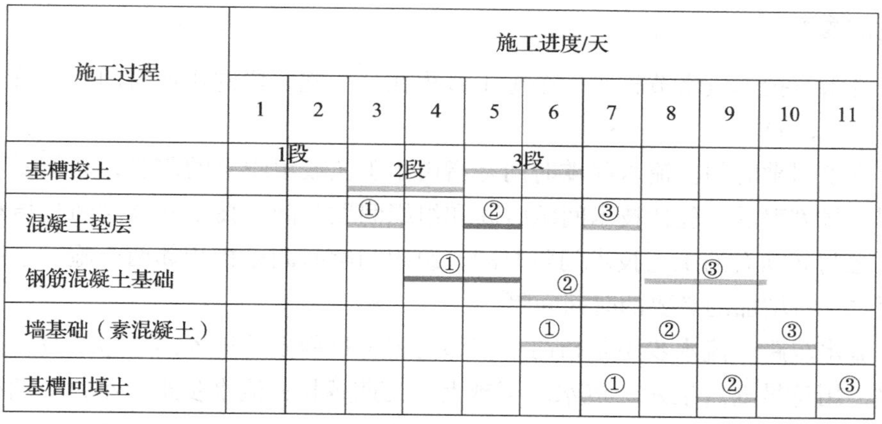

施工过程	施工进度/天										
	1	2	3	4	5	6	7	8	9	10	11
基槽挖土	1段		2段		3段						
混凝土垫层			①		②		③				
钢筋混凝土基础			①			②			③		
墙基础（素混凝土）					①			②		③	
基槽回填土							①		②		③

图 6-31　搭接施工

（4）流水施工及特点。流水施工的各工作队的工作和物资的消耗具有连续性和均衡性，能消除依次施工和平行施工方法的缺点，同时保留了它们的优点。流水施工是搭接施工的一种特定形式，每个施工过程的作业均能连续施工，前后施工过程的最后一个施工段都能紧密衔接，整个工程的资源供应呈现一定规律的均匀性。

组织流水施工的条件：划分施工过程，划分施工段，每个施工过程组织独立的施工班组，主要施工过程必须连续、均衡地施工，不同施工过程尽可能组织平行搭接施工。

6.8.2　流水施工参数

1. 工艺参数

施工过程数：施工过程数是指一组流水的施工过程个数，以符号"n"表示。它可以是一道工序，也可以是一个分项或分部工程。施工进度计划的作用不同，施工方案不同，劳动量大小不同，都会使施工过程数目不同。施工过程数一般以能表达一个工程的完整施工过程，又能做到简单明了进行安排为原则。

流水强度：流水强度是每个施工过程在单位时间内所完成的工程量，以符号"V"表示。

（1）机械施工过程的流水强度计算：

$$V = \sum R_i S_i$$

式中　R_i——某种施工机械的台数；

　　　S_i——该种施工机械台班生产率。

（2）手工操作过程的流水强度计算：

$$V = RS$$

式中　R——每一个工作队工人数（小于工作面上允许容纳的最多人数）；

　　　S——每一个工人每班产量定额。

2. 时间参数

（1）流水节拍。流水节拍是一个施工过程在一个施工段的作业时间，用符号 t_i 表示（$t_i = 1$，2，$\cdots$，n）。

（2）流水间歇时间。流水间歇时间是指由于工艺或组织上的需要，必须要留的时间间隔，用符号 t_j 表示，包括技术间歇时间和组织间歇时间。技术间歇时间是指相邻两个施工过程之间必须有的工艺技术间隔时间，组织间歇时间是指相邻两个施工过程在规定流水步距之外所增加的必要的时间间隔。

（3）流水步距。流水步距是指两个相邻的施工过程先后进入同一施工段开始施工的时间间隔，用符号 $b_{i,i+1}$ 表示。流水步距越大，工期越长；流水步距越小，工期越短。流水步距的数目等于（$n - 1$）个参加流水施工的施工过程数。

确定流水步距的基本要求是：应保证相邻两个施工过程之间工艺上有合理的顺序，前一个施工过程尚未全部完成，后一个施工过程不提前介入；各个施工过程的专业工作队连续施工，不发生停工现象；各个施工过程之间有必需的技术间歇时间和组织间歇时间。

（4）流水工期。流水工期是指完成一项过程任务或一个流水组施工所需的时间，一般可采用下式计算：

$$TL = \sum b_{i,i+1} + T_n$$

式中 $\sum b_{i,i+1}$——流水施工中流水步距之和；

T_n——流水施工中最后一个施工过程的持续时间。

（5）施工段数。将施工对象在平面上划分为若干个劳动量大致相等的施工区段，它的数目以 m 表示。每个施工段在某一个时间内只供一个施工过程的工作队使用。不同的施工班组在不同的施工段上同时进行施工，各个施工班组能按一定的时间间隔转移到另一个施工段进行连续施工，既消除等待、停歇现象，又互不干扰。

（6）工作面。工作面是指施工对象上可能安置多少工人操作或布置施工机械场所的大小，用"α"表示，分为完整的工作面和部分的工作面。

6.8.3　流水施工方式的有节奏流水施工

1. 全等节拍流水施工

（1）无间歇全等节拍流水施工：各个施工过程之间没有技术间歇时间和组织间歇时间，且流水节拍均相等。

1）无间歇全等节拍流水施工的特征。同一施工过程流水节拍相等，不同施工过程流水节拍也相等，$t_1 = t_2 = \cdots = t_n =$ 常数。施工过程之间的流水步距相等，且等于流水节拍，即 $B_{1,2} = B_{2,3} = \cdots = B_{n-1,n} = t_i$，如图 6-32 所示。

2）无间歇全等节拍流水步距的确定：$B_{i,i+1} = t_i$。

3）工期计算：$TL = \sum b_{i,i+1} + T_n = (m + n - 1) t_i$。

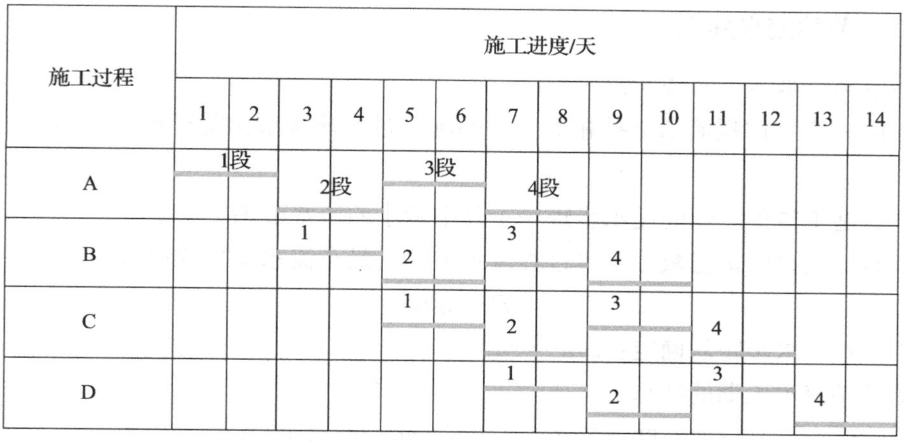

施工过程	施工进度/天													
	1	2	3	4	5	6	7	8	9	10	11	12	13	14
A	1段		2段		3段		4段							
B			1		2		3		4					
C					1		2		3		4			
D							1		2		3		4	

图 6-32　某分部工程无间歇全等节拍流水施工进度计划（横线图）

（2）有间歇全等节拍流水施工：各个施工过程之间有的需要技术间歇时间或组织间歇时间，有的可搭接施工，流水节拍相等，如图 6-33 所示。

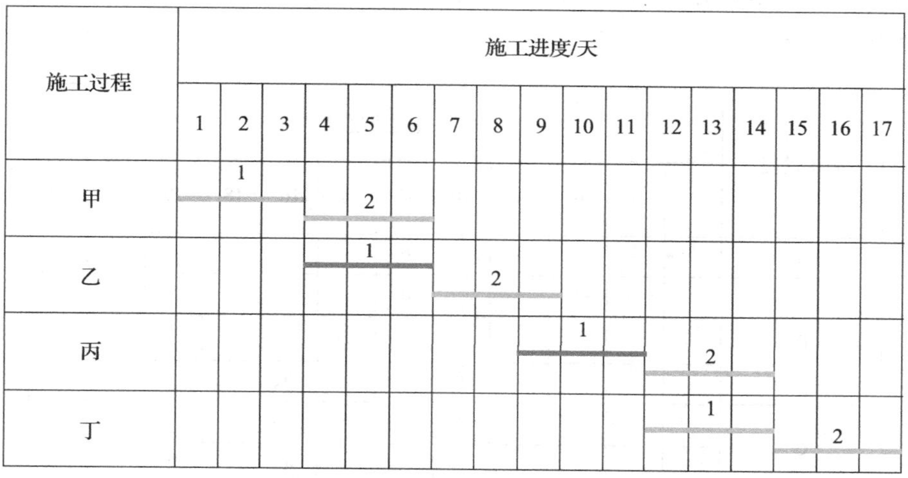

施工过程	施工进度/天																
	1	2	3	4	5	6	7	8	9	10	11	12	13	14	15	16	17
甲		1			2												
乙				1			2										
丙									1			2					
丁												1				2	

图 6-33　某基础工程有间歇全等节拍流水施工进度计划（横线图）

1）有间歇全等节拍流水施工的特征。同一施工过程流水节拍相等，不同施工过程流水节拍也相等。各施工过程之间的流水步距不一定相等。

2）有间歇全等节拍流水步距的确定：

$$B_{i,i+1} = t_i + t_j - t_d$$

3）有间歇全等节拍流水施工的工期计算：

$$TL = \sum b_{i,i+1} + T_n = (m + n - 1)\, t_i + \sum t_j - \sum t_d$$

全等节拍流水施工方式的适用范围：比较适用于分部工程流水，不适用于单位工程，特别是大型建筑群。它能保证专业班组的工作连续，工作面充分利用，实现均衡施工。这对一个单位工程或建筑群来说，不容易达到，因此实际应用范围不是很广泛。

2. 成倍节拍流水施工

成倍节拍流水施工的特征：

（1）同一施工过程流水节拍相等，不同施工过程流水节拍等于或为其中最小流水节拍的整数倍。

（2）各施工过程之间的流水步距等于其中最小的流水节拍。

（3）施工过程的班组数等于本过程流水节拍与最小流水节拍的比值。

$$D_i = t_i / t_{\min}$$

成倍节拍流水步距的确定：$B_{i,i+1} = t_{\min}$。

成倍节拍流水工期的计算：

$$TL = \sum b_{i,i+1} + T_n = （m + n' - 1）t_{\min}$$

式中 n'——施工班组总数目，$n' = \sum D_i$。

成倍节拍流水实质上是一种全等节拍流水施工，通过对流水节拍大的施工过程相应增加班组数，使它转换为步距 $B_{i,i+1} = t_{\min}$ 的全等节拍流水。

成倍节拍流水施工方式的适用范围：比较适用于线形工程（如道路、管道等）的施工，如图 6-34 所示。

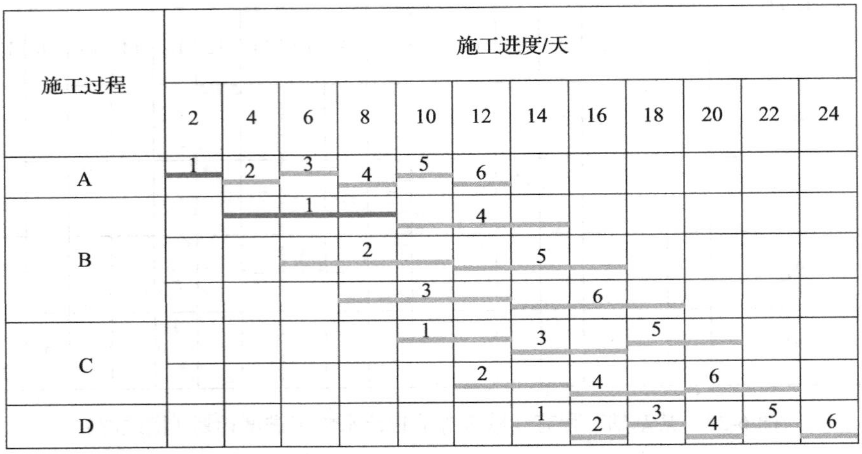

施工过程	施工进度/天											
	2	4	6	8	10	12	14	16	18	20	22	24
A	1	2	3	4	5	6						
B			1			4						
				2			5					
					3			6				
C					1		3	5				
						2		4		6		
D							1	2	3	4	5	6

图 6-34   某分部工程成倍节拍流水施工进度计划（横线图）

3. 异节拍流水施工

异节拍流水施工的特征：

（1）同一施工过程流水节拍相等，不同施工过程的流水节拍不一定相等。

（2）各个施工过程之间的流水步距不一定相等。

异节拍流水步距的确定：

$$B_{i,i+1} = t_i + t_j - t_d \quad （当 t_i \leqslant t_{i+1} 时）$$

$$B_{i,i+1} = mt_i + （m - 1）t_i + 1 + t_j - t_d \quad （当 t_i > t_{i+1} 时）$$

异节拍流水施工工期的计算：

$$TL = \sum B_{i,i+1} + T_n = \sum B_{i,i+1} + mt_n$$

异节拍流水施工的适用范围：适用于分部和单位工程流水施工，它允许不同施工过程采用不同的流水节拍，因此，在进度安排上比全等节拍流水施工灵活，实际应用范围较广泛。

[**例 6-12**]　某分部工程异节拍流水施工进度计划如图 6-35（横线图）和图 6-36（斜线图）所示。

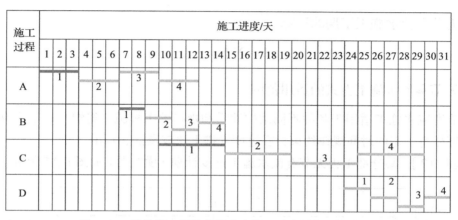

图 6-35　某分部工程异节拍流水施工进度计划（横线图）

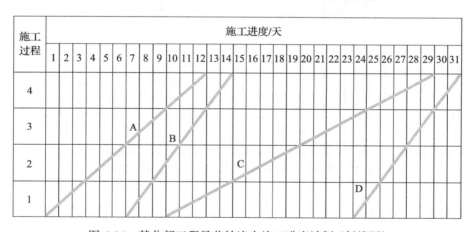

图 6-36　某分部工程异节拍流水施工进度计划（斜线图）

6.8.4　流水施工方式的无节奏流水施工

无节奏流水施工是指各个施工过程的流水节拍均不完全相等的一种流水施工方式。

1. 无节奏流水施工的特征

（1）同一施工过程流水节拍不完全相等，不同施工过程流水节拍也不完全相等。

（2）各个施工过程之间的流水步距不完全相等且差异较大。

2. 无节奏流水步距的确定

无节奏流水步距的计算是采用"累加斜减取大法"，具体是：

第一步，将每个施工过程的流水节拍逐段累加；

第二步，错位相减，得到一组差数；

第三步，取上一步斜减差数中最大值作为流水步距。

3. 无节奏流水施工工期的计算

$$TL = \sum b_{i,i+1} + T_n$$

4. 无节奏流水施工方式的适用范围

无节奏流水施工适用于各种不同结构性质和规模的工程施工组织。它不像有节奏流水施工那样有一定的时间规律约束，在进度安排上比较灵活、自由。

[例6-13] 某分部工程无节奏流水施工进度计划（横线图）如图6-37所示。

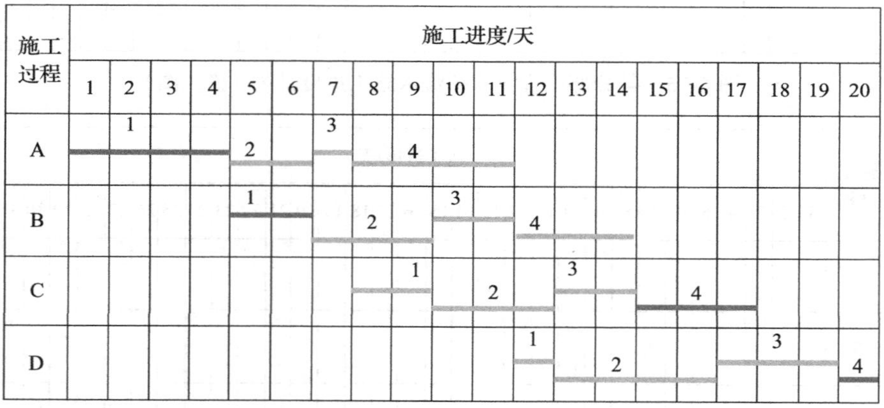

施工过程	施工进度/天																			
	1	2	3	4	5	6	7	8	9	10	11	12	13	14	15	16	17	18	19	20
A																				
B																				
C																				
D																				

图6-37　某分部工程无节奏流水施工进度计划（横线图）

5. 无节奏专业流水

无节奏专业流水的特点：每个施工过程在各施工段上的流水节拍不相等，而且无变化规律；在大多数情况下，流水步距彼此不等，而且流水步距与流水节拍之间存在某种函数关系；每个专业工作队都能连续作业，而施工段上可能有空闲；专业施工队数等于施工过程数，即 $n_1 = n$。

无节奏专业流水步距的计算步骤为累加数列、错位相减、取大差。

无节奏专业流水步距确定的举例：例6-14是无间歇、无搭接的情况举例，例6-15

是有间歇、有搭接的情况举例。

[**例 6-14**]　某分部工程流水节拍如表 6-12 所示。试计算流水步距和工期，并做施工进度表。

表 6-12　流水施工信息

施工过程	各施工段施工进度 / 天			
	①	②	③	④
A	3	2	1	4
B	2	3	2	3
C	1	3	2	3
D	2	4	3	2

解题步骤：

（1）累加数列

$$A：\quad 3\quad 5\quad 6\quad 10$$
$$B：\quad 2\quad 5\quad 7\quad 10$$
$$C：\quad 1\quad 4\quad 6\quad 9$$
$$D：\quad 2\quad 6\quad 9\quad 11$$

（2）计算流水步距（错位相减取大差）

求 K_{AB}

$$
\begin{array}{cccc}
3 & 5 & 6 & 10 \\
-)\quad & 2 & 5 & 7 & 10
\end{array}
$$

$K_{AB} = \max\{\ 3\quad 3\quad 1\quad 3\quad -10\ \} = 3$（天）

求 K_{BC}

$$
\begin{array}{cccc}
2 & 5 & 7 & 10 \\
-)\quad & 1 & 4 & 6 & 9
\end{array}
$$

$K_{BC} = \max\{\ 2\quad 4\quad 3\quad 4\quad -9\ \} = 4$（天）

求 K_{CD}

$$
\begin{array}{cccc}
1 & 4 & 6 & 9 \\
-)\quad & 2 & 6 & 9 & 11
\end{array}
$$

$K_{CD} = \max\{\ 1\quad 2\quad 0\quad 0\quad -11\ \} = 2$（天）

（3）计算工期 T

$$T = \sum K_{i,i+1} + T_n = (K_{AB} + K_{BC} + K_{CD}) + T_D$$
$$= (3 + 4 + 2) + (2 + 4 + 3 + 2)$$
$$= 9 + 11 = 20\text{（天）}$$

（4）做施工进度表，如表 6-13 所示。

表 6-13　各工序开工情况

施工过程	施工进度/天																			
	1	2	3	4	5	6	7	8	9	10	11	12	13	14	15	16	17	18	19	20

$$\sum K_{i,i+1} = 3 + 4 + 2 = 9（天）$$

$$T_n = T_D = 2 + 4 + 3 + 2 = 11（天）$$

$$T = 9 + 11 = 20（天）$$

[**例 6-15**]　某项目经理部拟承建一工程，该工程有 Ⅰ、Ⅱ、Ⅲ、Ⅳ、Ⅴ等五个施工过程，各施工过程的流水节拍及施工段如表 6-14 所示。

规定：施工过程 Ⅱ 完成后相应施工段至少养护 2 天；施工过程 Ⅳ 完成后其相应施工过程要有 1 天准备时间。为了尽早完工，允许施工过程 Ⅰ 和 Ⅱ 之间搭接施工 1 天。试计算流水步距、工期，并做施工进度表。

表 6-14　项目的流水施工信息

施工过程	各施工段施工进度 / 天				
	①	②	③	④	⑤
Ⅰ	3	2	2	4	3
Ⅱ	1	3	5	3	1
Ⅲ	2	1	3	5	2
Ⅳ	4	2	3	3	1
Ⅴ	3	4	2	1	2

解题步骤：

（1）计算流水步距（累加斜减取大差）

Ⅰ：　3　5　7　11　14

$$k_{Ⅰ,Ⅱ} = 4（天）$$

Ⅱ：　1　4　9　12　13

$$k_{Ⅱ,Ⅲ} = 6（天）$$

Ⅲ：　2　3　6　11　13

$$k_{\text{III},\text{IV}} = 2（天）$$

IV: 4 6 9 12 13

$$k_{\text{IV},\text{V}} = 4（天）$$

V: 3 7 9 10 12

（2）计算工期 T

$$T = \sum K_{i,i+1} + \sum t_j - \sum t_d + T_n = (4 + 6 + 2 + 4) + (2 + 1) - 1 + (3 + 4 + 2 + 1 + 2)$$
$$= 16 + 3 - 1 + 12 = 30（天）$$

（3）做施工进度表，如表 6-15 所示。

表 6-15　各工序开工情况

施工过程	施工进度/天
	(详见甘特图)

$$\sum K_{i,i+1} + \sum t_j - \sum t_d = (4 + 6 + 2 + 4) + (2 + 1) - 1 = 18（天）$$

$$T_n = T_v = (3 + 4 + 2 + 1 + 2) = 12（天）$$

$$T = 18 + 12 = 30（天）$$

由表 6-15 可知，表 6-13 中显示的流水施工甘特图计划的结果和流水计算公式（即潘特考夫斯基法）得到的结果是一致的，都是 30 天。

6. 无节奏流水应用

（1）同一施工过程流水节拍不同，不同施工过程流水节拍也不完全相等（包括有技术间歇、组织间歇和搭接以及无技术间歇、组织间歇和搭接两种情况）；

（2）同一施工过程流水节拍相同，不同施工过程流水节拍不同，但为最小流水节拍倍数，又受到劳动力限制，无法通过增加专业工作队组织成倍节拍流水时，也采用无节奏流水。

[**例 6-16**] 某工程由挖土方、做垫层、砌基础和回填土等四个分项工程组成。在砌基础和回填土工程之间，必须留有技术间歇时间 $Z = 2$ 天。现划分为四个施工段。其流

水节拍如表 6-16 所示，试编制流水施工方案。

表 6-16 项目施工的流水信息

分项工程名称	各施工段施工进度 / 天			
	①	②	③	④
挖土方	3	3	3	3
做垫层	4	2	4	3
砌基础	2	3	3	4
回填土	3	2	4	3

解题步骤：按分别流水组织施工。

第一步，确定流水步距。

① $K_{I, II}$：

$$\begin{array}{ccccc} 3 & 6 & 9 & 12 & \\ - & 4 & 6 & 10 & 13 \\ \hline 3 & 2 & 3 & 2 & -13 \end{array}$$

$K_{I, II} = 3$（天）

② $K_{II, III}$：

$$\begin{array}{ccccc} 4 & 6 & 10 & 13 & \\ - & 2 & 5 & 8 & 12 \\ \hline 4 & 4 & 5 & 5 & -12 \end{array}$$

$K_{II, III} = 5$（天）

③ $K_{III, IV}$：

$$\begin{array}{ccccc} 2 & 5 & 8 & 12 & \\ - & 3 & 5 & 9 & 12 \\ \hline 2 & 2 & 3 & 3 & -12 \end{array}$$

$K_{III, IV} = 3$（天）

第二步，确定计划工期。

$$T = \sum_{j=1}^{n-1} K_{j, j+1} + \sum_{i=1}^{m} D_i + \sum Z$$
$$= (3 + 5 + 3) + (3 + 2 + 4 + 3) + 2 = 25（天）$$

第三步，绘制水平施工进度表，如表 6-17 所示。

表 6-17 各工序开工情况

分项工程名称	施工进度/天											
	2	4	6	8	10	12	14	16	18	20	22	24	26
挖土方	①	②	③		④								
做垫层	$K_{I,II}=3$	①	②		③		④						
砌基础			$K_{II,III}=5$	①	②		③		④				
回填土				$K_{III,IV}=3$	$Z=2$	①		②		③		④	

7. 流水施工与网络计划计算的差异

流水施工强调连续施工，网络计划强调施工过程之间的逻辑关系正确，因而在安排进度计划时，两者得到的结果不一定一致。

在流水施工的全等节拍、成倍节拍、异节拍中，按照潘特考夫斯基法得到的项目工期时间以及按照一般网络图计算得到的项目工期时间是一致的，这个比较简单，也容易验证，不再详细介绍。

对于无节奏的流水施工，按照潘特考夫斯基法得到的项目工期和流水网络图得到的工期是一致的，但是按照网络图计算得到的工期一般不会超过潘特考夫斯基法得到的工期，这是因为网络计算只保证施工逻辑正确，流水施工除了要保证施工逻辑正确之外，还要保证施工的连续性，所以工期通常会不小于网络计算的工期。

为了说明以上情况，还是以本章的例 6-14 中的数据为例，只是为了简洁明了，没有间歇和搭接情况。按照一般网络图计算得到的项目工期结果为 27 天，如图 6-38 所示。

对应的流水计算：最后施工过程 Ⅴ 的各段流水时间之和 + 各施工过程流水步距之和 = (3 + 4 + 2 + 1 + 2) + (4 + 6 + 2 + 4) = 28（天），即比按网络图计算的结果长。可以很明显地看到，这样的结果能保证各施工过程之间逻辑关系的正确性，但是不能保证 Ⅱ、Ⅲ、Ⅳ、Ⅴ 每个施工过程的连续性。

为了保证施工过程连续，施工过程 Ⅱ 的第①段延迟到 4 开工；施工过程 Ⅲ 的第①段延迟到 10 开工；施工过程 Ⅳ 的第①段延迟到 12 开工；施工过程 Ⅴ 的第①段延迟到 16 开工，就能保证流水施工的不间断进行，最后的工期为 28 天，如图 6-39 所示。

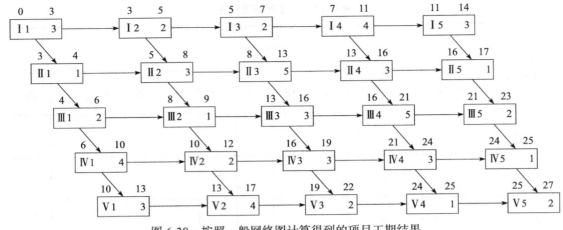

图 6-38   按照一般网络图计算得到的项目工期结果

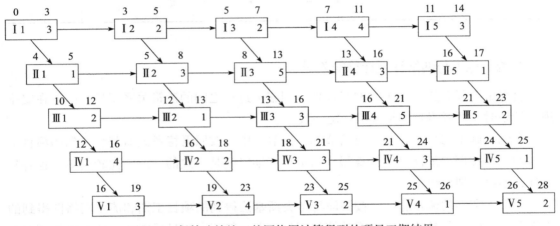

图 6-39   保持连续施工的网络图计算得到的项目工期结果

在实际应用过程中，当然既要保持施工逻辑的正确性，又要保证施工的连续性，因此，在采用网络图计算时，按照保持施工连续性的逻辑安排后续施工过程的最早开工时间，就可以保证与按照潘特考夫斯基法及按照流水网络图计算的结果一致。因为本身后续施工过程有些工作包是存在总时差和自由时差的，推迟最早开工时间也是很好理解的。

6.9   项目进度控制

进度管理就是采用科学的方法确定进度目标，编制进度计划和资源供应计划，并进行进度控制，在与质量、成本费用目标协调的基础上，实现工期目标。在项目的进行过程中，很多因素会影响工期目标的实现，这些因素可以归纳为人的因素，材料、设备的因素，方法、工艺的因素，资金因素，环境因素，等等。

6.9.1　项目进度控制原理

在项目的进行过程中，必须不断监控项目的进程以确保每项工作都能按进度计划进行，同时，不断监控计划的实施情况，并将实际情况与计划进行比较分析，必要时采取有效对策，使项目按预期进度目标进行。这一过程称为项目进度控制。

项目进度控制的主要方法是规划、控制和协调。采取的措施主要有组织措施、技术措施、合同措施、经济措施和管理措施等，主要依据的原理是动态控制原理、系统原理等。

项目进度控制的基本对象是项目活动，必须挑选一个共同的、对所有工程活动都适用的计量单位。通常使用的计量单位有持续时间、结果状态数量描述、已完成工程的价值量、资源消耗指标。

6.9.2　项目进度控制和工期控制

工期和进度是两个既互相联系又有区别的概念。控制的目的是使工程实施活动与上述工期计划在时间上吻合。进度控制的总目标与工期控制是一致的，但它不仅追求时间上的吻合，而且追求在一定的时间内工作量的完成程度。它们的联系与区别是：①工期作为进度的一个指标，所以进度控制首先表现为工期控制，有效的工期控制才能达到有效的进度控制；②进度的拖延最终一定会表现为工期的拖延；③对进度的调整常常表现为对工期的调整，所以进度控制的重点还是在对工期的控制上。

6.9.3　项目进度控制的过程

（1）保证项目及各个工程活动按计划及时开始。

（2）在各控制期末（如月末、季末，一个工程阶段结束）做进度报告，确定整个项目的完成程度，分析其中的问题。

（3）对下期工作做出安排，提出调整进度的措施。

（4）对调整措施和新计划做出评审。

6.9.4　实际工期和进度表达

在项目进度管理中，进度控制的对象是各个层次的项目单元。在项目正式开始后，必须监控项目的进度以确保每项活动按计划进行，监控工作包（或项目活动）所达到的实际状态，以及预期该活动到结束尚需要的时间或结束的日期。

1. 工作包的实际工期和进度的表达

如果一个项目活动已完成，则进度为 100%，未开始的为 0%。对已开始但尚未完成的工程活动，通常有如下几种定义模式：① 0%/100%，即开始后到完成前一直为 0%，完成才为 100%；② 50%/50%，一开始则认为已完成 50%，完成后才为 100%；③按实物工作量或成本消耗，劳动消耗所占的比例计算；④按已消耗工期与计划工期（持续时间）的比例计算，按工序（工作步骤）分析定义，并定义各个步骤的进度份额。

2. 比较分析

（1）横道图比较法：是将在项目进展中通过观测、检查、收集到的信息经整理后用区分于原横道的线条标注在原计划图上，能够较为直观地表达出设计进度状况。

（2）S 形曲线比较法：是以横坐标表示时间，纵坐标表示累计完成任务量，从而绘制出一条按计划时间累计完成任务量的 S 形曲线，将项目的各检查时间实际完成的任务量与曲线相对比的方法，如图 6-40 所示。

（3）"香蕉"形曲线比较法：在绘制项目计划进度的累计完成任务量曲线时，绘制出最早开始时间的 S 形曲线（ES 曲线）和最晚开始时间绘制的 S 形曲线（LS 曲线），如图 6-41 所示，开始点和结束点重合而成的"香蕉"形曲线。这种方法用以判断实际进度是否偏离计划进度。

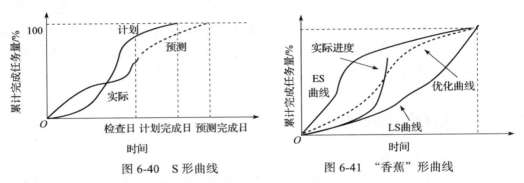

图 6-40　S 形曲线　　　　图 6-41　"香蕉"形曲线

（4）前锋线比较法：是从计划检查时间的坐标点出发，用点划线依次连接各项工作的实际进度点，到计划检查时间的坐标点位置，形成前锋线，根据前锋线与工作箭线交点的位置，判断项目实际进度与计划进度的偏差。

（5）列表比较法：是当采用无时间坐标的网络计划时，于执行过程中记录检查时刻正在进行的工作名称、已消耗的时间和还需要的时间，然后列表计算相关参数，根据计划时间参数判断实际进度与计划进度的偏差。

3. 总项目的完成程度分析

按统一的指标（例如成本、劳动力投入或工期等）进行测算可以得到各个项目单元进度的情况，最后可以计算项目的进度，即到前锋期已完成的百分比。

（1）按工期：项目完成程度 = 实际已使用工期 / 计划总工期 × 100%。

（2）按劳动力投入比例：项目完成程度 = 已投入劳动力工时 / 计划项目总工时 × 100%。

（3）按已经完成的工程合同价格的比例：项目完成程度 = 已完工程合同价格 / 工程总价格 × 100%。

4. 总工期预测

在目前状态的基础上，利用网络分析测算工程的总工期。

（1）将已完成的活动划去。

（2）未完成的活动的持续时间修改为预计还需要的时间。

（3）研究计划变更或新的计划对网络的影响：网络活动中逻辑关系的变化、网络活动持续时间的变化、网络中活动的增加或减少。

（4）定义一个开始节点 P，它的持续时间为 "0"，开始时间为前锋期，则得到一个新网络。

6.9.5　项目进度更新

根据实际进度与计划进度比较分析结果，以保持项目工期不变、保证项目之和所耗费用最少为目标，进行项目进度更新，这是进行进度控制和进度管理的宗旨。项目进度更新主要包括两方面的工作：分析进度偏差的影响和采取项目进度调整的措施。

（1）分析进度偏差的影响：分析产生进度偏差的工作是不是关键工作；分析进度偏差是否大于总时差；分析进度偏差是否大于自由时差。管理人与可以确认应该调整产生进度偏差的工作和调整偏差值的大小，以便采取措施调整项目进度。

（2）采取项目进度调整的措施：增加资源投入，重新分配资源，减少工作范围，改善工具器具以提高劳动效率、提高劳动生产率，将部分任务转移（如分包、委托给另外的单位），改变网络计划中工程活动的逻辑关系和搭接关系，将一些工作包合并，修改实施方案，等等。

复习思考题

■ 案例分析 1

绘制网络图

有一房屋建筑工程，经进行项目分解，可分解成 A、B、C、D、E、F、G 七项工作，其工作明细如表 6-18 所示。

表 6-18　项目的信息

工作名称	紧前工作	工作历时	备　　注
A			
B	A		
C	A		

（续）

工作名称	紧前工作	工作历时	备　注
D	B		
E	A、B		
F	D、E		
G	D、F、C		

问题

1. 简述绘制单代号网络图的基本规则。

2. 在表 6-18 中，工作历时的确定方法有几种？

3. 试根据上述材料绘制单代号网络图。

■ 案例分析 2

流水节拍

某工程可以分为 A、B、C 三个施工过程，每个施工过程又分为 4 段，在每个施工过程上每段作业时间如表 6-19 所示。根据流水节拍的特点，该工程适合组织无节奏流水施工。

表 6-19　项目工作包信息

施工过程	流水节拍			
	一　段	二　段	三　段	四　段
A	2	3	4	3
B	3	4	2	2
C	3	2	3	4

问题

1. 什么是无节奏流水施工组织方式？试述其实质。

2. 无节奏流水施工的流水步距应怎样计算？

3. 试根据背景资料组织无节奏流水施工。

■ 案例分析 3

前锋线

某工程项目双代号时标网络计划如图 6-42 所示，该计划执行到第 35 天（第 35 天已完成），其实际进度如图中前锋线所示。执行到第 40 天（第 40 天已完成）时如图 6-43 所示。

问题

1. 建设工程实际进度和计划进度的比较方法有哪些？

2. 根据图 6-42，分析目前实际进度对后续进度和总工期的影响。

3. 根据图 6-43，分析目前实际进度对后续进度和总工期的影响，并提出调整措施。

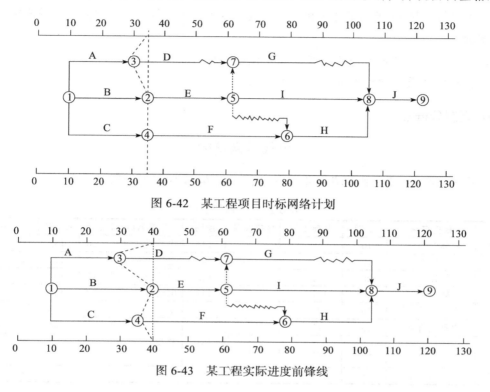

图 6-42　某工程项目时标网络计划

图 6-43　某工程实际进度前锋线

■ 案例分析 4

全等节拍流水施工

　　某工程由 A、B、C、D、E 5 个分项工程组成，它在平面上划分为 4 个施工段，各分项工程在各个施工段上的流水节拍均为 3 天。A、B 施工过程和 B、C 施工过程允许平行搭接 1 天，C、D 施工过程和 D、E 施工过程之间各有 2 天技术间歇时间。施工单位欲对该工程进行流水施工组织。

　　问题

1. 一般按照流水的节奏特征不同分类，流水作业的基本组织方式可分为哪几种？

2. 本工程宜采用何种组织方式？试述其特点。

3. 根据背景资料，试组织全等节拍流水施工。

■ 案例分析 5

异节拍流水施工

某集团小区建造 4 栋结构形式完全相同的 6 层钢筋混凝土结构住宅楼。如果设计时把每栋住宅楼作为一个施工段，并且所有的施工段都安排一个工作队或安装一台机械，每栋楼的主要施工过程和各个施工过程的流水节拍如下：基础工程7天，结构安装14天，室内装修工程14天，室外工程7天。根据流水节拍的特点，可组织异节拍流水施工。

问题

1. 什么是异节拍流水施工组织方式？试述其特点。
2. 试根据背景资料组织异节拍流水施工。

■ **案例分析6**

单代号网络图

根据表6-20中项目的信息和搭接关系，按图6-44的图例绘制网络图。

表6-20   项目的信息

编码	任务名称	工期	紧前工作	搭接关系	编码	任务名称	工期	紧前工作	搭接关系
111	总体框架	10	—		134	电动机试验	20	133	
112	单元定义	10	111		141	电池研究	20	112	
121	车体设计	20	112		142	电池设计	10	141	
122	车体试制	20	121		143	电池试制	20	142	
123	车体试验	10	122		144	电池试验	15	143	
131	电动机研究	15	112					134	FS5
132	电动机设计	25	131	SS10	151	总装	10	123	
								144	
133	电动机试制	15	132		152	测试	10	151	

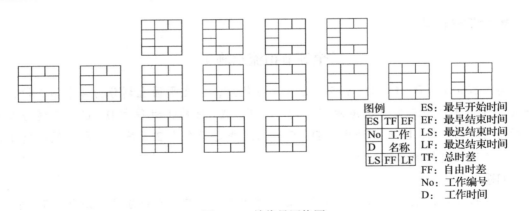

ES	TF	EF
No	工作	
D	名称	
LS	FF	LF

图例
ES：最早开始时间
EF：最早结束时间
LS：最迟结束时间
LF：最迟结束时间
TF：总时差
FF：自由时差
No：工作编号
D：工作时间

图6-44   单代号网络图

■ **案例分析7**

大桥施工项目

监理工程师审核某承包商的桥梁工程施工网络计划发现，施工计划安排（见图6-45）不能满足总进度计划对该桥梁施工工期的要求（总进度计划要求 $T = 60$ 天）。承包商解释说，由于计划中的每项工作作业时间均不能压缩，且工地施工桥台的钢模板只有一套，两个桥台只能顺序施工，若一定要压缩工作时间，可将西侧桥台基础的挖孔桩改为预制桩（见图 6-46），但若修改设计，需增加 12 万元的费用。监理工程师对此有不同的看法。监理工程师应对该桥梁的网络计划进度提出什么建议？

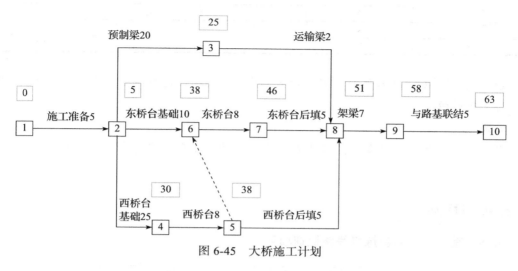

图 6-45　大桥施工计划

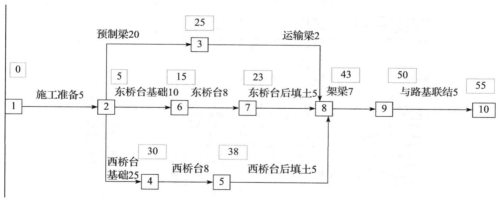

图 6-46　修改施工工艺后的大桥施工计划

进一步思考：该桥梁的基础工程分包给了建华公司，在东桥台的基础施工时，发现地下有污水管道，但设计文件和勘测资料中均未说明。由于处理地下污水管道，东桥台的扩大基础施工时间由原来计划的 10 天延长到 13 天，建华公司向监理工程师提出增加分包合同外工作量费用和延长工期 3 天的索赔要求。监理工程师应如何处理此索赔要求？

■ 案例分析 8

工序排序

某车间需要用一台车床和一台铣床加工 A、B、C、D 四个零件。每个零件都需要先用车床加工，再用铣床加工。车床与铣床加工每个零件所需的工时（包括加工前的准备时间以及加工后的处理时间）如表 6-21 所示：

表 6-21 车床与铣床加工零件所需工时

工时 /h	零件名称			
	A	B	C	D
车床	8	6	2	4
铣床	3	1	3	12

若以 A、B、C、D 零件顺序安排加工，则共需 32h。适当调整零件加工顺序，可使所需总工时最短。

问题

在这种最短总工时方案中，零件 A 在车床上的加工顺序安排在第几位？四个零件加工共需多少工时？

模板与样例

附件：某轮胎集团密炼机线路梳理项目

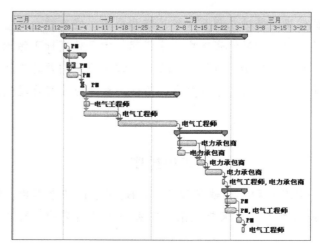

第 7 章
CHAPTER 7

项目采购与合同管理

§ **本章的内容**

- 项目采购管理概述
- 项目采购和采购计划管理
- 项目采购中的合同
- 项目采购管理的主要内容
- 项目采购管理的技术与基本方法
- 复习思考题

7.1　项目采购管理概述

项目采购管理，是指在整个项目过程中从外部寻求和采购各种项目所需资源（商品和劳务）的管理过程。在项目采购管理过程中，项目实施组织的角色既有可能是采购合同中的买方，也有可能是卖方。

为了方便讨论，本章将商品和劳务统一称作产品，由此，项目采购管理便可以视为项目利益相关主体中的买方采购项目所需产品的管理活动。

1. 项目采购管理的关键角色

在项目采购管理中主要涉及四个利益相关主体，作为不同的买方和卖方分述如下。

（1）项目业主或顾客。他们是项目发起人和项目最终买方，因此他们与项目实施组织之间存在着合同关系。在这种合同关系中，项目实施组织以卖方的形式出现，向项目业主或顾客提供项目产品。不管是自己采购还是找人代理采购，项目业主或顾客在项目采购中始终以买方的形式出现。

（2）项目实施组织。项目实施组织是指项目的承包商或项目团队，他们是项目业主或顾客的代理人和劳务提供者。他们既可以受托为项目业主或顾客采购商品和劳务，也可以作为卖方直接出售自己的劳务，因此他们在项目实施中既可能是买方，也可能是卖方。

（3）项目供应商。项目供应商是为项目业主或实施组织提供项目所需商品以及部分劳务的卖方，他们可以直接将商品卖给业主或顾客，也可以将商品或劳务（部分）直接卖给承包商或项目团队。他们在项目采购管理中始终作为卖方出现。

（4）项目分包商和专业咨询服务专家。项目分包商或各种专业咨询服务专家都是从事某方面专业服务的企业或独立工作者，他们可以直接为项目实施组织提供服务，也可以直接为项目业主或顾客提供服务。他们与项目供应商一样，在项目实施过程中始终作为卖方出现。

上述角色在项目采购管理中的关系如图 7-1 所示。

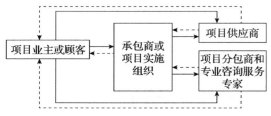

图 7-1　项目采购管理中各角色的关系

图 7-1 中实线的箭线表示"委托 – 代理"的关系及其方向和项目资金的流向，虚线的箭线表示项目采购中的责任关系。例如，项目业主或顾客与项目实施组织，项目实施组织与分包商和供应商，项目业主或顾客与分包商和供应商之间都可以是委托 – 代理的关系，项目实施组织与供应商之间则可以是直接买卖的关系。项目业主或顾客直接进行项目采购的情况较少，因为项目实施组织是项目资源的直接使用者和提供者，他们最清楚项目各阶段的资源需求。

2. 项目所需资源的来源

一个项目所需的资源各种各样，这些资源的来源也是不同的。除了项目实施组织内部可以提供一部分项目必需的商品和劳务外，还有许多项目资源需要从其他企业或组织采购。一个项目所需资源的主要来源包括如下几个方面。

（1）项目业主或顾客。在自我开发项目中，项目业主或顾客是项目资源的主要提供者，在承 / 发包的项目中，项目业主或顾客有时也会向项目实施组织提供一些设备、设施、信息和其他的资源。在现代项目合同管理中，这被称为"项目业主或顾客的供应条款"。严格而规范的供应条款可以保护项目实施组织的利益，避免由于项目业主或顾客的设备、设施、信息、系统零部件或其他资源的耽搁而导致项目进度计划的推迟。在这种项目合同中，一般都需要约定：一旦出现供应耽搁的情况，责任必须由项目业主或顾客来承担。当然，项目实施组织需要承担项目采购管理的责任，也需要努力促使项目业主或顾客做好他们承诺的资源供应工作。

（2）外部的劳务市场。项目所需劳务是以项目实施工作人员为载体的，不同项目需要各种不同类型的劳务（即不同类型项目实施人员提供的服务）。项目业主或项目实施组织为以较低成本、较快速度完成项目，都会从外部劳务市场获取自己所需的人员。例如，在软件开发项目中，项目实施组织可能需要临时招聘一些计算机程序员、资料处理人员等，而在工程建设项目中，项目实施组织则需要招聘一些熟练工、施工技术人员和管理人员等。

（3）分包商和咨询专家。当项目实施组织缺少某种专业技术人员或某种专门的人员去完成某些特殊项目任务时，他们就需要雇用分包商或咨询专家来完成这种项目任务。他们既可以雇用独立的技术顾问或自由职业者来完成一些非常特殊的专业技术或管理作业，也可以雇用专门的分包商完成项目某一部分的独立作业或子项目的作业。项目实施组织从这些分包商和咨询专家处获取各种特殊的劳务与服务。从另一个角度讲，项目实施组织雇用分包商和咨询专家也是通过社会分工来降低项目成本的一个有效策略。

（4）物料和设备供应商。实施项目所需的物料和设备等多数是从供应商那里购买或租赁的。例如，在一个民房装修项目中需要的木材、门窗、管件、地毯、墙纸、灯具等装修材料就需要向供应商采购。在这一装修项目的实施过程中，项目实施组织可能还需要租用某些特殊的工具，同时请一些特殊的专业人员提供服务。为了在项目实施过程中适时适量地得到合乎质量要求的各种资源，任何一个项目实施组织都必须认真地与物料和设备供应商合作，因为这是节约项目成本和提高项目收益的源泉之一。

7.2　项目采购和采购计划管理

项目采购管理的首要任务是制订项目采购和采购工作计划，这是按项目资源的需求安排好项目采购和采购工作的计划活动，包括从识别项目究竟需要从外部采购哪些产品开始，一直到通过综合平衡安排制订出能够满足项目需求采购工作计划的全过程。这一计划工作涉及许多问题，包括是否需要对外采购、怎样采购、采购什么、采购多少、何时采购等。此外，在项目采购和采购工作计划中还应该考虑各种项目采购需要的分包合同，尤其是当项目业主希望对总承包商及其下一步的分包决策施加某种影响或控制的时候，更需要考虑项目分包合同的问题。因为总承包商或供应商在获得了项目采购的订单以后，有时还会将自己不能完成的合同订单分包出去，此时如果项目业主对分包合同无法监控，就会给自己带来意想不到的问题和风险。

7.2.1　制订项目采购和采购工作计划所需的信息

在制订项目采购和采购工作计划中必须获得足够的相关信息，这样才能保证这些计划的科学性、正确性和可行性。除了从外部收集各种信息之外，项目组织还必须得到关于项目其他管理过程中所生成的信息，这样的计划才能够与整个项目的管理保持很好的统一性和协调性。所以制订这种计划需要两种信息：项目信息和已有的项目文件。

1. 项目信息

制订项目采购和采购工作计划所需的各类信息主要包括如下几个方面。

（1）项目组织环境因素。项目组织环境因素主要包括各种项目所需资源市场条件，现有市场上可以获得项目所需的哪些产品，现有市场上有哪些供应商和承包商，项目通过什么途径能获得这些产品，等等。总之，所有与项目和项目组织的约束条件及假设前提条件有关的信息都属于此列。

（2）项目组织过程资产。项目组织过程资产是指组织从以往采购过程中积累的正式或非正式的与采购相关的各种政策、过程以及组织以往制定的各种采购合同等，对项目采购计划和采购工作计划的制订有帮助的各种信息。例如，组织的项目采购政策和组织在采购方面的财务政策等都属于此列。

2. 已有的项目文件

项目组织已有的项目文件是制订项目采购和采购工作计划的主要依据，这包括如下几个方面的具体内容。

（1）项目章程和项目集成计划。它们给出了项目的目标、要求、限制条件和假设条件等，同时给出了项目各种要素和各个方面的集成与配置关系，以及由此生成的项目各种基本要求和规定。例如，项目资金的限制条件规定、交货日期的规定、健康安全和环保的规定等都属于此列。

（2）项目范围计划和项目工作分解结构与活动清单。项目范围计划描述了一个项目的边界和内容，其中就包含在项目采购计划中必须考虑的项目范围要求与组织战略等方面的重要信息。项目工作分解结构（WBS）及其字典（WBSD）和项目活动清单也是制订项目采购计划的重要依据之一，因为项目资源都是为完成项目工作而准备的，这些文件可以提供有关项目范围的信息，人们可以据此分析得到完成项目所需资源的种类、数量以及品质要求等信息。

（3）其他方面的项目文件。在制订项目采购和采购工作计划时还必须使用其他的项目管理计划作为依据和参照，主要有项目工期计划、项目成本计划、项目质量计划、项目资金计划、项目人员配备计划和项目风险清单等。其中，项目风险清单主要是使用其中有关项目采购方面的风险，这是人们制订项目采购和采购工作计划的根本依据之一。

7.2.2　项目采购和采购工作计划的编制过程与成果

项目采购和采购工作计划的编制工作，主要包括依据这些计划所需信息结合组织自身条件和项目其他各项计划的要求做到综合平衡，对整个项目采购做出具体的计划安排，按照有关规定的标准或规范编写出项目采购计划文件等。项目采购和采购工作计划编制的最终结果是生成一系列项目采购文件，这主要包括项目采购作业计划、项目采购管理计划、项目采购标书、供应商评价标准等。这些文件将用于指导项目采购计划的实施和具体的采购作业。

1. 项目采购和采购工作计划的编制过程

在编制项目采购和采购工作计划过程中需要开展的主要工作和具体活动如下。

（1）对各种相关信息进行加工和处理。在项目采购和采购工作计划的编制中，首先需要对收集到的各种相关信息进行必要的加工和处理，以找出计划制订决策所需的各种支持信息。有时项目组织还要聘请各类专家顾问或专业技术人员对收集到的信息进行必要的加工和处理。

（2）"制造或购买"决策分析。在加工和处理完这方面的相关信息以后，项目资源的买方要开展制造或购买决策分析，以决定需要从外部采购哪些资源（货物和劳务）和自己可以生产或提供哪些资源。在制订项目采购和采购工作计划的整个过程中，对于项目所需的各种资源都应该开展这一决策分析。

（3）项目采购要素计划和安排。在确定了购买或制造的策略以后，还必须按照"项目采购计划要素管理法"确定项目采购管理的六大要素，即计划和安排好采购什么、何时采购、向谁采购、如何采购、采购多少和以何种价格采购。这些是项目采购计划工作的核心内容。

（4）项目采购合同类型选择。在安排好项目采购和采购工作计划的六个要素后还必须选择和确定以什么样的合同方式获得项目所需资源，即需要与资源供应商或承包商签订什么类型的项目采购合同。

项目采购合同类型一般需要在固定总价合同、成本补偿合同、单位价格合同中做出选择。

（5）项目采购和采购工作计划文件编制。项目采购和采购工作计划文件的编制工作将最终生成项目采购管理计划、项目采购工作计划、项目采购标书、供应商评价标准等文件。

在项目采购方面常见的标准格式文件包括标准采购合同、标准劳务合同、标准招标书和投标书、标准采购计划工作文件等。

2. 项目采购和采购工作计划编制的成果

项目采购和采购工作计划编制的成果形成了一系列的项目采购计划书和项目采购管理所需的指导文件。这方面的主要文件包括下述几个方面。

（1）项目采购管理计划书。这是项目采购和采购工作计划编制生成的主文件和主要成果，全面地描述了项目组织未来所需开展的项目采购管理工作的计划和安排，这包括项目招投标活动、供应商的选择、采购合同的签订、实施和合同管理与完结等各项工作的计划和安排。在项目采购管理计划书中应该给出下列内容。

1）项目采购工作的总体安排。在项目采购管理计划书中要明确规定项目所需采购的资源和在这些资源的采购中应该开展的采购工作及其管理活动的计划与安排。

2）项目采购具体作业的要求。在项目采购管理计划书中还应该给出项目采购具体作业的各种要求和规定，这包括项目采购工作的进度安排和实施办法规定等。

3）项目采购使用的合同类型。这包括在项目采购中采用的是固定总价合同、成本补偿合同还是单位价格合同，同时还应该规定获得合同的方式是招投标还是其他的方式。

4）项目采购的定价办法。项目采购管理计划书中要对项目所采购资源的定价办法做出规定，并以此作为选择、确定供应商或承包商的依据与评判报价和投标书的标准。

5）项目采购工作的责任。项目采购管理计划书中还应该规定在项目采购中项目业主和项目实施组织将分别承担哪些责任和工作，如谁负责询价、招投标、谈判与签约等。

6）项目采购文件的标准化。项目采购管理计划书中还应该规定谁来负责编制或获得项目采购的标准文本，这包括标准合同文本、标准采购需求文本、标准招投标文本等。

7）供应商和承包商的管理规定。项目采购管理计划书中还应该规定在项目采购工作中应如何管理好供应商和承包商，这包括如何选择和监控他们以及如何确定他们的履约情况等。

8）项目采购工作与其他工作的协调。项目采购管理计划书中应该进一步规定在开展项目采购过程中应如何合理地协调项目采购与项目其他方面的关系，以便更好地实现项目的目标。项目采购管理计划书可以是正式的或非正式的、详细的或粗略的、标准的或非标准的，但是它们的内容至少应该包括上述几个方面。

（2）项目采购工作计划书。项目采购和采购工作计划编制工作的第二项成果是编制和生成一份项目采购工作计划书，它是根据项目采购和采购工作计划与各种项目资源的需求信息而制订出的关于项目采购工作的具体作业计划和安排。项目采购工作计划书规定了项目采购和采购工作计划实施中各项具体工作的任务、日程、方法、责任和应急措施等内容。例如，对在项目中大量采购的一种零配件而言，需要规定这项采购何时开始对外询价作业、何时获得各种报价、何时选择和确定供应商、何时开始发盘还盘以及合同谈判和签约等各项工作。另外，对于各种采购招投标工作，应该规定何时开始发布招标信息，何时发放标书，何时开标、决标、中标谈判签约等。这些都属于需要在项目采购工作计划书中安排和确定的内容。

（3）项目所需资源的制造或购买决策。项目所需资源的制造或购买决策就是根据前面所介绍的制造或购买的决策方法，正式对项目所需的各种资源与劳务做出制造或购买决策，并制定专门的决策文件。该决策文件只需要使用最简单的表格，将各种所需要的资源或劳务的制造或购买决策记录清楚，并简单地记录决策的原因和依据即可。随着项目的实施，需要对其中的某一项或几项进行变更的时候，只需要对该文件进行变更即可。

（4）项目采购要求说明文件。项目采购和采购工作计划编制工作的另一项重要成果是编制出各种资源采购的要求说明文件，这些文件中应该描述项目各种资源采购的充分详细的要求，以便让供应商或承包商确认自己是否能够提供这些货物或劳务。这里所谓充分详细的要求是指必须根据所采购货物或劳务的特性、项目的需求、采购中使用的合同格式等各种采购工作细节给出具体的说明。计划编制者必须在项目采购要求说明文件中清晰、准确地描述所需采购具体货物或劳务的各种具体要求和规定，除了描述清楚项目采购工作本身的要求之外，还应该对项目采购的后续服务要求等问题进行描述和说明。

（5）项目采购具体工作的文件。这是在项目采购和采购工作计划中生成的项目采购具体工作所需的文件，有不同的种类和要求，其中最常用的有项目招标书、询价书、谈判邀请书、初步意向书等，是按照一定的结构或格式编写的，这既可以方便供应商或承包商准确地理解项目采购者的要求和意图，也可以方便项目资源采购者准确完整地理解来自供应商或承包商的各种回应。具体内容包括相关的采购要求、说明，采购者期望的反馈信息以及各种采购合同或协议的条款说明等。项目采购具体工作文件的内容和结构应该符合规范和标准，要按照标准格式编制，以便买卖双方能够进行沟通。同时，文件在形式上也要有足够的灵活性，以便买卖双方能够根据需要采用更好的工作方法和交易办法。

（6）项目采购的评价标准文件。在项目采购计划文件中还应该包括项目采购的评价标准文件，以及供应商或承包商的评价标准文件等。在项目采购中，人们需要使用这些评价标准文件对项目采购工作和供应商及承包商的报价书、报价信或投标书等进行等级评定或打分。这些文件中既要有客观评价标准指标，也要有主观评价标准指标，以构成一个完整的评价指标体系。在项目采购的评价标准中购买价格仅仅是评价标准之一，还必须综合考虑质量和供货期等其他各方面的因素。表 7-1 所示是一个综合的项目采购工作评价标准体系。

表 7-1　供应商与承包商的综合评价标准体系

评价指标	指标说明	权重
项目需求的理解	卖方对买主项目资源需求的准确理解，这可从其提交的报价或发盘中看出来	0.2
全生命周期成本	卖方是否能够按照项目全生命周期最低总成本（购买成本加上运营维护成本）供货	0.3
组织的技术能力	卖方是否具备项目所需的技术诀窍和知识，或者能否合理地预期供应商最终会得到这些技术诀窍和知识	0.25
组织的管理水平	卖方是否已经具备或者能否合理地预期供应商最终能够开发出项目所需的管理能力，以确保管理的成功	0.15
组织的财务能力	卖方是否已经具备或能否合理地预期供应商能够具备项目所需的财力资源和财务能力	0.1

（7）各种项目计划的更新。除了上述文件之外，在项目采购和采购工作计划编制的过程中，还需要对项目前期编制的各种计划进行必要的更新。这既包括对于项目集成计

划和项目专项计划的更新，也包括对于项目实施的各种业务计划和各种项目管理计划的更新（项目质量、时间、成本和范围管理计划等），甚至包括必要时对项目章程的更新。另外需要指出的是，各种文件都需要随着项目的不断开展和各种项目信息的交流而重新评估、定义、更新或修订。因为在项目的开发过程中存在着大量的不确定性，没有哪个项目能够不做必需的计划修订和更新工作。

7.3 项目采购中的合同

在项目采购过程中所有采购关系都应该按照具有法律约束力的合同来进行，不同类型的项目采购合同适合于不同项目资源的交易。"项目业主或顾客供应条款"是项目业主或顾客在与承包商进行项目承/发包合同谈判时，根据双方约定而写入承/发包合同的。同样，项目业主要购买项目承包商的劳务、项目承包商从外部劳务市场招聘部分项目实施人员也都必须签订合同。即使是项目承包商要将部分项目任务转包给分包商也要以合同的方式规定双方的权利和义务，项目业主或项目实施组织在购买货物时也需要与供应商签订采购合同。

所有的采购合同中都要详细地规定商品或劳务的交易价格、交货期和交货地点、数量、质量及规格等。在项目资源的采购中，一般项目业主或项目实施组织是项目资源的买方，而供应商或分包商是项目资源的卖方，他们可以通过协商去选择和签订各种不同类型的采购合同。通常，项目采购合同中的价格是关键的因素，而支付方式是核心问题，所以按照价格和支付方式的不同，项目采购合同一般可以分为如下三种类型。

1. 固定总价合同

在这类项目合同中，项目业主或项目实施组织或分包商与供应商通过谈判，对严格定义的采购标的（商品或劳务）确定一个双方认可的总体价格，在以该价格订立合同后不经双方协商同意不得变更价格，最终也是按照这一固定价格结算商品或劳务款项的。从某种程度上讲，固定总价合同一般要求购买的产品是能够严格定义的，但是项目实施过程中会有各种变化，所以这种固定价格合同对买卖双方都有一定的风险，但是主要风险在项目承包商一方。因为作为买方的项目业主或项目实施组织可能会因实际情况变化而承担多付钱的风险，而作为卖方的项目分包商或供应商可能因实际情况变化而承担多付出劳务或资源并遭受损失的风险。

在项目的实施过程中，对于买卖双方来说上述风险是不一样的。一般项目固定总价合同对作为买方的项目业主来说风险相对较低，因为不管作为卖方的承包商、供应商或分包商为项目花费了多少成本，项目业主只需按合同的固定价格付款。然而当承包商、供应商或分包商提供商品或劳务的实际成本高于合同总价时，那么他们会出现亏损和损失。因此在选择签订固定总价合同时，买方通常会要求卖方提出精确而合理的项目成本预算。一般而言，项目的固定总价合同对于一个经过仔细界定的项目是比较合适的。当然项目固定总价合同中也可以有奖惩条款，如提前或推迟交付项目或资源将会得到的奖励或惩罚等。

2. 成本补偿合同

这类项目合同要求买方给卖方支付其提供商品或劳务的实际成本，并且外加一定比例的规定利润。这些需要支付的项目成本通常又被分为项目直接成本和项目间接成本两类，其中，项目直接成本是为生成项目产出物而直接花费的费用（如业务人员的薪金、材料费、设备费等），而项目间接成本主要是一般管理费用。通常，项目间接成本是以项目直接成本的一定比例或百分比来计算的。

相对而言，成本补偿合同对于买方来说风险较大，因为项目所发生的成本最终是全额补偿的，所以卖方在成本控制方面如果放松的话，项目的实际成本就可能超过项目预算而使项目买方遭受损失。当然，在项目成本补偿合同的实施中，买方通常会要求卖方在提供产品的过程中定期将实际费用与预算进行比较和实施控制以保护自己的利益。实际上在这种合同的履行中，买方很难控制项目的实际发生成本，所以买方的风险是比较高的。项目成本补偿合同用于不确定性较大的项目采购工作比较合适。这种合同也会有相应的奖励或惩罚条款，例如，项目结算成本超出预计成本的一定比例时，买方将扣罚卖方的结算金额等。

3. 单位价格合同

在这种类型的合同中，卖方从自己付出的单位商品或劳务中得到一个预定金额的报酬，项目的总报酬将直接与商品或劳务的总量相关。在采用单位价格合同时，合同总价＝卖方所提供的商品总量 × 商品的单位价格。例如，一个专业咨询和管理服务的单位价格合同可规定每小时咨询服务价格为 1 700 元，合同总价＝服务小时数 ×1 700。这种合同比较适用于项目需要采购的产品数量不确定而且较少的情况，实际上这是一种计件或计时付费的合同。

这种项目合同对于项目采购活动的买方而言也具有较高的风险，因为不管是计时还是计件付费，如果没有准确的质量评价和绩效评估的标准与作业，是很难保证计时和计件付费的科学性和有效性的。特别是对于项目而言，由于多数项目是一次性、独特性和创新性的，因此很难事先确定它们的消耗定额和绩效评估标准，这样在采用单位价格合同时就难免出现侵害合同买方利益的情况。因此，这种类型的项目采购合同一般适用于那些工作内容比较确定、项目的物质和劳务消耗定额以及绩效评估标准比较明确的项目采购工作。

一个具体项目的采购工作究竟应该采取哪种类型的合同，这很难按某种公式或模式确定。项目合同类型的选择，一方面取决于合同买卖双方的利益偏好，另一方面受客观条件的影响，但是只要买卖双方所签订的合同条款是双方合意的表达（双方一致同意的），并且与国家或地区的法律与法规没有抵触（合法合同），则合同就具有法律效力，并对双方具有法律约束力。有些项目合同需要经过政府部门批准，所以选择合同类型时还要考虑政府规定。

项目的承包范围与付款方式

项目的承包范围与付款方式之间有一定的关系，主要取决于外部的市场竞争激烈程度，是卖方市场还是买方市场，以及项目甲、乙双方的实力等多种因素的影响。一般情况下，二者之间的关系如表 7-2 所示。

表 7-2　项目的承包范围与付款方式

承包范围	付款方式							
	固定总价合同	固定单价合同	实际成本+固定数额酬金	实际成本+固定比例酬金合同	保证最大价格式合同	目标价格或差额共享式合同	部分固定总价部分实际成本	阶段转换式合同
交钥匙（大项目）	×	◆	○	○	×	×	○	○
交钥匙（小项目）	◆	◆	○	○	○	○	○	○
设计—采购—施工（大项目合同）	×	◆	○	○	×	×	○	○
设计—采购—施工（小项目合同）	◆	◆	○	○	○	○	○	○
设计—采购—供应	◆	◆	○	○	○	○	○	○
承包设计合同	◆	×	◆	○	○	○	○	○
施工承包合同	◆	◆	◆	○	○	○	○	○
技术承包合同	◆	×	◆	○	○	○	○	×
劳务承包合同	×	◆	◆	○	×	×	×	×
承包管理服务合同	×	◆	◆	○	×	×	×	×
项目咨询服务合同	×	◆	◆	◆	×	×	×	×

注：◆—双方容易接受；○—不经常采用；×—不会采用。

［**例 7-1**］　成本加成百分比（Cost Plus Percentage of Cost，CPPC）合同。

它补偿服务的成本，再加上事先规定的成本百分比作为利润。假定事先规定的费用是实际成本的 10%，在超过和低于估计总价的情况下，项目的总价情况如表 7-3 所示。

表 7-3　成本加成百分比合同的计算结果

合同	估计成本	费用 (10%)	总价
	100 000	10 000	110 000 估计价
实际 1	110 000	11 000	121 000 实际价
实际 2	80 000	8 000	88 000 实际价

［例 7-2］　成本加固定费用（Cost Plus Fixed Fee，CPFF）合同。

这是成本报销合同最常用的一种形式，格式等同于上文的 CPPC，只不过无论实际成本如何，费用总是固定的，在超过和低于估计总价的情况下，项目的总价情况如表 7-4 所示。

表 7-4　成本加固定费用合同的计算结果

合同	估计成本	费用（10%）	总价
	100 000	10 000	110 000 估计价
实际 1	110 000	10 000	120 000 实际价
实际 2	80 000	10 000	90 000 实际价

［例 7-3］　成本加奖励（Cost Plus Incentive Fee，CPIF）合同。

报销合同支付所有的成本及事先规定的费用加奖励，费用是以估计成本的 10% 为基础的固定费。本例中，甲、乙双方分担的比例是 85% 和 15%。奖励以估计值为基础。在超过和低于估计总价的情况下，项目的总价情况如表 7-5 所示。其中，在情况 1 下，实际成本低于估计值 20 000。按照 85：15 的分担比例，甲、乙双方利益分享额分别是 17 000、3 000；在情况 2 下，实际成本高于估计值 20 000，按照 85：15 的分担比例，甲、乙双方风险分担额分是 –17 000、–3 000。

表 7-5　成本加奖励合同的计算结果

合同	估计成本	费用（10%）	分担比率	总价
	100 000	10 000	85:15	
情况 1	80 000	10 000	3 000	93 000
情况 2	120 000	10 000	–3 000	127 000

［例 7-4］　固定总价加奖励费用（Fixed Price Plus Incentive Fee，FPIF）合同。

在固定总价合同的基础上，甲方有一个最高价，这个最高价是买方能够支付的最大金额，但是如果节约，甲方可以给一个奖励费，风险共担。本例中，甲、乙双方约定节约部分的分享比例为 70：30，约定的最高价为 120 000。在情况 2 下，实际成本超出了最高限价，卖方可能遭受损失，如表 7-6 所示。

表 7-6　固定总价加奖励费用合同的计算结果

合同	目标成本	目标利润	分担比例	最高价	总价	利润
	100 000	10 000	70:30	120 000		
情况 1	80 000	10 000	6 000	96 000	96 000	16 000
情况 2	130 000	10 000	0	120 000	120 000	–10 000
情况 3	110 000	10 000	3 000	117 000	117 000	7 000

通过以上例子可以看出，采用不同的合同类型，甲方（买方）和乙方（卖方）承受的风险情况是不一样的，具体如表 7-7 所示。

表 7-7　不同合同买 / 卖方承受风险的情况

卖方风险	合同类型	合同英文名称	买方风险
从上往下卖方风险不断加大	成本加成百分比合同	Cost Plus Percentage of Cost, CPPC	从上往下买方风险不断减小
	成本加固定费用合同	Cost Plus Fixed Fee, CPFF	
	成本加奖励合同	Cost Plus Incentive Fee, CPIF	
	固定总价加奖励费用合同	Fixed Price Plus Incentive Fee, FPIF	
	固定总价合同	Firm Fixed Price, FFP	

7.4　项目采购管理的主要内容

任何项目管理工作都是由一系列管理过程构成的，项目采购管理也是由一系列管理阶段和过程构成的。在项目采购管理中买方起决定性的作用，所以项目采购管理是从项目资源买方的角度来讨论的，从买方的角度出发而开展的一系列管理工作和过程，这些具体管理工作和过程主要包括如下几个方面。

7.4.1　计划和安排项目采购与采购工作

为满足项目的需要就必须根据项目集成计划和资源需求，确定项目在什么时间需要采购什么产品、怎么采购这些产品，并据此编制出详细可行的项目采购计划。项目采购计划是项目采购管理的核心文件，是项目采购管理的根本依据之一。同时，为保证能够按时、按质、按量获得各种货物或劳务，还必须制订项目采购工作的计划，这是有关项目何时开展所需货物或劳务的询价、订货、签订合同等工作的具体计划，它是确保项目采购能够按时、按质、按量和在需要的时候到位的一种管理安排。

7.4.2　项目合同订立

项目合同订立的过程就是准备项目合同订立所需的各种文件，以便为后续的项目合同买方的投标邀请提供支持，同时也为进一步的卖方选择提供支持。这包括三项工作：其一是各种用于征询项目供应提案的采购文件；其二是各种采购评价使用的规范；其三是项目合同工作的说明。例如，常用项目文档包括投标邀请函（Invitation for Bid）、提案要求任务书（Request for Proposal）和报价单要求书（Request for Quotation）以及招标通知和谈判邀请等，这些都属于计划和安排项目合同订立的工作范畴。

7.4.3　向供应商或承包商询价

这是项目组织为获得各种资源开展具体采购工作的第一步，它主要是指让卖方提供各种信息、报价、发盘、提案等文件的工作，包括在项目采购中搜寻市场行情、获得资源报价或各种实施劳务及资源的招投标报价，获得供应商或承包商给出的各种信息、要求、报价单、投标书等文件的实际工作。

7.4.4　选择供应商或承包商

这是在项目采购过程中获得多个供应商或分包商的报价等相关信息之后，按照一定的供应商或承包商选择评价标准或规范，从所有的候选供应商或承包商中选择一个或多个进行项目采购合同的洽谈和订立，以便最终购买其商品或劳务的一项具体工作。

7.4.5　项目合同管理

这包括与选定的各卖方完成采购合同谈判，以及合同签订以后所开展的项目采购合同履约管理和对承包商的评价工作。这是买方与卖方之间整个合同关系的管理工作，也包含对卖方在项目供应合同履约过程中的评价工作。除了项目买方和卖方之间的项目合同管理外，项目实施组织同样需要对其与项目业主或顾客之间的合同进行有效管理。

7.4.6　项目合同终结

这是在项目采购合同全部履行完成前后，或者是某项合同因故中断与终止前后所开展的各种项目采购合同结算或决算，以及各种产权和所有权的交接过程。这一过程包括了一系列的关于项目采购合同条款实际履行情况的验证、审计、完成和交接等管理工作。项目采购管理工作的内容和过程基本上是按照上述顺序进行的，但是不同阶段或工作之间存在相互作用和相互依存的关系，以及某种程度的相互交叉和重叠。在项目采购过程中，买方需要依照采购合同条款，逐条、逐项、逐步地开展项目的采购管理，甚至在必要的时候向各方面的专家寻求项目采购管理方面的专业支持。当然对于许多小项目而言，这种管理会相对简化，而一般大型项目的采购管理则比较复杂，要求也较高。

7.5　项目采购管理的技术与基本方法

在项目采购管理中首先要进行的是"制造或购买"决策分析，在此基础上再进行如下分析。

"制造或购买"决策分析是最基本的项目采购管理决策分析技术方法，常用于分析和决定一种项目所需某种资源是应该由买方自行生产还是从外部采购获得。这一方法的基本原理是：如果买方能够以较低成本生产出所需的某种资源，那么他就不应该从外部购买；如果项目组织自己提供给项目的商品或劳务成本高于外部采购的成本，它就应该从外部供应商或分包商处采购这些商品或劳务。对于项目任何一种资源的买方而言，在制订项目采购计划前必须对项目所需资源进行制造或购买决策分析和评价，这是决定采购计划中究竟采购什么的前提工作之一。

在这一分析中，采购成本是决定制造还是购买的核心要素。在进行制造或购买决策分析中，必须考虑产品的间接成本和直接成本这两个成本构成要素，同时应该考虑为了从外部购买某种产品实际付出的采购直接成本和管理整个采购过程而付出的间接成本等成本要素。除了考虑上述成本要素外，制造或购买决策分析还必须反映项目组织的愿望和项目的时间限制等因素，因为如果在项目实施过程中急需某种产品就会不论成本而尽快外购。

7.5.1　项目采购要素管理法

项目采购要素管理法因涉及项目采购的六个方面，所以它们也被称作项目采购管理的六大要素法，现分述如下。

1. 采购什么

首先要决定项目采购的对象，这包括采购产品的名称、规格、化学或物理特性、产品材料、制造要求与方法、用途或使用说明、质量标准和特殊要求等。这一方法要求在决策采购什么的时候应保证采购产品满足四个条件：其一是适用性，即项目采购的产品要符合项目实际需要；其二是通用性，即项目要尽量采购通用的产品；其三是可获得性，即在需要时能及时得到所采购的产品；其四是经济性，即在保质保量的前提下使采购的成本最低。项目资源买方应该将项目采购的需求写成规范的书面文件，注明所要求的规格、质量和时间等，然后将它们作为日后与卖方进行交易和开展项目采购合同管理的依据性文件。

2. 何时采购

买方应该计划和安排好采购的时间和周期。因为项目采购行为过早会增加库存量和库存成本，而采购行为过迟会造成因库存量不足而停工待料的困境。由于从项目采购开始的订货、采购合同洽谈与签署到产品入库必须经过一段时间间隔，所以在决定何时采购时，需要从所采购产品投入项目使用之日起，按照倒推和给出合理提前时间的办法，确定出采购订货的时间和采购作业的时间。使用这一方法时，必须依据项目工期进度、资源需求计划，以及所需产品的生产和运送时间等因素，合理地确定产品的采购订货时间和外购产品的交货时间。

3. 如何采购

在项目采购过程中使用何种方式采购，以及项目采购的大政方针和交易合同条件等，包括确定是否采用分批交货的方式，确定采用何种产品供给与运输方式，确定项目采购产品的具体交货方式和地点，等等。例如，如果采用分期交货的采购方式，则必须科学地计划和安排每批产品的交货时间和数量，并要在采购合同上明确予以规定，同时要安排和约定项目所需产品的交货方式和地点（是项目现场交货还是在卖方所在地交货），还必须安排项目采购产品的包装运输方式、项目采购产品的付款方式与付款条款（如订金、定金、支付和违约罚款等），另外像项目采购合同的类型、格式、份数、违约条款等都需要予以确定。

4. 采购多少

这是有关项目采购数量的管理。任何项目所需产品的采购数量一定要适当，必须根据项目实际情况决定。可以使用经济订货模型等方法来决定，但是对于智力密集型的软件开发项目或科研项目就很难使用经济订货模型去决定采购多少。另外，在计划、安排和决定某种资源采购多少时，还应该考虑批量采购的数量优惠（discount）等因素，以及项目存货的资金时间价值等方面的问题。所以实际上这一方法中有关采购多少的要素涉及数量和资金成本两个方面的变量，必须综合给予考虑。

5. 向谁采购

这是有关选择供应商或承包商的管理问题，也是项目采购管理中的一个重要因素。现在有许多企业和项目都为这一问题所困扰而拿不出很好的解决办法。因为项目采购中的"回扣"和"收贿受贿"等问题都是在这一环节发生的。因此，项目资源的买方必须建立合理的供应商或承包商评价标准和选择程序，并用它去做出向谁采购的科学决策。一般在决定向谁采购时，应考虑供应商或承包商的技术、质量、组织等方面的能力和财务信用状况等条件。在项目采购过程中，项目资源的买方应经常与供应商或承包商保持联系，甚至在一定程度上介入他们生产的监督和质量的保障工作，从而保证项目所获产品的质量、数量和及时性。

6. 以何种价格采购

这是项目采购中的定价管理问题，即确定以适当价格获得项目所需产品的管理问题。项目资源的买方应当注意不能无条件地按照最低价格原则去采购项目所需产品，必须同时考虑采购质量和交货期等要素。项目资源的买方应该在既定的产品质量、交货期限和其他交易条件下去寻找最低的采购合同价格。通常，项目采购合同价格的高低受多方面因素的影响，包括市场供求关系、产品提供方的成本、合同计价方法、产品的采购条件（如交货日期、付款方法、采购数量等）、卖方的成本控制水平、国家或地方政府政策的影响、物价波动和通货膨胀的影响、采购人员的价值判断和议价能力等，在确定项目采购价格时，必须同时考虑这些因素的综合影响。

在使用项目采购要素管理法时，必须参照上述程序和原理，采用相应的技术和方法，从而保证项目采购工作的科学性和可行性。

7.5.2　项目采购合同谈判中的方法

项目所需资源的买方是通过与卖方签订项目采购合同的方式从外部获得各种资源的，项目采购工作计划之后就需要开始按照该计划开展寻找卖方的工作，先将产品需求公之于众，之后或者送交给可能的卖方，或者采用招投标及要约的方式寻求合适的供应来源。项目资源的卖方则需要向买方提交报价或投标申请书，然后由买方根据预先设计的评价标准对卖方的报价或投标申请书进行评估和筛选。在这期间也可能需要对卖方的报价和投标书进行一些质询活动，最终在选出满意的供应商（卖方）后，买方就将与卖方进行实质性的项目采购合同谈判工作。

项目采购合同谈判技术在项目采购管理过程中是一个非常关键的技术和方法。项目资源的买卖双方不但要在项目采购合同谈判中达成一致意见，并签署采购合同，而且为使双方尽量获得最大的利益并减少日后的纠纷，双方还要运用各种谈判技术和方法认真地进行采购合同条款的谈判，因为这是双方利益分配与双方履约和合作的基础性工作。

1. 项目采购合同谈判的阶段划分

项目采购合同谈判一般分为如下几个阶段。

（1）初步洽谈阶段。这个阶段分为前期准备和初步接洽两个具体阶段。在前期准备阶段，要求谈判双方做好市场调查、签约资格审查、信用审查等工作（签约资格审查指的是对签约者的法人地位、资产财务状况、企业技术装备和能力以及企业信用和业绩等方面所做的评审）；在初步接洽阶段，双方当事人一般为达到预期效果都会就各自关心的事项向对方提出说明并澄清一些问题和情况（主要包括项目的规模、任务、目标和要求，买卖双方的主体性质、资质状况和信誉、项目已具备的实施条件等）的要求。

（2）实质性谈判阶段。这是指买卖双方在取得一定程度相互了解的基础上而开展的正式谈判阶段。在实质性谈判中要对项目所需资源及其采购合同的条款进行全面的谈判，包括双方的责任和权利、合同中应用的术语说明、适用的法律、在资源提供过程中所使用的技术手段和管理方法、合同方式以及价格等。

（3）签约阶段。在完成合同谈判之后就进入了签约阶段，签订的项目采购合同要尽可能明确、具体，条款完备，双方权利义务清楚，避免使用含混不清的词句和条款。一般应严格控制合同中的开放性条款，要明确规定合同生效的条件、有效期，以及延长、中止和变更的条件与程序等，对仲裁和法律适用条款也要做出说明和规定，对仲裁和诉讼的选择要做出明确规定。另外，在项目采购合同正式签订之前，有时需要组织有关专业人员和顾问（如会计师、律师等）对合同进行必要的审查，以确保合同没有引起歧义、问题或违反法律的地方。

2. 项目采购合同谈判的基本内容

在项目采购合同谈判中，双方需要针对合同条件逐条协商，包括合同的标的，质量和数量，价格和支付办法，合同履行的时间、地点和方式，产品的验收与交付，违约责任，其他事项，等等，下面对它们逐一予以说明。

（1）合同的标的。这是所要交易的商品或劳务，是双方权利和义务所指向的对象。在项目采购合同中，对于合同标的要规定得完整、详细、准确。买卖双方有必要对项目采购合同中涉及标的方面的术语进行约定和说明，以使双方对合同标的的认识能够相互一致。

（2）质量和数量。这是对于合同标的所要求的质量和数量的描述，它必须规范、清晰和没有歧义。尤其是对合同标的质量要求标准和检验方法，双方必须达成共识。

（3）价格和支付办法。这是事关买卖双方直接利益的问题，所以是项目采购合同谈判中主要议题之一。其中，支付办法涉及各种结算方面的办法，包括时间、方式、预付金额等。如果是涉外的项目采购合同，还必须明确支付使用的币种和到岸港口等。

（4）合同履行的时间、地点和方式。这也是直接关系到买卖双方利益的问题，同时关系到发生合同纠纷的法律管辖地问题。在项目采购合同谈判中，还必须明确相关的交货方式、运输方式和条件以及运杂费、保险费如何担负等问题。

（5）产品的验收与交付。关于采购获得产品的验收时间、验收标准、验收方法、验收人员或机构等内容都必须在实质性谈判阶段达成一致意见。另外，有关商品或劳务（成果）的最终交付办法也需要谈判决定。

（6）违约责任。项目资源的买卖双方当事人应就在合同履行期间可能出现的错误或失误，以及由此引发的各种问题和违约责任问题订立违约责任条款并明确双方的违约责任。这方面的具体约定必须符合相关法律有关违约责任和赔偿责任的规定。

（7）其他事项。项目采购合同还有一些其他事项需要商定，包括特定项目采购合同所特有的条款、项目终止和中止条款等，这些都需要根据采购合同标的的要求确定。例如，项目采购合同是否合乎政府有关规定和要求，采用的是标准合同格式还是专用合同格式，等等。

7.5.3 项目采购合同谈判的方法

项目采购合同谈判是一项有较高的人际关系和专业技能要求的工作，因为项目采购合同谈判最基本的是组织或个人之间的讨价还价，在这个过程中涉及个人和组织的需求、动机、行为以及大量的心理因素。下面的这些基本法则和技术方法是可以在项目采购管理的合同谈判中使用的，以便获得有利的谈判地位或在谈判中获得实际利益。

（1）努力将谈判地点放在自己组织所在地。这样会有"主场"优势，使对方在"做客"的谈判环境中产生一种压力。例如，可以准备一个庄严、舒适、光线充足、不受干扰的承/发包合同谈判会场，将自己的谈判小组安排在首席位置上，并争取把对方小组的成员分散开来安排等。

（2）尽量让卖方（供应商）在谈判中多发言。项目采购合同谈判不是谁说得多谁就会占优势，因为多说不但容易说错，而且容易做出各种让步和说出自己的底线。在项目采购合同谈判开始时应尽可能让对方先对自己的价格和交易要求进行解释，如果做法和态度恰当，对方可能会做出连自己也意想不到的让步或透露有用的信息。

（3）谈判发言必须充分准备，不能杂乱无章。项目采购合同谈判必须要很好地准备，发言时不能把情况和数字搞得杂乱无章，那样会在谈判中无意地泄露一些重要信息和数据。在发言中要清楚、谨慎、有条理且不泄露信息，这样对方就会因为缺乏信息和不了解内情而在心理上处于极为不利的境地。

（4）在谈判发生争论时发言不要激动。在辩驳卖方的理由或说法时，甚至在谈判发生争论时，自己的发言一定不要激动，否则就违背了通过谈判实现"双赢"的目的，而且可能会危及自己的利益和地位。一个人如果让激动或愤怒支配了自己和他人的关系，常常会导致他远离自己预定的目标。

（5）项目采购合同谈判中双方要相互顾全体面。如果项目采购合同的一方在某一点上做出了让步，一定要顾全他的体面。例如，如果发现对方在成本估算和报价中有些错误，一定不要指责他欺诈或无能，妥当的办法是建议他做出修改，因为指责对实现项目采购合同谈判的目标不但没有帮助反而有害。

（6）项目采购合同谈判一定要避免过早摊牌。在项目采购合同谈判中一定要避免过早摊牌，因为一旦摊牌，谈判双方就很难再做进一步的让步了。不要逼对方说："这就是我的条件，要么接受，要么拉倒。"这会导致谈判破裂。因此，在确认最后的让步和摊牌之前，要确认是否已经到了想要的最后结局。

（7）要满足项目采购合同谈判对手感情上的需求。在这种谈判中，要努力满足谈判对手感情上的需求，要给对手一种尽管在和他们讨价还价但很尊重他们的人格和利益，并把他们看作是利益相关伙伴的印象。在这种谈判中，双方除了为各自争夺利益之外还有更重要的目的，即双方达成合同并实现整个项目的利益最大化。

复习思考题

■ 案例分析 1

合同管理中的招投标问题

某省重点工程项目由于工程复杂、技术难度高，一般施工队伍难以胜任，建设单位自行决定采取邀请招标方式。共有 A、B、C、D、E、F、G、H 八家施工单位通过了资格预审，并于规定的时间 9 月 10～16 日购买了招标文件。招标文件中规定，10 月 18

日下午 4 时是投标截止时间，11 月 10 日发出中标通知书。

在投标截止时间之前，A、C、D、E、F、G、H 七家施工单位均提交了投标文件，并按招标文件的规定提供了投标保证金。10 月 18 日，G 施工单位于下午 3 时向招标人书面提出撤回已提交的投标文件，E 施工单位于下午 3 时 30 分向招标人递交了一份投标价格下降 5% 的书面说明，B 施工单位由于中途堵车于下午 4 时 15 分才将投标文件送达。

10 月 19 日下午，由当地招投标监督管理办公室主持进行了公开开标。开标时，由招标人检查投标文件的密封情况，确认无误后，由工作人员当众拆封并宣读各投标单位的名称、投标价格、工期和其他主要内容。

评标委员会成员由招标人直接确定，共有 4 人，其中招标人代表 2 人，经济专家 1 人，技术专家 1 人。

评标委员会评标时发现：A 施工单位投标报价大写金额小于小写金额；C 施工单位投标报价明显低于其他投标单位报价且未能合理说明理由；D 施工单位投标文件虽无法定代表人签字和委托人授权书，但投标文件均已有项目经理签字并加盖了公章；F 施工单位投标文件提供的检验标准和方法不符合招标文件的要求；H 施工单位投标文件中某分项工程的报价有个别漏项。

建设单位最终确定 C 施工单位中标，并在中标通知书发出后第 45 天与该施工单位签订了施工合同。之后双方又另行签订了一份合同金额比中标价降低 10% 的协议。

问题

1. 建设单位自行决定采取邀请招标方式的做法是否妥当？说明理由。

2. G 施工单位提出的撤回投标文件的要求是否合理？其能否收回投标保证金？说明理由。

3. E 施工单位向招标人递交的书面说明是否有效？说明理由。

4. A、B、C、D、E、F、G、H 八家施工单位的投标是否为有效标？说明理由。

5. 请指出开标工作的不妥之处，说明理由。

6. 请指出评标委员会成员组成的不妥之处，说明理由。

7. 请指出建设单位在施工合同签订过程中的不妥之处，说明理由。

■ 案例分析 2

合同签订与付款问题

某施工单位通过竞标获得了某工程项目。甲、乙双方签订了有关工程价款的合同，其主要内容有：

（1）工程造价为 800 万元，主要材料费占施工产值的比重为 70%。

（2）预付备料款为工程造价的 25%。

（3）工程进度逐月计算。

（4）工程保修金为工程造价的 5%，保修半年。

（5）材料价差调整按规定进行，最后实际上调比例各月均为 10%。

各月完成的实际产值如表 7-8 所示。

表 7-8　工程各月实际产值　　　　　　　　（单位：万元）

月份	完成产值	月份	完成产值
1	80	4	180
2	130	5	195
3	215		

问题

1. 企业投标决策的主要内容有哪些？

2. 该工程的预付款、起扣点为多少？

3. 2～4 月，该工程每月拨付的工程款是多少？累计工程款是多少？

4. 5 月办理工程竣工结算时，该工程总造价是多少？甲方应付工程尾款是多少？

■ 案例分析 3

合同管理中的合同索赔问题

某施工单位 6 月 20 日与建设单位签订了施工合同，修建复杂地基上的教学楼。由于该工程复杂，工期难以确定，合同双方约定，采用成本加奖励合同。建设单位按实际发生的成本，付给施工单位 15% 的管理费和利润。合同同时规定，在保证质量和进度前提下，施工单位每降低 1 万元成本，建设单位给予额外的 3 000 元奖金。施工单位在施工过程中，遭遇季节性大雨又转为特大暴雨，由于未能及时采取措施，造成原材料及部分已建工程受损，直接经济损失 3 万元。施工单位就此向建设单位索赔。

问题

1. 工程建设承包按承包合同计价方法分类，除案例中提到的成本加奖励方式外还有哪几种？

2. 试述什么是成本加酬金合同。

3. 按索赔目的，施工索赔可分为哪几类？本例中施工单位可以进行哪类索赔？

4. 在实际工程中，可产生索赔的原因有哪些？本例中产生索赔的主要原因是什么？

■ 案例分析 4

合同管理中的招投标问题分析

某单位拟建一座职工活动中心综合楼，经当地主管部门批准，自行组织该项目的施工公开招标工作。经研究确定了以下招标程序：①成立项目施工招标工作小组；②编制招标文件；③发布招标邀请书；④报名投标者的资格预审；⑤向合格的投标者发招标文件及设计图纸、技术资料等；⑥建立评标组织，制定评标、定标办法；⑦公开开标会议，审查投标书；⑧组织评标，决定中标单位；⑨发中标通知书；⑩建设单位与中标单位签订合同。

问题

1. 上述过程是否合适？若有不合适之处请改正。

2. 该建设单位评标组织在进行评标时，应主要比较投标单位的哪些条件？

3. 施工单位在进行投标报价时，常用的方法有哪些？

4. 该建设单位应符合哪些基本条件才可以进行招标活动？

■ 案例分析 5

合同管理中的合同类型与责任问题分析

某施工单位根据领取的某 2 000 m² 两层厂房工程项目招标文件和全套施工图纸，采用低报价策略编制了投标文件，并中标。该施工单位（乙方）于 2020 年 5 月 10 日与建设单位（甲方）签订了该工程项目的固定价格施工合同，合同工期为 8 个月。甲方在乙方进入施工现场后，因资金紧缺，无法如期支付工程款，口头要求乙方暂停施工一个月，乙方也口头答应。工程按合同规定期限验收时，甲方发现工程质量有问题，要求返工。两个月后，返工完毕。结算时甲方认为乙方迟延交付工程，应按合同约定偿付逾期违约金。乙方认为临时停工是甲方要求的。乙方为抢工期，加快施工进度才出现了质量问题，因此迟延交付的责任不在乙方。甲方则认为临时停工和不顺延工期是当时乙方答应的，因此乙方应履行承诺，承担违约责任。

问题

1. 该工程采用固定价格合同是否合适？

2. 该施工合同的变更形式是否妥当？此合同争议依据合同法律规范应如何处理？

第8章
CHAPTER 8

项目沟通管理

§ **本章的内容**

- 项目沟通管理概述
- 有效沟通
- 沟通管理分析
- 复习思考题

8.1 项目沟通管理概述

8.1.1 项目沟通管理的概念

1. 沟通与项目沟通管理的定义

沟通是人与人之间传递和沟通信息的过程。在项目管理中，专门将沟通管理作为一个知识领域，可见沟通在项目管理中的重要性，但是项目管理中的沟通，并不等同于人际交往的沟通，更多的是对沟通的管理。

项目沟通管理是为了确保项目信息的合理收集和传输，对项目运行中使用到的不同沟通活动进行管理的过程。项目沟通管理是对项目信息与信息传递的内容、方法、过程的全面管理，同时也是对人们在项目管理过程中交换思想和交流感情的活动与过程的全面管理。这一管理的目标是保证有关项目的信息能够适时以合理的方式产生、收集、处理、储存和交流。

2. 项目沟通管理的特征

项目沟通管理有复杂性和系统性两个特征。著名组织管理学家巴纳德认为："沟通是把一个组织中的成员联系在一起，以实现共同目标的手段。"没有沟通，就没有管理。沟通不良几乎是每个项目都会存在的问题，项目的组织越复杂，沟通越困难。

（1）复杂性。首先，每个项目都有诸多的利益相关方，如政府、公司企业、社会团体、社区，它们之间又以不同的形式相互联系。项目经理在项目沟通过程中要充分考虑各方，如图 8-1 所示。其次，大部分项目是由临时组成的项目小组实施的，因此项目沟通管理必须协调各部门以及部门与部门之间的关系，以确保项目的顺利实施。

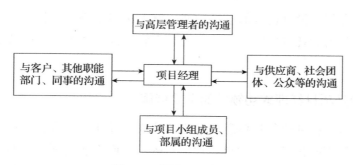

图 8-1　项目经理沟通图

（2）系统性。项目是开放的复杂系统。项目的确立会全部或局部地涉及社会政治、经济、文化等诸多方面，对生态环境、能源产生或大或小的影响，这决定了项目沟通管理应从整体利益出发，运用系统的思想和分析方法，全方位、全过程地进行有效的管理。

3. 项目沟通管理的沟通要素

项目沟通有八个要素，包括信息的发送者、信息的接收者、编码、解码、渠道、发送、接收、反馈，因此在项目管理沟通中要特别关注这些沟通要素以及使用技巧。

8.1.2　项目沟通的重要性

由于人本身的复杂性，人与人之间充满了问题，但是，大多数问题不是由人的本性引起的，并不是根本性的，而是可以在充分沟通的基础上得到解决的，甚至有些看起来比较严重的问题，其根源也在于沟通不充分。具有相同或相近价值观的人，可以在充分沟通的基础上达到相互了解、理解和支持，从而达到共同成功。

在项目的整个过程中，项目的沟通起着不可估量的作用。项目团队与客户的沟通，项目团队与主管单位的沟通，项目团队与供应商的沟通，项目团队成员内部的沟通，所有这些沟通贯穿整个项目始终。项目发生变化和变更时需要沟通，项目发生冲突时需要沟通，在项目全生命周期中，所有信息的输入输出过程都是项目的沟通过程，没有项目的沟通就没有项目的成功。根据项目管理协会（PMI）的建议，项目经理应将 90% 的时间花在沟通上。具体地说，项目沟通有以下重要作用。

1. 项目沟通是项目计划的基础

项目团队要想制订科学的计划，必须以准确、完整、及时的信息作为基础。通过项目团队内部及外部环境之间的信息沟通，就可以获得所需的信息，为科学计划及正确决策提供依据。

2. 项目沟通是项目管理的依据

在项目团队内部，没有良好的信息沟通，就无法实施科学的管理。只有通过信息沟通，掌握项目团队内的各方面情况，才能为科学管理提供依据，并有效地提高项目团队的工作效率。

3. 项目沟通是项目经理成功领导的重要措施

项目经理是通过各种途径将信息传递给团队成员并使之理解和执行的人。如果沟通不畅，团队成员就不能正确理解项目经理的意图，从而无法使项目顺利进行下去，最终导致项目混乱甚至失败。因此，提高项目经理的沟通能力，才能保证其领导的成功。

4. 项目沟通是协调团队成员关系的必需条件

通过信息沟通、意见交流，将一个个团队成员联系起来，成为一个整体。信息沟通是人的一种重要的心理需要，是人们用以表达思想、感情与态度，寻求同情与友谊、理解与支持的重要手段。畅通的信息沟通，可以减少人与人之间的误会，改善人与人、人与组织的关系。

项目沟通管理是保证及时有效地收集、分发、储存和处理项目信息的全过程，目的是保证各主要项目相关方（包括团队成员）可以方便地得到所需信息并对信息做出相应的反应。

在项目管理中，沟通管理是进行项目各方面管理的纽带，是在人、思想和信息之间建立的联系。对于一家机构来说，沟通系统就像是人体的神经系统，如果一个班子的信息沟通系统失灵或失真，班子必然陷于瘫痪或半瘫痪状态，最终导致项目的延误甚至失败。可以说，项目沟通是整个项目的关键决定因素，原因主要有以下几点：

（1）管理期望。沟通的质量和效率会大大影响项目相关方对项目和领导角色的认知。

（2）管理项目团队。沟通能力是影响管理和领导核心项目团队的主要因素。

（3）减少冲突。执行项目过程中，由于受到惯例时间、财政因素和资源限制等影响，要想减少一些不必要的冲突较为困难。这些冲突通常由错误认知、信息缺乏或不存在的问题等因素引起，归根结底还是沟通无效导致的。

（4）弥补缺陷。项目经理几乎在所有的项目中都会有意无意地用到组织和沟通两项技能，而对于这两方面，尤其是项目沟通方面，如果做得很好，就能弥补其他所有方面的欠缺。

8.1.3　项目沟通的类型

要实施成功的项目沟通管理，需要首先了解和掌握必要的项目沟通模式与类型。本节将详细介绍项目沟通的类型。

1. 上行沟通、下行沟通与平行沟通

按项目过程中沟通的方向，项目沟通可分为上行沟通、下行沟通与平行沟通。

上行沟通即自下而上的沟通，是指下级将意见反馈给上级。项目经理应鼓励下级向上级反映情况，只有上行沟通渠道通畅，项目经理才能全面地掌握情况，进行符合实际的决策。上行沟通有两种形式：一是层层传递，即依据一定的组织程序逐级向上反映；二是越级反映，它是指越过中间层次，让项目决策者与员工直接沟通。

下行沟通是指项目领导者对员工的自上而下的沟通。如将项目目标、计划方案等传达给一般员工，发布新闻消息，对组织面临的具体问题提出处理意见等。这种沟通方式是领导者向被领导者发布指令的过程。通过这种沟通方式可以达到五个目的：

（1）使员工明确项目组织的目标。

（2）传达有关工作方面的指示。

（3）提醒员工了解工作及其任务关系。

（4）为部属提供关于程序和实务的资料。

（5）对部属反馈其本身的工作绩效。

平行沟通是指组织中各平行部门之间的信息交流。在项目实施过程中，可以看到各部门之间经常发生矛盾和冲突，部门之间互不通气是造成这一现象的重要原因之一。保证平行部门之间沟通渠道的畅通，是减少部门冲突的一项重要措施。

2. 正式沟通与非正式沟通

按照信息传递的渠道，项目沟通可以分为正式沟通与非正式沟通。

正式沟通是按照项目团队正式规定的通道进行信息传递和交流的方式。如团队规定的会见制度、会议制度、报告制度及团队之间的正式来往。它的优点是信息可靠性强，有较强的约束力；缺点是信息传递要通过多个层次，速度较慢。有些信息甚至不宜正式沟通，如团队成员对项目经理的意见等。

非正式沟通是指不经过正式沟通渠道而进行的信息传递和交流，如员工之间的私下交谈、小道消息等。这种沟通的优点是沟通方便，且能沟通一些在正式沟通中难以沟通的信息；缺点是信息容易失真。

3. 单向沟通与双向沟通

按照项目中交流的参与度，项目沟通可以分为单向沟通与双向沟通。

单向沟通是指发送者与接收者之间的地位不可互换（单向传递），一方只发送信息，

另一方只接收信息，双方不需要信息反馈，如做报告、发布指令等。利用这种方式，信息传递速度快，但准确性不够，有时还会使接收者产生抗拒心理，导致沟通效率低。

在双向沟通中，发送者和接收者的位置不断交换，且发送者是以协商的姿态面对接收者；信息发出以后还需及时听取反馈意见，必要时双方可进行重复商谈，直到双方满意为止，如交谈、协商等。这种沟通方式的优点是沟通信息准确性较高，使接收者有表达意见的机会，产生平等感和参与感，增强责任心，有助于双方情感的建立，但是，对发送者来说，在沟通时会受到接收者的质询、批评，因而心理压力较大，同时信息传递也较慢。

4. 书面沟通与口头沟通

按照项目中交流发生的形式，项目沟通可分为书面沟通与口头沟通。

书面沟通是指用书面形式所进行的信息传递和交流，如通知、文件、报刊、备忘录等。其优点是可以作为资料长期保存、反复查阅。书面沟通大多用来进行通知、确认和要求等活动，例如，通知项目团队客户将在某日来访，或者要求团队成员向客户提供有关季度项目进度报告的书面情况。

口头沟通是指运用口头表达的形式进行信息交流活动，如谈话、游说、演讲等。其优点是比较灵活，速度快，双方可以自由交换意见，且传递消息较为准确，并且这种沟通方式通常能使信息接收者获得没有直接反映在说话人谈话内容中的信息。人员的口头沟通大多是面对面的，也可以通过电话进行。它可以通过有声邮件或电视会议等方式实现，通过口头沟通我们可以以一种更为准确、便捷的方式获得信息。这种沟通为讨论、澄清问题、理解和即刻反馈提供了可能。面对面沟通同时提供了一种在沟通时观察身体语言的机会，即使是电话沟通也能让听者听出语调、声音的抑扬变化和感情色彩。

8.1.4　项目会议管理

1. 项目会议沟通

项目沟通有许多种方法，其中项目会议沟通是项目经理进行有效项目沟通的主要方式和途径，也是促进项目团队建设和强化团队成员的期望、角色以及对项目目标投入的有效工具。

对项目经理而言，他们在沟通的一些方式上花费了大量的时间，如书写、阅读、听取发言和发言，而且大部分是在会议中完成的。

项目会议沟通一般有制订会议计划、组织会议、控制会议三个流程。

制订会议计划阶段，项目经理应该清楚地知道举行这次会议的真正目的。图 8-2 列出了召开项目会议的一些基本目的。

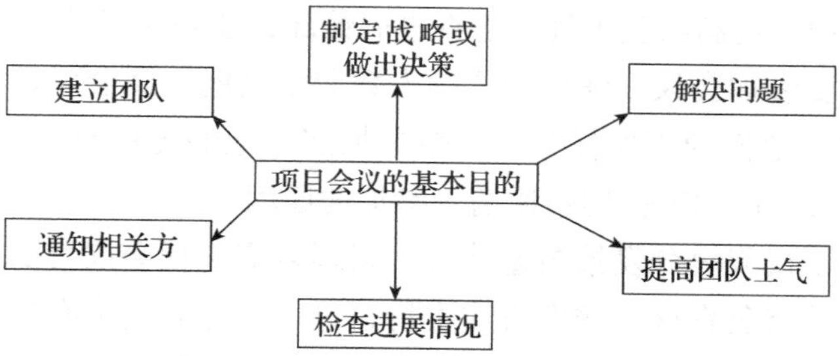

图 8-2　召开项目会议的基本目的

会议计划的制订还涉及决定议事日程、使用的资料、时间、地点、目的、预期的结果（可行的）和与会者需要的信息。

在制订完项目会议计划后，项目经理将进入下一阶段的会议组织工作程序。一般来说，项目会议组织要考虑以下事项：

（1）会议议事日程。

（2）合适的地点。

（3）与会者的确定与通知。

（4）任命主席。

（5）向与会者公布其各自所需的信息。

（6）会议进行方式。

控制会议意味着确保会议能实现其目的。控制会议必须注意下列因素：

（1）设定时间限制，并遵守这些限制。

（2）从论述会议的目的开始。

（3）限制讨论。

（4）总结进展或没有开展的情况。

（5）鼓励和控制不同意见。

（6）花费一定的时间去评议会议的进展情况，并确定哪些工作可以提高会议的质量。

（7）用有效会议与无效会议的论述作为评定高质量会议的标准。

控制会议的目的就是要让会议朝着正确的方向发展，使之成为一次有效的会议，从而起到有效的沟通作用。

2. 有效项目会议沟通的操作模式

在召开项目会议的过程中，无论是在会前、会中还是会后，项目经理或者会议主持者，都可以采取多种措施确保会议有效。

会前

会前一般必须注意以下问题：

（1）确定会议是否真正必要，是否有另一种方式（如电视会议）更合适。

（2）确定会议的目的，必须明确该会议是为了建立团队、通知相关方、制定战略或做出决策、解决问题、提高团队士气、检查进展情况，还是为了其他目的。

（3）确定谁需要参加会议。参加会议的人数应该是能达到会议目的的最少人数。项目团队成员通常忙于他们的工作任务，不想参加那些他们无所贡献又无所收获的会议。被邀请参加会议的人应该知道他们被邀请、参加的原因。

（4）事先将会议议程表分发给被邀请者。议程表应包括会议目的，会议主题，每个主题的时间分配及谁将负责该主题发言或主持讨论。议程表应附有参加者在会前需要评审的文件和资料，必须在通知分发和会议日期之间给予足够的时间，以便让参加者为会议做好充分准备。同时，需要一些人收集和分析数据、准备演讲或分发材料。

如果有条件，在会议室墙上贴出项目计划、进度计划、进展情况图和系统图解，以便全体项目团队成员参考。

会中

这是项目会议的重要环节。需要提前明确开始会议的时间，提醒重要人员按时开会。如果项目会议总是推迟，也许还需要考虑选择一个更好的时间，但是要协调好项目团队的日程安排和其他业务。

会中应注意以下几点：

（1）制定会议记录。记录应简洁，并能概括大概决议、行动细目、任务分派和预计完工日期。

（2）评议会议的目的和议程表。评议要简洁，不要长篇大论。

（3）督促而不能支配会议。项目经理不能主持所有的讨论，而应该是让其他参加者主持他们所负责的主题的讨论。

（4）会议结束时总结会议成果，并确保所有参加者对所有决策和行动细目有清楚的理解。会议领导应进一步明确这些细目，避免产生误解。

（5）不要超过会议计划召开的时间。与会者可能有其他约会或其他系列会议，如果没有讲完所有议程，最好让设计这些细目的人另外召开一个会议。

（6）评价会议进程。通常，会议结束时，与会者应公开讨论发生了些什么，并决定是否做些调整以提高以后会议的有效性。

会后

在会后 24 小时之内公布会议成果。总结文件应明确所做的决定，列出行动细目，包括谁负责、预计完工日期和预期交付物，应将会议成果分发给所有被邀请参加会议的人，不管他们是否真正参加了会议。

8.2　有效沟通

有效沟通，是指信息接收者接收信息发送者发出信息的状态与程度。沟通能否成功，取决于发送者向接收者提供的信息和接收者实际获得的内容是否一致。提高沟通的有效性，就是提高二者相一致的可能性。

8.2.1　有效沟通的途径

为了使沟通尽可能地有效，发送者应重视沟通的双向性。双向沟通的过程包含反馈，使发送者能够及时了解自己传递的内容是否被理解和接受，也使接收者及时解决理解障碍。有效沟通绝对不是单一渠道的，综合运用多种方式的沟通更能达到理想的效果。如在演讲汇报时加上手势和表情，或者会议纪要加上与会者的口头传达能让非与会者更快地理解会议内容。同时，文字语言的运用也对有效沟通具有重要的意义，明晰的条理、精练的语言、集中的内容都可促进沟通。

1. 有效沟通的 5C 原则

进行有效沟通，首先要牢记 5 个 "C"。

（1）清晰（Clear）：突出主题，适当地使用术语，积极倾听。

（2）简明（Concise）：紧扣主题，抓住重点。

（3）礼貌（Courteous）：相互理解、尊重，注意措辞。

（4）连贯性（Consistent）：信息应传达同样的意思，不能前后矛盾。

（5）说服力（Compelling）：突出重要性。

2. 提高有效沟通的途径

美国项目管理协会（PMI）提出一套相对完整的关于有效沟通途径的建议，内容如下：

（1）开始沟通前先说明概念性问题，管理人员应在事前系统地分析沟通会涉及的信息，并充分地考虑信息接收者的接受程度。

（2）只进行必要的沟通。管理人员应对大量信息进行筛选，只向同事和下级人员传递与工作密切相关的信息，避免信息冗余和重叠。

（3）明确沟通目标。管理人员必须清晰地明白进行沟通的意义，在此基础上确定沟通的内容，选择最恰当的沟通方式。

（4）沟通内容与信息匹配。管理人员进行沟通前应考虑环境状况，包括社会背景、人员情况等，以使沟通信息得以配合环境状况。

（5）计划沟通内容时多多获取其他人的观点，既有利于获得更全面的思路，也更能获得参与者的积极支持。

（6）注意表达的精确性。管理人员在沟通过程中，应将自己的想法用尽可能精确的方式表达出来，并使信息接收者从表达中感受到自己所期望的内容。

（7）及时进行追踪并获得反馈。信息沟通之后要想办法从各方取得反馈，弄清对方是否已如预期接受了信息，是否愿意进行承诺并开始行动。

（8）注意言行一致。管理人员需要用自己的所作所为印证自己的说法，"行"比"言"更有说服力。

（9）沟通应着眼未来。沟通不仅要符合当前的情况，更重要的是必须具有长远的意义，有利于组织的未来发展。

（10）做一个好听众。管理人员应该尊重自己的员工和同事，在他人陈述时仔细聆听，明确自己知道对方在说什么。

8.2.2　项目沟通的技巧

以上内容阐述了有效沟通管理所需要遵循的原则与途径。为了进一步巩固项目沟通管理的效率，也为了进一步印证这些原则，管理者在项目沟通过程中还要注意使用一些技巧，以完善自己的管理。

1. 沟通方法的选择

现在有比以前更多的交流媒介可供项目沟通时选择。作为管理者，为了更好地引导项目成员进行沟通，需要了解每种沟通方法的长处和局限性。这样，在面对不同关系的项目成员以及不同的沟通内容时，就能够选择出最合适、最高效的一种，从而改善沟通的效果，提高项目的生产能力，在项目相关方之间建立更稳固和谐的关系。表 8-1 是一些常见沟通方法的汇总。

表 8-1　常见沟通方法的汇总

沟通方法	特点	适合情况
面对面	信息丰富、效率最高 所有成员露面，表明认真对待 在很多企业中是开展沟通的唯一方式	赢得信任与支持、建立业务关系的最佳选择 需要传递敏感或难以理解的信息时最为合适
视频会议	直观、高效，比电子邮件更有临场感，可以记录会议内容	面对面沟通的最佳替代方式
电子邮件	需避免敏感信息 需确保所有相关方收到邮件 如果信息较长，应在邮件开头进行总结	同样的信息需要发给多个人时 需要发送文件时 需要保留沟通记录时

2. 关系的处理

一方面，为了使项目沟通保持高质量和一致性，最好安排固定的团队成员专门负责项目沟通工作。虽然在大多数项目中，沟通主导者都是项目经理，但在某些大型的项目中，项目经理可能无法独自承担大规模的沟通任务，需要委派其他人共同分担某些沟通事项、与目标项目人建立沟通。这可能包括公司的人力资源部、通信部等，所以，项目经理应注意建立与这些部门甚至部门内某些人员的稳定关系，以便在需要时获得及时可靠的帮助。

另一方面，项目经理应进行细致的项目成员分析。这项分析应弄清所有项目成员的需求与动机，在此基础上，项目经理就可以确定，采用何种类型的项目沟通可以更好地支持每个项目成员并管理他们的期望。

3. 简化任务

要想使项目成员保持工作与沟通的热情，很重要但常被忽略的一点在于，需要让他们很容易就能够理解项目经理布置的任务。项目成员每天都面临着许多任务与挑战，面临巨大的压力，更多的困惑和不确定将会加重他们对工作的不满，降低工作与沟通的效率。如果项目经理能够在布置任务时，提供相应的文件概要、任务背景和目标等信息，让项目成员迅速理解任务的内容和意义，简化信息传递的过程，则能够节省项目人员的时间、精力，同时也有利于提高项目经理在项目团队中的价值。

4. 保持信息畅通

许多有能力的项目经理都推崇一种简单而有效的方法，即确保项目成员获得正确且匹配的信息，这有利于成员增强对项目团队和团队中传播信息的信任，更好地扮演自己的角色，做好自己的本职工作。在许多组织中，各团体间的信息不够畅通，就需要项目经理注意到这一问题，找到信息阻塞的原因，并进行改善。

8.2.3 项目沟通的障碍

语言、知识结构、心理因素、文化因素等，都会成为项目沟通的障碍。同时，组织结构的设计、沟通渠道的选择、传递的信息本身等都会影响项目沟通的效果。

实际上，任何信息沟通的效果都决定于沟通双方的差异以及沟通途径的选择，具体地说，有语言障碍、知识水平的限制、知觉的选择性、心理因素的影响、沟通渠道的选择、组织结构的影响、信息量过大等七种沟通障碍。

1. 语言障碍

人与人之间的信息沟通主要是借助语言进行的，语言仅仅是知识交流的工具而不是思想本身。首先，从传递信息的一方来看，并不是每个人都能恰如其分地表达自己的思想，这取决于信息传递者掌握和运用语言的能力。其次，从信息接收的一方来看，其理解程度取决于各种因素，如年龄、教育程度、文化背景等。在项目组织中，成员来自不同的背景，各专业人员具有各自的专业术语和技术用语；处于不同管理层次的人对同一术语的理解也可能不同。

2. 知识水平的限制

当信息的接收者与发送者的知识水平相差很大的时候，双方没有共同的知识区，信息接收者可能理解不了发送者的意思。

3. 知觉的选择性

人们在接收或转述一则信息的时候，总是有意无意地产生知觉的选择性，符合自己需要又与自己的切身利益有关的内容很容易听得进去，而对自己不利的可能损害自身利益的内容则回避听取。

4. 心理因素的影响

在信息沟通中有很多障碍是由心理因素引起的。个人的性格、气质、态度、情绪、兴趣等的差异，都可能引起信息沟通的障碍。

5. 沟通渠道的选择

信息沟通的渠道是多种多样的，各种渠道有各自的优缺点。在选择项目的沟通渠道时应充分考虑实际情况与具体要求。

6. 组织结构的影响

合理的组织结构有利于信息沟通。庞大的组织结构可能中间层次过多，信息传递更容易失真、遗漏，而且还会浪费时间，影响信息传播的时效性，从而影响工作的效率。

7. 信息量过大

信息量并不是越大越好，不相关的信息容易妨碍信息接收者分析、理解和处理信息，重要的是要有充分的有用信息。

8.3　沟通管理分析

8.3.1　规划沟通管理

规划沟通管理是根据相关方的信息需求及组织的可用资产情况，制定合适的项目沟通方式和计划的过程。其主要作用是，识别和记录与相关方的最有效率且最有效果的沟通方式。

规划项目沟通对项目的最终成功非常重要。沟通规划不当，可能导致各种问题，如信息传递延误、向错误的受众传递信息、与相关方沟通不足，或误解相关信息。

在大多数项目中，都是很早就进行沟通规划工作，如在项目管理计划编制阶段。这样，就便于给沟通活动分配适当的资源，如时间和预算。有效果的沟通是指以正确的形式、在正确的时间把信息提供给正确的受众，并且使信息产生正确的影响，而有效率的沟通是指只提供所需要的信息。

虽然所有项目都需要进行信息沟通，但是各项目的信息需求和信息发布方式可能差别很大。此外，在规划沟通管理的过程中，需要适当考虑并合理记录用来存储、检索和最终处置项目信息的方法。需要考虑的重要因素包括：

（1）谁需要什么信息和谁有权接触这些信息？

（2）他们什么时候需要信息？

（3）信息应存储在什么地方？

（4）信息应以什么形式存储？

（5）如何检索这些信息？

（6）是否需要考虑时差、语言障碍和跨文化因素等？

应该在整个项目期间，定期审查出自规划沟通管理过程的成果，以确保其持续适用。规划沟通管理的数据流向过程流程图如图 8-3 所示。

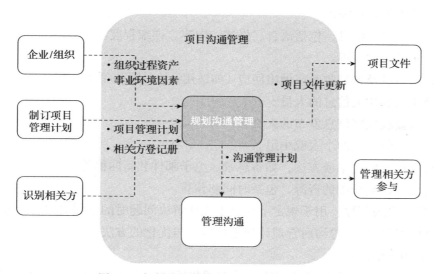

图 8-3　规划沟通管理的数据流向过程流程图

项目相关方的信息需求是：及时、准确、适度、不冗余。不同的项目相关方有不同的利益、兴趣、性格和沟通偏好：

（1）领导需要摘要性的关键信息。

（2）中层需要了解业务、权责变更。

（3）执行层需要具体指令指示。

通过沟通需求分析，确定项目相关方的信息需求，包括所需信息的类型和格式，以及信息对相关方的价值。项目资源只能用来沟通有利于项目成功的信息，或者那些因缺乏沟通会造成项目失败的信息。

项目经理还应该使用潜在沟通渠道或路径的数量，来反映项目沟通的复杂程度。潜在沟通渠道的总量为 $n(n-1)/2$，式中，n 代表相关方的数量。例如，有 10 个相关方的项目，就有 $10(10-1)/2=45$ 条潜在沟通渠道。因此，在规划项目沟通时，需要做的一项重要工作就是，确定和限制谁应该与谁沟通，以及谁将接收何种信息。常用于识别和确定项目沟通需求的信息包括：

（1）组织结构图。

（2）项目组织与相关方之间的责任关系。

（3）项目所涉及的学科、部门和专业。

（4）有多少人在什么地点参与项目。

（5）内部信息需要（如何在组织内部沟通）。

（6）外部信息需要（如何与媒体、公众或承包商沟通）。

（7）来自相关方登记册的相关方信息和沟通需求。

沟通管理计划是项目管理计划的组成部分，描述将如何对项目沟通进行规划、结构化和监控。该计划包括如下信息：

（1）相关方的沟通需求。

（2）需要沟通的信息，包括语言、格式、内容、详细程度。

（3）发布信息的原因。

（4）发布信息及告知收悉或做出回应（如适用）的时限和频率。

（5）负责沟通相关信息的人员。

（6）负责授权保密信息发布的人员。

（7）将要接收信息的个人或小组。

（8）传递信息的技术或方法，如备忘录、电子邮件和新闻稿等。

（9）为沟通活动分配的资源，包括时间和预算。

（10）问题升级程序，用于规定下层员工无法解决问题时的上报时限和上报路径。

（11）随项目进展，对沟通管理计划进行更新与优化的方法。

（12）通用术语表。

（13）项目信息流向图、工作流程（兼有授权顺序）、报告清单、会议计划等。

（14）沟通制约因素，通常来自特定的法律法规、技术要求和组织政策等。

沟通管理计划中还可包括关于项目状态会议、项目团队会议、网络会议和电子邮件信息等的指南和模板。沟通管理计划中也应包含对项目所用网站和项目管理软件的使用说明。

沟通管理计划要明确，创建/收集信息解决的是：谁负责创建/收集信息，创建/收集什么样的信息，何时创建/收集信息，信息归档在哪里。

信息创建的责任属于团队。项目经理要引导成员提供项目相关方需要的信息。

常见的项目相关方的沟通信息报送表如表8-2所示。

表8-2 项目相关方的沟通信息报送表

项目相关方	文件名	文件格式	收件人	交付日期
客户高级管理层	里程碑阶段报告	书面	陈成、吴东	各里程碑阶段
客户中层	项目评审报告	书面	张可、汤佳	项目评审会后，每月一次
客户业务层	项目进度报告	书面	财务组、仓库组	每半个月一次
内部管理层	项目汇总报告	企业内部网	李进	每半个月一次

（续）

项目相关方	文件名	文件格式	收件人	交付日期
项目经理	项目工作报告	电子邮件	孙涛	每周一次
外部承包商	……	……	……	……

8.3.2　管理沟通

管理沟通是根据沟通管理计划，生成、收集、分发、存储、检索及最终处置项目信息的过程。其主要作用是，促进项目相关方之间实现有效率且有效果的沟通。管理沟通过程不局限于发布相关信息，还要设法确保信息被正确地生成、接收和理解，并为相关方获取更多信息、开展澄清和讨论创造机会。有效的沟通管理需要借助相关技术，包括：

- 发送 – 接收模型。其中也包括反馈回路，为互动和参与提供机会，有助于清除沟通障碍。
- 媒介选择。根据情形确定何时使用书面沟通或口头交流，何时准备非正式备忘录或正式报告，何时进行面对面沟通或通过电子邮件沟通。
- 写作风格。合理使用主动或被动语态、句子结构，以及合理选择词汇。
- 会议管理技术。准备议程和处理冲突。
- 演示技术。知晓形体语言和视觉辅助设计的作用。
- 引导技术。建立共识和克服障碍。
- 倾听技术。主动倾听（告知收悉、主动澄清和确认理解），消除妨碍理解的障碍。

管理沟通的数据流向过程流程图如图 8-4 所示。

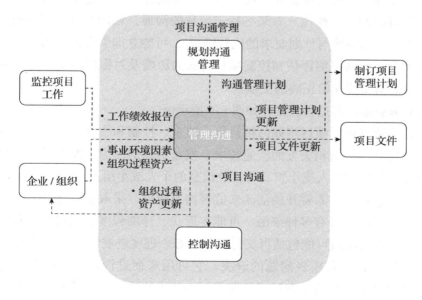

图 8-4　管理沟通的数据流向过程流程图

要定期收集基准数据与实际数据，进行对比分析，以便了解和沟通项目进展与绩效信息，并对项目结果做出预测。

需要向每位受众适度地提供信息，既可以是简单的状态报告，也可以是详尽的报告；既可以是定期编制的报告，也可以是异常情况的报告。简单的状态报告可显示诸如"完成百分比"的绩效信息，或每个领域（即范围、进度、成本和质量）的状态指示图。较为详尽的报告可能包括：

（1）对过去绩效的分析。

（2）项目预测分析，包括时间与成本。

（3）风险和问题的当前状态。

（4）本报告期完成的工作。

（5）下个报告期需要完成的工作。

（6）本报告期被批准的变更的汇总。

（7）需要审查和讨论的其他相关信息。

绩效报告等信息要做好归档，采用计算机信息系统，或者是纸张档案归档。通常按照项目归档，把相关资料放在一个大文件夹里，做项目标记，把编号、资料的名称、份数等录入计算机的数据库中，对于资料的借出和归还都有相应的记载。

8.3.3　控制沟通

控制沟通是在项目全生命周期中对沟通进行监督和控制的过程，以确保满足项目相关方对信息的需求。其主要作用是，随时确保所有沟通参与者之间信息流动的最优化。

控制沟通过程可能引发重新开展规划沟通管理或管理沟通过程。这种重复体现了项目沟通管理各过程的持续性质。对某些特定信息的沟通，如问题或关键绩效指标（如实际进度、成本和质量绩效与计划要求的比较结果），可能立即引发修正措施，而对其他信息的沟通则不会。应该仔细评估和控制项目沟通的影响及对影响的反应，以确保在正确的时间把正确的信息传递给正确的受众。

控制沟通的数据流向过程流程图如图8-5所示。

项目管理计划描述了项目将如何被执行、监督、控制和收尾。它为控制沟通过程提供了有价值的信息，包括相关方的沟通需求、发布信息的原因、发布所需信息的时限和频率、负责发布信息的个人或小组、将接收信息的个人或小组。

在控制沟通过程中，需要开展活动来监督沟通情况，采取相应行动，并向相关方通知相关情况。项目沟通可有多种来源，可能在形式、详细程度、正式程度和保密等级上有很大的不同。项目沟通可能包括可交付成果状态、进度进展情况、已发生的成本。

问题日志用于记录和监督问题的解决。它可用来促进沟通，确保对问题的共同理解。书面日志记录了由谁负责在目标日期前解决某个特定问题，这有助于对该问题的监督。应该解决那些妨碍团队实现目标的问题。问题日志中的信息对控制沟通过程十分重要，因为它记录了已经发生的问题，并为后续沟通提供了平台。

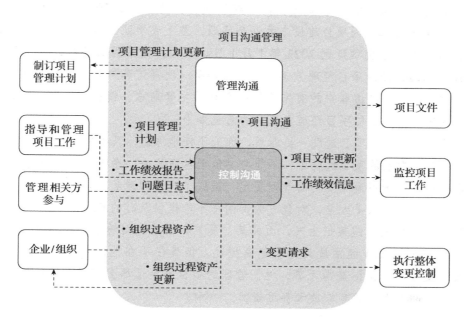

图 8-5 控制沟通的数据流向过程流程图

项目团队经常依靠专家判断来评估项目沟通的影响、采取行动或进行干预的必要性、应该采取的行动、对这些行动的责任分配以及行动时间安排。可能需要针对各种技术和管理细节使用专家判断。专家可以来自拥有特定知识或受过特定培训的小组或个人，如组织中的其他部门、顾问、相关方，包括客户或发起人、专业和技术协会、行业团体、主题专家、项目管理办公室（PMO）。

控制沟通过程经常导致需要进行调整、采取行动和开展干预，因此，就会生成变更请求这个输出。变更请求需通过执行整体变更控制过程来处理，并可能导致：

（1）新的或修订的成本估算、活动排序、进度日期、资源需求和风险应对方案分析。

（2）对项目管理计划和文件的调整。

（3）提出纠正措施，以使项目预期的未来绩效重新与项目管理计划保持一致。

（4）提出预防措施，降低未来出现不良项目绩效的可能性。

复习思考题

案例分析 1

校园网的建设项目案例

某系统集成商 B 负责某大学城 A 的三个校园网的建设，是某弱电总承包商的分包商。田某是系统集成商 B 的高级项目经理，对三个校园网的建设负总责。关某、夏某和宋某是系统集成商 B 的项目经理，各负责其中的一个校园网建设项目。项目建设方聘请了监理公司对项目进行监理。

系统集成商 B 承揽的大学城 A 校园网建设项目，计划从 2020 年 5 月 8 日启动，至 2022 年 8 月 1 日完工。因项目建设方的资金问题，整个大学城的建设延后五个月，其校园网项目的完工日期也顺延到 2023 年 1 月 1 日。其间，田某因故离职，其工作由系统集成商 B 的另一位高级项目经理鲍某接替。鲍某第一次拜访客户时，客户对项目状况非常不满。和鲍某一起拜访客户的有系统集成商 B 的主管副总、销售部总监、销售经理以及关某、夏某和宋某三位项目经理。客户的意见如下：

你们负责的校园网项目进度一再滞后，你们不停地保证，又不停地延误。

你们在实施自己的项目过程中，不能与其他承包商配合，影响了他们的进度。

你们在项目现场不遵守现场的管理规定，造成了现场的混乱。

你们的技术人员水平太差，对我方的询问总不能提供及时的答复……

听到客户的意见，鲍某很生气，而关某、夏某和宋某也向鲍某反映项目现场的确很乱，他们已完成的工作经常被其他承包商搅乱，但责任不在他们。至于客户的其他指控，关某、夏某和宋某则显得无辜，他们管理的项目不至于那么糟糕，项目的进展和成绩客户一概不知，而问题却被放大甚至扭曲。

问题

1. 请简要叙述导致上述情况的可能原因。

2. 针对监理的作用，承建方如何与监理协同？

3. 简要指出如何制订有多个承包商参与的项目的沟通管理计划。

■ 案例分析 2

跨国公司裁员案例

某年年底广州某跨国石油公司因在中国的业务进展不顺利，为降低成本，力争下一年收支平衡，进行了大规模的公司改革，并进行机构调整，其中的措施之一就是裁员。为了保证裁员工作的顺利进行，使留下来的人员对公司继续保持信任和归属感，也使离开的人员正确理解此次裁员工作的必要性，不至于在社会上对公司造成不良影响，公司采取了积极的沟通方式——在公司的内部网络上发布"员工通讯"，提前三个月把公司的改革信息循序渐进地传递给公司员工。

公司油品部门是公司在中国雇用员工人数最多的部门，约占员工总人数的 70%，油品部门的任何改动对整个公司的运作都有着举足轻重的作用。从开始展露裁员苗头到真正实施历时三个月，大部分由公司东北亚集团上任才三个星期的油品部门董事贺先生以第一人称通报工作进展情况的方式来发布这种信息，其中该跨国公司董事会主席和油品业务首席执行官分别发布过改革的信息。当裁员的形势日趋明朗后，贺先生的个人网页开通，其中有一个"公开论坛"，在这个论坛上，任何员工都能以匿名的方式，不经审查地在该论坛上发表自己的意见。在论坛开通半个月后，即正式实施裁员的半个月前，由公共事务部针对员工提出过的和可能提出的疑问采用一问一答的形式在论坛上发表。

半个月后，由各部门经理单独与每位员工见面，通知各位员工具体的去留安排。同时，公司成立转职中心，向员工提供心理辅导和再就业技能的培训服务，并备有电话、电脑和复印设备，供员工准备应聘资料，公司派专人与其他外资公司和猎头公司联系，协助员工寻找新的工作，转职中心持续工作两个月后关闭，所做的某些工作在全国都是少有的，但是结果却不尽如人意。

问题

从沟通的角度来分析，这家公司做得不好的方面有哪些？

第9章
CHAPTER 9

项目质量管理

§ **本章的内容**

- 质量和项目质量
- 项目质量管理概述
- 项目质量策划
- 项目质量保证
- 项目质量控制
- 复习思考题

9.1 质量和项目质量

9.1.1 质量

国际标准 ISO 9000：2015《质量管理体系——基础和术语》对质量的定义是客体的一组固有特性满足要求的程度，内涵有：

（1）质量的主体是产品、体系、项目或过程，客体可能是物质的、非物质的或想象的。

（2）质量的关注点是一组固有的特性，而不是赋予的特性。

（3）质量是满足要求的程度，包括明示的、隐含的或必须履行的需求或期望。

（4）质量是动态的，不是固定不变的。

（5）质量是相对的，会根据环境、技术等因素产生变化。

9.1.2 项目质量

项目质量就是项目的固有特性满足项目利益相关主体（相关方）要求的程

度。项目可交付物作为一种产品，具有一般产品所共有的质量特性，可以用功能性指标、可靠性指标、安全性指标、适应性指标、经济性指标、时间性指标来衡量项目质量的好坏。

9.2 项目质量管理概述

项目质量管理就是为了满足顾客的需要、确保项目交付结果的质量和项目管理过程的质量满足相关标准要求，而进行的质量策划、质量保证、质量控制以及质量改进等方面的工作。

1. 项目质量管理的概念

项目质量管理是项目组织围绕着使项目产出物能满足不断更新的质量要求，而开展的策划、组织、计划、实施、控制、保证、检查和监督、审核和改进等所有管理活动，具有一次性、独特性、目的性、不确定性等特点。从质量管理的手段和方式来看，大概经历了传统质量管理、质量检验管理、统计质量管理和全面质量管理等四个发展阶段。

2. 项目质量管理的主要内容

项目质量管理的首要任务是确定质量方针、目标和职责，核心是建立有效的质量管理体系，通过具体的四项活动，即质量策划、质量保证、质量控制和质量改进，确保质量方针、质量目标的实施和实现，如表 9-1 所示。

表 9-1 项目质量管理简表

管理过程	输入	方法、工具、技术	主要输出
质量策划	质量方针、范围说明书、产品描述、标准和法规、其他过程的输出	成本/效益分析法、质量标杆法、流程图法、试验设计法、质量成本法、过程决策程序图法、质量功能展开技术	质量管理计划、质量工作定义、核检清单、其他过程的输入
质量保证	质量管理计划、质量控制策略结果、操作定义	质量计划编制方法和技术、质量审计	质量提高
质量控制	工作结果、质量管理计划、操作定义、检查表	检查、控制图、帕累托图（Pareto Chart）、统计抽样、流程图、趋势分析	质量提高、验收通过、返工、完成的检查表、过程调查

3. 项目质量管理的主要原则

（1）满足顾客需求的原则：满足项目相关方的明示的、隐含的或必须履行的需求或期望是项目组织的最早目标。在项目进展中，应持续不断地关注各项目相关方需求的变化，修正项目目标，保证项目质量。

（2）领导作用原则：为了保证项目的工作质量、过程质量和可交付物质量，项目经理不但需要对项目本身、项目组织有充分的了解，还需要对项目的内外部环境进行管理。

（3）全员参与原则：项目的具体实施有赖于全员参与，应加强对员工的质量理论和质量技能的培训，激发其责任感和培养其解决项目质量问题的才能。

（4）基于过程控制的原则：在项目全生命周期内实施活动，需要不断地识别关键过程，加以控制，保证项目质量。

（5）持续改进原则：项目管理是一个开放性的、连续性的过程，为提高项目管理的效果和效率，必须持续改进过程。

（6）以实际情况为决策依据的原则：决策的有效性需要建立在数据和信息分析的基础上，采取科学的态度，以事实为依据，经过合理的分析后做出决策。

（7）系统性原则：项目质量受到项目进展过程中不同阶段和不同要素的影响，质量管理必须是一个全局性的、整体性的和系统性的过程。

（8）共同受益的原则：项目的承包商和供应商是相互依存、共赢互利的关系。

这八项项目质量管理原则是对项目质量管理长期实践的高度概括和总结，是开展项目质量管理最一般的规律，体现了质量管理的精髓和基本理念。

4. 项目质量管理的基础工作

项目质量管理的基础工作，是指为实现项目质量目标和加强项目质量管理必不可少的工作。其主要包括标准化工作、计量工作、质量信息工作、质量责任制工作和质量教育工作等。

9.3   项目质量策划

项目质量策划的结果是项目质量计划，项目质量计划是项目质量管理的依据，项目质量管理是从对项目质量的规划安排开始的，通过对项目质量计划的实施，完成项目质量保证与控制，因此在项目质量管理中首要工作就是项目质量策划。

9.3.1   项目质量策划概述

（1）质量策划定义。ISO 9000：2015 将"质量策划"定义为"质量管理的一部分，致力于制定质量目标并规定必要的运行过程和相关资源以实现质量目标"。项目质量策划有利于实现项目组织行动的统一，可以降低质量损失的费用，同时可以提高项目开展的效率。

（2）质量策划的工作过程，如图 9-1 所示。

（3）质量策划的原则。战略策划过程中质量的实现取决于是否确保在所有过程中均考虑以下方面：

1）满足顾客与其他利益相关者明确和隐含的需求是首要目标。

2）项目是通过一组经过策划和相互配合的过程来实现的。

3）必须注重过程质量和产品质量，以满足项目目标。

4）管理者对营造质量环境负责。

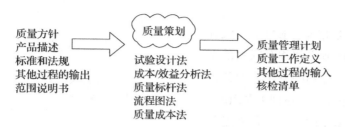

图 9-1　质量策划的工作过程

9.3.2　项目质量策划的依据

项目质量策划一般包括项目质量目标的策划、项目质量管理体系的策划、项目实施过程的策划、项目质量改进的策划。其主要依据有质量政策、项目范围说明书、产品说明书、标准和规则、项目中其他相关领域的输出等。

9.3.3　项目质量策划的主要工具和方法

1. 成本 / 效益分析法

成本效益分析法也叫经济质量法，这种方法要求在制订项目质量计划时应充分考虑完成项目质量的经济性，其实质是通过运用质量成本与效益的比较分析法编制出能够保证项目质量收益超过项目质量成本的项目质量管理计划。

2. 质量标杆法

质量标杆法，是指利用其他项目实际或计划的项目质量管理结果或计划，作为新项目的质量比照目标，通过对照比较制订出新项目质量计划的方法。

3. 试验设计法

试验设计（Design of Experiment，DOE）法是对试验方案进行优化设计以降低试验误差和生产费用，减少试验工作量，并对试验结果进行科学分析的一种方法。

4. 质量成本法

质量成本（Cost of Quality，COQ）法是将质量投入与质量损失联系起来的一种考虑质量问题的方法。质量成本一般分为预防成本、鉴定成本、内部损失成本、外部损失成本和外部质量保证成本五项，如图 9-2 所示。一般而言，项目的预防、鉴定、外部质量保证等成本越高，项目质量水平越高；项目内部损失成本、外部损失成本随着项目质量水平的降低而增加。

5. 流程图法

流程图法是使用描述项目工作流程和项目流程各个环节之间相互联系的图标去编制项目质量计划的方法，通常由若干因素和箭线相连的一系列关系组成。

例如，某企业内部审核系统流程图，如图9-3所示。

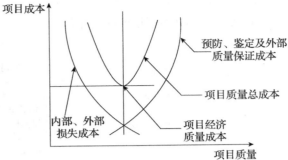

图 9-2　质量水平与质量成本之间的关系

6. 过程决策程序图法

过程决策程序图（Process Decision Program Chart，PDPC）法是指在制订达到预期目标的计划时，应事先预测过程中可能发生的各种情况和结果，采取相应的预防和纠正措施，提出适应各种情况和结果的可能实施方案，以达到最终状态（理想或不理想）的一种动态管理程序方法。PDPC法在解决问题的过程中，能提供所有的手段和措施，迅速处理已发生的使目标难以实现的事态，具有极其灵活的性质。

PDPC法的基本表达形式如图9-4所示，图中 A_0 表示初始状态，Z表示最终状态。对于期望的理想状态Z，如"不良品减少"，就应设法使 A_0 至Z的路径畅通；对于不期望的状态Z，如"重大事故发生"，就应设法使 A_0 至Z的路径不通。

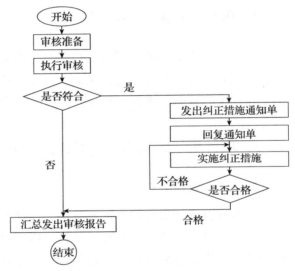

图 9-3　内部审核系统流程图

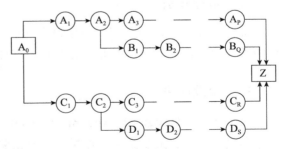

图 9-4　PDPC法的基本表达形式

7. 质量功能展开技术

质量功能展开（Quanlity Function Development，QFD）技术是把顾客对产品的需求进行多层次的转化分析，转化为产品的设计要求、零部件特征、工艺要求、生产要求的质量策划、分析、评估工具，可用来指导产品设计和质量保证。其基本方法是建立项目质量屋，质量屋又称质量表，是一种形象直观的二元矩阵展开图表。

（1）质量屋。质量屋是质量功能展开技术基本原理的具体体现，可以根据实际情况进行剪裁和扩充。质量屋各板块（如左墙、天花板、房间、地板、屋顶、右墙和地下室）所表示的内容如图 9-5 所示。

（2）质量功能展开。产品开发一般要经过产品规划、零部件展开、工艺设计、生产计划等阶段，以某一层次的产品是其隶属产品的"顾客"和本道工序是上一道工序的"顾客"原理为依据，可建立相互关联的质量屋，即上一个阶段质量屋中的"天花板"中的内容将转化为下一个阶段质量屋的"左墙"，如图 9-6 所示。

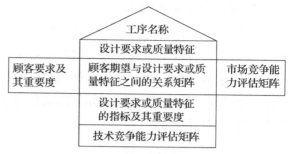

图 9-5　项目质量屋

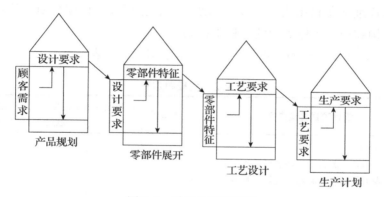

图 9-6　质量功能展开图

（3）质量功能展开技术的工作流程。质量功能展开技术的流程主要包括四个大的步骤：①确定采用质量功能展开技术的项目，组建工作小组；②进行顾客需求分析与市场竞争力分析；③确定项目设计要求或质量特征；④建立各级质量屋。

9.3.4　项目质量策划的成果

项目质量策划工作的最终结果即生成一系列的项目质量计划文件，通常包括项目质量管理计划、项目质量工作定义、项目质量核检清单以及其他过程的输出。

1. 项目质量管理计划

项目质量管理计划是对特定的项目、产品、过程或合同，规定由谁及何时应使用哪些程序和相关资源的文件。它主要明确如何规定必要的运行过程和相关资源以及如何实现质量目标。其文件结构如图 9-7 所示，具体包括：明确实现质量目标所采取的措施；明确应提供的必要条件，包括人员、设备等资源条件；明确项目参与方、部门或岗位的质量责任。质量管理计划不是一份单独的文件，而是由整个体系文件组成。

2. 项目质量工作定义

项目质量工作定义，也称项目工作说明，是指对于项目质量管理工作的具体描述以及对于项目质量控制方法的具体说明。这一文件通常由"如何检验项目质量计划的执行情况、如何确定项目质量控制规定"等内容构成。

图 9-7　质量文件结构

3. 项目质量核检清单

核检清单（Check List）是一种用于核实一系列要求的步骤是否已经实施的结构化工具。它通常由详细的条目组成，可以简单或复杂，也可以依据项目质量管理计划从对项目工作分解结构和项目工作流程的分析中得到。

［例 9-1］　某船舶设计图纸设计 / 绘制质量跟踪表，如表 9-2 所示。

表 9-2　质量跟踪表

序号	设计项目检查内容	检查会	校审是否合格	不合格修改意见	设绘人确认并修订	复查确认
1	封面内容的填写： 1）船名、船号、图名、图号填写完整、正确 2）零件表上的舾装件名称、规格、数量、重量等要写清楚					
2	图面设绘要求： 1）图纸的设绘细则参照"安装图设绘细则" 2）铁舾图除了平面图外，还应增加必要数量的局部视图来表示 3）零件表上的内容、数量与图面表示的一致 4）图面上一些无法表示的内容是否已用文字说明 5）各层甲板的零件表内容应统一 6）各甲板的安装示图应统一					
3	各种舾装件的安装位置应合理，相对位置便于各自的使用，相互之间不冲突					
4	所选标准应是最新有效版本					

4. 可用于其他管理过程的信息

在开展项目质量计划编制的过程中，能够产生为项目的其他过程和工作提供的各种信息，如项目采购管理、项目进度控制等过程都要考虑项目的质量管理计划。

9.4　项目质量保证

9.4.1　项目质量保证概述

（1）项目质量保证的概念。项目质量保证是在执行项目质量计划过程中，经常性地对整个项目质量计划的执行情况所进行的评估、核查和改进等工作。

（2）主要工作内容。其主要工作内容包括：有清晰的质量要求说明、制定科学可行的质量标准、组织建设项目质量体系、配备合格和必要的资源、持续开展有计划的质量改进活动、项目变更全面控制。

（3）项目质量保证的工作过程，如图 9-8 所示。

（4）项目质量保证的依据。项目质量保证工作的依据主要是项目质量管理计划、项目实际质量的度量结果、项目质量管理工作说明、项目质量核检清单。

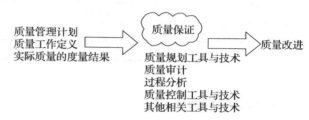

图 9-8　项目质量保证的工作过程

9.4.2　项目质量保证的方法与工具

（1）质量规划工具与技术：质量保证规划是进行质量保证的依据和指南，应在对项目特点进行充分分析的基础上编制。质量保证规划包括质量保证计划、质量保证大纲、质量保证标准等。

（2）质量审计：质量审计是指进行系统的独立审查，确定项目活动是否符合组织和项目政策、过程和程序。

（3）过程分析：过程分析是按照过程改进计划中所要求的步骤，从组织和技术的角度识别所需的改进。项目的过程不是彼此独立的，而是相互联系、相互影响、相互制约的，最终形成一个过程网络。在过程网络中，任何一个过程的输入都不是单一因素，可能包括人（Man）、机械设备（Machine）、材料（Material）、方法（Method）、环境（Environment），即 4M1E 的各个方面，而每个要素又可能来自多个其他过程。同样，每个过程的输出也不是单一的，也可能包括多种内容和形式。应用过程方法进行质量管理，实质就是系统地识别和管理组织内的过程，特别是这些过程之间的相互作用，如图 9-9 所示。

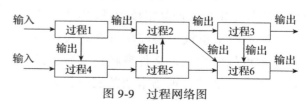

图 9-9　过程网络图

（4）质量控制工具与技术：采用必要的质量控制工具和技术实施质量保证，以确保质量保证的有效性。

（5）其他相关工具与技术：质量检验和质量保证关键环节的控制等。

9.4.3 项目质量保证技术的应用

科学地运用质量保证的方法和技术，建立科学合理的项目质量管理体系，进行质量控制，是完善项目质量保证工作的关键，如表 9-3 所示。

表 9-3　质量保证技术的应用

应　　用	内　　容		
	目标保证	过程保证	最终交付物保证
质量评审		△	△
质量认证	△	△	△

1. 质量管理体系

质量管理体系是指"在质量方面指挥和控制组织的管理体系"。质量管理体系是实施质量方针和目标的管理体系，在项目内外部发挥着不同的作用，对内实施质量管理，对外实施外部质量保证。

建立项目的质量体系应符合如下基本要求：

（1）最重要的是满足业主、顾客和其他利益相关者的需要。

（2）规划好一系列互相关联的过程来实施项目。

（3）通过严密的全方位控制保证过程和产品的质量来满足目标。

（4）项目经理必须创建良好的质量环境。

（5）应有自我持续改进的功能，项目经理应负责持续改进工作。

（6）应确定项目整个过程中的质量惯例。

（7）应在项目过程中按照进展状况评价项目达到质量目标的程度。

2. 质量管理体系审核技术

（1）质量审核：是指确定质量活动及其有关结果是否符合计划的安排，以及这些安排是否有效地实施并适合于达到预定目标所做的系统的、独立的检查。质量审核包括质量管理体系审核、产品审核和过程审核，如图 9-10 所示。

项目质量审核主要经历五个阶段：项目质量审核的启动，文件审核的实施，准备现场审核活动，现场审核的实施，审核报告的编制、批准并分发。

（2）项目质量管理体系审核：为获得质量管理体系的审核证据，并对其进行客观的

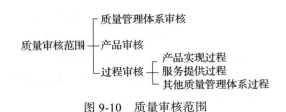

图 9-10　质量审核范围

评价，已确定满足质量管理体系准则的程度所进行的系统的、独立的、形成文件的过程。

评审受审方的主要体系文件是进入现场审核的前提。若发现受审方的文件不够充分，而且该文件对审核的有效性又起到决定性的作用，应要求受审方修改体系文件，直至达到规定要求，否则不应进行现场审核。

现场审核是评价受审核方质量管理体系运作能力的重要环节，通过现场审核评价受审核方的质量管理体系是否符合准则，是否有效运作，是否能保证产品和服务满足顾客的要求。其本质就是收集和验证信息的过程，主要工作包括召开审核组预备会议、召开首次会议、现场调查、确定不合格项、审核组内部沟通以及与受审核部门沟通、质量管理体系评价和审核结论、召开末次会议等。

3. 质量管理体系认证

（1）中国质量管理体系认证制度。中国国家认证认可监督管理委员会（Certification and Accreditation Administration of the People's Republic of China, CNCA）是全国质量认证工作的主管机构。CNCA 统一制定国家认证认可工作的方针政策，对全国的认证认可工作实施监督管理；审批、授权和监督国家认可机构对认证机构、认证培训机构、认证人员实施国际认可和注册制度；负责认证机构、认证培训机构、认证咨询机构设立的批准和设立后的监督。

由国家认证认可监督管理委员会确定的国家认证机构认可委员会（China National Accreditation Board, CNAB）负责实施质量管理体系认证机构国家认可制度。CNAB 负责对认证机构、认证培训机构、实验室和认证人员实施资格认可及认可后的监督与管理。

企业根据自愿原则申请质量管理体系认证。

（2）质量管理体系认证的实施程序。质量管理体系认证的过程总体分为两个阶段：认证的申请和评定阶段，获准认证的组织的质量管理体系监督审核和管理阶段，主要程序如图 9-11 所示。

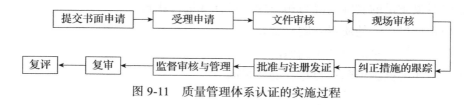

图 9-11 质量管理体系认证的实施过程

9.5 项目质量控制

9.5.1 项目质量控制概述

1. 项目质量控制的定义

项目质量控制是在项目的实施过程中，对项目质量的实际情况进行监督，判断其是否符合相关的质量标准，并分析产生质量问题的原因，制定出相应的措施来消除导致不合格质量标准的因素，确保项目质量得以持续不断地改进。

项目质量控制与项目质量保证既有联系又有区别。两者的联系是：目标都是使项目质量达到规定要求，因此，在项目质量管理过程中，两者相互交叉、重叠。两者的区别是：项目质量控制是一个纠偏和把关的过程，直接对项目质量进行监控，并对项目存在的问题进行纠正；而项目质量保证是一种预防性、保障性的工作，是从项目质量管理的组织、程序、方法等方面做一些辅助性的工作。

2. 项目质量控制的特点

（1）影响因素多：项目的不同阶段、不同环节、不同过程的影响因素不尽相同。

（2）控制分阶段性：在不同阶段，工作内容和工作结果不同，控制内容和重点也不同。

（3）质量易产生变异：偶然变异是客观存在的变异，造成的变异对质量影响小、常发生、难避免、难识别、难消除。系统变异是人为的、异常的，造成的变异对质量影响大、易识别、采取措施即可避免。针对不同的变异采用不同的方法进行识别和控制。

（4）易错误判断：由于项目的复杂性和不确定性，容易对质量状况做出错误判断。

（5）项目不能解体：已加工完成的产品可以解体，对某些零部件进行检查，但项目不行，如已完成浇筑的混凝土建筑，难以拆卸检查钢筋质量。

（6）项目质量受费用、工期制约：质量控制的同时应考虑费用和工期对质量的制约。

3. 项目质量控制的步骤

项目质量控制贯穿项目质量管理的全过程，主要按照下列步骤开展工作：

（1）选择控制对象。这可以是项目全生命周期中的某个环节、某项工作、某道工序，以及项目的某个里程碑或某项目阶段成果等与项目质量有关的要素。

（2）度量控制对象质量的实际情况。

（3）将对象质量的实际情况与相应的质量标准进行比较。

（4）识别项目存在的质量问题和偏差。

（5）分析项目质量问题产生的原因。

（6）采取纠偏措施消除项目存在的质量问题。

4. 项目质量控制的工作原理

它就是将项目实施的结果与预定的质量标准进行对比，找出偏差，分析偏差形成的原因，然后采取措施纠偏。

9.5.2　项目质量控制的过程

项目质量控制的过程如图 9-12 所示。

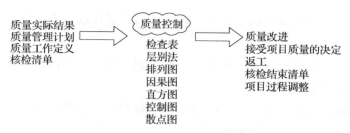

图 9-12　项目质量控制过程

（1）项目质量控制的依据：质量管理计划、质量工作定义、核检清单、质量实际结果。

（2）项目质量控制的结果：质量改进、接受项目质量的决定、返工、核检结束清单、项目过程调整。

9.5.3　项目质量控制的工作内容

项目质量控制围绕每一阶段的工作，应对影响项目质量因素进行控制，对质量活动的成果分阶段验证，对工序的开展进行控制，及时发现问题，查明原因，采取相应的纠正措施，防止质量问题的再次发生，并使质量问题在早期得以解决，以减少经济损失。

1. 质量因素的控制

影响项目质量的因素主要有人、机械设备、材料、方法、环境。对这五方面因素的控制是保证项目质量的关键。

2. 项目不同阶段的质量控制

（1）项目概念阶段的质量控制：依靠项目的可行性研究和项目决策等。

（2）项目规划阶段的质量控制：项目规划阶段是影响项目质量的决定性环节，没有高质量的规划就没有高质量的项目，针对项目特点，根据决策阶段已确定的质量目标和水平，使其具体化。实现的主要方法是方案优选和价值工程等。

（3）项目实施阶段的质量控制：项目实施是一个从输入转化为输出的系统过程，项目实施阶段的质量控制也是一个从对投入品的质量控制开始，到对产出品的质量控制为止的系统控制过程，如图 9-13 所示。

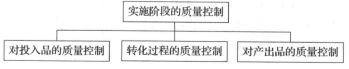

图 9-13　项目实施阶段的质量控制过程

项目实施阶段的不同环节，其质量控制的工作内容也不同。根据项目实施的不同时间阶段，可以将项目实施阶段的质量控制分为事前质量控制、事中质量控制和事后质量控制。

事前质量控制：项目实施前所进行的质量控制，其重点是做好实施的准备工作，且该项目应贯穿项目实施全过程。

事中质量控制：项目实施过程中所进行的质量控制，策略是全面控制实施过程，重点控制工序或工作质量。具体措施是工序交接有检查，质量预控有对策，项目实施有方案，质量保证措施有交底，动态控制有方法，配制材料有试验，隐蔽工程有验收，项目变更有手续，质量处理有复查，行使质量控制有否决，质量文件有档案。

事后质量控制：一个项目、工序或工作的完成形成成品或半成品的质量控制称为事后质量控制。重点工作是进行质量检查、验收和评定。

（4）项目最终完成阶段的质量控制：全面的质量检查与评定，判断项目是否达到其质量目标。对于工程类项目，组织竣工验收。

3. 工序质量控制

工序质量控制一是要控制工序活动条件的质量，使每道工序投入品的质量符合要求，二是要控制工序活动效果的质量，使每道工序形成的产出品或结果达到质量要求或标准。采用数理统计的方法，通过对工序样本数据进行统计、分析，判断整个工序质量的稳定性。

工序质量控制点是指在不同时期工序质量控制的重点，可能是材料、操作环节、技术参数、设备、作业顺序、自然条件、项目环境等，主要视其对质量特征影响的程度及危害程度来定。

4. 合格控制

合格控制是保证和提高项目质量的必要手段，可分为抽查、全检、合格证检查、抽样验收检查。

9.5.4　项目质量控制的工具与方法

随着经济全球化进程的推进以及知识经济时代的到来，质量管理的方法也在不断地发展，如统计计算、统计过程控制（Statistic Process Control，SPC）、试验设计、失效模式和影响分析（Failure Mode and Effect Analysis，FMEA）、测量系统分析（Measurement System Analysis，MSA）等，特别常用的有因果图、流程图、直方图、核对表、散点图、排列图、控制图等传统的七种工具。

1. 质量控制工具一览

表 9-4 是传统和现代的质量控制工具。

表 9-4　质量控制的传统和现代工具

传统工具	现代工具
散点图（散布图、相关图）	关联图
直方图（条形图、频数分布图）	系统图（树形图）
排列图（帕累托图、主次因素排列图）	箭条图（网络计划技术）
因果图（石川图或鱼骨图）	PDPC 法（过程决策程序图法）
控制图（管理图）	KJ 法（亲和图法）
流程图	矩阵图
核对表（调查分析法）	矩阵数据法

2. 项目质量控制的工具和技术

项目质量控制的工具和技术的应用是有选择性的，应有区别地予以适当选择和使用，如表 9-5 所示。

表 9-5　项目质量控制的工具和技术的应用

步骤	可用的工具和技术
收集数据	调查表
识别异常的方法	统计分析、直方图、控制图、多边图
分析原因	头脑风暴法、专家判断法、因果图、排列图、调查表
相关分析和回归分析	因果图、散点图
工序控制	6σ、直方图、控制图、选控图、波动图
动态控制	控制图
合格控制	抽检、全检、合格证检查、抽样验收检查
质量决策	PDPC 法、决策树、对策表

9.5.5　质量特性度量

1. 质量数据

在质量管理中通过对质量标志进行观察、测量而采集到的数据一般称为质量数据。根据其性质不同，可分为计量值数据和计数值数据。计量值数据是可以用仪器测量的连续型数据，如长度、温度等；计数值数据是只能用自然数表示的数据，如废品数、合格件数等。

质量数据的采集方法主要有随机抽样、系统抽样、分层抽样、整群抽样等。

2. 质量数据的数值描述

（1）质量数据的集中趋势，一般用算数平均值（经常简称均值）、中位数、总数来描述，它们反映了质量数据在必然因素作用下达到的一般水平。

（2）质量数据的离散程度，一般用极差、标准差、离散系数来描述，它们反映了质量数据的差异程度。

9.5.6　传统的项目控制的工具与方法（旧七种）

第一种方法：直方图

1. 直方图介绍

直方图是一种条形图，用来显示质量数据的分布情况，又称为质量分布图、矩形图。它可以用横坐标表示质量特性（如尺寸、强度），纵坐标表示频数或频率，各组所包含数据的频数或频率的大小用直方柱的高度表示。

2. 直方图类型

频率直方图：以频率为纵坐标的直方图，各直方柱面积之和为1，如图 9-14 所示。纵坐标值与正态分布的密度函数一致，可在同一图中画出标准正态分布曲线，并可以形象地看出直方图与正态分布曲线的差异。

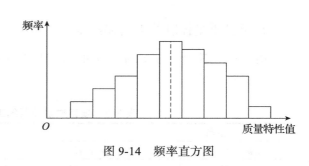

图 9-14　频率直方图

频数直方图：以频数为纵坐标，反映了质量数据的分布情况，故可称为质量分布图。

3. 直方图绘图步骤

以某项目质量指标为例，说明直方图的做法。

第一步，采集数据。根据作图意图采集数据，使直方图能够比较准确地反映质量分布情况，一批制作直方图用的数据个数一般应大于 50。

［例 9-2］　测量得到 50 个蛋糕的重量数据，如表 9-6 所示。

表 9-6　蛋糕的重量统计表

测点号	测定值 /g	最大值 /g	最小值 /g
1 ～ 10	308 315 305 310 309 312 313 311 304 309	315	304
11 ～ 20	317 306 310 316 312 315 307 308 311 312	317	306
21 ～ 30	306 302 309 307 307 305 315 310 309 316	316	302
31 ～ 40	314 311 305 303 305 316 315 311 309 312	316	303
41 ～ 50	308 307 304 314 317 309 320 314 310 318	320	304

第二步，确定组数、组距及组的边界值。

（1）定组数（K）。按组距相等的原则确定。K 的大小影响着直方图的形状，一般来说，K 越大，直方图越接近实际情况，但计算也越烦琐。因此，应合理确定 K 值，使直方图尽量符合总体特性值的分布情况。一般来说，K 的选择范围常在 6 ～ 25 之间，取10 最常用。通常按 K 分组后，使每组至少有 4 个数据为宜，如表 9-7 所示。

表 9-7　组数 K 选择参考值

数据数 n	分组数 K	数据数 n	分组数 K
< 50	5 ～ 7	100 ～ 250	7 ～ 12
50 ～ 100	6 ～ 10	> 250	10 ～ 25

根据以上原则，确定分组数为 K=7。

（2）确定组距（h）。若一批数据中最大值为 X_{max}，最小值为 X_{min}，则

$$h = \frac{X_{max} - X_{min}}{K - 1}$$

本例中，X_{max}=320，X_{min}=302，则 h=(320–302)/(7–1)=3。

在确定组距时，一般取 h 为最小测量单位的整数倍。

（3）确定组的边界值。以一批数据中的最小值 X_{min} 为第一组（从小到大排列）的组中值，其上、下限分别是：第一组下限 X_{min}–h/2，第一组上限 X_{max}+h/2；第二组下限是第一组上限，第二组上限为 X_{max}+h/2+h。以此类推，可得到各组边界值，如表 9-8 所示。

表 9-8　分组结果

分组	组号						
	1	2	3	4	5	6	7
组界值 /g	300.5 ～ 303.5	303.5 ～ 306.5	306.5 ～ 309.5	309.5 ～ 312.5	312.5 ～ 315.5	315.5 ～ 318.5	318.5 ～ 321.5
频数	2	8	13	12	8	6	1
频率	4%	16%	26%	24%	16%	12%	2%

第三步，计算频数和频率。根据测定值和组的边界值计算频数和频率，如表 9-8 所示。

第四步，绘制直方图。以横坐标表示分组的边界值，纵坐标表示各组间数据发生的频数，以直方柱的高度对应各组频数的大小，如图 9-15 所示。

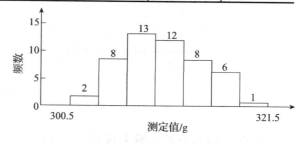

图 9-15　蛋糕质量指标测定值频数直方图

4. 直方图分析

直方图形象直观地反映了数据的分布情况，通过对直方图的观察和分析可以判断生产过程是否稳定及其质量状况如何。直方图图形分为正常型和异常型。

（1）正常型：左右对称的山峰形状，如图 9-16a 所示。图的中部有一峰值，两侧的分布较为对称，且越偏离峰值高度越低的正态分布，表示数据处于越稳定的状态。

（2）异常型：与正常型分布相比，带有缺陷的直方图。表示数据所代表的工序处于不稳定状态，常见的有以下几种。

1）孤岛型：在远离主要分布中心外孤立的直方柱。表示项目在某一短时间内受到

异常因素的影响，使生产条件突然发生较大变化，如图 9-16b 所示。

2）双峰型：一个直方图出现两个顶峰，这往往是由于两种不同的分布混在一起造成的，如图 9-16c 所示。

3）偏向型：直方柱的顶峰偏向一侧。这往往是由于只控制一侧界限，或一侧控制严格，一侧控制宽松造成的，如图 9-16d 所示。

4）平峰型：在整个分布范围内，频数（频率）的大小差距不大，形成平峰。此情况往往是由于生产过程中有某种缓慢变化的因素起作用造成的，如设备的磨损等，如图 9-16e 所示。

5）陡壁型：直方图的一侧出现陡峭绝壁状态（注意与偏向型的区别），这种情况多是人为剔除一些数据，造成统计不真实而形成的，如图 9-16f 所示。

6）锯齿型：顾名思义，锯齿型直方图出现了参差不齐的形状，造成这种现象的原因不是质量数据本身的问题，而是绘制直方图时分组过多或测量仪器精度不够造成的，如图 9-16g 所示。

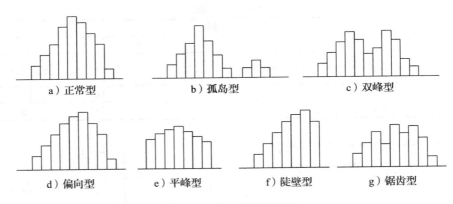

图 9-16　直方图常见类型

5. 直方图与公差标准差比较

观察直方图的形状只能判断生产过程是否稳定正常，并不能判断是否能稳定地生产出合格的产品，而将直方图与公差标准差相比较，即可达到此项目的。对比的方法是：观察直方图是否都落在规格或公差范围内，是否有相当的余地以及偏离程度如何。在直方图中标出标准值（T_L-T_U），可以分析过程能力与标准规格要求之间的关系。

几种典型的直方图与公差标准差的比较情况如下。

（1）正常型：分布范围比标准界限窄，分布中心在规格中心，工序处于正常管理状态，如图 9-17a 所示。

（2）双侧压线型：分布范围与标准界限一致，没有余量，一旦出现变化，就可能出现超差、废品，如图 9-17b 所示。

（3）能力富裕型：分布范围满足标准界限要求，但余量过大，属于控制过严，不经济，如图 9-17c 所示。

（4）能力不足型：分布范围太大，上下限均已超过标准界限，已产生不合格品，应分析原因，采取措施加以改进，如图 9-17d 所示。

（5）单侧压线型：分布范围虽在标准界限内，但一侧完全没有余量，稍有变化，就会出现不合格品，如图 9-17e 所示。

（6）单侧过线型：分布中心偏离标准中心，有些部分超过上限标准，出现不合格品，如图 9-17f 所示。

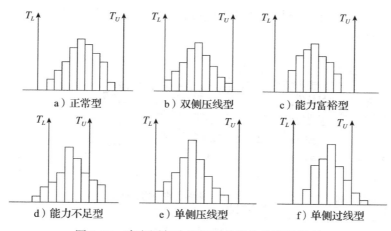

图 9-17　直方图与公差标准差的比较情况类型

第二种方法：因果图

1. 因果图介绍

　　因果图又称鱼骨图或石川图，是以结果为特征，以原因为因素，在它们之间用箭头联系起来表示因果关系的图形。因果图法主要用于分析质量特征与影响质量特征的可能原因之间的因果关系，通过把握现状、分析原因、寻找措施来促进问题的解决。基本形式如图 9-18 所示。

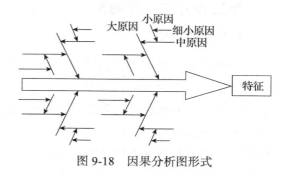

图 9-18　因果分析图形式

2. 因果图类型

（1）结果分解型：围绕"为什么会发生这种结果"进行层层解析。

（2）工序分类型：其基本做法是首先按工艺流程将各工序作为影响产品质量的主次原因找出来，然后把各工序中影响工序加工质量的原因找出来，再填入相应的工序中。

（3）原因罗列型：这种方法是允许参加分析的人无限制地发表意见，把所有意见都逐一罗列出来，然后再系统地整理出它们之间的关系，最后绘制出原因结果图。

3. 因果图绘图步骤

（1）在开始阶段，使用排列图等技术确认质量问题的范畴。

（2）设定各个阶段所需要设置的目标，构建因果图所涉及的每个人都要清楚达到的目标，即找出影响质量的主要因素。

（3）将各因素及细化后的因素以图（方框和箭线）的形式展现。在主干线两侧标出讨论结果，即大中小及细小原因。

（4）对因果图上的各种原因思考解决问题的方法。

[例9-3] 某航空公司分析近段时间航班延误的原因，采用因果图分析的结果如图9-19所示。

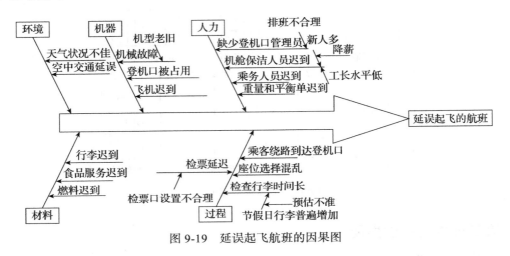

图9-19　延误起飞航班的因果图

第三种方法：控制图

1. 控制图介绍

控制图是主要用于开展项目质量控制的一种图示方法。控制图给出关于控制界限、实际结果、实施过程的图示描述。它可用来确认项目过程是否处于受控状态，图中上/下控制线表示变化的最终限度，当在连续的几个设定间隔内变化均指向同一方向时，就应分析和确认项目是否处于失控状态。当确认项目过程处于失控状态时，就必须采取纠偏措施，调整和改进项目过程，使项目过程回到受控状态。控制图法是建立在统计质量管理方法基础上的，它利用有效的数据建立控制界限，如果项目过程不受异常原因的影响，从项目运行中观察得到的数据将不会超出这一界限，如图9-20所示。

2. 控制图的各指标

中心线：平均值、平均全距、不良品率。

管理界限：以上、下平行线所画的直线，在中心线的外侧。

点：代表从批量中所获得的数据。

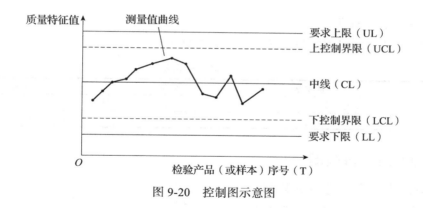

图 9-20 控制图示意图

3. 控制图的各种状态

理想状态：项目的范围充分地分布在规格内，而平均值也正好在规格的正中央。制品设计规格的上限（SU）与下限（SL）距正中央 4 倍标准差之外。

两侧无富裕的状态：项目的范围正好分布在规格内，平均值同规格正中央一致，设计的上限、下限正好处于均值的 3 倍标准差的位置上。

变异过大状态：项目的全距大于设计规格。设计规格上、下限距平均值的距离小于 3 倍标准差。

第四种方法：检查表

检查表是使用一份列出用于检查项目各流程、各项活动、各个活动步骤中所需核对和检查科目与任务清单，对照这一清单，按照规定的核查时间和频率去检查项目的实施情况，并对照清单中给出的工作质量标准要求，确定项目质量是否失控，是否出现系统误差，是否需要采取措施，最终给出相关核查结果和应对措施决策。

［例 9-4］ 某加工产品检查表，如表 9-9 所示。

表 9-9 检查表示例

种类	检查记录	小计
刮伤	正正正正正正正正正正	50
饰纹不良	正正正正正正	30
模痕	正正正正	20
油污	正正正正正正	30
裂纹	正正正正正正正正正正正正正正正正	80
其他	正正正正正	25
合计	略	235

第五种方法：层别法

层别法也称为分类法或分组法，按照不同的层别分类后，协助其他方法进行质量控制。层别法可将杂乱无章的数据和错综复杂的因素按不同的目的、性质、来源等加以分类，使之系统化、条理化。

[**例 9-5**] 某项目层别法分层举例，如表 9-10 所示。

表 9-10 层别法示例

层别	层别法	层别	层别法
机器	A 机、B 机……	不良内容	外观、尺寸、材料、加工……
作业员	张三、李四、王二……	时间	上午 / 下午、星期一、星期五……

第六种方法：排列图

排列图是表明"关键的少数和次要的多数"的一种统计图表，又叫帕累托图，是将有关质量问题的要素进行分类，找出"重要的少数（A 类）"和"次要的多数（C 类）"，从而对这些要素采取 ABC 分类管理的方法。如图 9-21 所示，图中两条纵轴，左边的表示频数 n（次），右边的表示频率 f(%)，二者等高。图中横轴以等分宽度表示质量要素（或质量影响因素），需要标明要素名。按质量要素等分宽度，沿纵轴画出表示

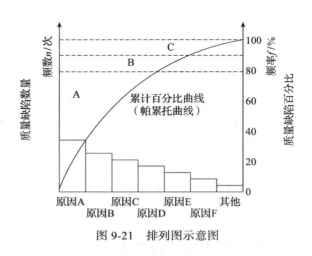

图 9-21 排列图示意图

各要素的频数和频率的图。累计各矩形代表的频数和频率，得到排列图，从中找出"重要的少数"，划出 ABC 三类要素，以便对质量的 ABC 三类要素进行分类控制。

[**例 9-6**] 小汽车喷漆外观不良数据收集如表 9-11 所示，绘制帕累托图，见图 9-22。

表 9-11 小汽车喷漆外观不良数据

不良项目	发生数 / 件	占全体不良项目的比例 /%	不良项目	发生数 / 件	占全体不良项目的比例 /%
碰伤	51	41.1	色斑	5	4.0
凹凸不平	36	29.0	其他不良	7	5.7
色偏差	15	12.1	合计	124	100
流痕	10	8.1			

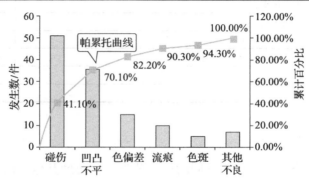

图 9-22 喷漆外观不良帕累托图

第七种方法：散点图

散点图又称相关图，是分析、判断、研究两个相对应的变量之间，是否存在相关关系并明确相关程度的方法。产品质量与影响质量的因素之间，常有一定的依存关系，但它们之间不一定具有函数的关系，而是一种相关的关系。两种变量间的相互关联度越高，图中的点越趋于集中在一条直线附近。

[**例 9-7**]　环境温度与设备故障率之间的关系如图 9-23 所示。该散点图表示在环境温度较低的范围内，设备故障率随着温度的升高而降低，存在负关系；当环境温度超过一定的正常温度范围后，环境温度的升高对于设备故障率具有正关系。

图 9-23　机器故障与环境温度散点图

9.5.7　新的项目控制的工具与方法（新七种）

第一种方法：关联图

关联图又称关系图，是用方框或圆圈和箭线表示事物之间"原因与结果""目的与手段"的复杂逻辑关系的一种图。方框中使用文字表述的与问题有关的因素，箭线由原因指向结果，由目的指向手段，厘清因素之间的因果关系，便于分析研究，从而拟定解决问题的计划和措施。可以运用关联图的方法制订质量管理计划、分析质量原因，找出主要问题和重点项目，研究解决措施。

[**例 9-8**]　某企业就质量管理出现的问题进行了调查，搜集到如下意见：

（1）确定方针和目标。

（2）思想上重视质量和质量管理。

（3）开展质量管理教育。

（4）定期检查质量管理活动的开展情况。

（5）明确管理项目和管理点。

（6）明确领导的指导思想。

（7）建立质量保证体系。

（8）明确评价标准尺度。

（9）明确责任和权限。

通过因果关系，绘制出关联图，如图 9-24 所示。进行分析后确定了首先应从第 A 项和第 F 项入手，解决进一步开展全面质量管理的问题。

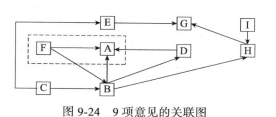

图 9-24　9 项意见的关联图

第二种方法：KJ 法

KJ 法是日本的川喜田二郎（Kawakita Jiro）在质量管理实践中经过总结、归纳整理而提出的。KJ 法的应用基础是 A 型图，又叫近似图解，它把收集的大量有关一定特定主题的意见、观点、想法和问题，按它们之间相互接近的关系加以归类、汇总，并绘制成表示思维联系、启发思路的图，如图 9-25 所示。KJ 法通过不断积累和应用 A 型图来发现新问题，并辅助其他方法来解决问题。

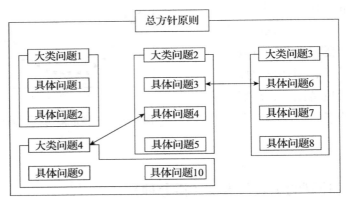

图 9-25　A 型图示意图

KJ 法的使用步骤：①确定对象；②收集资料；③制作资料卡片；④汇总、整理卡片；⑤绘制 A 型图；⑥口头及书面报告。

第三种方法：系统图

系统图又名树图，它是将事物或现象的构成或内在逻辑关系展示、分解而形成的图。通过树图，可以把所述关系或要实现的目的与需要采取的措施、手段系统地展开，并绘制成图，以明确问题的重点，寻找最佳解决手段或措施。

[**例 9-9**]　某质量管理小组研究船舶厨房工作台安装的新方式，如图 9-26 所示，并整理出处理方法，如图 9-27 所示。

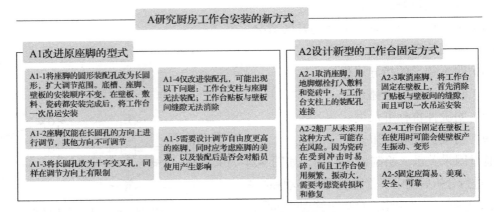

图 9-26　安装新方式系统图

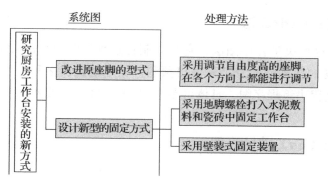

图 9-27　工作台安装处理方法

第四种方法：矩阵图

矩阵图是借助数学上矩阵的形式来分析因素之间关系的图。它由三个部分组成：对应事项、事项中的具体元素、对应元素交点处表示相关程度的符号。

[例 9-10]　某电扇厂的 QC 小组研究 "吊扇输入功率高、效率低" 项目，在分析吊扇性能低及其产生原因的过程中，使用了 L 型矩阵图进行分析，分析结果如图 9-28 所示。

原因	性能				
	绝缘强度低	耐压击穿	功率大	转速低	启动性能差
绝缘漆浓度低	◎	○			
定子性能差			◎	◎	◎
转子缺陷			◎	◎	◎
风叶不匹配			◎	◎	◎
风叶角度不匹配			◎	◎	△
轴承不合格			△	○	△
精加工精度差			◎	○	◎

图 9-28　吊扇性能原因分析矩阵图

注：◎○△符号表示相关程度按顺序由强到弱。

第五种方法：矩阵数据分析法

在矩阵图中，如果关系程度不是由符号表示，而是用数据表示，于是形成一个分析数据的矩阵，从而对数据进行解析运算，得到所需结果。这种方法是新七种工具中唯一用数据来分析问题的方法，其结果仍用图形表示。它主要用于市场调查、新产品规划等。

第六种方法：网络图法

（1）网络图法又称箭线图法或矢线图法，它是利用网络图进行项目质量管理，有利于从全局出发，统筹安排各种因素，抓住项目实施的关键路径，集中力量，按时或提前完成项目计划。

（2）网络图的绘制和时间计算，具体可参考 "第 6 章项目进度管理"。

第七种方法：PDPC 法

PDPC 法，即过程决策程序图法，它是在制订达到研制目标的计划阶段，对计划执行过程中可能出现的各种障碍及结果做出预测，相应地提出多种应变计划的一种方法。使用的工具就是过程决策程序图，具体可参考"9.3 项目质量策划"一节。

9.5.8　六西格玛（6σ）质量管理

1. 6σ 质量

标准差 σ 表示数据相对于平均值的分散程度。"σ 水平"则将过程输出的平均值、标准差与顾客要求的目标值、规格限值联系起来并进行比较。

目标值是顾客要求的理想值，如顾客要求订餐服务时间在 12:00 送餐。

规格限值是指顾客允许的质量特性的波动范围，如顾客允许送餐时间为 11:45～12:20。

如果过程输出质量特性服从正态分布，并且过程输出质量特性的分布中心与目标值重合，那么 σ 越小，过程输出质量特性的分布就越接近于目标值，同时该特性落到规格限值外的概率越小，出现缺陷的可能性就越小，因此过程满足顾客要求的能力就越强如图 9-29 所示。

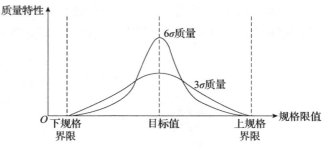

图 9-29　6σ 质量的理解

2. 6σ 质量管理

6σ 质量管理是建立在统计学基础上的全面质量管理方法，以追求完美为目标的管理理念。6σ 质量管理的重点是将所有工作作为一种流程，采用量化方法分析流程中影响质量的因素，并找出关键因素加以改进，从而达到更高的顾客满意度。

6σ 质量管理的重要观点是提高质量的同时降低成本并缩短周期，取决于过程特别是核心业务过程的能力，这个能力可以表述为过程输出波动的大小。过程能力用 σ 来度量，σ 水平越大，过程的波动越小，过程满足顾客要求的能力就越强。

如果一个过程的 σ 水平较低，那么表明它以较低的成本在较短的时间内向顾客提供较高质量的产品与服务的能力较低，因此该过程的竞争力就较低。

3. 6σ 项目质量管理的实施

6σ 项目质量管理组织：通常 6σ 管理是由执行领导、倡导者、大黑带、黑带、绿带等关键角色和项目团队传递并实施的。

（1）关键角色及职责。

执行领导：建立项目的 6σ 管理愿景，确定项目的战略目标和业绩的度量系统，确定项目的管理重点，在项目中建设应用 6σ 管理方法与工具的环境。

倡导者：负责 6σ 管理的部署，构建 6σ 管理基础，向执行领导报告 6σ 管理的进展，负责 6σ 管理实施中的沟通与协调。

大黑带：对 6σ 管理理念和技术方法具有较深的了解与体验，并将它们传递到组织中；培训黑带和绿带，确保他们掌握适用的工具和方法；为黑带和绿带的 6σ 项目提供指导，协调和指导跨职能的 6σ 项目，协助倡导者和管理层选择与管理 6σ 项目。

黑带：领导 6σ 项目团队，实施并完成 6σ 项目；向团队成员提供使用的工具与方法的培训；识别过程改进机会并选择最有效的工具和技术实现改进；向团队传达 6σ 管理理念，建立对 6σ 管理的共识；向倡导者和管理层报告 6σ 项目的进展；将通过项目实施获得的知识传递给组织和其他黑带；为绿带提供项目指导。

绿带：绿带是项目中经过 6σ 管理方法与工具培训的，结合自己的本职工作完成 6σ 项目的人员。他们是黑带领导的项目团队的成员，或结合自己的工作开展涉及范围较小的 6σ 项目。

（2）6σ 项目团队：6σ 项目通常是通过团队合作完成的。项目团队由项目所涉及的有关职能人员构成，一般有 3 ～ 10 人，并且应包括对所改进的过程负有管理职责的人员和财务人员。

4. 6σ 的分析流程

6σ 管理不仅是理念，同时也是一套业绩突破的方法，是将理念变为行动，将目标变为现实的方法。这套方法就是 6σ 改进方法，即 DMAIC（Define-Measure-Analysis-Improvement-Control）方法。

DMAIC 方法是指由定义、测量、分析、改进、控制五个阶段构成的过程改进方法，如图 9-30 所示。该方法一般用于对现有流程的改进，包括实施过程、服务过程以及工作过程等。一个完整的 6σ 改进项目应完成"D 定义""M 测量""A 分析""I 改进""C 控制"五个阶段的工作。每个阶段又由若干个工作步骤构成，如表 9-12 所示。

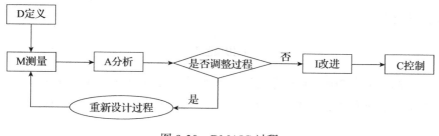

图 9-30　DMAIC 过程

表 9-12 DMAIC 工作步骤

阶段	活动要点	主要工作
D 定义	项目启动	确定顾客的关键需求并识别需要改进的产品或过程，将改进项目界定在合理范围内
M 测量	测量输出、确定基线	测量现有过程，确定过程的基线以及期望达到的目标，识别影响过程输出的因素，对测量系统的有效性进行评价
A 分析	确定关键影响因素	通过数据分析，确定影响过程输出的关键因素
I 改进	设计并验证改进方案	确定优化过程输出并消除或减少关键因素影响的方案，以减少过程缺陷或变异
C 控制	保持	使改进后的过程程序化，并通过有效的监测方法保持过程改进的成果

复习思考题

■ 案例分析 1

质量验收

事件 1：因甲方未能事先清空场地，甲方进场时间受到影响，并使工程 A 作业时间延长 2 天，窝工 6 个工作日。

事件 2：工程 B 为一隐蔽工程，钢筋混凝土结构。某建筑单位乙承建了该工程项目。施工完毕后，乙及时向甲方代表提出了检查验收要求，但因甲方未能在规定时间内到现场检查验收，乙方自己进行了检查。事后甲方认为由于该工程比较重要，要求乙重新对部位 A、B 检查。检查结果是：A 完全合格，但 B 的偏差超出了允许范围。由于重新检查，部位 A 的费用为 28 万元，工期 4 天；部位 B 包括检查与返工，共计花费 43 万元，工期 20 天。又因该项目的检查及返工处理，还给乙后续工程造成了工期延长 10 天。

事件 3：在工程 C 施工中，因设计变更，造成施工时间增加 2 天，费用增加 6 万元。

问题

1. 事件 2 中应依据哪些规定对建筑工程施工质量进行验收？

2. 关于事件 2 中的隐蔽工程验收，《建筑工程施工质量验收统一标准》（GB 50300—2013）有什么规定？

3. 上述材料中，乙可以就哪些事件提出工期补偿和费用补偿？原因是什么？

4. 上述施工索赔，可采用哪些费用计算方法？请详细说明。

■ 案例分析 2

工期赶工

某系统集成公司在 2017 年 6 月通过招投标得到了某市滨海新区电子政务一期工程项目。该项目由小李负责，一期工程的任务包括政府网站以及政务网网络系统的建设，工期为 6 个月。

因滨海新区政务网的网络系统架构复杂，为了赶工期，项目组省掉了一些环节和工作，虽然最后通过验收，却给后续的售后服务带来了很大的麻烦。为了解决项目网络出现的问题，售后服务部的技术人员要到现场逐个环节查遍网络，绘出网络的实际连接图才能找到问题所在。售后服务部认为对系统进行支持有帮助的资料就只有政府网站的网页超文本标记语言（Hyper Text Markup Language，HTML）文档及其内嵌代码。

问题

1. 请简要分析造成该项目售后存在问题的主要原因。

2. 针对该项目，请简要说明在项目建设时可能采取的质量控制方法或工具。

3. 为了保障小李顺利实施项目质量管理，公司管理层应提供哪些方面的支持？

■ 案例分析 3

质量管控

某信息技术有限公司中标了某大型餐饮连锁企业集团的信息系统项目，该项目包含单店管理、物流系统和集团 ERP 等若干子项目。该信息技术有限公司的高级项目经理张工全面负责项目实施。张工认为此项目质量管理的关键在于系统的测试。

张工制订了详细的测试计划用来管理项目的质量。在项目实施过程中，他通过定期发给客户测试报告来证明项目质量是有保证的，可是客户总觉得有什么地方不对劲，对项目的质量还是没有信心。

问题

1. 客户对项目的质量没有信心的可能原因是什么？

2. 一般地，项目的质量管理计划应该包括哪些内容？

3. 张工应该如何实施项目的质量保证？项目的质量控制与质量保证有哪些区别与联系？

■ 案例分析 4

质量管理

M 公司是一家仅有 20 多名技术人员的小型信息系统集成公司，运营 3 年来承担过不同规模的 20 多个系统集成项目，积累了一定的项目经验。由于公司尚处于成长期，有些工作尚未规范，某些项目存在质量问题。

公司管理层决定采取措施，加强质量管理工作。这些措施包括提高公司的技术和管理人员的素质，专门招聘了几名有经验的项目管理人员，然后成立了专门的质量管理部门，委派新招聘的陈工担任质量管理部门的经理，全面负责公司的质量管理。

问题

1. 项目经理就项目质量保证活动的基本内容向陈工请教，请问陈工应如何回答？

2. 公司任命张工为项目经理，针对项目质量控制过程的基本步骤，陈工可对张工提出怎样的指导性建议？

◼ 模板与样例

附件：某轮胎集团直裁双工位项目

<table>
<tr><td colspan="4" align="center">项目质量计划
（版本号：　　）</td></tr>
</table>

基本信息

项目名称	1# 直裁双工位导开改造	项目经理	崔一
编制者	刘二	编制时间	2020 年 8 月 5 日

项目质量责任分配

WBS 编号	工作包名称	质量保证人员	质量控制人员
07CX	1# 直裁双工位导开改造	技改部部长	
07CX-1.0.0	导开方案确定	车间主任	
07CX-2.0.0	项目审批	厂长	
07CX-2.1.0	上报集团审批		
07CX-2.2.0	上报采购计划		
07CX-3.0.0	招标采购		
07CX-3.1.0	技术交流		
07CX-3.2.0	招标采购		
07CX-4.0.0	设备到位		
07CX-4.1.0	设备加工		
07CX-4.2.0	设备出厂验收		
07CX-4.3.0	设备进厂		
07CX-5.0.0	设备安装		
07CX-5.1.0	原导开工位拆除		
07CX-5.2.0	土建地基制作		
07CX-5.3.0	设备安装		
07CX-6.0.0	设备调试整改		
07CX-6.1.0	安全点检		
07CX-6.2.0	设备调试		
07CX-6.3.0	设备整改		
07CX-7.0.0	设备验收交付		
07CX-7.1.0	设备验收		
07CX-7.1.1	设备本体质量验收		
07CX-7.1.2	PQ 评价		
07CX-7.2.0	设备交接培训		
07CX-7.3.0	资料归档		

项目质量测量指标

WBS 编号	测量对象（工作包）	测量指标	测量方法	测量时间
07CX	1# 直裁双工位导开改造			
07CX-1.0.0	导开方案确定	1. 方案设计 2. 技术协议	1. 小组评审 2. 参照工艺标准、我厂新增设备标准	工作包完成时

（续）

WBS 编号	测量对象（工作包）	测量指标	测量方法	测量时间
07CX-2.0.0	项目审批			
07CX-2.1.0	上报集团审批	项目请示报告	可行性分析数据全面，有说服力	工作包进行时
07CX-2.2.0	上报采购计划	及时性	按照集团要求时间上报	工作包进行时
07CX-3.0.0	招标采购			
07CX-3.1.0	技术交流	技术协议	1. 小组评审 2. 参照工艺标准、我厂新增设备标准	工作包完成时
07CX-3.2.0	招标采购	进度	进度计划	工作包完成时
07CX-4.0.0	设备到位			
07CX-4.1.0	设备加工	1. 进度 2. 加工质量	1. 加工计划 2. 设计标准	工作包进行时
07CX-4.2.0	设备出厂验收	加工质量	技术协议各条款符合性	工作包完成时
07CX-4.3.0	设备进厂	完整性	1. 发货清单，点货 2. 设备检查	工作包完成时
07CX-5.0.0	设备安装			
07CX-5.1.0	原导开工位拆除	1. 完整性 2. 安全性	检查	工作包完成时
07CX-5.2.0	土建地基制作	1. 施工质量 2. 进度	1. 按照图纸要求 2. 按照工作联络单周期	工作包完成时
07CX-5.3.0	设备安装	1. 安装质量 2. 进度	1. 符合和平安装标准 2. 安装计划	工作包完成时
07CX-6.0.0	设备调试整改			
07CX-6.1.0	安全点检	安全性、操作性	我厂新增设备安全标准	工作包完成时
07CX-6.2.0	设备调试	1. 运行稳定性 2. 进度	1. 对比技术协议 2. 对比安装计划 3. 开机正常运行	工作包完成时
07CX-6.3.0	设备整改	1. 安全性 2. 稳定性	1. 我厂新增设备安全标准检查 2. 按照技术协议检查	工作包完成时
07CX-7.0.0	设备验收交付			
07CX-7.1.0	设备验收			工作包完成时
07CX-7.1.1	设备本体质量验收	1. 施工质量 2. 稳定性、连续性	1. 技术协议 2. 我厂新增设备安装标准 3. 检查	工作包完成时
07CX-7.1.2	PQ 评价	质量稳定性	1. 技术协议 2. 审核检查	工作包完成时
07CX-7.2.0	设备交接培训	培训全面	1. 维修人员培训记录 2. 操作培训记录 3. 检查	工作包完成时
07CX-7.3.0	资料归档	1. 齐全 2. 印刷清楚	1. 检查 2. 新增设备资料归档标准	工作包完成时

第10章
CHAPTER 10

项目风险管理

§ **本章的内容**

- 项目风险管理概述
- 项目风险规划
- 项目风险辨识
- 项目风险估计
- 项目风险评价
- 项目风险应对与监控
- 复习思考题

10.1 项目风险管理概述

10.1.1 风险的定义与分类

1. 风险的定义

对风险下定义是困难而含糊的，因为不同立场（不同的研究角度、哲学观等），对风险有不同的认识。目前关于风险的定义主要有以下几种代表性观点。

美国学者 A. 威廉姆斯认为，风险是关于在某种给定状态下发生的结果的客观疑问。

日本学者武并勋认为，风险是特定环境中和特定期间内自然存在的导致经济损失的变化。

美国学者多尔夫曼认为，风险是随机事件可能结果的差异，或有关损失的不确定性。风险程度是指预期随机事件发生的精确度。

中国学者白思俊认为，风险就是活动或事件消极的、人们不希望的后果发生的潜在可能性。

中国教授杜端甫认为，风险是指损失发生的不确定性，是人们因对未来行为的决策及客观条件的不确定性而可能引起的后果与预定目标发生多种负偏离的综合，即

$$R = f(P, C)$$

式中　R——风险；

　　　P——不利事件发生的概率；

　　　C——不利事件发生的后果。

综上所述，风险一词包括了两方面的内涵：一是指风险意味着出现了损失，或者是未实现预期的目标；二是指这种损失出现与否是一种不确定性随机现象，可以用概率表示出现的可能程度，但不能对出现与否做出确定性判断。

2. 风险的分类

（1）根据人们掌握的相关的信息量，通常将风险分为已知 – 已知型、已知 – 未知型和未知 – 未知型三种不同的状态。

1）已知 – 已知型（Known-Known），即已经识别并分析过的风险，知道事物肯定发生或不发生，并且知道确切后果，可对这些风险规划应对措施。

2）已知 – 未知型（Known-Unknown），指那些知道一定条件下发生的概率及各种后果，不确切知道是否会发生及其确切后果。对于那些已知，但又无法主动管理的风险，要分配一定的应急储备。

3）未知 – 未知型（Unknown-Unknown），指对是否发生及其发生的概率都不知道，对于后果也完全不清楚。未知风险无法进行主动管理，需要分配一定的管理储备。

（2）按照风险后果的不同，分为纯粹风险和投机风险。

1）纯粹风险，是一种只有损失而没有获利可能的风险。它只能带来两种后果，即造成损失或不造成损失，若造成损失则是绝对的损失，活动主体蒙受损失，社会也跟着蒙受损失，如地震、水灾、盗窃等。

2）投机风险，是一种既有损失可能性又有获利机会的风险。投机风险存在三种可能的结果，即造成损失、不造成损失或获得利益。投机风险如果使活动主体蒙受损失，全社会不一定也跟着蒙受损失；反之，其他人有可能因此而获得利益。如企业进行的证券、期权、期货投资等。

（3）按风险来源或风险产生的原因，分为自然风险和人为风险。

1）自然风险，是指由于自然力的作用，造成财产毁损或人员伤亡的风险，如洪水、地震等。

2）人为风险，是指由于人的活动而带来的风险，又可以分为行为风险、经济风险、技术风险、政治风险和组织风险等。行为风险，是指由于个人或组织的过失、疏忽、侥幸、恶意等不当行为造成财产毁损、人员伤亡的风险。经济风险，是指人们在从事经济活动中，由于经营管理不善、市场预测失误、价格波动、供求关系发生变化、通货膨

胀、汇率变动等导致经济损失的风险。技术风险，是指伴随科学技术的发展而来的风险。政治风险，是指由于政局变化、政权更迭、罢工、战争等引起社会动荡而造成财产损失和损害以及人员伤亡的风险。组织风险，是指由于项目有关各方关系不协调以及其他不确定性而引起的风险。

10.1.2　项目风险的概念及特征

1. 项目风险的概念

项目风险是指为实现项目目标的过程中，不确定的事件或条件一旦发生，会对一个或多个项目目标造成影响的可能性，如范围、进度、成本和质量。项目的临时性使其不确定性要比其他一些经济活动大很多。项目的立项、分析、研究、设计和计划都是建立在预测基础上的，而在实际实施以及项目的运行过程中，这些因素都有可能会产生变化，在各个方面都存在着不确定性。风险在任何项目中都存在，在现代项目管理中，风险的控制问题已成为研究的热点之一。项目风险性（不确定性）和完全不确定性事件是项目风险的根源，也是项目风险管理的对象。

2. 项目风险的特征

项目风险具有如下特征：

一是，项目风险的多样性，是指随着项目的进展，项目不确定性越来越小，但环境不断变化，当条件不断变化时，必然引导项目风险的变化。项目风险的性质、可能导致的后果不断地发生变化，同时随着项目的开展，也会有新的风险出现。因此，必须对项目风险进行系统的、全过程的、动态的综合管理。

二是，项目风险的随机性，是指项目风险的发生是随机的（偶然的），没有人能够准确预言项目风险发生的确切时间和内容。虽然通过长期的统计研究可以发现某事物发生变化的基本规律，但那也只是一种统计规律而具有随机性。

三是，项目风险的相对可预测性，是指大部分项目风险的构成存在一定规律，因此，大多数风险都是可以预测和管理的，但不是全部。因此，可以借助一定的工具与技术，对项目风险进行预测，并可采取相应措施加以控制。

四是，项目风险存在于整个项目生命周期中。风险从项目构思那一刻起就存在，并贯穿整个项目生命周期，而不仅仅在实施阶段，但项目在不同生命阶段具有不同的性质与特征。早期做出的决策对以后阶段和项目目标的实现影响最大，但由于在早期项目实施程度比较小，风险事件发生所带来的影响或损失也是相对较小的。因此，项目早期属于风险高发期、低影响期。大多数风险随着项目的进展而变化，不确定性也逐渐减少。到项目晚期时，风险处于低发期，但由于项目实施程度大，或者可交付成果已经基本形成，此时发生风险事件导致的后果或影响往往又是巨大的，因此，项目晚期属于风险高影响期。

五是，项目风险影响常常是全局的。项目风险的局部性或全局性是相对的，往往局部的风险也可能带来总体的影响。例如，项目所有活动都有拖延的风险，有些活动拖延的影响是局部的，但是处在关键路径上的活动一旦延误，就会影响整个项目的总工期，形成总体风险，而非关键路径上的活动若有延误，只要不超出总时差，大多数情况下是局部风险，但一旦超出总时差范围，也将导致全局风险。

10.1.3 项目风险管理的概念、步骤与内容

1. 项目风险管理的概念

项目风险管理就是项目管理团队通过实施项目风险规划、项目风险辨识、项目风险估计、项目风险评价、项目风险监控和应对等过程对项目可能发生的风险进行管理的工作。项目风险管理是一种项目专项管理活动，是项目管理过程中的有机组成部分。

项目风险管理的目标是提高项目中积极事件的概率和影响，降低项目中消极事件的概率和影响，以最低成本取得项目满意的结果，保障项目的顺利进行与项目目标的实现。风险本身并不可怕，可怕的是对风险存在侥幸心理（最大的风险是不认真对待风险，墨菲定律就会发生作用了），项目管理团队应当树立风险意识，积极主动地管理风险，而不是消极被动地应付风险。

2. 项目风险管理的步骤与内容

项目风险管理的主要工作包括：项目风险规划；确定项目风险的种类，即可能有哪些风险发生；风险估计，即通过主观或客观的方式计算出项目风险的概率及影响程度；风险评价，即评估风险发生的概率及风险事件对项目影响的大小；监控和制定风险应对策略。根据美国项目管理知识体系（PMBOK）指南，项目风险管理的步骤与主要内容如图 10-1 所示。

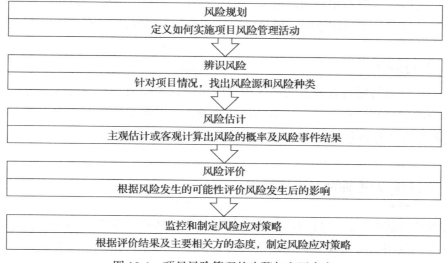

图 10-1　项目风险管理的步骤与主要内容

10.2   项目风险规划

项目风险规划，是指对项目风险进行统筹分析，并规划和设计如何进行项目风险管理的过程，为评估项目风险奠定一个共同认可的基础，确保风险管理的程度、类型和可见度与风险以及项目对组织的重要性相匹配，为风险管理活动安排充足的资源和时间，提高其他风险管理过程的成功率。

10.2.1   项目风险规划的依据

1. 项目章程

项目章程中关于项目目标、项目假设条件、项目约束条件等都是进行项目风险规划的重要依据。

2. 项目风险管理计划

在进行项目风险规划时，应该考虑所有已批准的子管理计划和基准，使风险管理计划与之相协调。项目风险管理计划也提供了会受风险影响的范围、进度和成本核算的基准或当前状态。

3. 相关方登记册

项目相关方及其对项目风险的敏感程度和可承受能力等，都是项目风险管理计划制订的重要依据。

4. 事业环境因素

项目实施组织在应对项目风险时使用的一些基本原则，是整个组织处理各种项目风险问题的基本指南和指导性原则。项目风险管理政策在不同的公司做法不尽相同。

5. 组织过程资产

项目团队经历的项目管理实践中所积累的风险管理经验，对项目风险规划有很大的帮助。充分的数据和信息，对于风险估计、评价、应对策略的制定非常有利，在项目风险规划过程中应当尽可能地获取有效的数据与历史资料。

10.2.2   项目风险规划的方法与技术

项目管理团队必须结合自身的知识和经验，从团队成员的知识水平、管理水平、团队文化氛围以及团队应对项目风险的能力与资源等实际情况出发，选择适合项目的风险规划方法。有效的项目风险规划遵循成熟的、全面的管理原则，它将项目风险与项目相关者的利益相连，并根据各个项目的复杂程度和它们运营的动态环境而有所不同。项目风险规划中常用的方法与技术主要有以下几种。

1. 风险规划图表

风险规划中主要有三种常用的图表：风险核对表、风险登记册、风险管理数据库模式。

2. 风险分解

依据一定的风险分解方法对项目风险进行分解与定义，形成风险分解结构（Risk Breakdown Structure，RBS），以确定潜在的风险类型与种类。

3. 关键风险指标管理法

关键风险指标管理法是对引起风险事件发生的关键成因指标进行管理的方法。具体操作如下：

第一，分析风险成因，从中找出关键原因。

第二，将关键成因量化，确定其量，分析确定导致风险时间发生（或极可能发生）时该成因的具体数值。

第三，以该具体数值为基础，以发生风险预警为目的，加上或减去一定数值后形成新的数值，即为关键风险指标。

第四，建立风险预警系统。

第五，制定出现风险预警信息时应采取的风险控制措施。

第六，跟踪监测关键成因数值变化，一旦出现预警，即采取风险控制措施。

4. 专家判断法

为了进行科学、全面的项目风险规划，编制具体、可操作的项目风险应对计划，应向那些具备特定培训经历或专业知识的小组或个人征求意见。专家一般包括以下人群：高层管理者、项目相关方、曾在相同领域项目上工作的项目经理、行业团体和顾问、专业技术协会等。

5. 会议

项目团队需要举行风险规划会议，参会者可包括项目经理、相关项目团队成员和项目利益相关者、组织中负责管理风险规划和应对活动的人员，以及其他相关人员。

10.2.3　项目风险规划的成果

风险规划描述将如何安排与实施风险管理活动，主要包括制订项目团队进行风险管理的行动方案及方式，选择合适的风险管理方案，确定风险的依据等，它是整个项目风险管理的指导性纲领。

风险规划主要包括如下内容。

1. 方法论

确定风险管理的方法、工具和数据资源等，这些内容可随项目阶段及风险评估情况进行适当调整。

2. 角色与职责

在进行项目风险规划的过程中，最基本的任务是项目风险管理人员与责任的安排，可以有效地确保主要的项目风险有专门的人员负责，具体如表10-1所示。

表 10-1　项目风险管理的角色与任务分配

责任人	风险管理责任	角色分配
项目经理	项目经理负责项目风险管理计划的实施，并向项目发起人汇报。具体任务如下： 1. 项目经理负责任命一名项目风险官，并在项目的组织结构图中对其进行描述 2. 项目经理和项目管理团队的其他成员（列出具体姓名或角色）应该负责并审核项目所有已识别风险的缓解状况（每两周跟踪风险具体状况和处理建议等） 3. 审查所有新增风险的评估情况	张三
项目风险官	项目风险官的具体权利和义务如下： 1. 协调风险识别和分析活动 2. 维护项目风险清单 3. 关注项目管理中新的风险事件 4. 向项目经理汇报风险解决状况 注：风险官一般情况下不能由项目经理担任	李四
获得风险管理任务分配的项目成员	项目风险官负责把每个新识别的风险分配给项目成员，该成员的权利和义务如下： 1. 负责评估风险及其发生的概率，并把分析结果向项目风险官汇报 2. 被分配任务的项目成员负责按步骤执行风险缓解计划，并每两周向项目风险官汇报一次	小红 小明 小军

3. 预算、时间安排

这是指在项目风险规划中要对项目风险管理所需要的时间与资金进行估算与安排，因此无论什么风险，必然会耗费资源而形成成本，也必然会消耗一定的时间以应对风险。项目团队在制订风险管理计划时，应当根据分配的资源估算所需的资金、时间，并将其纳入成本基准与进度基准，制订相应的应急储备和管理储备的使用方案。

4. 风险类别

组织可使用预先准备好的分类框架，它可以是一个简易分类清单或风险分解结构。风险分解结构是按风险类别和子类别来排列已识别的项目风险的一种层级结构，用来显示潜在风险的所属领域和产生原因，如图10-2所示。它有助于项目团队在识别风险的过程中发现有可能引起风险的多种原因。

5. 风险概率和影响的定义

为了确保风险分析的质量和可信度，需要对项目环境中特定的风险概率和影响的不同层次进行定义。

6. 概率和影响矩阵

概率和影响矩阵是把每个风险发生的概率和一旦发生对项目目标的影响映射起来的表格，通常由组织根据

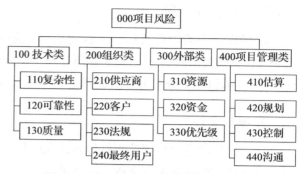

图 10-2　项目风险分解结构（RBS）样例

风险可能对项目目标产生的影响，对风险进行优先排序，并据此设定高、中、低风险级别。进行排序的典型方法是使用查询表或概率和影响矩阵。

7. 报告形式

确定项目风险管理在项目团队内部之间以及项目外部与投资方和其他相关方之间的汇报形式，主要是规定风险管理各过程中应报告的内容、范围、渠道及方式。

10.3　项目风险辨识

项目风险辨识就是判断哪些风险可能影响项目并记录其特征的过程。它主要是对存在于项目中的各类风险源或不确定性因素，按其产生背景、表现特征和预期后果进行界定和识别，对项目风险因素进行科学分类，对已有风险进行文档化，并为项目团队预测未来事件积累知识和技能。辨识风险是一个反复进行的过程，应当在项目启动阶段就开始，启动阶段往往主要识别高层级的风险或风险类别，全面风险辨识主要在规划阶段，但贯穿项目始终。由于项目风险可能涉及方方面面，应当由尽可能多的相关方参与，包括项目经理、项目团队成员、风险管理团队、客户、最终用户、项目之外的主题专家以及其他项目经理、相关方和风险管理专家等。

对已经识别的项目风险应该按项目管理计划中规定的统一格式对风险进行描述，确保对每个风险都有明确和清晰的理解，以便有效支持风险分析和应对。

10.3.1　项目风险辨识的依据

1. 项目风险管理计划

项目风险管理计划是项目组织进行风险辨识的首要依据。它规划和设计如何进行项目风险管理，定义项目组织及成员风险管理的行动方案及方式，指导组织如何选择风险

管理方法。

2. 项目管理计划

项目规划中的项目目标、项目的基准（范围基准、成本基准、进度基准）、各子管理计划（包括进度管理计划、成本管理计划、质量管理计划、资源管理计划、采购管理计划等）、项目承包商、业主方和其他利益相关方对项目的期望值都是项目风险辨识的依据。

3. 项目文件

项目文件能为项目团队更好地辨识风险提供与决策有关的信息。与项目风险管理有关的项目文件主要包括项目章程、项目进度计划、进度网络图、问题日志、质量核对单等。

4. 事业环境因素

能够影响辨识项目风险的事业环境因素包括公开发布的信息、学术研究资料、行业研究资料、标杆对照资料、风险态度等。

5. 组织过程资产

项目文档、组织和项目的过程控制资料、风险描述的格式或模板等项目历史资料可以从项目及相关项目的历史文档及公共信息渠道中获取，它是项目风险辨识的重要依据之一。

10.3.2　项目风险辨识的方法与技术

1. 文档审查

文档审查是指对项目文档（包括各种计划、假设条件、以往的项目文档、协议和其他信息）进行结构化审查。项目计划的质量，以及这些计划与项目需求和假设之间的匹配程度，都可能是项目的风险指示器。

2. 信息收集技术

信息收集技术主要有头脑风暴法、德尔菲法、访谈等。

3. 核对单分析法

项目风险核对单是一份综合清单，可根据以往类似项目和其他来源的历史信息与知识编制风险辨识核对单。核对单分析法有利于快速简单地辨识项目风险，但由于采用列举法，往往不能包含所有情况，限制项目团队的思考。项目团队应当注意全过程地反复辨识项目风险，特别应注意核对清单中没有列出的事项。

4. 假设条件分析法

假设条件分析就是不断检验假设条件在项目中的有效性，并辨识因不准确、不稳定、不一致或不完整而导致的项目风险。每个项目和每个已辨识的风险都是基于一套特定的假想、设想或假设的，但随着项目实施与环境的变化，项目最初的假设条件的有效性可能发生变化，项目团队应对项目各种环境和条件以及项目成果的假设前提条件与项目实际情况之间的差异进行分析，从而识别因错误、变化、矛盾或片面性而导致的项目风险。实践中，多数项目风险都是由于人们在项目计划和决策中所做出的假设条件与项目的实际不符而形成的。所以，项目假设条件分析法是辨识项目风险的根本方法。

5. 图解技术

图解技术常用的主要有因果图、系统流程图等几种。因果图用于辨别风险的起因，是一种项目风险辨别时常用的工具，用来显示系统各要素之间的相互联系以及因果传导机制。通过流程图，项目团队可以帮助项目风险辨识人员分析和了解项目风险所处的具体项目环节，项目环节之间存在的风险以及项目风险的起因和影响，也可以用来发现和识别项目风险发生在项目何处，以及项目流程中各个环节对风险影响的大小。

6. SWOT 分析法

SWOT 分析法是一种常用的环境分析方法，主要通过内外环境的分析与比较，从项目的优势（Strengths）、劣势（Weaknesses）、机会（Opportunities）、威胁（Threats）四个方面对项目进行考察，把产生于内部的风险都包括在内，从而更全面地考虑风险。

7. 专家判断

拥有类似项目或业务领域经验的专家，可以直接识别风险。项目经理应该选择相关专家，邀请他们根据以往经验和专业知识指出可能的风险，但需要注意专家的偏见。

10.3.3 项目风险辨识的成果

风险辨识过程的主要成果为风险登记册，通过风险登记册记录风险分析和风险应对规划的结果。随着其他风险管理过程的实施，风险登记册记录的信息种类和数量也将逐渐增加。风险登记册主要记录的内容如表 10-2 所示。

1. 已经辨识的项目风险

这是项目风险辨识最重要的成果，也是风险登记册最重要的内容。风险登记册应当对已经辨识的风险进行尽可能详细的描述，从而给出已经辨识的项目风险清单。一般已经辨识的项目风险清单中应当包括以下内容：已经辨识出的项目风险的性质、内容、可能造成的损失或带来的收益、影响对象与范围、风险可能发生的时间和地点等。

表 10-2   项目风险登记册模板

风险登记册									
风险编号	风险描述	概率	影响				等级	应对	责任方
			范围	进度	质量	成本			
修订后概率	修订后等级范围		修订后的影响				措施	状态	说明
			范围	进度	质量	成本			

2. 已经辨识的项目风险的起因

这也是项目风险辨识工作中最重要的成果之一。项目风险的起因有客观原因和主观原因之分，如不可预见的天灾或项目环境变化是引发项目风险的客观原因，而各种可预见的人祸（信息不对称或恶意竞争等）或环境变化就是引发项目风险的主观原因。项目团队只有识别出这些项目风险的起因才能够有针对性地开展项目风险管理。

3. 各种项目风险的阈值（征兆）

项目风险的阈值是指组织定义的某一类项目风险可以接受的一个平均水平。项目风险的确定有三个步骤：

第一，建立项目风险预警评价指标体系。应当根据实用化、规范化的基本要求及项目风险的成因过程特点构造对象模块，建立相应的预警指标，不同模块的指标构成对项目整体状态评价的预警指标体系。指标特征量的变化要比项目实际状况或目标实现程度的变化超前或略有超前，敏感地反映项目风险现象的发生或发展动向。

第二，确定指标的权重。在项目风险预警指标体系中各指标对项目风险状态的影响大小是不一致的，合理确定评价指标在整个指标体系中的权重是正确评价项目风险状态的关键所在。确定权重的方法很多，如依据定性经验的德尔菲法、依据定量数据统计的主成分分析法、定性定量相结合的层次分析法（Analysis of Hierarchy Process，AHP）等。

第三，项目风险阈值的确定。风险阈值设计要把握尺度、准则，过松会发生漏报，如果设计过严则会导致误报。对项目风险状况的阈值可以用单个或多个数值来表述，如确定出"红""黄""绿"三种风险阈值，分别表示"危机状态""风险状态""正常状态"。每当项目风险指标超过项目风险阈值时，风险管理就应发出相应的必须采取何种项目风险应对措施的信号。

4. 潜在应对措施清单

在项目风险辨识过程中,有时可以辨识风险的潜在应对措施。

10.3.4 项目风险辨识的步骤

项目风险辨识可分以下三步进行:

第一步,收集资料。项目风险辨识的资料与数据是否充分、准确,都会影响项目风险的辨识以及项目风险的后果。能帮助项目团队辨识风险的资料主要是上述的项目风险辨识依据中的材料,包括项目章程,产品或服务的说明书,项目的前提、假设和制约因素,项目管理计划,与本项目类似的案例等,可以通过查看项目文件及组织中的项目档案,阅读公开出版资料,采访项目相关方等方式完成资料收集。

第二步,估计项目风险形势。明确项目目标、战略、战术以及实现项目目标的手段和资源,以确定项目及其环境的变数,如政策、原材料价格、项目相关方、技术发展、项目规模、费用、时间等。通过对项目本身、对行动路线有影响的各方面进行分析,帮助项目团队从一个新的角度重新审查项目计划,认清项目形势,尽早、尽可能地揭露隐藏在假设条件中的以及之前未发现的风险,也有利于避免项目团队对项目抱过高的期望,或抱侥幸心理。

第三步,辨识出项目潜在风险。在完成上述分析的基础上,根据直接或间接的症状将项目潜在的风险辨识出来,并按统一的要求与格式进行登记或记录。

10.4 项目风险估计

项目风险估计,是对项目风险进行综合分析,估计或计算风险发生的概率,以及风险对项目目标的影响程度。项目风险估计通过系统分析和综合权衡项目风险的各种因素,综合评估项目风险的整体水平,为如何处置风险提供科学依据,以保障项目的顺利进行。项目风险估计的主要内容包括以下几个方面:

(1)风险存在和发生的时间分析。

(2)风险的影响和损失分析。

(3)风险发生的可能性分析。

10.4.1 项目风险估计的依据

1. 项目风险规划

项目风险规划中对项目定性与定量分析过程的各方面内容都进行了规划,它是进行项目风险估计的重要指导。范围管理计划、成本管理计划、进度管理计划等都是进行项目风险估计的重要依据。

2. 项目范围基准

常规或反复性的项目风险往往比较容易理解，而采用创新或最新技术且极其复杂的项目，不确定性往往要大得多，可以通过查阅项目范围基准来评估项目情况。

3. 风险登记册

根据风险登记册中评估风险和划分风险优先级所需的信息，对已经辨识的风险及风险对项目的潜在影响进行评估。

4. 事业环境因素

通过事业环境因素了解与项目风险估计有关的背景信息，如风险专家对类似项目的行业研究，相关的行业或专有渠道获得的风险数据库等。

5. 组织过程资产

可能影响实施风险分析过程的组织主要有历史资料，如以往类似项目的信息等。

10.4.2　项目风险估计的方法与技术

项目风险估计一般分为主观、客观和行为估计三种方法。

项目风险的主观估计，是指利益相关方的专业人员通过专家的经验和技能，主观估计出项目风险发生的相对概率或可能性、风险发生后对项目目标的相应影响及其他因素，评估已辨识风险的优先级。项目风险主观估计可以快速且经济有效地为规划风险应对策略建立优先级，使项目经理能够降低项目的不确定性级别，并重点关注高优先级的风险，为实施定量风险分析奠定基础。项目团队应当在整个项目生命周期定期开展定性风险分析。

项目风险的客观估计，是指就已辨识风险对项目整体目标的影响进行客观分析的过程。通过客观计算分析产生量化风险信息，来支持决策制定，降低项目的不确定性。项目风险客观估计可以评估所有风险对项目的总体影响，也可以对单个风险分配优先级数值。

项目风险的行为估计，是指主观和客观的估计相结合，在项目风险估计的过程中进行客观估计还存在信息的缺口，可以通过专家的主观估计来弥补。

项目风险估计常用的方法与技术主要有如下几种：

（1）列举法。

（2）蒙特卡罗模拟法。这是一种随机模拟数学方法，用来分析估计风险发生的可能性、风险成因、风险造成的损失或带来的机会等变量在未来变化的概率分布。具体操作步骤如下：

第一步，量化风险，将需要分析估计的风险进行量化，明确其度量单位，得到风险变量，并收集历史相关数据。

第二步，根据历史数据的分析，借鉴常用的建模方法，建立能描述该风险变量在未来变化的概率模型。

第三步，计算概率分布的初步结果。

第四步，修正完善概率模型。

第五步，利用该模型分析估计风险情况。

（3）德尔菲法（专家经验法）。一般组建有代表性的专家小组，4～8人最好，通过专家会议，对风险进行定界、量化，可以召集人员有目标地与专家合作，一起定义风险因素及结构，进行风险估计。会后统计整理好专家意见，得出估计结果。这是主观估计方法的一种常用方法。

（4）矩阵图分析法。矩阵图分析法，是通过查询表或概率影响矩阵来估计每个风险的重要性和所需关注的优先级。在矩阵图分析中，用于描述风险级别的具体术语和数值取决于对组织的偏好进行选择，分析的结果、风险值及其所处的区域有助于指导风险应对策略的规划。常用的有风险影响程度分析、风险发生概率与影响程度分析、风险发展趋势分析、项目假设前提分析及数据准确度分析等。

表 10-3 是项目风险对项目主体目标影响程度的评价表，表中是反映消极影响的例子，可用于评估风险对 4 个项目目标的影响（可对积极影响建立类似的表格）。表中显示了用来表示影响的两种方法，即相对量表和数字量表（在本例中是非线性的）。

表 10-3 风险对 4 个项目目标的影响量表

项目目标	相对量表和数字量表				
	很低（0.05）	低（0.10）	中等（0.20）	高（0.40）	很高（0.80）
成本	成本增加不显著	成本增加小于10%	成本增加10%～20%	成本增加20%～40%	成本增加大于40%
进度	进度拖延不显著	进度拖延小于5%	进度拖延5%～10%	进度拖延10%～20%	进度拖延大于20%
范围	范围减少微不足道	范围的次要方面受到影响	范围的主要方面受到影响	范围缩小到发起人不能接受	项目最终结果没有实际用途
质量	质量下降微不足道	仅有要求极高的部分受到影响	质量下降需要发起人审批	质量降低到发起人不能接受	项目最终结果没有实际用途

风险对主要项目目标的影响量表（仅反映消极影响）

对已辨识的每个风险都要进行概率和影响估计，通过调查风险发生的可能性，以及风险对项目目标的潜在消极和积极影响，评估每个风险的概率级别及其对每个目标的影响，并通过设计好的矩阵图记录相应的说明性细节，如风险级别所依据的假设条件等，供将来风险管理过程中监测。表 10-4 是风险发生概率与影响程度评价表，其中风险值 = 风险概率 × 风险影响值，也可参考课后附件一样表。

表 10-4　风险发生概率与影响程度评价表

风险种类	风险辨识		风险估计		
	潜在风险事件	风险发生的后果	风险概率	风险影响值	风险值
环境	天气	工期滞后，费用增加，项目失败	0.9	100	90
	洪水期	工期滞后，费用增加	0.3	100	30
	地质变化	工期滞后，费用增加	0.5	100	50
相关方	干扰	工期滞后，费用增加	0.2	50	10
	不利政策	影响士气，项目失败	0.1	100	10
业主方	资金不足	工期滞后，费用增加	0.5	50	25
	人员素质不高	影响士气	0.1	50	5
	逃避责任	工期滞后，费用增加，法律纠纷	0.3	50	15
项目部	组织不力	工期滞后，费用增加，士气低落	0.2	100	20
	质量控制	费用增加	0.3	100	30
	进度控制	工期延长，费用增加	0.1	100	10
	费用控制	费用增加，法律纠纷	0.3	100	30
	人力资源	工期滞后，费用增加，法律纠纷	0.1	50	5
	安全管理	费用增加，项目亏损	0.5	100	50

（5）确定性分析法。确定性项目风险估计，是指那些项目风险各种状态出现的概率总和为 1，其后果是完全可以预测的。确定性分析法用于分析由精确、可靠的信息资料支持的项目估计问题，即当风险环境仅有一个数值且可以确切预测某种风险后果时的估计。常用的确定性分析法是盈亏平衡分析。

盈亏平衡分析主要是对项目的产量、成本和利润三者之间的平衡关系进行研究分析，确定项目在产量、成本和利润等方面的盈亏界限。所谓盈亏平衡点是指当厂商的总收益等于总成本，其利润为零时的情况。通过盈亏平衡点判断各种不确定因素作用下项目适应变化的能力和对风险的承受能力。盈亏平衡点越低，表明项目适应变化的能力越强，承受风险的能力越大。

盈亏平衡分析可分为线性盈亏平衡分析与非线性盈亏平衡分析两种。线性盈亏平衡分析是指项目的销售收入与销售量、销售成本与销售量之间的关系为线性关系情况下的盈亏平衡分析。这里主要介绍线性盈亏平衡分析。

假定 P 为产品的价格，Q 为产量，TR 为总收益，TC 为总成本，其中 FC 为固定成本，VC 为单位可变成本，C 为单位产品贡献（P–VC），π 为目标利润，则

π 为目标利润情况下的产量为：

$$Q = \frac{FC+\pi}{P-VC} = \frac{FC+\pi}{C} \qquad (10\text{-}1)$$

盈亏平衡点（$\pi = 0$）的产量为：

$$Q = \frac{FC}{P-VC} = \frac{FC}{C} \qquad (10\text{-}2)$$

上式中，产量、成本、收入和利润之间的相互关系如图 10-3 所示，E 即盈亏平衡点。

（6）概率分析法。概率分析法是指用概率来分析、研究不确定性因素对指标效果影响的一种不确定性分析方法。它是通过分析各种不确定性因素在一定范围内随机变动的概率分布及其对指标的影响，从而对风险情况做出比较准确的判断，为决策提供更准确的依据。常用的如决策树法，决策树法常常用于对不同风险方案的选择。

[**例题**] 某工厂需要决定新建大厂还是新建小厂来生产一种产品，市场预测该产品在 10 年中销路好的概率为 0.7，销路不好的概率为 0.3。建厂具体方案如下：

1）方案 A：新建大厂需投入 5 000 万元，如果销路好每年可获得利润 1 600 万元；销路不好，每年亏损 500 万元。

2）方案 B：新建小厂需投入 2 000 万元，如果销路好每年可获得 600 万元的利润；销路不好，每年可获得 200 万元的利润。

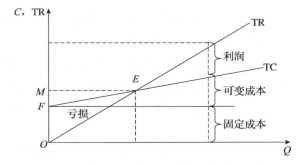

图 10-3　盈亏平衡分析图

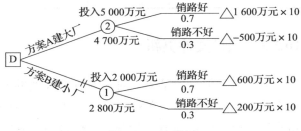

图 10-4　决策树

解：做决策树，如图 10-4 所示。

对方案 A 的收益期望：$E_A = 1\,600 \times 10 \times 0.7 + (-500) \times 10 \times 0.3 - 5\,000 = 4\,700$（万元）

对方案 B 的收益期望：$E_B = 600 \times 10 \times 0.7 + 200 \times 10 \times 0.3 - 2\,000 = 2\,800$（万元）

由于方案 A 的收益期望比方案 B 高，所以方案 A 是有利的。

（7）风险相关性评价。风险之间的关系可以分为三种情况。

第一种：两种风险之间没有必然联系。

第二种：一种风险出现，另一种风险一定会发生。

第三种：一种风险出现后，另一种风险发生的可能性增加。

上述后两种情况属于风险是相互关联的，有交互作用。

10.5　项目风险评价

10.5.1　项目风险等级排序

通过综合比较与评价项目间的风险等级，对项目的整体风险程度做出评价，定义出各类风险的大小等级。在这个过程中，项目决策层面的风险偏好起到比较大的作用。同样的风险结果，对于不同的项目相关方来说，风险等级大小的定义是不同的。项目整体风险等级将用于支持各项目资源的投入策略及项目继续进行或取消的决策依据。

10.5.2 风险评价说明

风险评价结果必须用文字、图表进行表达说明，作为风险管理的文档。这个结果表达不仅作为风险评价的成果，而且应作为风险管理的基本依据。表的内容可以按照分析的对象进行编制，结合 WBS，在前面已经完成的风险登记册的基础上进行补充与完善，形成系统完整的风险登记与说明材料。相关内容可参考表 10-2 所示的风险登记册模板，也可参考表 10-5，具体样表可参考本章末的附件二。

表 10-5 风险评价表

工作包号	风险名称	影响	原因	损失		概率	损失期望	预防措施	评价等级
				工期	费用				

10.5.3 项目文件更新

根据风险估计的结果，对风险管理涉及的相关文件的有关内容修订或完善更新，如风险登记册更新、假设条件日志等。更新风险登记册每个风险的概率和影响、风险评级和分值、风险紧迫性或风险分类、低概率的观察清单、确定需要进一步分析的风险、实现成本和时间目标的概率、量化风险优先级清单。

10.6 项目风险应对与监控

制定项目风险应对策略，是指针对项目目标，制订提高机会、降低威胁的方案和措施的过程。通过对项目风险辨识、估计和评价，把项目风险发生的概率、损失严重程度以及其他因素综合起来考虑，结合项目相关方的风险把控风险偏好，就可得出项目发生的各种风险的可能性及危害程度，再与公认的安全指标相比较，就可确定项目的危险等级，从而决定应采取什么样的应对措施以及监控措施应采取到什么程度。在项目风险规避、转移、缓解、接受和利用等众多应对策略中选择行之有效的策略，力争使项目风险转化为机会或使项目风险所造成的负面效应降到最低限度。对同一种类的项目风险，不同的项目主体会采用不同的项目风险应对策略或措施。因此，需要根据项目风险的具体情况、项目风险管理者的心理承受能力以及他们的抗风险能力去确定项目风险的应对策略或措施计划。由于利益相关主体关注的重点不同、项目风险偏好不同及风险承受能力不同，对什么是需要关注和管理的项目风险及对不同项目风险的严重程度有不同理解，因此，在项目风险管理规划中必须规定大家共同认定的项目风险阈值（征兆）。

10.6.1　制定项目风险应对策略的依据

1. 项目风险管理计划

风险管理计划中对于制定项目风险应对策略有关的信息包括角色和职责、风险分析定义、审查时间安排，以及关于低、中、高风险的风险阈值等，有助于辨识需要特定应对措施的风险。

2. 项目风险登记册

项目风险登记册中包含已经辨识的风险、风险产生的原因、潜在应对措施清单、风险责任人、征兆和预警信号、项目风险的相对评级或优先级清单、近期需要应对的风险、需要进一步分析和应对的风险、分析结果的趋势，以及低优先级风险的观察清单等。其中，项目风险等级排序将风险按其可能性、对项目目标的影响程度、缓急程度分级排序，说明要抓住的机会和要应对的威胁。

10.6.2　制定项目风险应对策略的方法与技术

1. 消极风险或威胁的应对策略

根据项目风险可能给项目带来威胁或机会，可以将其应对的策略分为两种，即消极风险或威胁的应对策略和积极风险的应对策略。消极风险或威胁的应对策略主要包括回避、转移、减轻和接受等。

回避风险策略，是指当项目风险潜在威胁发生可能性太大，不利后果也很严重，又无其他策略可用时，主动放弃项目或改变项目目标与行动方案，从而规避风险的一种策略。此策略主要包括主动预防风险和完全放弃风险两种。主动预防风险主要指从风险源入手，将风险的来源彻底消除。完全放弃风险主要指对于项目中可能遇到的风险主动放弃项目。但放弃意味着失去机遇，不利于组织今后的发展。在采取回避风险策略之前，必须要对风险有充分的认识，对威胁出现的可能性和后果的严重性有足够的把握，最好在项目活动尚未实施时。放弃或改变了在进行的项目，一般都要付出高昂的代价。

转移风险策略，是指把威胁造成的影响连同应对责任一起转移给第三方的风险应对策略。风险转移不是降低风险发生的概率和不利后果的严重性，而是借用合同或协议，在风险事故一旦发生时将损失的一部分转移给有能力承受或控制项目风险的个人或组织。当项目的资源有限不能实行减轻和预防策略，或风险发生频率不高但是潜在的损失或损害很大时采用这种策略。风险转移分为财务性风险转移和非财务性风险转移两种。财务性风险转移，又可以分为保险类风险转移和非保险类风险转移。保险类风险转移，是转移风险最常用的一种方法，指项目组向保险公司缴纳一定数额的保险费，通过签订保险合约来对冲风险，以投保的形式将风险转移到其他人身上。财务性非保险类风险转移，指的是通过商业上的合作伙伴，将风险转移给商业上的伙伴。其中担保是一种常用的财务性非保险类风险转移方式，外包是一种很好的非财务性风险转移策略。

减轻风险策略，是通过缓和、预知等手段来减轻风险，降低风险发生的可能性或削弱风险带来的不利后果以达到风险减小的目的，一般在项目存在风险优势时使用的一种风险决策。对于已知的风险，项目管理组可以在很大程度上加以控制，可以动用项目现有的资源降低风险的严重性和风险发生的概率。对于不可预测风险，属于项目管理组很少或根本不能控制的风险，因此有必要采取迂回的策略。

在实施减轻风险策略时，最好将项目的每一个具体风险都减轻到可以接受的水平。当项目中各个风险水平都降低时，就会带来项目整体风险水平一定程度的降低，从而会增加项目成功的概率，促进实现项目预期的目标。

接受风险策略，是指有意识地选择承担风险后果，是最省事的风险规避方法。接受风险可以是主动接受，也可以是被动接受。主动接受，是建立应急储备，安排一定的时间、资金或资源来应对风险。当风险事件发生时按计划执行应急方案。被动接受风险是指在风险事件发生后造成的损失不大，不影响项目大局时，项目团队将损失列为项目的一种费用。只需记录本策略，无须任何其他行动，待风险发生时再处理，需定期复查。

风险预防策略，是一种主动的风险管理策略，通常采取有形或无形的手段。工程法是一种有形手段，用于建筑工程领域，它以工程技术为手段，消除物质性风险威胁。例如，为了防止山区区段山体滑坡危及铁路施工，可以采取岩锚技术锚住松动的山体，增加因为开挖而破坏了的山体的稳定性。工程法主要的预防手段如下：

一是防止风险因素的出现，即在项目活动开始之前，采取一定措施，减少风险因素。如为了防止山体滑坡，可在项目施工周围植树，并与排水渠网、挡土墙和护坡等措施结合起来，防止雨水破坏土体稳定性，从而根除滑坡这一风险因素。

二是减少已存在的风险因素。如在施工现场，附着的各种电机设备增多，及时更换更大容量的变压器，就可以减少其线路或设备烧毁的风险。

三是将风险因素同人、财、物在时间和空间上隔离。

采取工程法需要很大的投入，任何工程实施都需要人的参加，而人的素质起着决定性作用，而且工程措施需要结合其他措施和手段来消除物质性风险威胁。

风险预防的无形手段主要有教育法和程序法。教育法，主要是用于处理人为因素引起的风险。要减轻与不当行为有关的风险，就必须对有关人员进行风险和风险管理教育，将法规、规章、规范、标准和操作规程、风险知识、安全技能及安全态度等结合起来。程序法就是运用各种制度与程序，因为项目管理组织制订的各项管理计划、方针和监督检查制度一般都能反映项目活动的客观规律性，因此项目管理人员一定要认真执行。要从战略上减轻项目风险，就必须遵循客观规律，遵守科学的程序。

风险储备措施策略，是指根据项目风险规律事先制定应急措施和制订一个科学高效的项目风险计划，一旦项目实际进展情况与计划不同，就动用后备应急措施，主要有预算应急费、进度后备措施和技术后备措施三种。

预算应急费，是事先准备好的资金，用于补偿差错、疏漏和其他不确定性对项目费用估计精确性的影响。预算应急费在项目预算中要单独列出，不能分散到具体费用项目下，但项目管理人员不能盲目地预留预算应急费用，因为一方面项目预算估得过高而导致在投标中失去竞标机会，另一方面会使不合理预留的部分以合法的名义去用。

进度后备措施，从网络计划的观点来看，就是在关键路径上设置一段时差或浮动时间。压缩关键路径上各工序时间的方法主要有减少工序（活动）时间和改变工序间逻辑关系，但这两种方法都需要增加资源投入，甚至会引来新的风险。

技术后备措施专门用于应付项目的技术风险，通过预备的时间和资金来应对项目的技术风险。技术后备措施分为技术应急费和技术应急时间两种。技术应急费，即在项目预算中计划足够的资金，以备不时之需。技术应急费不列入项目预算，单独提出来，并由组织最高领导掌握。技术应急时间，是为了应对技术风险造成的进度拖延，事先准备好一段备用时间。一般在进度计划中专门设一个里程碑，提醒项目团队。

2. 积极风险或机会的应对策略

积极风险或机会的应对策略包括开拓、分享、提高和接受，如图 10-5 所示。前三种是专为对项目目标有潜在积极影响的风险而设计的。第四种策略，即接受，既可用来应对消极风险或威胁，也可用来应对积极风险或机会。

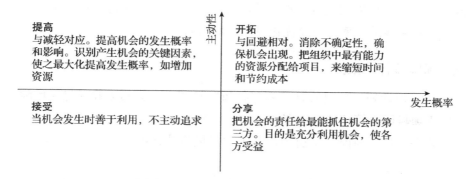

图 10-5　积极风险或机会的应对策略

3. 应急应对策略

可以针对某些特定事件，专门设计一些应对措施。如果确信风险的发生会有充分的预警信号，就应该制定应急应对策略。因此，应该对触发应急策略的事件进行定义和跟踪，如未实现的阶段性里程碑，或获得供应商更高程度的重视。采用这一技术制订的风险应对方案，通常称为应急计划或弹回计划。

10.6.3　项目风险应对策略的成果

（1）风险应对计划。它一般包括以下内容：风险辨识，风险特征描述，风险来源及对项目目标的影响；风险主体及责任分配；风险估计及风险评价结果；单一风险的应对措施，包括（回避、转移、减轻和接受）；战略实施后，预期的风险自留（风险概率和风险影响程度）；具体应对措施；应对措施的预算和时间；应急计划和反馈计划；等等。项目风险应对计划表可参考本章末附件三。

（2）项目管理计划更新。

（3）项目风险登记册更新。

（4）与风险相关的合同决策。为了避免或减轻威胁，可以针对具体风险或项目签订保险、服务或其他必要的合同协议，确定各方的责任。

（5）项目文件更新。主要有假设条件日志与技术文件等。随着风险应对措施的制定，会产生一些新信息，假设条件会因此发生变化，必须重新审查假设条件日志，技术方法和实体的可交付成果可能因此发生变化，必须重新审查各种支持性文件，以便把新信息包括进去。

10.6.4　项目风险监控

项目风险监控是指在整个项目中跟踪已辨识风险、监督残余风险、识别新风险以及评估风险控制有效性的过程。风险监控的主要目的是，风险一经发生则应积极地采取措施，降低损失，防止风险的蔓延；在风险状态，保证工程的顺利实施；在整个项目生命周期中提高应对风险的效率，不断优化风险应对策略。

1. 项目风险监控的依据

（1）项目管理计划。项目管理计划包括风险承受力、人员安排（包括风险责任人）、时间以及用于项目风险管理的其他资源。

（2）风险登记册。风险登记册中记载了项目风险的详细内容，包括各项目的应对与监控措施。

（3）工作绩效数据。与各种实施情况相关的工作绩效信息包括（但不限于）以下几方面的内容：可交付成果的状态、进度进展情况、已经发生的成本。

（4）工作绩效报告。

2. 项目风险监控的方法与技术

（1）风险再评估。再评估已辨识的风险和现有风险，删去已过时的风险。

（2）风险审计。检查并记录风险应对措施在处理已辨识风险及其根源方面的有效性，以及风险管理过程的有效性。既可以在日常的项目审查会中进行风险审计，也可单独召开风险审计会议。在实施审计前，要明确定义审计的格式和目标。

（3）偏差和趋势分析。利用绩效信息对项目执行的趋势进行审查，可使用挣值分析以及项目偏差与趋势分析的其他方法，对项目总体绩效进行监控。这些分析的结果可以揭示项目在完成时可能偏离成本和进度目标的程度。与基准计划的偏差，可能表明威胁或机会的潜在影响。

（4）技术绩效测量。采取计划与实际执行情况的比较分析，通过绝对偏差和相对偏差情况来测量威胁或机会的潜在影响。

（5）储备分析。储备分析是指在项目的任何时点比较剩余应急储备与剩余风险量，从而确定剩余储备是否仍然合理。

（6）会议。会议时间长短取决于已辨识的风险及其优先级和应对难度。经常讨论风险，可促使人们辨识风险和机会。

3. 项目风险监控的成果

（1）风险登记册更新。对风险事件的概率和价值以及风险登记册及其相关的管理计划做出相应的修改，以确保重要风险得到恰当的控制。

（2）变更请求。变更请求包括以下两方面的内容：一是推荐的纠正措施，包括应急计划和权变措施。后者是针对以往未曾辨识或被动接受的、目前正在发生的风险而采取的未经事先计划的应对措施；二是推荐的预防措施，采用推荐的预防措施使项目实施符合项目管理计划的要求。

（3）项目管理计划更新。

（4）项目文件更新。

（5）组织过程资产更新。

上述项目风险管理过程都会生成可供未来项目借鉴的各种信息，把这些信息加进组织过程资产中，更新组织过程资产，包括（但不限于）风险管理计划的模板（包括概率影响矩阵、风险登记册）；风险分解结构；从项目风险管理活动中得到的经验教训。

◈ 复习思考题

■ 案例分析 1

某市石油销售公司计划实施全市的加油卡联网收费系统项目。该石油销售公司选择了系统集成商 M 公司作为项目的承包方，M 公司经石油销售公司同意，将系统中加油机具改造控制模块的设计和生产分包给专业从事自动控制设备生产的 H 公司。同时，M 公司任命了有过项目管理经验的小刘作为此项目的项目经理。小刘经过详细的需求调研，开始着手制订项目计划。在此过程中，他仔细考虑了项目中可能遇到的风险，整理出一张风险列表，得到排在前三位的风险如下：①项目进度要求严格，现有人员的技能可能无法实现进度要求；②现有项目人员中有人员流动的风险；③分包商可能不能按期交付机具控制模块，从而造成项目进度延误。

针对发现的风险，小刘在做进度计划的时候特意留出了 20% 的提前量，以防上述风险发生，并且将风险管理作为一项内容写进了项目管理计划。小刘通知了项目组成员，召开了第一次项目会议，将任务布置给大家。随后，大家按分配给自己的任务开展了工作。第四个月月底，项目经理小刘发现 H 公司尚未生产出联调所需要的机具样品。H 公司于 10 天后提交了样品，但在联调测试过程中发现了较多的问题，H 公司不得不多次返工。项目还没有进入大规模的安装实施阶段，20% 的进度提前量就已经被用掉了，此时，项目一旦发生任何问题就可能直接影响最终交工日期。

问题

1. 请从整体管理和风险管理的角度指出该项目的管理存在哪些问题。

2. 针对"项目进度要求严格，现有人员的技能可能无法实现进度要求"这条风险，请提出你的应对措施。

3. 针对"分包商可能不能按期交付机具控制模块，从而造成项目进度延误"这条风险，结合案例，分别按避免、转移、减轻和应急应对四种策略提出具体应对措施。

■ 案例分析 2

大桥工程项目所在地区，因连降暴雨成灾，使正在施工的桥梁工程遭受如下损失：

（1）一大部分施工临时栈桥和脚手架被冲毁，估计损失为 300 万元。

（2）一座临时分仓库被狂风吹倒，使库存水泥等材料被暴雨冲坏，估计损失为 80 万元。

（3）洪水原因冲走和损坏一部分施工机械设备，损失为 50 万元。

（4）临时房屋工程设施倒塌，造成人员伤亡，损失为 15 万元。

（5）工程被迫停工 20 天，造成人员、机械设备闲置，损失达 60 万元。

问题

1. 业主应承担哪几项风险？

2. 承包商应承担哪几项风险？

◈ 模板与样例

附件一：风险概率 – 影响评估矩阵模板

风险发生概率	风险值 = 风险概率 × 风险影响				
0.9（很高）	0.05	0.09	0.18	0.36	0.72
0.7（高）	0.04	0.07	0.14	0.28	0.56
0.5（中）	0.03	0.05	0.1	0.2	0.4
0.3（低）	0.02	0.03	0.06	0.12	0.24
0.1（很低）	0.005	0.01	0.02	0.04	0.08
	0.05	0.1	0.2	0.4	0.8
	很低	低	中等	高	很高
	风险影响程度				

注：表格中深灰区、浅灰区、白区分别属于高、中和低级别风险。高级风险不可接受，中低级别风险可以接受。

附件二：项目风险分析表模板

项目风险分析表
（版本号：03）

基本信息

项目名称	9#\11#\12# 密炼机线路梳理项目					项目经理		杜一
编制者	王二					编制时间		2020-08-02

序号	风险名称	阶段	概率	影响程度	影响	评分（概率 × 影响程度）	风险排序	可否承受
1	项目评审相关方意见未充分识别	启动	0.7	0.4	项目运作中会出现反复变更	0.28	2	否
2	项目审批时间长	启动	0.5	0.2	影响项目启动，项目不能正常开始	0.1	5	可
3	项目资金不到位	启动	0.3	0.1	导致项目不能在假期按时启动	0.03	8	可
4	相关部门不能积极配合	启动	0.5	0.4	项目进度缓慢，不能按计划实施	0.2	3	否
5	生产计划不能按时停机	执行	0.9	0.8	施工不能进行，项目中断	0.72	1	否
6	施工队人员未及时到位，工期拖延	执行	0.5	0.2	项目工期延长	0.1	5	否
7	项目组人员不积极配合，工期拖延	执行	0.5	0.2	项目实施进度缓慢或进度延期	0.1	5	可
8	施工材料不能按时到位，工期延误	执行	0.5	0.1	项目工期延期	0.05	7	否
9	施工中电缆破损需增加预算	执行	0.7	0.6	增加项目预算成本，延长工期	0.42	2	否
10	项目实施期间人员不能到岗	执行	0.3	0.2	部分工作不能开展，进度延期甚至中断	0.06	6	可
11	项目施工质量不合格	收尾	0.7	0.2	施工质量不合格	0.14	4	否
12	项目不能验收	收尾	0.5	0.4	项目产品不能按时交付试用，并且影响相关人员和组织的声誉	0.2	3	否

附件三：项目风险应对计划模板

项目风险应对计划
（版本号：03）

基本信息

项目名称	9#\11#\12# 密炼机线路梳理项目					项目经理		杜一
编制者	王二					编制时间		2020-08-02

（续）

风险编号	风险名称	预防措施	应急措施	应对策略（回避、减轻、转移、接受）	责任人
1	项目评审相关方意见未充分识别	1. 提前与有关方面进行沟通，与关键项目相关方进行充分沟通 2. 多征求关键相关方意见，多次与其沟通	1. 召开项目评审会议 2. 让主要相关方参与意见	减轻	杜一
2	项目审批时间长	项目经理跟踪审批情况，若出现拖延情况，及时与职能部门或高层沟通	出现因审批拖延影响开工的情形时，更改项目计划，进行必要的赶工	减轻	杜一
3	项目资金不到位	做好预算，并与财务部门良好沟通	向公司上级领导申请应急资金	减轻	李三
4	相关部门不能积极配合	1. 提前与有关方面进行沟通，并得到公司领导的支持 2. 公司层面任命并赋予权利	1. 与该部门进行协商 2. 必要时通知上级领导协商解决	减轻	李三
5	生产计划不能按时停机	1. 提前与生产管理部沟通，确定停机时间 2. 项目预留出一定的空余时间 3. 根据生产管理部计划排产并安排实施	1. 与该部门进行协商 2. 必要时由上级领导进行协调 3. 项目规划时与生产部门对接讨论需停机时间周期	减轻/回避	李三
6	施工队人员未及时到位，工期拖延	提前与施工队沟通，确定施工人员到位时间	与施工队协商施工时间及配备人员，能够提前的尽可能提前	减轻、转移	张四
7	相关方不积极配合，工期拖延	明确项目组人员分工、责任及要求；对于不配合的情况及时向上级领导反映	召开项目沟通会议，了解成员工作中面临的问题并及时解决	减轻	杜一
8	施工材料不能按时到位，工期延误	提前与施工队沟通，明确材料到货时间	过程中跟催施工队材料到货	减轻	张四
9	施工中电缆破损需增加预算	1. 在进行财务预算时充分考虑异常因素，预留出浮动资金以备不时之需 2. 提前对电缆进行检测 3. 与施工方明确施工损坏赔偿条款	1. 动用备用资金 2. 做项目资金申请、变更预算	接受	杜一
10	项目实施期间人员不能到岗	1. 提前与相关部门负责人进行沟通，并得到领导支持；提前做好安排 2. 明确项目成员的职责及任务，并安排完成时间	与领导协调人员安排	减轻	李三

（续）

风险编号	风险名称	预防措施	应急措施	应对策略（回避、减轻、转移、接受）	责任人
11	项目施工质量不合格	1. 在签订合同时明确质量条款；按照质量管理计划中的质量标准进行检查 2. 专人进行现场跟踪确认 3. 仪表测量	1. 按照合同条款协商赔偿 2. 若使用中出现质量问题，追究该产品负责人的责任 3. 若问题致使工期延长，则由项目经理及时通知上级部门调整时间	减轻 / 转移	杜一
12	项目不能验收	1. 做好项目管理，按时按质在预算内完工 2. 做好沟通管理，让关键项目关系人及时了解项目状态	1. 加强沟通，展开沟通 2. 分析不能验收的原因，组织团队解决 3. 验收前提前与相关方沟通	减轻	王二

第11章
CHAPTER 11

项目成本管理

§ **本章的内容**

- 项目成本管理概述
- 项目资源规划
- 项目成本预算
- 项目成本控制
- 挣值分析法
- 复习思考题

11.1 项目成本管理概述

任何项目的实施都需要费用，体现在实现项目的过程中要消耗资源和劳动，如设备、材料和人力资源。这种耗费的货币表现就是项目成本，项目的全部预算成本称为 BAC（Budget at Completion）。项目成本管理是指为确保项目在批准的预算内完成而进行的一系列管理活动和过程，如图 11-1 所示。这个活动包括项目资源规划、项目成本估算、项目成本预算以及项目成本控制。

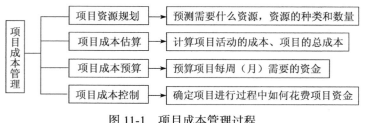

图 11-1 项目成本管理过程

项目成本管理有两个主要目标：第一是对项目所需要的资源做出正确的估计和计划，以供组织进行适当的评价和安排；第二是对项目实施当中资源的使用进行控制，其主要通过项目的预算过程建立计划，在实际的成本支出和计划之间进行偏差控制。

项目成本管理具体包括成本估算、成本预算、成本控制。在成本估算过程中有从上往下的类比估算，这样估算的结果是一个量级的估计；自下而上估算，这样估计的结果相对比较准确；在执行过程中，主要采用挣值分析法（Earned Value Management，EVM）来对成本进行管理和控制。

11.2　项目资源规划

完成项目必须要消耗劳动力（人力资源）、材料、设备、资金等有形资源，同时还需要消耗一些无形资源。由于存在资源约束，因此资源的质量、数量以及资源的合理使用对项目的工期和成本有不可估量的影响。资源保障不充分或配置不当，必然会造成工期拖延、实际成本超预算等。

项目资源规划是根据项目的资源需求，制订项目资源供应计划。

项目所消耗的资源主要包括固定资产形成的固定成本和可变的资源对应的可变成本两大类。

固定成本是指为项目完成投入的固定资产，或使用固定资产设备的折旧、摊销等费用。

可变成本包括直接可变成本，即人力资源对应的人工费用、材料资源对应的材料费用和设备资源对应的设备费用。

（1）人工费用：项目团队成员及其他可能涉及的相关人员，产生的是人工费用，包括人力资源的类别，不同类别的单位工时费用和工时，构成所有的人力资源费用。

（2）材料费用：原材料、辅助材料、消耗材料，产生的是材料费用。

（3）设备费用：项目完成过程中涉及的设备、项目的施工设备、检测设备等，产生的是设备费用。

可变成本还包括间接可变成本，即销售费用、财务费用和管理费用。

销售费用是与项目的销售相关的折扣、促销等产生的费用；财务费用是项目的贷款产生的贷款利息等成本；管理费用是不直接完成项目的工作包，而是参与项目的统计、文档归档、整理等，从事项目的管理工作而产生的费用。

其他无形资源，如项目涉及的专利、技术、信息。

项目资源规划的具体内容如表 11-1 所示。

表 11-1　项目资源规划内容

依　　据	工具与技术	成　　果
WBS 历史资料 范围说明书 进度计划 资源库描述 组织策略	专家判断法 头脑风暴法 德尔菲法	资源计划说明书 资源需求清单

11.3　项目成本预算

项目成本预算过程包括两个：一是将项目成本估计分摊到项目工作分解结构中的各个工作包，二是在整个工作包期间进行每个工作包的预算分配。

估算项目成本的 ITO［Input（输入）、Tools（工具）和 Output（输出）］如表 11-2 所示。

表 11-2　估算项目成本的 ITO

输　入	工　具	输　出
1. 范围基准 2. 项目进度计划 3. 人力资源计划 4. 风险登记册 5. 事业环境因素 6. 组织过程资产	1. 专家判断 2. 类比估算 3. 参数估算 4. 自下而上估算 5. 三点估算 6. 储备分析 7. 质量成本 8. 项目管理估算软件 9. 卖方投标分析	1. 活动成本估算 2. 估算依据 3. 项目文件（更新）

在项目预算的制定过程中，需要输入项目相关的一些基础数据，包括活动成本估算、估算依据、范围基准、项目进度计划、资源日历、合同、组织过程资产等，采用成本分析与控制的工具（如成本汇总、储备分析、专家判断、历史关系、资金限制平衡），得到项目预算的输出，并形成项目成本绩效基准、项目的资金需求，然后更新项目文件。项目预算涉及的 ITO 如表 11-3 所示。

表 11-3　预算涉及的 ITO

输　入	工　具	输　出
1. 活动成本估算 2. 估算依据 3. 范围基准 4. 项目进度计划 5. 资源日历 6. 合同 7. 组织过程资产	1. 成本汇总 2. 储备分析 3. 专家判断 4. 历史关系 5. 资金限制平衡	1. 成本绩效基准 2. 项目资金需求 3. 项目文件（更新）

11.3.1　总成本构成

总成本由生产成本和期间费用两部分组成。生产成本是指在生产经营过程中实际消耗的直接材料、直接工资、其他直接支出和制造费用，如表 11-4 所示。

表 11-4　生产成本构成

名称	内　容
直接材料	原材料、辅助材料、设备配件、外购半成品、燃料、动力、包装、低值易耗品
直接工资	生产人员的工资、奖金、津贴和补贴

（续）

名称	内　　容
其他直接支出	生产人员的职工福利费
制造费用	各生产单位（分厂、车间）为组织和管理生产所发生的各项费用，包括管理人员工资、职工福利费、折旧费、维检费、修理费、物料消耗费、低值易耗品摊销、劳动保护费、水电费、办公费、差旅费、运输费、保险费、租赁费、设计制图费、试验检验费、环境保护费等

期间费用是指在一定会计期间发生的与生产经营没有直接关系和关系不密切的管理费用、财务费用和销售费用。期间费用构成如表 11-5 所示。

表 11-5　期间费用构成

名　　称	内　　容
管理费用	企业行政管理部门产生的费用、总部管理人员工资、职工福利费、差旅费、办公费、折旧费、修理费、物料消耗、低值易耗品摊销、工会经费、职工教育经费、劳动保险费、咨询费、顾问费、交际应酬费、税金、土地使用费、技术转让费、无形资产摊销、开办费摊销等
财务费用	筹集资金发生的费用、利息净支出、汇兑净损失、调剂外汇手续费、金融机构手续费
销售费用	销售产品、自制半成品和提供劳务等过程中发生的各项费用以及专设销售机构的各项费用

项目成本控制的 ITO 如表 11-6 所示。

表 11-6　成本控制的 ITO

输　　入	工　　具	输　　出
1. 项目管理计划	1. 挣值管理	1. 工作绩效测量结果
2. 项目资金需求	2. 预测	2. 成本预测
3. 工作绩效信息	3. 完工尚需绩效指数	3. 组织过程资产（更新）
4. 组织过程资产	4. 绩效审查	4. 变更请求
	5. 偏差分析	5. 项目管理计划（更新）
	6. 项目管理软件	6. 项目文件（更新）

11.3.2　分摊总预算成本

分摊项目总成本到各个要素中，再分摊到工作分解结构适当的工作包中，并为每一个工作包建立总预算成本（Total Budgeted Cost，TBC）。项目开始后，要详细说明具体活动并制订网络计划，那么就能对每一活动进行进度、资源和成本估计了。每一个工作包的 TBC 就是组成各工作包所有活动的成本加总。

11.3.3　工作包总预算成本的分摊

根据项目工作包总预算成本，确定出项目工作包中各项活动具体预算的工作，按照构成这一工作的各项活动的内容和所消耗的资源数量进行成本预算分摊。先分析和确定项目工作包中包含的各项具体活动，然后详细分析和说明这些具体活动，并根据活动的资源需要制定出各项活动的成本预算，最后对每一个活动的成本预算进行加总，从而确定出一个项目工作包的总预算成本。

11.3.4　制定项目的累计预算成本

每一个工作包建立了总预算成本，然后要从时间上分配和安排每个工作包的预算。通常项目各个工作包的成本预算分配到项目工期的各个时段以后，就能确定项目在何时需要多少成本预算了。项目从起点开始累计的预算成本，称作项目的累计预算成本。这种项目累计预算成本计划是项目资金投入和资金筹措的重要依据，同时也是考核项目成本管理的重要依据。

[例 11-1]　某项目由 A、B 两个工作包构成，项目的各类资源消耗情况如表 11-7 所示，计算项目的总成本。

表 11-7　项目资源消耗情况

紧前	工作	工期	固定费用	材料费用	间接费用	人工费用	管理费用
—	A	5 天	5 000 元	笔记本 100 个，每个 100 元	财务费用 10 000 元	1 个设计员，60 元 /（人·h）1 个调研员 45 元 /（人·h）	管理员 1 人，75 元 /（人·h）
A	B	10 天	10 000 元	钢笔 10 支，每支 3 000 元	销售费用 5 000 元	2 个调研员 45 元 /（人·h）	

解：工作包 A 和工作包 B，合计固定成本为 5 000 元 + 10 000 元 = 15 000 元。

工作包 A 的材料费用为 100 元 / 个 × 100 个 = 10 000 元，工作包 B 的材料费用为 3 000 元 / 个 × 10 个 = 30 000 元。

材料费合计 40 000 元。

工作包 A 的人工费用为 [1 人 × 60 元 /（人·h）+ 1 人 × 45 元 /（人·h）] × 8 时 / 天 × 5 天 = 4 200 元。

工作包 B 的人工费用为 [2 人 × 45 元 /（人·h）] × 8 时 / 天 × 10 天 = 7 200 元。

人工费用合计 11 400 元。

项目的财务费用和销售费用合计：10 000 元 + 5 000 元 = 15 000 元。

项目的管理费用和项目的工期有关，项目工期为 15 天，则管理费用：15 天 × 1 人 × 8 时 / 天 × 75 元 /（人·h）= 9 000 元。

所以项目的总费用合计 90 400 元。

各类成本汇总如表 11-8 所示。

表 11-8　项目成本汇总表　　　　　　　　（单位：元）

工作	固定费用	材料费用	间接费用	人工费用	管理费用
A	5 000	10 000	财务费用 10 000	4 200	9 000
B	10 000	30 000	销售费用 5 000	7 200	
小计	15 000	40 000	15 000	11 400	9 000
累计	15 000	55 000	70 000	81 400	90 400

11.4 项目成本控制

项目成本控制是使项目的实际成本控制在计划和预算范围内的一项活动。根据项目实际发生的成本情况，不断修正原先的成本估算，并对项目的最终成本进行预测。项目成本控制涉及事前、事中、事后控制：对可能引起项目成本变化因素的控制（事前控制）、项目实施过程中的成本控制（事中控制）和当项目成本变动实际发生时对项目成本变化的控制（事后控制）。

有效地控制项目成本的关键是及时分析项目成本管理的实际绩效，尽早发现项目成本中出现的偏差和问题，以便能够及时采取纠正措施，减少损失。项目成本问题提出得越早，对项目范围和项目进度的冲击越小。否则，要想把成本控制在预算内，不是缩小项目范围就是推迟项目工期或者降低项目质量。

项目成本控制的主要依据是项目的成本管理绩效报告、变更请求和成本管理计划。

项目的成本管理绩效报告是项目成本管理与控制的实际绩效评价报告，反映了项目预算的实际执行情况。它主要包括哪个阶段或哪项工作的成本没有超预算，哪些超了，问题和原因是什么。绩效报告通常要给出项目成本预算数额、实际执行数额和差异数额。差异数额是评价、考核项目成本管理绩效好坏的重要标志，是项目全过程成本控制的主要依据之一。

项目的变更请求是一种通过书面方式提出有关更改项目工作内容和成本的请求，可以是项目业主 / 客户提出的，也可以是项目实施者或其他方提出的，任何变动都必须经过业主 / 客户同意。

项目的成本管理计划是如何管理好项目成本变动的说明书，是项目计划管理文件的一个组成部分，多数是项目成本事前控制计划，对项目成本控制工作有指导意义。

11.5 挣值分析法

挣值分析法是项目成本控制中经常使用的一种技术性分析法，是衡量目标实施与目标计划之间差异的一种方法，又称成本偏差分析法。它的目的是通过测量和计算已完成工作预算成本、已完成工作实际成本以及计划工作的预算成本，进而得到相关计划实施的进度和成本偏差，从而判断项目预算和进度执行情况。挣值分析法主要通过对计划值、挣值和实际成本的分析比较对项目的成本、进度状态进行监督。

11.5.1 挣值分析法的三个参数

（1）计划工作量的预算费用 BCWS（Budget Cost for Work Schedule，也称 Planned Value，PV）：某个阶段计划要求完成的工作量所需的预算工时或费用，反映进度计划应该完成的工作量。PV = 计划工作量 × 预算定额。

（2）已经完成工作量的实际费用 ACWP（Actual Cost for Work Performed，也称 Actual Cost，AC）：某阶段实际完成的工作量所消耗的工时或费用，反映项目执行的实际消耗指标。

（3）已完成工作量的预算成本 BCWP（Budget Cost for Work Performed，也称 Earned Value，EV）：某个阶段实际完成工作量及按预算定额计算出来的工时或费用。EV = 已完成工作量 × 预算定额。

挣值分析法根据上述三个基本值计算出两个差异指标和两个绩效指标。

11.5.2 挣值分析法的四个计算参数

（1）成本偏差 CV（Cost Variance）：是检查期间 EV 与 AC 之间的差异。

$$CV = EV - AC \text{ 或 } CV = BCWP - ACWP$$

当 CV 为负时，表示执行效果不佳，实际消耗超过预算，即超支。

当 CV 为正时，表示消耗低于预算，有节余或效率高。

当 CV 为零时，表示实际开支与计划开支一致。

（2）进度偏差 SV（Schedule Variance）：是检查期间 EV 与 PV 之间的差异。

$$SV = EV - PV \text{ 或 } SV = BCWP - BCWS$$

当 SV 为负时，表示进度延误。

当 SV 为正时，表示进度提前。

当 SV 为零时，表示实际进度与计划进度一致。

（3）进度绩效指数（Schedule Performance Index，SPI）：是挣值与计划成本的比值，用于估算完工工作的预计时间，即

$$SPI = EV/PV \text{ 或 } SPI = BCWP/BCWS$$

当 SPI = 1 时，表示项目进度与计划进度一致。

当 SPI < 1 时，表示项目实际进度落后于计划进度，项目延迟。

当 SPI > 1 时，表示项目实际进度先于计划进度，项目可能会提前完成。

（4）成本绩效指数（Cost Performance Index，CPI）：是挣值与实际成本的比值，用于估算完成工作的预计成本，即

$$CPI = EV/AC \text{ 或 } CPI = BCWP/ACWP$$

当 CPI = 1 时，表示预算成本与实际成本相等。

当 CPI < 1 时，表示已完成工作的实际成本超出预算成本，项目超支。

当 CPI > 1 时，表示已完成工作的实际成本低于预算成本，项目实际成本在预算范围内。

11.5.3　用挣值预测的三种方法

根据项目的实际花费和挣值的情况，可以预测项目全部完工需要的成本 EAC(Estimate at Completion)。在项目的实施过程中，会存在三种情况。

（1）如果今后项目按照目前的情况发展下去：

$$EAC = BAC/CPI = AC + (BAC - EV)/CPI$$

（2）如果今后项目按照原定的计划完成，不会出现超支：

$$EAC = AC + 剩余的工作量（PV）= AC + (BAC - EV)$$

（3）如果今后项目将必须保证按时完成：

$$EAC = AC + (BAC - EV)/(CPI \times SPI)$$

11.5.4　完工尚需绩效指数

完工尚需绩效指数（To Completion Performance Index，TCPI）是为了实现特定的管理目标（如 BAC 或 EAC），剩余工作实施必须达到的成本绩效指标（预测值）。

分以下两种情况考虑。

（1）如果未来必须按照原定预算（BAC）完成：

$$TCPI = (BAC - EV)/(BAC - AC)$$

（2）如果未来不一定按照原定预算（BAC）完成：

$$TCPI = (BAC - EV)/(EAC - AC)$$

[**例 11-2**]　计划用两天打一个孔，预算 800 元，进展计划：每天 50%，工作了一天，现在是一天结束的时候。当盘点工作时，发现只完成了 40% 的工作，但是用去了 360 元的成本。

解：BAC = 800 元　　PV = 400 元　　AC = 360 元　　EV = 320 元　　CPI = 0.889
SPI = 0.8

如果继续按照这种效率，EAC = 900 元。

[**例 11-3**]　假定某项目由 A、B、C、D、E、F 六个工作包组成，项目目前执行到了第 9 周末，如图 11-2 所示。9 周的计划工作量的费用预算 PV 是 320 万元，所有工作实际已支付费用之和 AC 是 205 万元，是否表示投入滞后？

解：AC = 20 + 25 + 60 + 50 + 50 + 0 = 205（万元）

EV = 20 × 100% + 20 × 100% + 60 × 100% + 60 × 75% + 100 × 40% + 60 × 0% = 185（万元）

PV = 10 × 2 + 20 × 1 + 20 × 3 + 15 × 4 + 25 × 4 + 20 × 3 = 320（万元）

SV = EV − PV = 185 − 320 = −135（万元）　　SPI = EV/PV = 185/320 = 0.578

SV 和 SPI 指标表明项目的进度落后；

CV = EV – AC = 185–205 = –20（万元）   CPI = EV/AC = 185/205 = 0.902

CV 和 CPI 指标表明项目的成本超支。

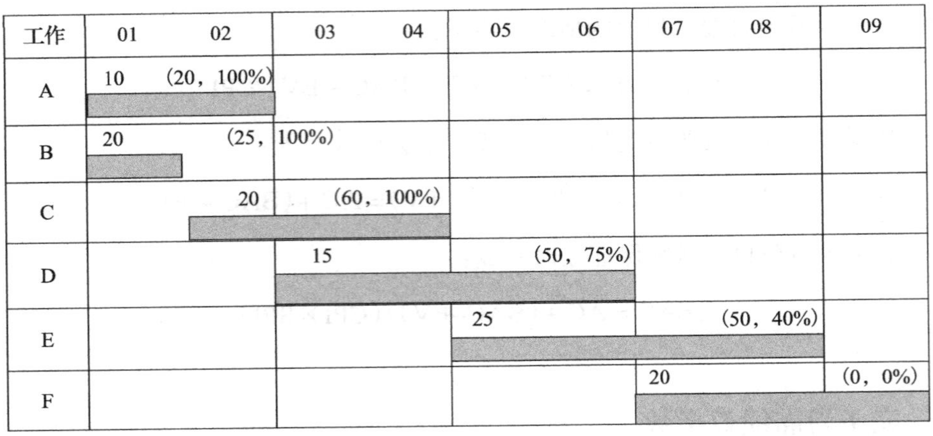

工作	01	02	03	04	05	06	07	08	09
A	10	(20, 100%)							
B	20	(25, 100%)							
C		20	(60, 100%)						
D			15	(50, 75%)					
E				25	(50, 40%)				
F					20	(0, 0%)			

图 11-2　项目的信息

[例 11-4]　完成一个工作任务需要花费 1 500 万元，按照最初的进度安排，它们应该在今天完成，然而到目前为止，实际花费了 1 350 万元，同时估计已经完成了该项工作的 2/3，该工作的偏差如何？

解：AC = 1 350 万元，PV = 1 500 万元；　　　EV = 1 500 × 2/3 = 1 000（万元）

CV = EV – AC = 1 000–1 350 = –350（万元）；SV = EV – PV = 1 000–1 500 = –500（万元）

CPI = EV/AC = 1 000/1 350 = 0.74；　　　　SPI = EV/PV = 1 000/1 500 = 0.67

11.5.5　成本进度指数

成本进度指数（Cost-Schedule Index，CSI，也称关键比率、临界指数）是成本绩效指数（CPI）和进度绩效指数（SPI）的乘积，即

$$\text{CSI} = \text{CPI} \times \text{SPI} = (\text{EV/AC}) \times (\text{EV/PV}) = (\text{EV} \times \text{EV})/(\text{AC} \times \text{PV})$$

例如，例 11-4 中 CSI = 0.74 × 0.67 = 0.49，CSI < 1 表示项目存在问题。

CSI 描述项目情况的分类，如图 11-3 所示。

如果成本进度指数的下限在 1.0 ～ 0.8 之间，上限在 1.0 ～ 1.2 之间，是正常偏差，属于可以容忍的范围。

如果成本进度指数的下限在 0.8 ～ 0.6 之间，上限在 1.2 ～ 1.4 之间，说明实际成本出现了异常偏差，应给予高度关注，准备调整方案，但可以暂时不采取措施。

如果成本进度指数的下限在 0.6 ～ 0.4 之间，上限在 1.4 ～ 1.6 之间，说明实际成本严重偏离了计划，应给予严重警告，同时需要采取措施调整实际成本，使其回归计划。

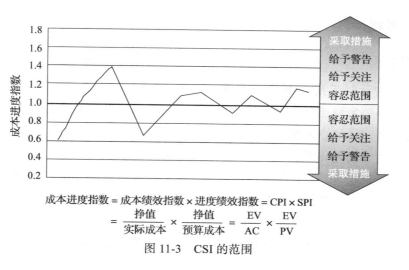

$$成本进度指数 = 成本绩效指数 \times 进度绩效指数 = CPI \times SPI$$
$$= \frac{挣值}{实际成本} \times \frac{挣值}{预算成本} = \frac{EV}{AC} \times \frac{EV}{PV}$$

图 11-3　CSI 的范围

如果成本进度指数的下限低于 0.4，上限高于 1.6，说明预算计划不是过于乐观就是过于悲观，需要调整预算以适应实际情况的成本开支。

在实际项目中，采用表格的方式进行成本管控，如表 11-9 所示。

表 11-9　项目的成本管控表格

项目编号：HY-2003　　　　　　　　日期：4月30日　　　　　　　　制表人：邓清华

名称编号	截至当日的累计开支			成本 / 进度偏差		成本进度指数	需要采取的行动
WBS	PV	EV	AC	SV	CV		
软件开发	50	25	70	−25	−45	0.18	调整预算
样品加工	20	15	20	−5	−5	0.57	严重警告
合计	70	40	90	−30	−50	0.25	调整预算

CSI 的不同数值代表的不同情况和含义如表 11-10 所示。

表 11-10　CSI 的不同含义

任务序号	完成预算 (EV)/ 计划预算 (PV)	乘以	完成预算 (EV)/ 实际成本 (AC)	成本进度指数 （CSI）	表达的项目意义
1	6/9	×	9/6	1.0	任务落后于计划，但也低于标准预算，如果拖延的情况不会形成太大的问题，一般无须采取任何行动
2	6/9	×	6/6	0.67	任务符合预算要求，物理进程滞后，预算有可能超支
3	12/12	×	12/18	0.67	任务符合进度要求，成本要高于预算计划，很有可能发生成本超支
4	6/4	×	6/6	1.5	任务符合预算要求，提前完成了进度，可能会产生一定的成本节余
5	6/6	×	6/4	1.5	任务符合进度要求，成本低于预算，也可能会产生一定的成本节余

复习思考题

■ 案例分析 1

一个项目的计划工期为 40 周，预算成本为 50 万元。在项目的实施过程中，第 19 周时项目经理向公司经理报告项目的进展状态，项目经理列出了第 18 周（包含第 18 周）的项目状态数据，详细情况如下：

（1）截至项目状态日期，项目实际已经完成的工作量为 50%。

（2）截至项目状态日期，项目已经完成工作量的实际成本（AC）为 28 万元。

（3）截至项目状态日期，项目的计划成本（PV）为 26 万元。

问题

1. 确定挣值（截至项目状态日期已完成工作量的预算成本 EV）。

2. 预测项目结束时的总成本。

3. 请你对该项目在进度和费用控制方面的执行状况进行分析。

4. 项目经理在检查经费超支时发现，有一项任务 F 还没有开始实施，但为 F 任务购买材料的支票已经支付，费用为 4 万元。另外，还有一张已经支付的支票，费用为 3 万元，是作为整个 H 任务的材料费用，但 H 任务在状态日期完成的工作量为 40%，根据这一信息再次预测项目结束时的总成本。

■ 案例分析 2

某项目经理对其负责的系统集成项目进行了工作分解，并对每个工作单元进行了成本估算，得到其计划成本。第四个月月底时，各任务的计划成本、实际成本及完成百分比如表 11-11 所示：

表 11-11　各任务的计划成本、实际成本及完成百分比

任务名称	计划成本 / 万元	实际成本 / 万元	完成百分比 /%
A	10	9	80
B	7	6.5	100
C	8	7.5	90
D	9	8.5	90
E	5	5	100
F	2	2	90

问题

1. 请分别计算该项目在第四个月月底的 PV、EV、AC 值，并写出计算过程。请从进度和成本两方面评价此项目的执行绩效，并说明依据。

2. 有人认为：项目某一阶段实际花费的成本（AC）如果小于计划支出成本（PV），说明此时项目成本是节约的，你认为这种说法对吗？请结合本题说明原因，并推导证明。

3. 如果项目仍按目前状况继续发展，则此项目的预计完工成本（EAC）是多少？

■ 案例分析 3

老李是某项目的项目经理，对项目进行了 WBS 分析，并对每项作业进行了初步进度估计，对成本也进行了估计，如表 11-12 所示。

表 11-12　某项目进度与成本估计

作业序号	紧前作业	正常历时	赶工历时	正常成本 / 元	赶工成本 / 元
A	—	4	3	1 400	1 800
B	A	6	4	900	1 200
C	A	8	6	1 600	1 900
D	A	7	5	1 100	1 300
E	B	5	3	500	850
F	B、C、D	6	4	1 800	2 200
G	D	5	3	1 500	1 700
H	F、G	6	4	2 200	2 800

问题

1. 根据表 11-12 中的数据完成此项目的前导图（单代号网络图），如图 11-4 所示。

2. 请指出该项目的关键路径和项目工期。

3. 如果项目经理老李希望能将总工期压缩 3 天，则至少需要增加多少费用？应缩短哪些作业多少天？

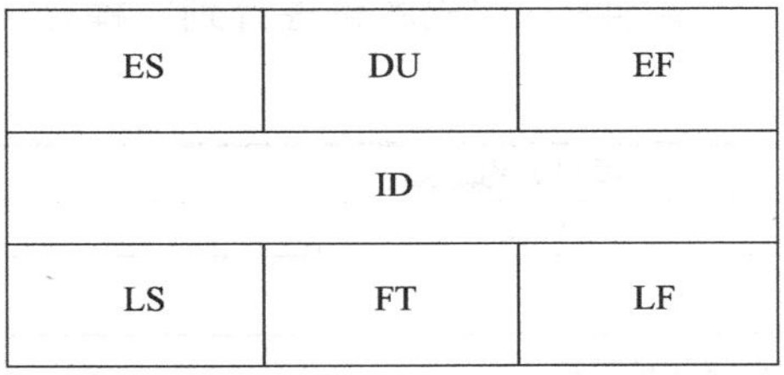

ES	DU	EF
	ID	
LS	FT	LF

图例说明：ES 为最早开始时间；EF 为最早结束时间；DU 为作业历时；ID 为作业代号；LS 为最迟开始时间；LF 为最迟完成时间；FT 为自由浮动时间。

图 11-4　案例分析 3 单代号网络图

■ 案例分析 4

张某是 M 公司的项目经理，最近负责某电子商务系统开发项目的管理工作，该项目经过工作分解后，范围已经明确。张某拟采用网络计划技术对项目的开发过程进行监控。项目的进度和成本估计如表 11-13 所示。

表 11-13　项目的进度和成本估计

工作代号	紧前工作	计划工作历时 / 天	最短工作历时 / 天	每缩短一天所需增加的费用 / 万元
A	—	5	4	5
B	A	2	2	
C	A	8	7	3
D	B、C	10	9	2
E	C	5	4	1
F	D	10	8	2
G	D、E	11	8	5
H	F、G	10	9	8

问题

1. 帮助张某完成此项目的单代号网络图，如图 11-5 所示。

2. 如果赶工 2 天，希望赶工费用最小，如何赶工？

3. 项目建设方（甲方）提出，因该项目涉及融资，希望项目工期能够提前2天，并可额外支付8万元的项目款。项目的管理费用每天是1万元，赶工2天对公司的利润有何影响？

ES	DU	EF
	ID	
LS		LF

图例说明：ES为最早开始时间；EF为最早结束时间；DU为作业历时；ID为作业代号；LS为最迟开始时间；LF为最迟完成时间。

图11-5 案例分析4单代号网络图

■ 模板与样例

附件一："成本管理计划"模板

成本管理计划

项目名称			日期	
准确度		计量单位		控制临界值

绩效测量规则

成本报告信息和格式

过程管理

成本估算	
制定预算	
更新、管理和控制	

成本管理计划要素

文档要素	描述
准确度	描述项目估算所需达到的准确程度。随着项目信息越来越详细，估算的准确度也会逐步提高（渐进明细）。如果滚动式计划用于成本估算的细化分级指南，伴随时间的推移，这些指南会提高成本估算的准确度
计量单位	说明成本估算是使用百、千或是其他计量单位。如果是国际项目，它还会指明当前的货币
控制临界值	说明确定是否把活动、工作包或者项目作为整体，是否需要预防措施，或者超过预算后是否需要纠正措施。通常以偏离基准的百分比来表示
绩效测量规则	明确WBS中的进度及支出评定水平。对于使用挣值管理的项目，描述要使用的测量方法，如权重里程碑法、固定公式法以及完成百分比法等。记录当前的绩效趋势来推测未来成本所用的方程
成本报告信息和格式	记录项目状态和进度报告所需的成本信息。如果使用特定的报告格式，则附上样本或特定的表格模板
成本估算	说明用于成本估算的方法，如类比估算、三点估算等
制定预算	记录如何制定成本基准，包括应急储备和管理储备如何处理的信息
更新、管理和控制	记录更新预算的过程，包括更新频率、权限和版本。说明如果有必要，进行成本基准维护和重设基准的指南

附件二："活动成本估算"模板

活动成本估算

项目名称					准备日期					
WBS 编号	资源	直接成本	间接成本	储备金	估算额	估算方法	假设条件/制约因素	估算依据	区间	置信水平

活动成本估算的要素

文档要素	描述
WBS 编号	唯一 WBS 编号
资源	WBS 要素中需要的资源（人、设备、用品）
直接成本	与资源直接相关的成本
间接成本	所有间接发生的成本，如管理费用
储备金	记录可能有的应急储备金的额度，如果有的话
估算额	总成本估值
估算方法	估算成本使用方法，如类比估算法、参数估算法等
假设条件/制约因素	记录一切估算成本所需的假设，如需要占用资源的时间长度
估算依据	记录估算中的计算依据，如时间
区间	提供估算的范围，如果需要的话
置信水平	记录估算的置信度

附件三："自上而下估算"模板

成本估算工作表

项目名称		准备日期	
参数估算法				
WBS 编号	单位	单位成本	单位数量	成本估算

（续）

类比估算法

WBS 编号	以前的活动	以前的成本	现在的活动	倍数	成本估算

三点估算法

WBS 编号	乐观成本	最可能成本	悲观成本	计算方程	期望成本

成本估算表的要素

文档要素	描　述
WBS 编号	唯一的 WBS 编号
参数估算法	
单位	成本估算的单位，如 h、m^2、L 或其他可量化的度量单位
单位成本	记录每单位的成本金额，如 9.5 元 /m^2
单位数量	给定的单位数量，如 36
成本估算	单位成本乘以数量，如 9.5 元 ×36 = 342 元
类比估算法	
以前的活动	以前工作的描述，如盖 160 m^2 屋顶
以前的成本	记录以前工作的成本，如 5 000 元
现在的活动	描述当前的工作与以前有何不同，如盖 200 m^2 屋顶
倍数	现在的工作量除以以前的工作量，如 200 ÷ 160 = 1.25
成本估算	以前的成本乘以倍数，如 5 000 元 ×1.25 = 6 250 元
三点估算法	
乐观成本	确定乐观情形下的成本估算值。乐观情形下假设所有的成本都是确定的，材料费、人工费以及其他成本不会有价格上涨，如 4 000 元
最可能成本	确定最可能成本估算值。最可能的情形下假设有些成本会发生浮动，但不会有特殊情况发生，如 5 000 元
悲观成本	确定悲观情形下的成本估算值。悲观情形下假设发生了重大风险事故，导致成本超支，如 7 500 元
计算方程	为三个假设设定并分配权重值。最常用的权重公式是贝塔分布。设 C 为成本，有 $$C_E = \frac{C_O + 4C_M + C_P}{6}$$ 例如：$\dfrac{4\,000 + 4 \times 5\,000 + 7\,500}{6}$
期望成本	记录基于权重方程得到的期望成本，如 5 250 元

附件四：某轮胎密炼机线路梳理项目

活动成本估算 -09（版本号：03）

基本信息

项目 名称	9#\11#\12# 密炼机线路梳理项目	项目经理	杜一
编制者	杜一	编制时间	2020-04-02

（续）

序号	活动编号	活动名称	持续时间 / 天	估算成本 / 元	估算依据
1	QT-001-	密炼机线路梳理			
2	QT-001-1.0	项目方案评审	1	1 200	项目小组成员 8 人参加；确定评审意见；每人工资平均 150 元 / 天，1 天
3	QT-001-2.0	项目立项启动	0		
4	QT-001-2.1	项目立项申请	3	600	项目经理编写、审批，无异常情况 3 天时间；工资 200 元 / 天
5	QT-001-2.2	项目章程编写	2	400	项目经理编写、审批，无异常情况 2 天时间；工资 200 元 / 天
6	QT-001-2.3	项目启动	1	1 200	项目小组成员 8 人参加、领导参加；每人工资平均 150 元 / 天，1 天
7	QT-001-3.0	项目招标	0		
8	QT-001-3.1	技术交流	2	2 400	项目小组成员 + 厂家人员；8 人，2 天；每人工资平均 150 元 / 天
9	QT-001-3.2	技术协议编写、评审	8	1 600	8 天；工资 200 元 / 天
10	QT-001-3.3	项目招标	15	3 000	公司的招标程序和周期；从开始到招标完成 15 天；采购员 1 人，200 元 / 天
11	QT-001-4.0	项目施工	0		整个施工外包 16.5 万元
12	QT-001-4.1	原有桥架拆除	5	18 000	施工队 4 人，15 天；每人 300 元 / 天
13	QT-001-4.2	电缆梳理（旧电缆抽出）	3	10 800	施工队每台 3 天，共 3 台；4 人；每人 300 元 / 天
14	QT-001-4.3	新桥架铺设	3	121 800	施工队每台 3 天，共 3 台；4 人；每人 300 元 / 天；桥架材料费用：88 500 元 + 吊装费 22 500 元
15	QT-001-4.4	电缆铺设、梳理	4	14 400	施工队每台 4 天，共 3 台；4 人；每人 300 元 / 天
16	QT-001-4.5	上电调试	1	150	1 人，1 天；150 元 / 天
17	QT-001-5.0	验收、记录归档	0		
18	QT-001-5.1	项目总结	2	400	项目经理总结，2 天；200 元 / 天
19	QT-001-5.2	项目验收、评价	2	1 200	项目小组验收 2 天；4 人；每人 150 元 / 天
20	QT-001-5.3	项目奖励	2	400	项目经理整理、申请，2 天；200 元 / 天；奖金根据公司奖励标准执行，不明确暂不计入
21	QT-001-5.4	记录归档	1	150	项目管理员整理归档；1 天；150 元 / 天

附件五：项目成本预算

项目成本预算 -10（版本号：03）

基本信息

项目名称	9#\11#\12# 密炼机线路梳理项目	项目经理	杜一
编制者	杜一	编制时间	2020-04-02

成本预算

WBS 编号	WBS 要素	估算成本 / 元	应急储备金 / 元	总部管理费 / 元	项目预算 / 元
QT-001-	密炼机线路梳理				188 521.93
QT-001-1.0	项目方案评审	1 200	36	37.08	1 273.08
QT-001-2.0	项目立项启动		0	0	0
QT-001-2.1	项目立项申请	600	18	18.54	636.54
QT-001-2.2	项目章程编写	400	12	12.36	424.36
QT-001-2.3	项目启动	1 200	36	37.08	1 273.08
QT-001-3.0	项目招标		0	0	0
QT-001-3.1	技术交流	2 400	72	74.16	2 546.16

（续）

WBS 编号	WBS 要素	估算成本 / 元	应急储备金 / 元	总部管理费 / 元	项目预算 / 元
QT-001-3.2	技术协议编写、评审	1 600	48	49.44	1 697.44
QT-001-3.3	项目招标	3 000	90	92.7	3 182.7
QT-001-4.0	项目施工		0	0	0
QT-001-4.1	原有桥架拆除	18 000	540	556.2	19 096.2
QT-001-4.2	电缆梳理（旧电缆抽出）	10 800	324	333.72	11 457.72
QT-001-4.3	新桥架铺设	121 800	3 654	3 763.62	129 217.62
QT-001-4.4	电缆铺设、梳理	14 400	432	444.96	15 276.96
QT-001-4.5	上电调试	150	4.5	4.635	159.135
QT-001-5.0	验收、记录归档		0	0	0
QT-001-5.1	项目总结	400	12	12.36	424.36
QT-001-5.2	项目验收、评价	1 200	36	37.08	1 273.08
QT-001-5.3	项目奖励	400	12	12.36	424.36
QT-001-5.4	记录归档	150	4.5	4.635	159.135
	……	177 700	5 331	5 490.93	188 521.93

说明：

1. 该项目估算成本为 177 700 元，按其 3% 提取的应急储备金为 5 331 元，按项目估算成本和应急储备金之和的 3% 提取总部管理费为 5 490.93 元，由此可计算出项目总预算为 188 521.93 元，低于项目章程中的总投资 31 万元，项目预算可行。

2. 表中总部管理费应由项目团队统一管理，不宜再分解，此处进行分解只是一个示意。

第12章
CHAPTER 12

Project 2013 的使用

§ 本章的内容

- Project 2013 的八图八表
- 设置项目信息
- 各个工作包日历的设定
- 项目工序的输入与工期的计算
- 项目成本的输入
- 项目的跟踪
- 文档的加密与另存为其他格式

12.1 Project 2013 的八图八表

12.1.1 总览

Project 2013 系统界面包括快速访问工具栏、选项卡、标题栏、窗口控制按钮、菜单组、全选按钮、行标题、域标题、时间刻度、垂直滚动条、数据视图区水平滚动条、工作表视图、状态栏、图表视图区水平滚动条、水平拆分条，具体的分布如图 12-1 所示。

12.1.2 八个视图

1.【甘特图】视图

在 Project 2013 中，【甘特图】视图是默认的视图，是可视"甘特图"与

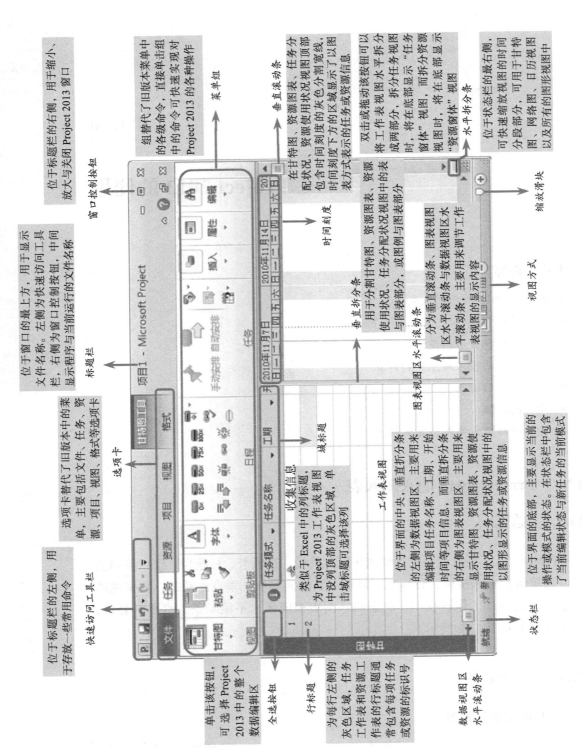

图 12-1 Project 2013 系统界面

位于标题栏的最上方，用于显示文件名称，左侧为快速访问按钮，右侧为与当前运行的文件名称

窗口控制按钮

位于窗口的最右侧，用于缩小、放大与关闭 Project 2013 窗口

组替代了旧版本菜单中的各级命令，直接单击组中的命令可快速实现对 Project 2013 的各种操作

菜单组

标题栏

选项卡替代了旧版本中的菜单，主要包括文件、任务、资源、项目、视图、格式等选项卡

位于标题栏的左侧，用于存放一些常用命令

快速访问工具栏

选项卡

单击该按钮，可选择 Project 2013 中的整个数据编辑区

全选按钮

行标题

为每行左侧的、任务工作表的行标题通常包含每个项任务或资源的标识号

数据视图区水平滚动条

状态栏

位于界面的底部，主要显示当前的状态。在状态栏中包含了当前编辑状态与新任务的当前模式

收集信息

类似于 Excel 中的列标题，为 Project 2013 工作表视图中没列顶部的灰色区域，单击该域标题可选择该列

域标题

工期

工作表视图

位于界面的中央，左侧为数据视图区，主要用来编辑项目任务名称、工期、开始时间等项目信息，而右侧为图表视图区，资源图表、资源使用状况视图中的任务分配状况的任务或资源信息

以图形显示的任务状态、任务甘特图、资源图表、资源使用分配状况视图中

垂直拆分条

用于分割甘特图、资源图表、资源使用状况与图表视图部分

垂直拆分条

图表视图区水平滚动条

平滚动条，主要用于调节工作表视图的显示内容

分为垂直滚动条、图表视图区水平滚动条与数据视图区水平滚动条

视图方式

缩放滑块

位于状态栏的最右侧，可快速缩放视图的时间分段部分，日历视图、网络图、甘特图等所有的图形视图中

时间刻度

在甘特图、资源图表、资源分配状况、资源使用状况的时间刻度下方的灰色时间分割线，包含时间刻度的区域来显示信息，时间表方式来表示任务或资源信息

垂直拆分条、任务分部

双击或拖动该按钮可以将工作表视图水平拆分成两部分，拆分任务视图会成两部分，将在底部显示"任务窗体"视图，而拆分资源窗体时，将在底部显示"资源窗体"视图

水平拆分条

"项"表的组合。视图的左侧主要以工作表的形式显示任务名称、工期、开始时间、完成时间、前置任务及资源名称。视图的右侧主要以条形图格式显示任务信息，每个条形图代表一个任务，条形图与条形图之间的连线表示任务之间的关系，如图 12-2 所示。

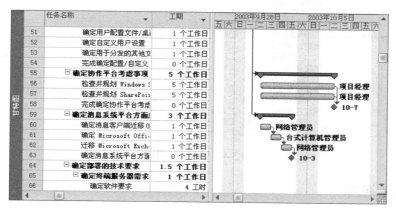

图 12-2　甘特图

2.【跟踪甘特图】视图

在 Project 2013 中,【跟踪甘特图】视图与【甘特图】视图的外观样式一样，但是【跟踪甘特图】视图中的条形图以上下两种方式进行显示，其中，上方的条形图表示任务的当前计划，下方的条形图表示任务的比较基准。在规划项目时，可以通过上下两条甘特图来分析实际项目计划偏移原始计划的程度，如图 12-3 所示。

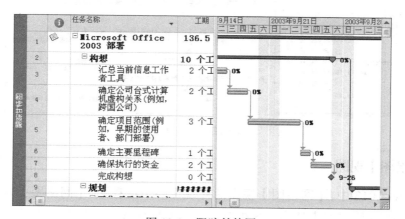

图 12-3　跟踪甘特图

3.【任务分配状况】视图

通过观察可以发现【任务分配状况】视图的外观像两个并排的工作表，左侧部分显示任务分配状况表，右侧部分显示任务所对应的时间表。通过【任务分配状况】视图，可以查看不同时间下任务的工时与成本，如图 12-4 所示。

任务名称	工时	详细信	三	四	五	六	2003年10月5日 日	一
40	□ 确定 Windo|	8 工时	工时	4h					
	台式计算|	8 工时	工时	4h					
41	确定台式计	0 工时	工时						
42	□ 确定配置/自定	192 工时	工时	20h	40h	40h		24h	
43	□ 确定终端服	24 工时	工时		8h	8h			4h
	网络管理	24 工时	工时	4h	8h	8h			4h
44	□ 确定文件服	24 工时	工时		8h	8h			4h
	网络管理	24 工时	工时	4h	8h	8h			4h
45	□ 确定台式计	24 工时	工时		8h	8h			4h
	台式计算	24 工时	工时		8h	8h			4h
46	□ 确定便携式|	24 工时	工时		8h	8h			4h
	台式计算	24 工时	工时		8h	8h			4h
47	□ 确定多语言	24 工时	工时		8h	8h			4h
	网络管理	24 工时	工时	4h	8h	8h			4h
48	□ 确定应用程	16 工时	工时						4h
	台式计算	16 工时	工时						4h

图 12-4 任务分配状况

4.【日历】视图

在【日历】视图中，主要显示一个月或一周内的项目信息，其中，单个任务以细长蓝色轮廓的条形显示，里程碑任务以灰色条形显示。通过【日历】视图，可以快速查看项目的日程安排，如图 12-5 所示。

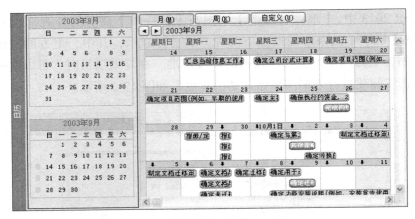

图 12-5 日历

5.【网络图】视图

在 Project 2013 中，【网络图】视图的外观像一个流程图。【网络图】视图中的流程图格式与 PERT（计划评审技术）图相似，一个方框代表一个任务，方框之间的连线代表任务之间的连接状态，其中，显示两条交叉斜线的方框表示已完成的任务，如图 12-6 所示。

6.【资源工作表】视图

在 Project 2013 中，【资源工作表】视图类似于 Excel 工作表，其工作区视图与甘特图中的工作区视图大体一致，也包括域标题与行标题。【资源工作表】主要用于输入、编辑任务资源，以及设置资源的成本、加班费率与最大单位等资源信息，如图 12-7 所示。

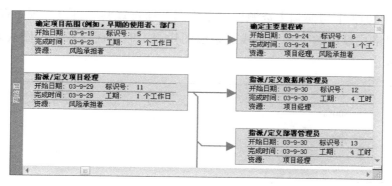

图 12-6　网络图

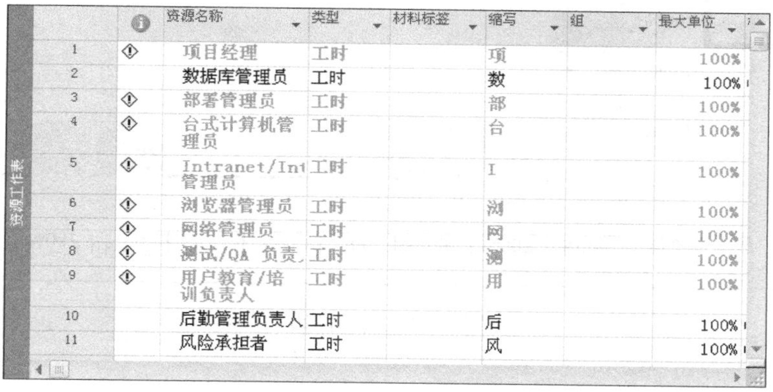

图 12-7　资源工作表

7.【资源使用状况】视图

在 Project 2013 中，【资源使用状况】视图类似于【任务分配状况】视图，左侧部分显示资源使用状况表，右侧部分显示资源所对应的时间表，可以根据制定的时间刻度查看每项资源的工时及成本，如图 12-8 所示。

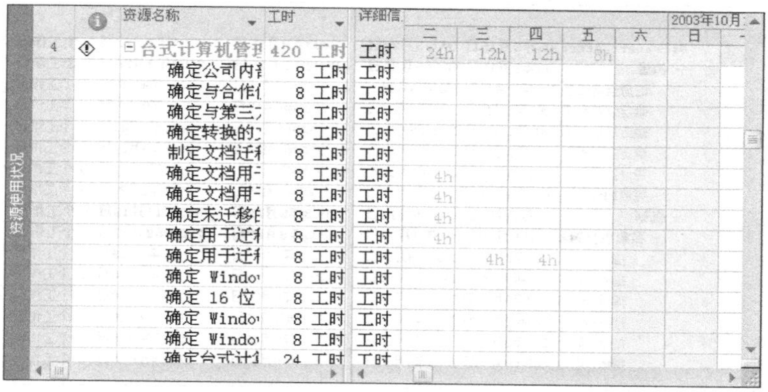

图 12-8　资源使用状况

8.【资源图表】视图

在 Project 2013 中切换到【资源图表】视图。通过观察，可以发现【资源图表】视图是以条形图格式显示的，其中，浅灰条形图代表工时，而深灰条形图代表过度分配，如图 12-9 所示。

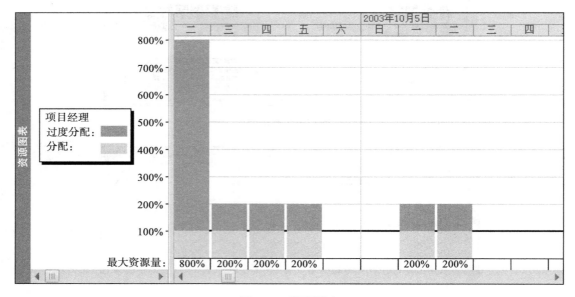

图 12-9　资源图表

12.1.3　八个表格

1.【差异】表

【差异】表是用于查看任务的开始时间、完成时间的差异情况的一种表格，属于任务类表格，主要显示任务的开始时间、完成时间、比较基准开始时间、比较基准完成时间、开始时间差异及完成时间差异数据，如图 12-10 所示。

	任务名称	开始时间	完成时间	比较基准开始时间	比较基准完成时间	开始时间差异
1	⊟ Microsoft Offic	03年9月15日	04年3月23日	2003年9月15日	2004年3月23日	0 个工作日
2	⊟ 构想	03年9月15日	03年9月26日	2003年9月15日	2003年9月26日	0 个工作日
3	汇总当前信息	2003年9月15日	2003年9月16日	2003年9月15日	2003年9月16日	0 个工作日
4	确定公司台式	2003年9月17日	2003年9月18日	2003年9月17日	2003年9月18日	0 个工作日
5	确定项目范围	2003年9月19日	2003年9月19日	2003年9月19日	2003年9月23日	0 个工作日
6	确定主要里程	2003年9月24日	2003年9月24日	2003年9月24日	2003年9月24日	0 个工作日
7	确保执行的资	2003年9月25日	2003年9月26日	2003年9月25日	2003年9月26日	0 个工作日
8	完成构想	2003年9月26日	2003年9月26日	2003年9月26日	2003年9月26日	0 个工作日
9	⊟ 规划	03年9月29日	3年11月19日	2003年9月29日	2003年11月19日	0 个工作日
10	⊟ 召集项目组	03年9月29日	03年9月30日	2003年9月29日	2003年9月30日	0 个工作日
11	指派/定义	2003年9月29日	2003年9月29日	2003年9月29日	2003年9月29日	0 个工作日
12	指派/定义	2003年9月30日	2003年9月30日	2003年9月30日	2003年9月30日	0 个工作日
13	指派/定义	2003年9月30日	2003年9月30日	2003年9月30日	2003年9月30日	0 个工作日
14	指派/定义	2003年9月30日	2003年9月30日	2003年9月30日	2003年9月30日	0 个工作日
15	指派/定义	2003年9月30日	2003年9月30日	2003年9月30日	2003年9月30日	0 个工作日
16	指派/定义	2003年9月30日	2003年9月30日	2003年9月30日	2003年9月30日	0 个工作日

图 12-10　差异表

2.【成本】表

【成本】表是用于查看任务的具体成本及成本的差异情况的一种表格，属于任务类表格，主要显示任务的固定成本、固定成本累算、总成本、比较基准、差异、实际与剩余数据，如图 12-11 所示。

	任务名称	固定成本	固定成本累算	总成本	比较基准	差异	实际
1	⊟ **Microsoft Off**	**¥0.00**	**按比例**	**¥0.00**	**¥0.00**	**¥0.00**	**¥0.00**
2	⊟ **构想**	**¥0.00**	**按比例**	**¥0.00**	**¥0.00**	**¥0.00**	**¥0.00**
3	汇总当前信	¥0.00	按比例	¥0.00	¥0.00	¥0.00	¥0.00
4	确定公司台	¥0.00	按比例	¥0.00	¥0.00	¥0.00	¥0.00
5	确定项目范	¥0.00	按比例	¥0.00	¥0.00	¥0.00	¥0.00
6	确定主要里	¥0.00	按比例	¥0.00	¥0.00	¥0.00	¥0.00
7	确保执行的	¥0.00	按比例	¥0.00	¥0.00	¥0.00	¥0.00
8	完成构想	¥0.00	按比例	¥0.00	¥0.00	¥0.00	¥0.00
9	⊟ **规划**	**¥0.00**	**按比例**	**¥0.00**	**¥0.00**	**¥0.00**	**¥0.00**
10	⊟ **召集项目组**	**¥0.00**	**按比例**	**¥0.00**	**¥0.00**	**¥0.00**	**¥0.00**
11	指派/定	¥0.00	按比例	¥0.00	¥0.00	¥0.00	¥0.00
12	指派/定	¥0.00	按比例	¥0.00	¥0.00	¥0.00	¥0.00
13	指派/定	¥0.00	按比例	¥0.00	¥0.00	¥0.00	¥0.00
14	指派/定	¥0.00	按比例	¥0.00	¥0.00	¥0.00	¥0.00
15	指派/定	¥0.00	按比例	¥0.00	¥0.00	¥0.00	¥0.00
16	指派/定	¥0.00	按比例	¥0.00	¥0.00	¥0.00	¥0.00

图 12-11 成本表

3.【跟踪】表

【跟踪】表是用来显示任务的实际工期、工时成本的完成情况的一种表格，属于任务类表格，主要显示任务的实际开始时间、实际完成时间、完成百分比、实际完成百分比、实际工期、剩余工期、实际成本及实际工时数据，如图 12-12 所示。

	任务名称	实际开始时间	实际完成时间	完成百分比	实际完成百分比	实际工期	剩余工期
1	⊟ **Microsoft Offic**	**NA**	**NA**	**0%**	**0%**	**0 个工作日**	**6.5 个工**
2	⊟ **构想**	**NA**	**NA**	**0%**	**0%**	**0 个工作日**	**10 个工**
3	汇总当前信息	NA	NA	0%	0%	0 个工作日	2 个工
4	确定公司台式	NA	NA	0%	0%	0 个工作日	2 个工
5	确定项目范围	NA	NA	0%	0%	0 个工作日	3 个工
6	确定主要里程	NA	NA	0%	0%	0 个工作日	1 个工
7	确保执行的资	NA	NA	0%	0%	0 个工作日	2 个工
8	完成构想	NA	NA	0%	0%	0 个工作日	0 个工
9	⊟ **规划**	**NA**	**NA**	**0%**	**0%**	**0 个工作日**	**7.5 个工**
10	⊟ **召集项目组**	**NA**	**NA**	**0%**	**0%**	**0 个工作日**	**1.5 个工**
11	指派/定义	NA	NA	0%	0%	0 个工作日	1 个工
12	指派/定义	NA	NA	0%	0%	0 工时	4
13	指派/定义	NA	NA	0%	0%	0 工时	4
14	指派/定义	NA	NA	0%	0%	0 工时	4
15	指派/定义	NA	NA	0%	0%	0 工时	4
16	指派/定义	NA	NA	0%	0%	0 工时	4

图 12-12 跟踪表

4.【工时】表

【工时】表是用来查看任务的计划工时与实际工时之间的差异情况的一种表格，属于资源类表格，主要显示任务的工时、加班、比较基准、差异、实际、剩余及工时完成百分比数据，如图 12-13 所示。

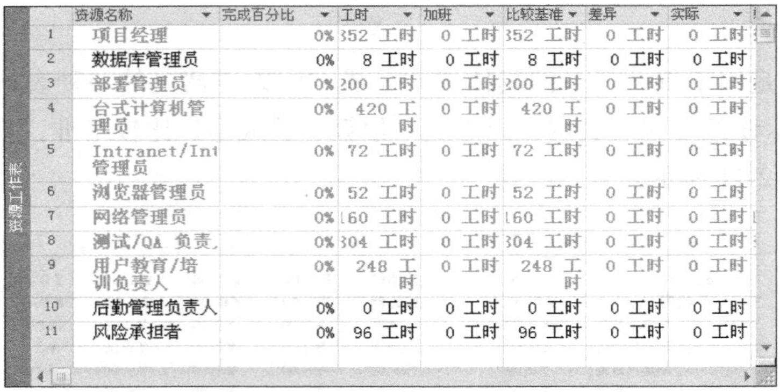

	资源名称	完成百分比	工时	加班	比较基准	差异	实际
1	项目经理	0%	352 工时	0 工时	352 工时	0 工时	0 工时
2	数据库管理员	0%	8 工时	0 工时	8 工时	0 工时	0 工时
3	部署管理员	0%	200 工时	0 工时	200 工时	0 工时	0 工时
4	台式计算机管理员	0%	420 工时	0 工时	420 工时	0 工时	0 工时
5	Intranet/Int 管理员	0%	72 工时	0 工时	72 工时	0 工时	0 工时
6	浏览器管理员	0%	52 工时	0 工时	52 工时	0 工时	0 工时
7	网络管理员	0%	160 工时	0 工时	160 工时	0 工时	0 工时
8	测试/QA 负责	0%	304 工时	0 工时	304 工时	0 工时	0 工时
9	用户教育/培训负责人	0%	248 工时	0 工时	248 工时	0 工时	0 工时
10	后勤管理负责人	0%	0 工时	0 工时	0 工时	0 工时	0 工时
11	风险承担者	0%	96 工时	0 工时	96 工时	0 工时	0 工时

图 12-13 工时表

5.【日程】表

【日程】表是用来查看任务的最晚开始时间、最晚完成时间及任务的可拖延情况的一种表格，属于任务类表格，主要显示任务的开始时间、完成时间、最晚开始时间、最晚完成时间、可用可宽延时间及可宽延的总时间。【日程】表也是只能在任务类视图中才可以显示，如图 12-14 所示。

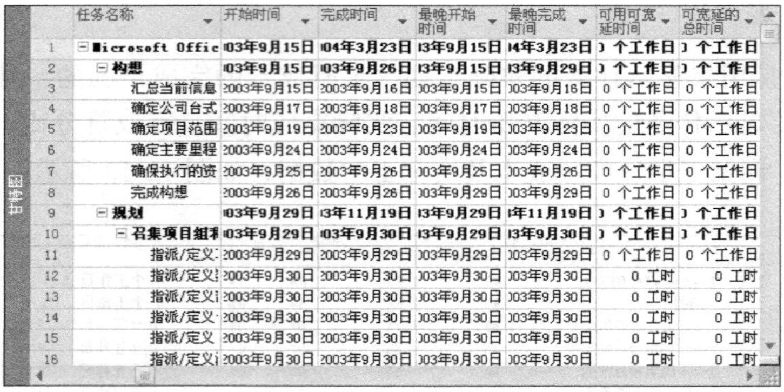

	任务名称	开始时间	完成时间	最晚开始时间	最晚完成时间	可用可宽延时间	可宽延的总时间
1	Microsoft Offic	03年9月15日	04年3月23日	3年9月15日	4年3月23日	个工作日	个工作日
2	构想	03年9月15日	03年9月26日	3年9月15日	3年9月29日	个工作日	个工作日
3	汇总当前信息	2003年9月15日	2003年9月16日	03年9月15日	03年9月16日	0 个工作日	0 个工作日
4	确定公司台式	2003年9月17日	2003年9月18日	03年9月17日	03年9月18日	0 个工作日	0 个工作日
5	确定项目范围	2003年9月19日	2003年9月23日	03年9月19日	03年9月23日	0 个工作日	0 个工作日
6	确定主要里程	2003年9月24日	2003年9月24日	03年9月24日	03年9月24日	0 个工作日	0 个工作日
7	确保执行的资	2003年9月25日	2003年9月26日	03年9月25日	03年9月26日	0 个工作日	0 个工作日
8	完成构想	2003年9月26日	2003年9月26日	03年9月29日	03年9月29日	0 个工作日	0 个工作日
9	规划	03年9月29日	3年11月19日	3年9月29日	年11月19日	个工作日	个工作日
10	召集项目组和	03年9月29日	03年9月30日	3年9月29日	3年9月30日	个工作日	个工作日
11	指派/定义	2003年9月29日	2003年9月29日	03年9月29日	03年9月29日	0 个工作日	0 个工作日
12	指派/定义	2003年9月30日	2003年9月30日	03年9月30日	03年9月30日	0 工时	0 工时
13	指派/定义	2003年9月30日	2003年9月30日	03年9月30日	03年9月30日	0 工时	0 工时
14	指派/定义	2003年9月30日	2003年9月30日	03年9月30日	03年9月30日	0 工时	0 工时
15	指派/定义	2003年9月30日	2003年9月30日	03年9月30日	03年9月30日	0 工时	0 工时
16	指派/定义	2003年9月30日	2003年9月30日	03年9月30日	03年9月30日	0 工时	0 工时

图 12-14 日程表

6.【挣值】表

【挣值】表是用来显示资源信息分析情况的一种表格，属于资源类表格，主要显示资源信息的计划工时的预算成本、已完成工时的预算成本、已完成工时的实际成本等资源成本、日程、成本差异等数据，如图 12-15 所示。

7.【摘要】表

【摘要】表是用来显示任务的成本、工时、工期、完成时间、完成百分比等任务信息的一种表格。通过该表格，可以快速查看各项任务的完成情况。【摘要】表属于任务类表格，如图 12-16 所示。

	资源名称	计划分析 - PV	挣值 - EV (BCWP)	AC (ACWP)	SV	CV
1	项目经理	¥0.00	¥0.00	¥0.00	¥0.00	¥
2	数据库管理员	¥0.00	¥0.00	¥0.00	¥0.00	
3	部署管理员	¥0.00	¥0.00	¥0.00	¥0.00	¥
4	台式计算机管理员	¥0.00	¥0.00	¥0.00	¥0.00	¥
5	Intranet/Inter 管理员	¥0.00	¥0.00	¥0.00	¥0.00	¥
6	浏览器管理员	¥0.00	¥0.00	¥0.00	¥0.00	¥
7	网络管理员	¥0.00	¥0.00	¥0.00	¥0.00	¥
8	测试/QA 负责人	¥0.00	¥0.00	¥0.00	¥0.00	¥
9	用户教育/培训负责人	¥0.00	¥0.00	¥0.00	¥0.00	¥
10	后勤管理负责人	¥0.00	¥0.00	¥0.00	¥0.00	
11	风险承担者	¥0.00	¥0.00	¥0.00	¥0.00	

图 12-15　挣值表

	任务名称	工期	开始时间	完成时间	完成百分比	成本	工时
1	Microsoft Off	136.5 个工	2003年9月15	2004年3月23	0%	¥0.00	1,912 工时
2	构想	10 个工作日	2003年9月15	2003年9月26	0%	¥0.00	104 工时
3	汇总当前信	2 个工作日	2003年9月15日	2003年9月16日	0%	¥0.00	16 工时
4	确定公司台	2 个工作日	2003年9月17日	2003年9月18日	0%	¥0.00	16 工时
5	确定项目范	3 个工作日	2003年9月19日	2003年9月23日	0%	¥0.00	24 工时
6	确定主要里	1 个工作日	2003年9月24日	2003年9月24日	0%	¥0.00	16 工时
7	确保执行的	2 个工作日	2003年9月25日	2003年9月26日	0%	¥0.00	32 工时
8	完成构想	0 个工作日	2003年9月26日	2003年9月26日	0%	¥0.00	0 工时
9	规划	37.5 个工作	2003年9月29	2003年11月1	0%	¥0.00	888 工时
10	召集项目组	1.5 个工作	2003年9月29	2003年9月30	0%	¥0.00	40 工时
11	指派/定.	1 个工作日	2003年9月29日	2003年9月29日	0%	¥0.00	8 工时
12	指派/定.	4 工时	2003年9月30日	2003年9月30日	0%	¥0.00	4 工时
13	指派/定.	4 工时	2003年9月30日	2003年9月30日	0%	¥0.00	4 工时
14	指派/定.	4 工时	2003年9月30日	2003年9月30日	0%	¥0.00	4 工时
15	指派/定.	4 工时	2003年9月30日	2003年9月30日	0%	¥0.00	4 工时
16	指派/定.	4 工时	2003年9月30日	2003年9月30日	0%	¥0.00	4 工时

图 12-16　摘要表

8.【延迟】表

【延迟】表是用来显示资源调配延迟情况的一种表格，属于任务类表格，主要包括任务模式、名称、资源调配延迟、工期、开始时间、完成时间、后续任务、资源名称等项目信息，如图 12-17 所示。

	任务模式	名称	资源调配延迟	工期	开始时间	完成时间	后续任务
1		Microsoft Off	0 天	136.5 个工	03年9月15日	04年3月23日	
2		构想	0 天	10 个工作	03年9月15日	03年9月26日	9
3		汇总当前信	0 天	2 个工作日	2003年9月15日	2003年9月16日	4
4		确定公司台	0 天	2 个工作日	2003年9月17日	2003年9月18日	5
5		确定项目范	0 天	3 个工作日	2003年9月19日	2003年9月23日	6
6		确定主要里	0 天	1 个工作日	2003年9月24日	2003年9月24日	7
7		确保执行的	0 天	2 个工作日	2003年9月25日	2003年9月26日	8
8		完成构想	0 天	0 个工作日	2003年9月26日	2003年9月26日	
9		规划	0 天	37.5 个工	03年9月29日	3年11月19日	143
10		召集项目组	0 天	1.5 个工作	03年9月29日	03年9月30日	21, 36, 55, 5
11		指派/定.	0 天	1 个工作日	2003年9月29日	2003年9月29日	12, 13, 14, 15,
12		指派/定.	0 天	4 工时	2003年9月30日	2003年9月30日	20
13		指派/定.	0 天	4 工时	2003年9月30日	2003年9月30日	20
14		指派/定义台式	0 天	4 工时	2003年9月30日	2003年9月30日	20
15		指派/定.	0 天	4 工时	2003年9月30日	2003年9月30日	20

图 12-17　延迟表

12.2   设置项目信息

单击【项目】选项卡，选择【项目信息】，弹出【项目信息】对话框。在其中可以设置许多选项，如图 12-18 所示。

图 12-18   项目开工 / 完工时间设置

开始日期：如果项目的日程是从项目开始日来排定，可以在此输入项目开始的日期。

完成日期：如果项目的日程是从项目完成日来排定，可以在此输入项目完成的日期。

日程排定方法：设置项目是从项目开始之日来排定或是从项目完成之日来排定。比如，如果要求下个月底前一定要完成某个项目，那么是以项目的完成日期来排定的；相对地，如果现在开始规划一个项目，便是以开始日期来排定。

当前日期：系统当前日期。

状态日期：项目规划的初期，由于其所预估的时间、成本等都有可能根据实际的情形而进行修正，这时，项目经理除了进行适当修正外，也可能想要保留原本预估的信息，以便在后期进行比较时使用。此时，就可以在"状态日期"中输入想要保留的日期，再结合 Project 2013 的"保存比较基准"功能，便可以跟踪比较同一个项目文件在不同时机点的规划时间、成本情形。如果将"状态日期"设置为"NA"，那么 Project 便会将当前日期当作状态日期。

日历：设置此项目的日历，还可以加入更多的日历或更改其设置。

优先级：Project 2013 可以轻易地整合多个项目，当多个项目同时进行时，资源的分配便可能发生不足的情形，当资源在跨多个项目之间进行分配时，便可能在此设置优先权限。可以输入 0 ～ 100 之间的数字，数字越大表示任务的优先级越高，Project 会先考虑任务级别的优先级，然后再考虑项目级别的优先级。

12.2.1   定义项目日历

在上面创建的项目中可以看到，中间有"元旦""春节"等法定假期，项目成员在这段时间都不会工作。如果以标准的日历时间来规划项目，便会发生时间上的错误，这时就需要修改项目进行的时间。

日历指的是确定资源和任务工作时间的日程排定机制。**Project** 使用四种类型的日历：基准日历、项目日历、资源日历和任务日历。基准日历指的是可用作项目和任务日历并指定一组资源的默认工作和非工作时间的日历。项目日历指的是项目所使用的基准日历。基准日历不同于资源日历，后者指定单个资源的工作和非工作时间，而前者指定多个资源的工作时间和非工作时间。

工作时间是在资源或项目日历中指定的可以开展工作的时间，而非工作时间是资源或项目日历中指定的不能进行任务排定的小时数或天数，因为此时不能进行工作，所以 **Project** 不应在此时排定任务。非工作时间可以包括午餐时间、周末和节假日。

基准日历有如下三个模板。

- 标准：具有标准工作日和工作周（即从星期一至星期五，从上午 8:00 到下午 5:00，其中中午 12:00 到下午 1:00 是用于午休的非工作时间）的基准日历。

- 24 小时：没有非工作时间的基准日历。从星期日至星期六，每天 0:00 到 24:00 的所有时间均设置为工作时间。

- 夜班：为夜班而设置的基准日历。工作时间为星期一晚上至星期六早上，晚上 11:00 到上午 8:00，其中凌晨 3:00 到凌晨 4:00 被指定为用于休息的非工作时间。

（1）单击【项目】选项卡选择【更改工作时间】，弹出【更改工作时间】对话框，如图 12-19 所示。在【对于日历】下拉列表框中有三个日历模板，这里选择"标准"日历模板，其后带有"（项目日历）"表示当前项目所用的日历。如果不希望更改 Project 中内置的日历，那么可以自行定义属于自己项目的日历，从中可以包括各种法定假日、带薪年休假、倒休等。

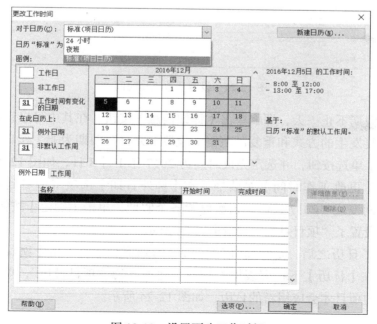

图 12-19　设置更改工作时间

（2）单击图 12-19 右上方的【新建日历】按钮以新建一个属于这个项目或整个企业的日历，弹出【新建基准日历】对话框，在【名称】文本框中为新日历命名，如"项目日历"，同时选择复制来自 Project 的"标准"日历，单击【确定】按钮，如图 12-20 所示。

（3）返回【更改工作时间】对话框，【对于日历】下拉列表框中显示的是"项目日历"，即可在其中定义属于项目的基准日历。由于新建的日历是以标准日历为基础的，因此其工作时间也以此为基础。在【例外日期】选项卡下的

图 12-20　设置新建日历

"名称"域中输入假期的名称，如"元旦"，然后在"开始时间"域中选择对应的日期，如"2017/1/1"，如图 12-21 所示。

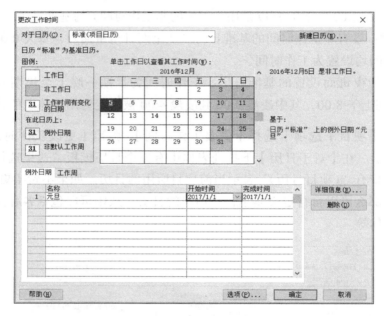

图 12-21　设置更改工作时间

（4）如果假期不止一天，那么单击【详细信息】按钮，在其中可以设置例外日期的工作时间、重复发生的方式和重复的范围。设置"元旦"假期为非工作日，并在重复范围中选中【到】单选按钮，并选定完成时间为 2017 年 1 月 3 日，如图 12-22 所示。

（5）返回【更改工作时间】对话框，在【例外日期】选项卡中看到例外日期"元旦"的完成时间变成"2017/1/3"。依次设置各个假期，单击【确定】按钮关闭对话框，这样就新建并设置了"项目日历"，如图 12-23 所示。

（6）创建了日历之后，还需将新的日历应用到项目中。单击【项目】选项卡选择【项目信息】，在【日历】下拉列表框中选择新建的日历"项目日历"，单击【确定】按钮，这样当前的项目才会应用新的日历，如图 12-24 所示。

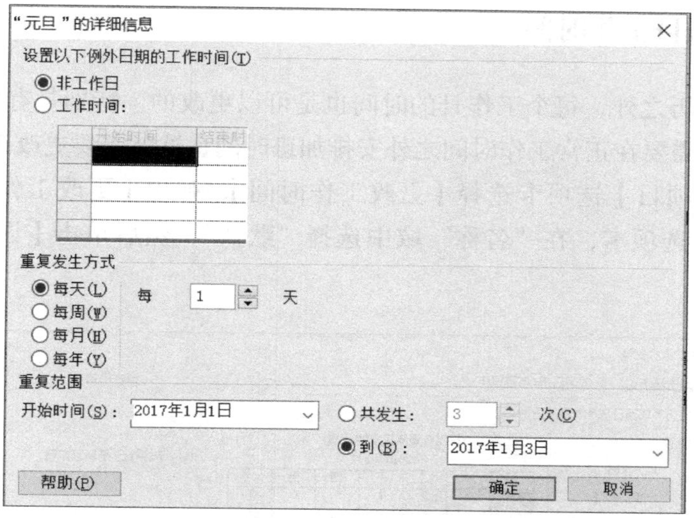

图 12-22　设置非工作时间

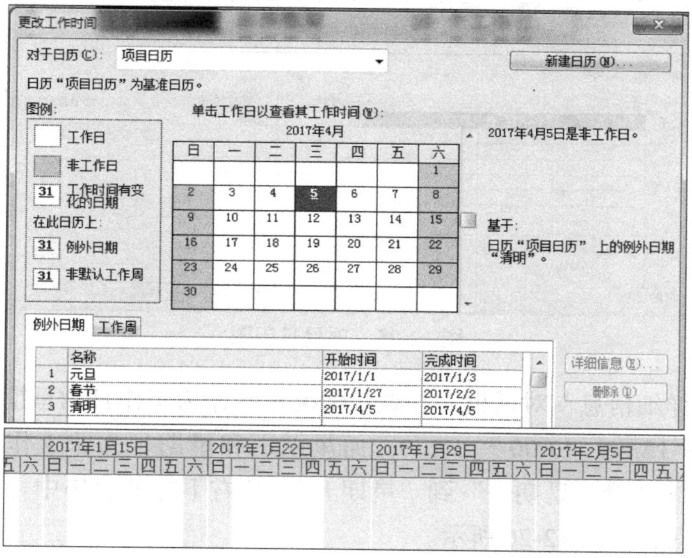

图 12-23　设置项目日历

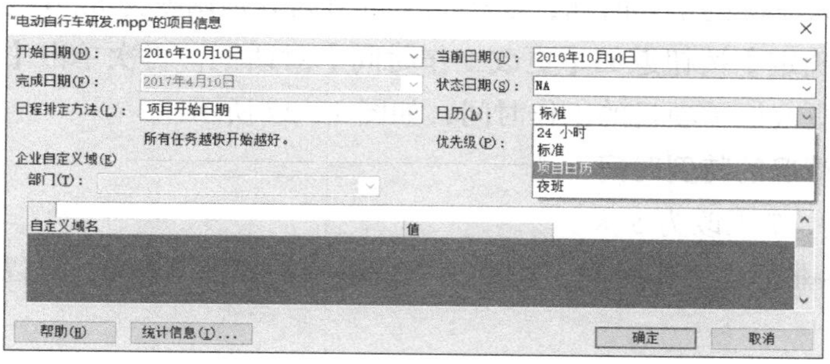

图 12-24　设置和启用项目日历

12.2.2　设置项目工作时间

除了项目日历之外，每个工作日的时间也是可以更改的。特别是有些项目为了赶上交付日期，往往需要在正常工作时间之外安排加班时间，这就需要更改工作时间。

（1）单击【项目】选项卡选择【更改工作时间】，弹出【更改工作时间】对话框，选中【工作周】选项卡，在"名称"域中选择"默认"，然后单击【详细信息】按钮，如图 12-25 所示。

图 12-25　项目日历图

（2）弹出"详细信息"对话框。在默认情况下，作为工作日的星期一到星期五的工作时间为 8:00 ～ 12:00、13:00 ～ 17:00，而星期六和星期日为非工作日。在【选择日期】列表框中连续选择"星期一"到"星期五"，从右下方的表格中可以看到这些工作日的默认工作时间，如图 12-26 所示。

（3）在对话框的右上方选中【对所列日期设置以下特定工作时间】单选按钮，并在下方的表格中输入正确的工作时间，如将上下班时间分别调整为 8:30 到 17:30。

（4）单击【确定】按钮返回【更改工作时间】对话框，再次单击【确定】按钮关闭对话框，这样就更改好了项目的工作时间，如图 12-27 所示。

练习：各种情况的特例时间

1）标准工期，7 天改为 5 天。

2）工作日，非标准工作时间，8:00 ～ 12:00、13:00 ～ 17:00，可以改为别的工作时间段。

3）一次性的时间休假。

4）重复性休假。

图 12-26　工作时间图

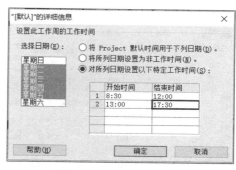

图 12-27　调整工作时间

5）无规律性的特例休假。

6）每周六天工作日。

7）七天工作日。

12.3　各个工作包日历的设定

［**例 12-1**］　项目开始于 11 月 7 日，项目的 WBS 及逻辑关系、工作量如表 12-1 所示。

表 12-1　项目信息表

工作		A	工作情况
紧前		—	
工作量		8 小时／人	
情境 1	项目工期 1 天	每天工作 8 小时	第 1 天全天
		1 天	
情境 2	项目工期 1.5 天	每天上午工作 4 小时	第 1 天（上）半天 第 2 天（上）半天
		两个半天	
情境 3	项目工期 1.5 天	每天下午工作 4 小时	第 1 天（上）半天 第 2 天（下）半天
		两个半天	
情境 4	项目工期 2 天	第 1 天上午工作 4 小时 第 2 天下午工作 4 小时	第 1 天（上）半天 第 2 天（下）半天
		两个半天	
情境 5	项目工期 1 天	第 1 天下午工作 4 小时 第 2 天上午工作 4 小时	第 1 天（下）半天 第 2 天（上）半天
		两个半天	

在 Project 2013 上实现的情况如图 12-28 所示。

首先设置项目日历，如图 12-29 所示。

情境 1：

单击【项目】选项卡选择【更改工作时间】，弹出【更改工作时间】对话框，单击【新建日历】按钮，命名为"全天上班"，同时选择复制来自"项目日历"日历，单击【确定】按钮。

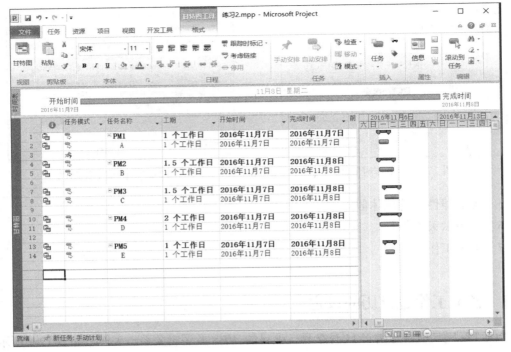

图 12-28　工作包的日历

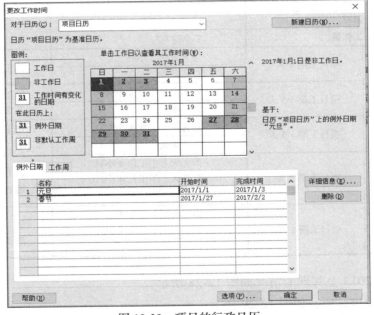

图 12-29　项目的行政日历

分别给任务 A 和 PM1 分配日历。选中 PM1，单击【任务】选项卡选择【信息】，选中【高级】选项卡，在【日历】的下拉列表框中选择"项目日历"，单击【确定】按钮。同理，给任务 A 分配"全天上班"日历，如图 12-30 所示。

a)

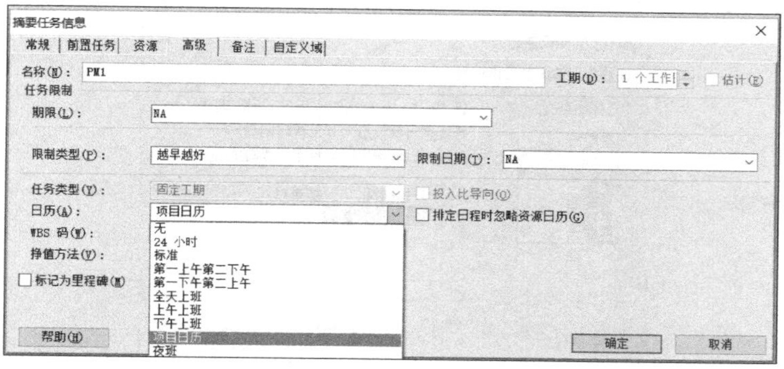

b)

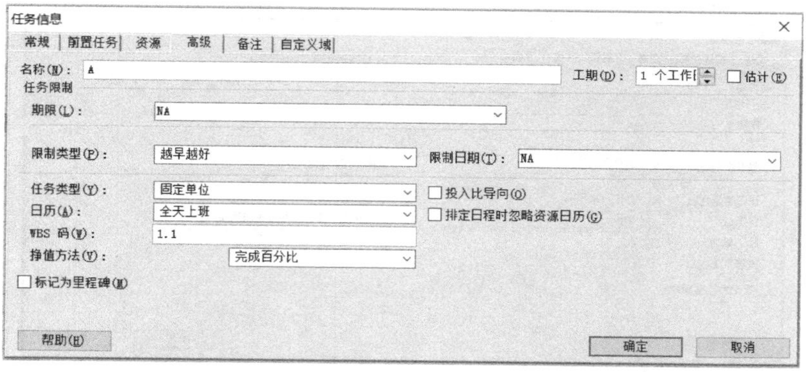

c)

图 12-30 分配任务日历

选中任务 A 和 PM1 进行自动安排，就得到情境 1 的项目工期为 1 天。

情境 2：

单击【项目】选项卡选择【更改工作时间】，弹出【更改工作时间】对话框，单击【新建日历】按钮，命名为"上午上班"，同时选择复制来自"项目日历"日历，单击【确定】按钮。选中【工作周】选项卡，单击【详细信息】按钮，对星期一和星期二只设置上午的工作时间，把下午的工作时间段用"delete"键删除，单击【确定】按钮，如图 12-31 所示。

分别给 PM2 分配"项目日历"日历，给任务 B 分配"上午上班"日历。

选中任务 B 和 PM2 进行自动安排，就得到情境 2 的项目工期为 1.5 天。

情境 3：

单击【项目】选项卡选择【更改工作时间】，弹出【更改工作时间】对话框，单击【新建日历】按钮，命名为"下午上班"，同时选择复制来自"项目日历"日历，单击【确定】按钮。选中【工作周】选项卡，单击【详细信息】按钮，对星期一和星期二只设置下午的工作时间，把上午的工作时间段用"delete"键删除，单击【确定】按钮，如图 12-32 所示。

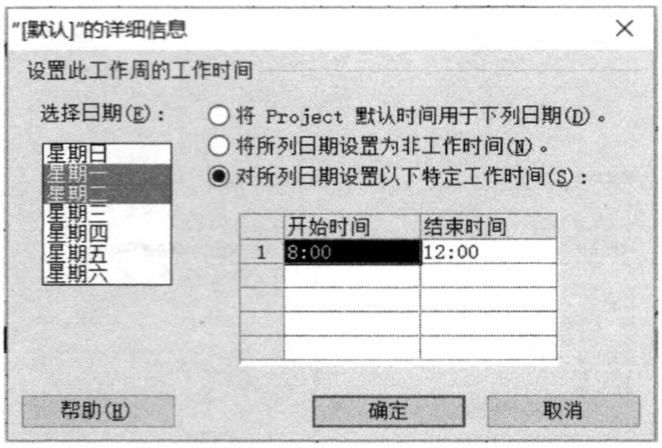

a）

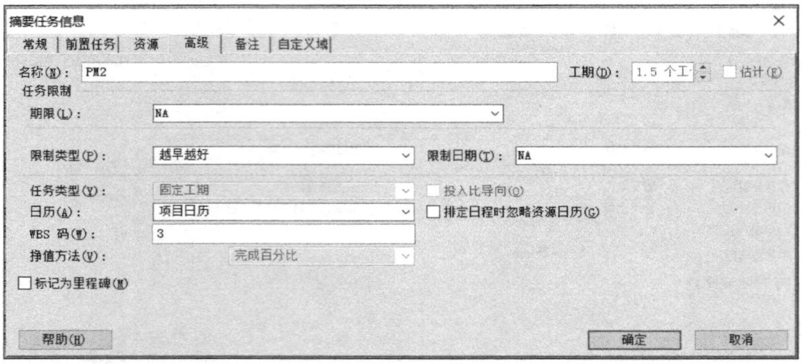

b）

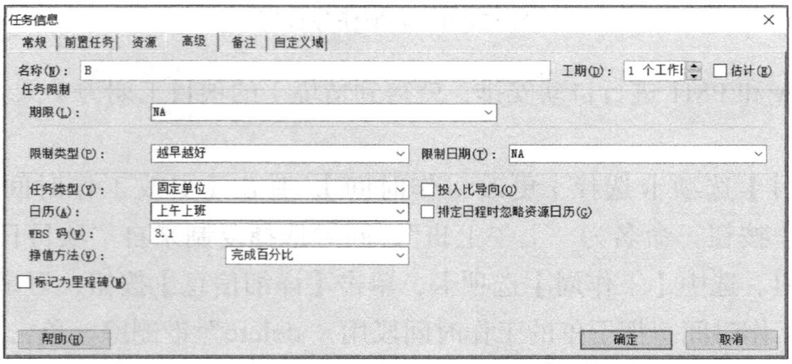

c）

图 12-31　更改工作包时间（上午上班）

分别给 PM3 分配"项目日历"日历，给任务 C 分配"上午上班"日历。选中任务 C 和 PM3 进行自动安排，就得到情境 3 的项目工期为 1.5 天。

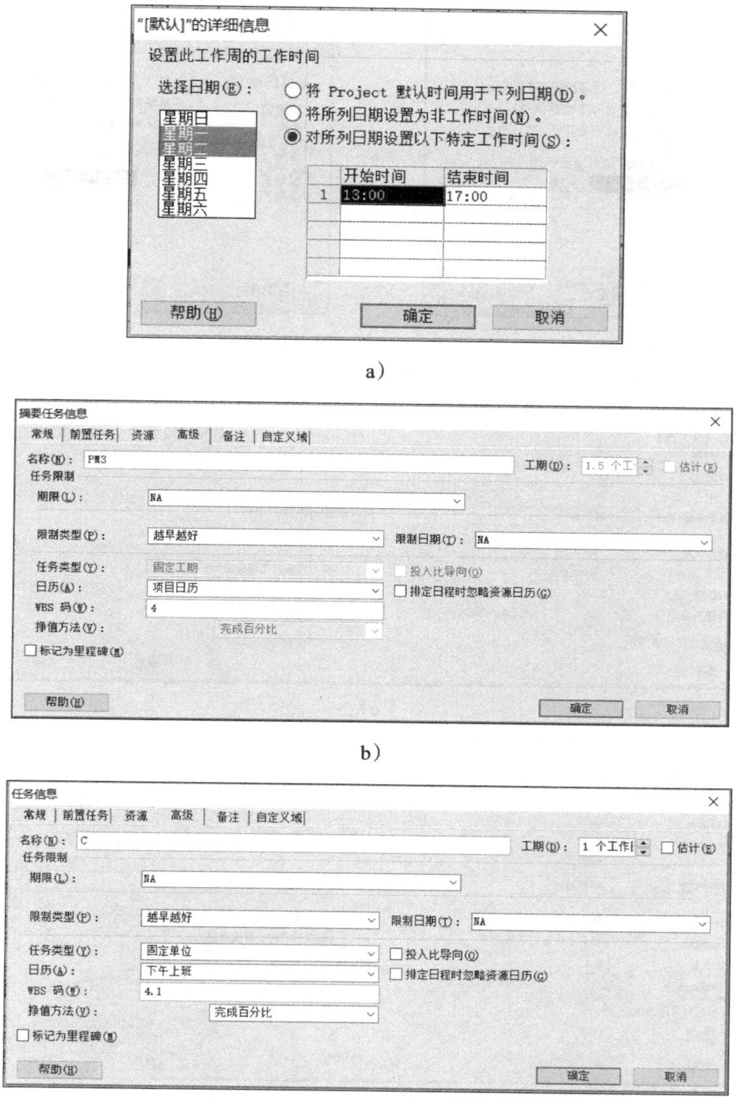

a)

b)

c)

图 12-32　更改工作包时间（下午上班）

情境 4：

单击【项目】选项卡选择【更改工作时间】，弹出【更改工作时间】对话框，单击【新建日历】按钮，命名为"第一上午第二下午"，同时选择复制来自"项目日历"日历，单击【确定】按钮。选中【工作周】选项卡，单击【详细信息】按钮，对星期一只设置上午的工作时间，把下午的工作时间段用"delete"键删除；对星期二只设置下午的工作时间，把上午的工作时间段用"delete"键删除，单击【确定】按钮，如图 12-33a 和图 12-33b 所示。分别给 PM4 分配"项目日历"日历，给任务 D 分配"第一上午第二下午"日历，如图 12-33c 和图 12-33d 所示。

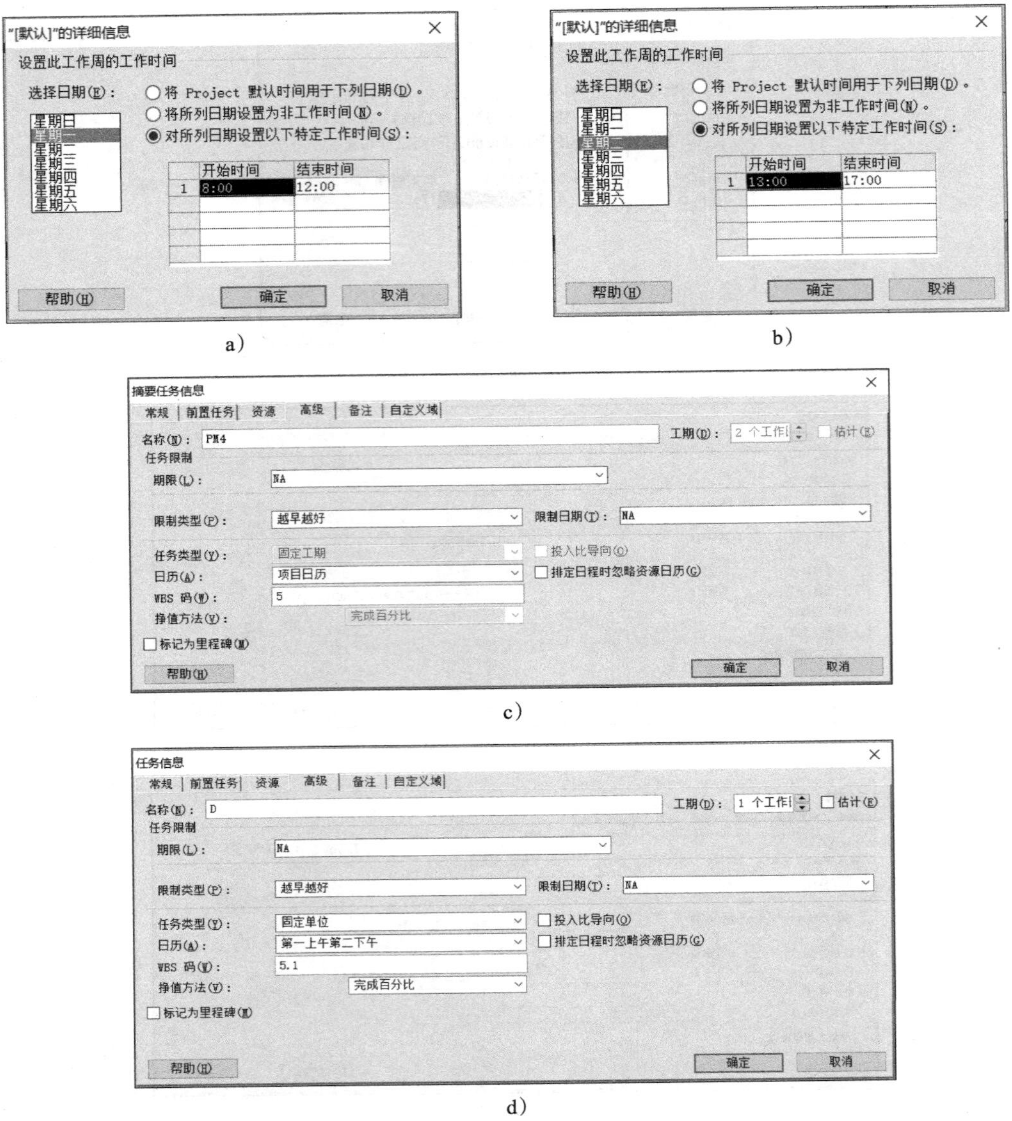

a)

b)

c)

d)

图 12-33 更改工作包时间（第一上午第二下午）

选中任务 D 和 PM4 进行自动安排，就得到情境 4 的项目工期为 2 天。

情境 5：

单击【项目】选项卡选择【更改工作时间】，弹出【更改工作时间】对话框，单击【新建日历】按钮，命名为"第一下午第二上午"，同时选择复制来自"项目日历"日历，单击【确定】按钮。选中【工作周】选项卡，单击【详细信息】按钮，对星期一只设置下午的工作时间，把上午的工作时间段用"delete"键删除；对星期二只设置上午的工作时间，把下午的工作时间段用"delete"键删除，单击【确定】按钮，如图 12-34 所示。

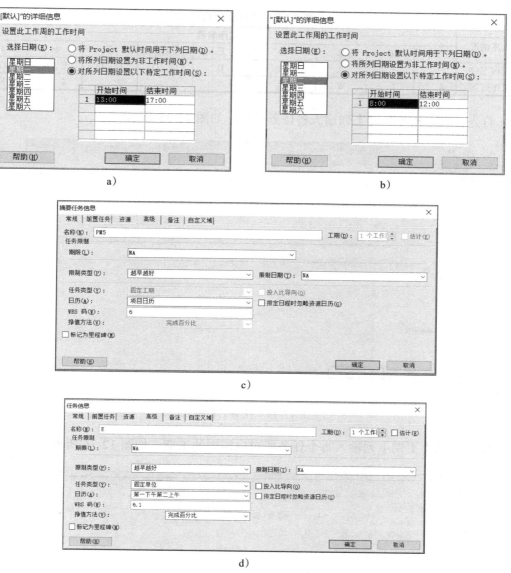

图 12-34　更改工作包时间（第一下午第二上午）

分别给 PM5 分配"项目日历"日历，给任务 E 分配"第一下午第二上午"日历。选中任务 E 和 PM5 进行自动安排，就得到情境 5 的项目工期为 1 天。

12.4　项目工序的输入与工期的计算

12.4.1　工期输入

下面以表 12-2 所示的信息为例，示范工序、工期有关的操作。

表 12-2　项目工序信息

工序情况	工序名称								
	A	B	C	D	E	F	G	H	I
紧前工序	—	—	A	B	B	C、D	C、D	E、F	G
工序时间	4	6	6	7	5	9	7	4	8

首先，在【任务名称】列输入各任务名称，如图 12-35 所示。

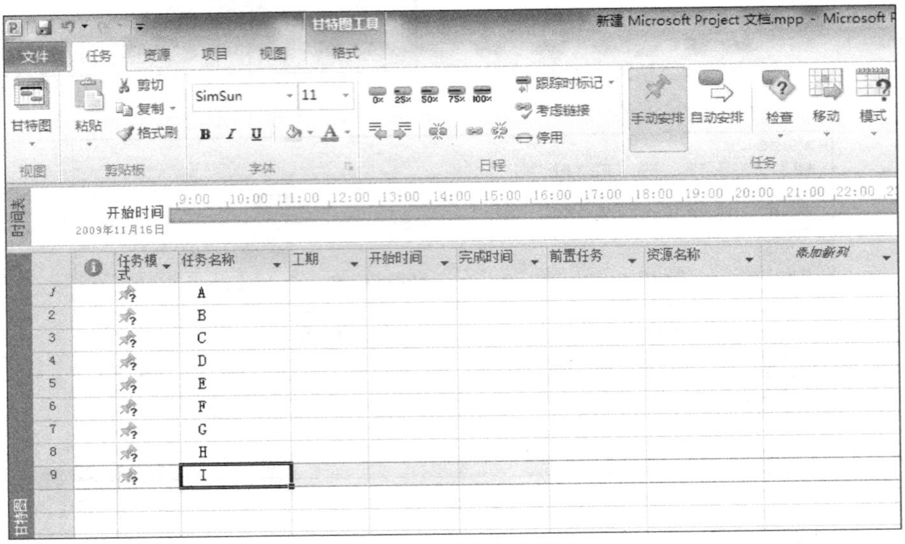

图 12-35　任务名称输入

随后，在【工期】列输入每个任务所对应需要的工期，如图 12-36 所示。

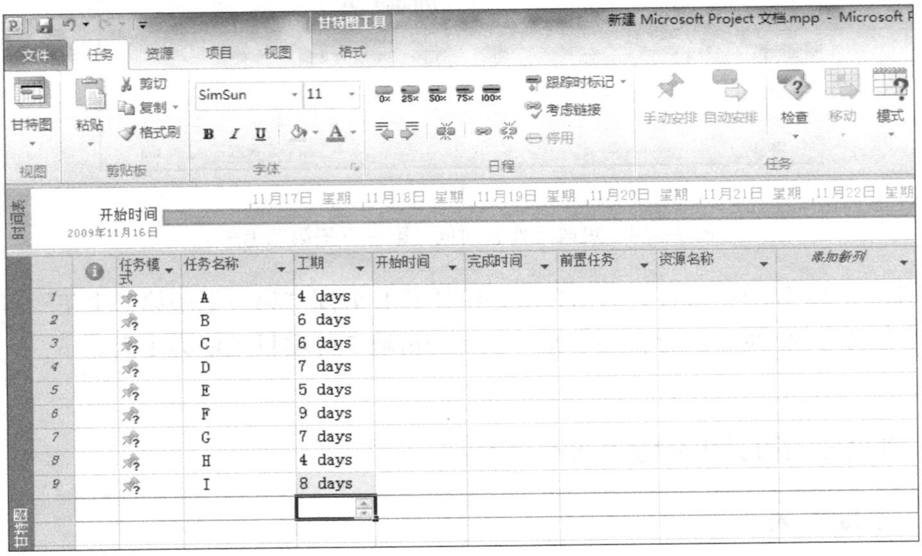

图 12-36　工期输入

需要注意的是，默认的工期单位是"天"（days），只要在工期框中输入数字，系统会自动弹出后面的单位。如果要改变默认工期单位，可以单击【文件】选项卡选择【选项】，在弹出的【Project 选项】对话框左侧选择【日程】选项后，可以对界面右侧下方的工期显示单位进行调整，选定的工期单位成为新的默认单位，如图 12-37 所示。

图 12-37　工期默认单位调整

12.4.2　添加逻辑关系

接下来，在 12.4.1 节项目的基础上继续添加各项目间的逻辑关系。

逻辑关系体现在【甘特图】界面的【前置任务】列。根据表 12-2，A、B 工序没有紧前工序，C 的紧前工序为 A（对应甘特图第 1 行），D、E 的紧前工序为 B（对应甘特图第 2 行），F、G 的紧前工序为 C、D（对应甘特图第 3、4 行），依此类推，将数字直接输入到【前置任务】列的对应位置，有多个前置任务时需用逗号隔开。结果如图 12-38 所示。

相应的甘特图显示在右侧，如图 12-39 所示。

12.4.3　添加搭接关系

在上一部分，逻辑关系的添加默认的是上一道工序结束，下一道工序即可立刻开始，但真实情况往往不是这么简单，如有可能由于机器保养，上道工序结束后需要停工

2 天才能开始下道工序，或者由于上道工序所创造的资源在下道工序使用的过程中具有时效性，所以要求下道工序必须在 5 天内完成，等等。这种不同工序的开始或结束之间的时间关系体现在项目管理中，被称为搭接关系。

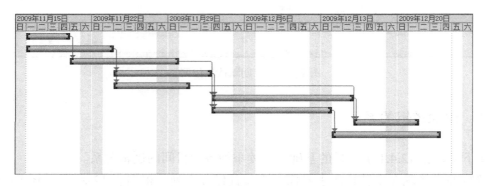

图 12-38　前置任务设置

图 12-39　建立逻辑关系的甘特图

搭接关系有四种，分别是 FS、SS、SF、FF。其中 F 代表 Finish，S 代表 Start，FS 表示前一个项目结束与后一个项目开始之间间隔的时间，SS 表示前一个项目开始与后一个项目开始之间间隔的时间，SF 表示前一个项目开始与后一个项目结束之间间隔的时间，FF 表示前一个项目结束与后一个项目结束之间间隔的时间。

在上一节逻辑关系的基础上，再加上一些搭接关系，如 A 与 C 之间为 FS3，D 与 F 之间为 FF5，E 与 H 之间为 SS2。

在 Project 中进行搭接关系的设定时，首先双击任务 C 的【前置任务】格，弹出【任务信息】对话框，选中对话框中的【前置任务】选项卡，在下方前置任务表格中对类型设置为 FS，延隔时间设置为 3d，如图 12-40 所示。

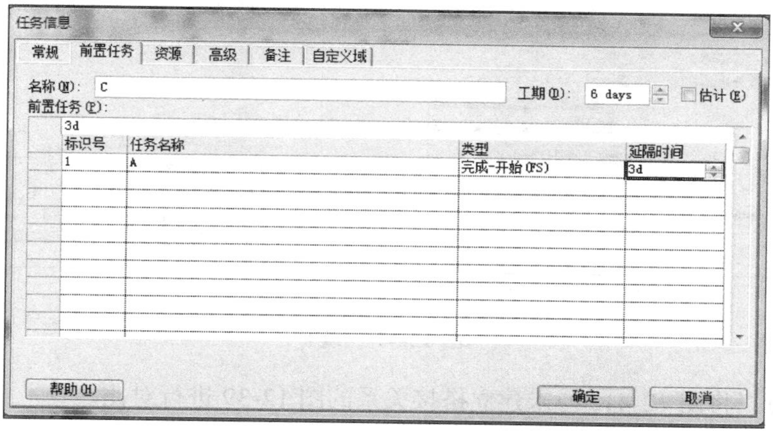

图 12-40　搭接关系设置

另外两个搭接关系设置如图 12-41a 和图 12-41b 所示。

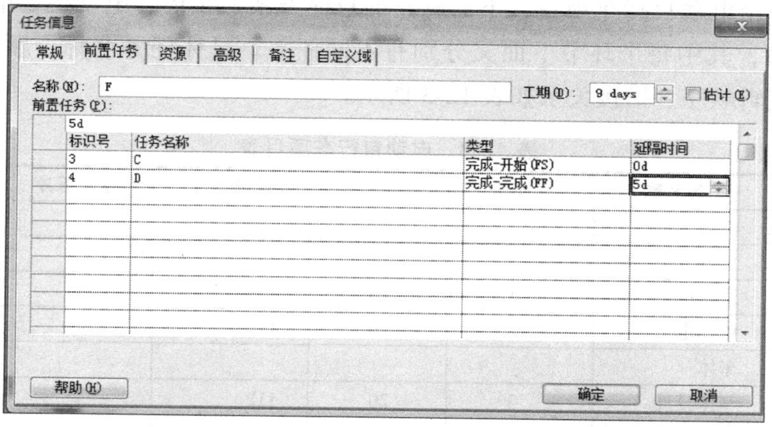

a）

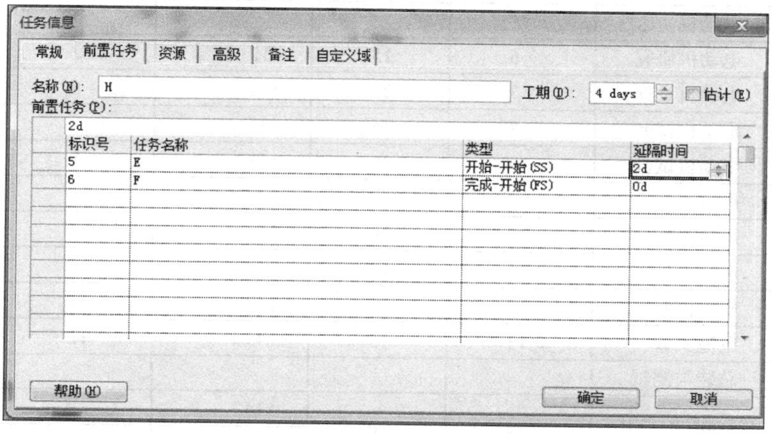

b）

图 12-41　搭接关系设置与建立搭接关系的甘特图

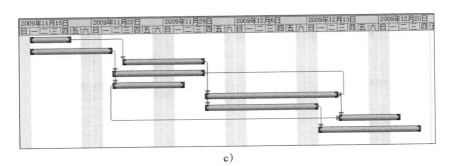

c)

图 12-41 （续）

此时，可以将图 12-41c 与未建立搭接关系的图 12-39 进行对比。

12.4.4 分层管理

假设有一个电动自行车项目，下面有它的总体方案、车体、电动机、电池、总装与测试几个环节，其中每个环节下面又分别有不同任务。具体任务名称、顺序号、工期、紧前工作、逻辑顺序、搭接关系如表 12-3 所示。

表 12-3 电动自行车项目表

编　码	任务名称	顺序号	工期 / 天	紧前工作	逻辑顺序	搭接关系
100	电动自行车					
110	总体方案					
111	总体框架	1	10	—		
112	单元定义	2	10	111	1	
120	车体					
121	车体设计	3	20	112	2	
122	车体试制	4	20	121	3	
123	车体试验	5	10	122	4	
130	电动机					
131	电动机研究	6	15	112	2	
132	电动机设计	7	25	131	6	SS10
133	电动机试制	8	15	132	7	
134	电动机试验	9	20	133	8	
140	电池					
141	电池研究	10	20	112	2	
142	电池设计	11	10	141	10	
143	电池试制	12	20	142	11	
144	电池试验	13	15	143	12	
150	总装与测试					
151	总装	14	10	134	9	FS5
				123，144	5，13	
152	测试	15	10	151	14	

1. 编码列设置

如图 12-42 所示,右击【任务名称】列,选择【插入列】,并在弹出的【键入列名】下拉菜单中选择【WBS】,形成新列,用于输入表 12-3 中的编码。

图 12-42　编码列添加

2. 信息输入

分别对表 12-3 中有顺序号的任务进行【WBS】、【任务名称】、【工期】、【前置任务】及相应搭接关系的输入,完成结果如图 12-43 所示。

		任务模式	WBS	任务名称	工期	前置任务
1		★	111	总体框架	10 days	
2		★	112	单元定义	10 days	1
3		★	121	车体设计	20 days	2
4		★	122	车体试制	20 days	3
5		★	123	车体试验	10 days	4
6		★	131	电动机研究	15 days	2
7		★	132	电动机设计	25 days	6SS+10 days
8		★	133	电动机试制	15 days	7
9		★	134	电动机试验	20 days	8
10		★	141	电池研究	20 days	2
11		★	142	电池设计	10 days	10
12		★	143	电池试制	20 days	11
13		★	144	电池试验	15 days	12
14		★	151	总装	10 days	9FS+5 days,5,13
15		★	152	测试	10 days	14

图 12-43　信息输入情况

3. 任务分层

如图 12-44 所示,右击第 1 行标签,选择【插入任务】。

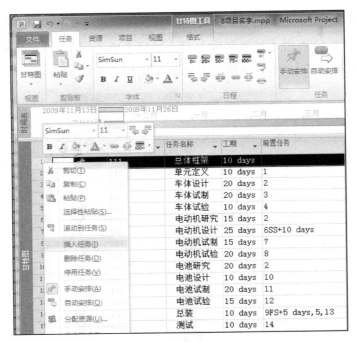

图 12-44　插入任务

将新任务的 WBS 改为"110"，任务名称改为"总体方案"。随后，同时选中 WBS 为"111"和"112"的两行，选中【任务】选项卡下【日程】，单击右向箭头，对"总体框架"和"单元定义"两项任务进行降级，表示这两项任务在"总体方案"下，如图 12-45 所示。

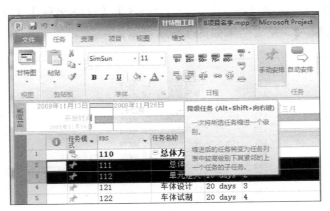

图 12-45　降级设置

降级完成后，单击总体方案前面的加或减号可以收起或打开下方项目。

类似地，可以继续添加车体、电动机、电池、总装与测试，并分别分层，对整个任务进行全选，自动安排，完成后的情况如图 12-46 所示。

再按照类似的方式，在第一行上方插入新任务，WBS 为"110"，任务名称为"电动自行车"，并对下方所有内容进行全选，整体降级，如图 12-47 所示。

	ⓘ	任务模式	WBS	任务名称	工期	前置任务
1			**110**	**⊟ 总体方案**	**20 days**	
2			111	总体框架	10 days	
3			112	单元定义	10 days	2
4			**120**	**⊟ 车体**	**50 days**	
5			121	车体设计	20 days	3
6			122	车体试制	20 days	5
7			123	车体试验	10 days	6
8			**130**	**⊟ 电动机**	**70 days**	
9			131	电动机研究	15 days	3
10			132	电动机设计	25 days	9SS+10 days
11			133	电动机试制	15 days	10
12			134	电动机试验	20 days	11
13			**140**	**⊟ 电池**	**65 days**	
14			141	电池研究	20 days	3
15			142	电池设计	10 days	14
16			143	电池试制	20 days	15
17			144	电池试验	15 days	16
18			**150**	**⊟ 总装与测试**	**20 days**	
19			151	总装	10 days	12FS+5 days,7,17
20			152	测试	10 days	19

图 12-46　全部二级项目降级

	ⓘ	任务模式	WBS	任务名称	工期	前置任务
1			**100**	**⊟ 电动自行车**	**115 days**	
2			**110**	**⊟ 总体方案**	**20 days**	
3			111	总体框架	10 days	
4			112	单元定义	10 days	3
5			**120**	**⊟ 车体**	**50 days**	
6			121	车体设计	20 days	4
7			122	车体试制	20 days	6
8			123	车体试验	10 days	7
9			**130**	**⊟ 电动机**	**70 days**	
10			131	电动机研究	15 days	4
11			132	电动机设计	25 days	10SS+10 days
12			133	电动机试制	15 days	11
13			134	电动机试验	20 days	12
14			**140**	**⊟ 电池**	**65 days**	
15			141	电池研究	20 days	4
16			142	电池设计	10 days	15
17			143	电池试制	20 days	16
18			144	电池试验	15 days	17
19			**150**	**⊟ 总装与测试**	**20 days**	
20			151	总装	10 days	13FS+5 days,8,18
21			152	测试	10 days	20

图 12-47　最终结果

从这个完成的表中，我们可以清楚地看到各项目之间的层级顺序，以及每个层级所需花费的时间。

12.5　项目成本的输入

12.5.1　成本管理

假设一个项目中有 A、B 两项工作，基本信息如表 12-4 所示，以此作为例子说明如何在 Project 中对项目的各项成本进行管理。

表 12-4　项目基本信息

紧前	工作	工期 / 天	固定费用	材料	间接费用	人工	管理员
—	A	5	5 000 元	笔记本每个 100 元 100 个	财务 10 000 元	1 名设计员 60 元 /（人·h）1 个调研员 45 元 /（人·h）	1 个，75 元 /（人·h）
A	B	10	10 000 元	钢笔每支 3 000 元 10 支	销售 5 000 元	2 个调研员 45 元 /（人·h）	

分析表 12-4 可获得 A、B 两项工作的基本信息，其中工作 A 需要花费 5 天，固定费用 5 000 元，消耗 100 元 / 个的笔记本 100 个，财务费用 10 000 元，人工需要 1 名 60 元 /h 的设计人员，1 名 45 元 /h 的调研人员；工作 B 在工作 A 完成后开始，工期 5 天，固定费用 10 000 元，消耗 3 000 元 / 支的钢笔 10 支，销售费用 5 000 元，人工需要 2 名 45 元 /h 的调研人员，A 和 B 共用一个管理员，工资为 75 元 /h。据此，开始录入信息。

首先，在甘特图界面输入任务的基本信息，如图 12-48 所示。

然后，选中【资源工作表】视图，如图 12-49 所示，开始准备进行资源的设置。

图 12-48　输入任务基本信息

图 12-49　视图选择

在【资源工作表】中依次输入资源名称、类型、标准费率，其他保持默认状态，如图 12-50 所示。

	资源名称	类型	材料标签	缩写	组	最大单位	标准费率	加班费率
1	笔记本	材料		笔			￥100.00	
2	钢笔	材料		钢			￥3 000.00	
3	财务费用	成本		财				
4	销售费用	成本		销				
5	设计人员	工时		设		100%	￥60.00/h	￥0.00/h
6	调研人员	工时		调		100%	￥45.00/h	￥0.00/h
7	管理员	工时		管		100%	￥75.00/h	￥0.00/h
8	调研人员2	工时		调		100%	￥45.00/h	￥0.00/h

图 12-50　资源输入

回到【甘特图】界面，开始分别对工作 A、B 分配资源。

对 A 分配资源。选中任务 A 后，单击界面上方【资源】选项卡选择【分配资源】选项，如图 12-51 所示。

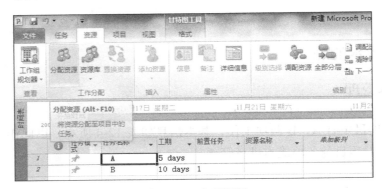

图 12-51　分配资源

弹出【分配资源】对话框，根据上面的分析，选中 A 所需资源，单击【分配】按钮。其中，材料类资源在进行分配后，需要自行在【单位】列输入所需数值，具体来说，这里对"笔记本"进行分配后，还需要在单位处输入 100；成本类资源分配后也需要在【成本】列直接输入数值，这里需要对财务费用输入 10 000；对于人工类资源，则只需直接单击【分配】按钮，系统会直接根据工期、每个工作日的工作时间及工资信息，自行计算工资总额。对 A 的分配结果如图 12-52 所示。

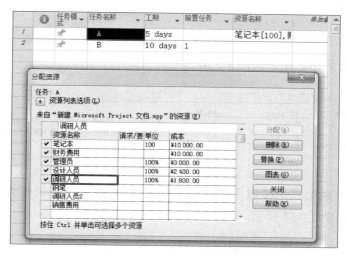

图 12-52　为 A 分配资源

对任务 B 的资源分配同理，结果如图 12-53 所示。

至此，我们已对表 12-4 中除固定费用之外的资源全部分配完毕，而固定费用的分配直接在【甘特图】界面进行。

右击【资源名称】列，选择【插入列】，选择列名称为【固定成本】，如图 12-54 所示。

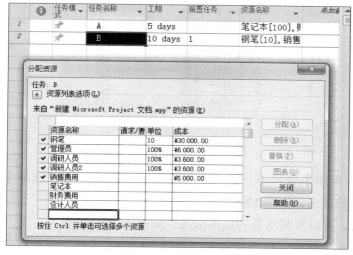

图 12-53　为 B 分配资源

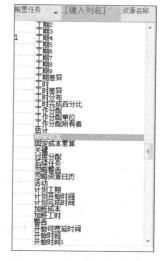

图 12-54　【固定成本】列添加

依次对 A、B 输入相应的固定成本值。最终结果如图 12-55 所示。

		任务模式	任务名称	工期	前置任务	固定成本	资源名称
1			A	5 days		¥5 000.00	笔记本[100],财务费用[¥10 000.00],管理员,设计人员,调研人员
2			B	10 days	1	¥10 000.00	钢笔[10],销售费用[¥5 000.00],调研人员,调研人员2,管理员

图 12-55　固定成本

12.5.2　视图查询

为方便查询本节要介绍到的各种视图，可以先为 A、B 任务设置一个上级项目 PM，具体方法前面已有介绍，结果如图 12-56 所示。

		任务模式	任务名称	工期	前置任务	固定成本	资源名称
1			▬ PM	15 days		¥0.00	
2			A	5 days		¥5 000.00	笔记本[100],财务费用[¥10 000.00],管理员,设计人员,调研人员
3			B	10 days	2	¥10 000.00	钢笔[10],销售费用[¥5 000.00],调研人员,调研人员2,管理员

图 12-56　添加总项目

点击界面右下角第二个按键【任务分配状况】，可以看到每项任务及具体人工所占用的工时情况，如图 12-57 所示。

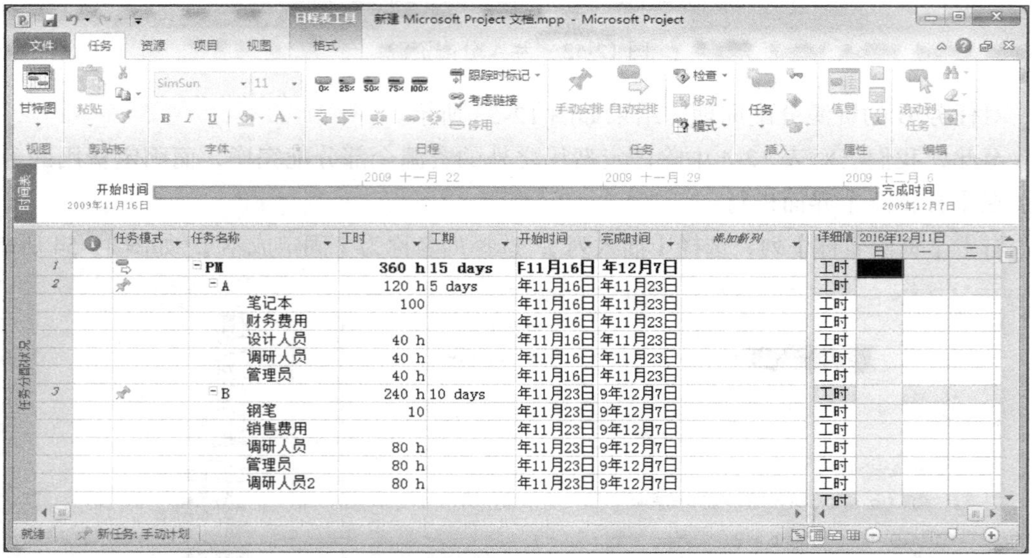

图 12-57　工时查看

随后，单击界面上方的【视图】选项卡，单击【表格】下拉箭头，可以选择【工时】、【差异】、【成本】等不同的模式，如图 12-58 所示。

其中，选择【成本】模式，可以看到项目的成本情况，如图 12-59 所示。

相应地，选择右下角不同的工作表，在不同界面中选择不同的【表格】项目，会显示不同的内容。

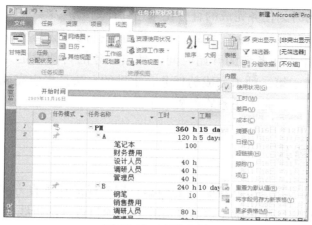

图 12-58　表格查看

任务名称	固定成本	固定成本累算	总成本	比较基准	差异	实际	剩余
1	⁻PM	¥0.00	按比例	¥90 400.00	¥0.00	90 400.00	¥0.00	90 400.00
2	⁻A	¥5 000.00	按比例	¥32 200.00	¥0.00	¥32 200.00	¥0.00	¥32 200.00
	笔记本			¥10 000.00	¥0.00	¥10 000.00	¥0.00	¥10 000.00
	财务费用			¥10 000.00	¥0.00	¥10 000.00	¥0.00	¥10 000.00
	设计人员			¥2 400.00	¥0.00	¥2 400.00	¥0.00	¥2 400.00
	调研人员			¥1 800.00	¥0.00	¥1 800.00	¥0.00	¥1 800.00
	管理员			¥3 000.00	¥0.00	¥3 000.00	¥0.00	¥3 000.00
3	⁻B	¥10 000.00	按比例	¥58 200.00	¥0.00	¥58 200.00	¥0.00	¥58 200.00
	钢笔			¥30 000.00	¥0.00	¥30 000.00	¥0.00	¥30 000.00
	销售费用			¥5 000.00	¥0.00	¥5 000.00	¥0.00	¥5 000.00
	调研人员			¥3 600.00	¥0.00	¥3 600.00	¥0.00	¥3 600.00
	管理员			¥6 000.00	¥0.00	¥6 000.00	¥0.00	¥6 000.00
	调研人员2			¥3 600.00	¥0.00	¥3 600.00	¥0.00	¥3 600.00

图 12-59　项目成本总表

12.6　项目的跟踪

跟踪项目进度重要的是及时更新项目信息，及时反映项目的比较基准计划与实际运行状况的差异，以便及时调整项目，达到项目跟踪的目的。

12.6.1　更新项目

更新项目将会用到【更新项目】对话框，如图 12-60 所示，在其中可进行如下操作。

- 更新项目中某些任务或所有任务的进度信息（完成百分比）。
- 重新排定未完成工时的日程，使其在指定的日期后开始。
- 更新或重新排定整个项目或所选任务的工时。

图 12-60　更新项目信息

12.6.2　重新安排未完成的任务

未完成的任务有两种情况，一种是在更新任务的时刻任务应该开始而没有开始，另一种是在更新任务的时刻任务完成的百分比未达到计划的进度要求。

Project 2013 系统对第一种未完成的任务进行重排的方法是将任务移到更新时间开始，即以更新时间作为任务新的开始时间，且该任务的自动设定为"不得早于……开始"的限制方式。对于第二种未完成的任务，重排的方法是将应完成而未完成的部分移到更新日期后继续进行，完成任务的剩余工作。

12.6.3 项目的进度线

进度线能够反映项目进度状况，它是根据日期生成的在垂直方向上的折线。所谓进度线，是显示在【甘特图】视图中以直观方式表示项目进度的折线。

进度线是用来衡量任务进度的一条折线。如果任务按期完成，进度线将是一条直线；如果任务提前完成，进度线会向右偏，即有右峰；如果任务没有按期完成，进度线将向左偏，即有左锋。峰尖越大，表示与原计划时间差距越大。

［例 12-2］ 某项目的网络图如图 12-61 所示。

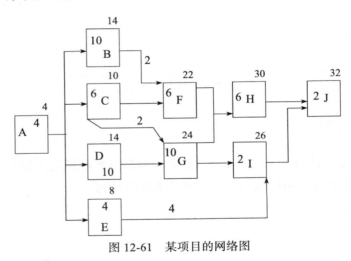

图 12-61　某项目的网络图

在 Project 2013 上得到的项目工期如图 12-62 所示，系统中的时间为 160 天，即 32 周。

总工期为 32 周，关键路径（Critical Path，CP）为：A—D—G—H—J。

项目已开始 2 个月，即第 8 周末（10 月 26 日）进行检查。

A：计划工作量 4 周，已经在 0～5 周中完成（进度拖后了 4 周）。

B：已于第 5 周初开始，现分析剩余工作还有 5 周可完成（应该只完成 40%，实际完成了 50%，进度提前了 1 周）。

C：尚未开始，还要 1 周才能开工（本应第 4 周末开工，现在要拖到第 9 周末开工，即进度拖后了 5 周）。

D：已经于第 5 周初开始，由于工作量增加，现仅完成 30%，还需 7 周才能完成（应该完成 40%，实际完成了 30%，进度拖后了 1 周）。

E：计划 5 ～ 8 周完成，实际已于 5 ～ 7 周内全部结束（进度提前了 1 周）。

其他尚未开始。

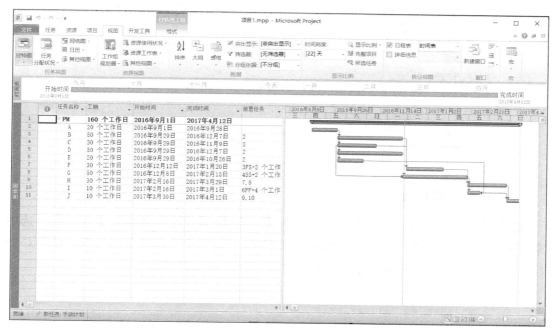

图 12-62　项目在 Project 2013 上实现的结果

1. 任务 A 已经完成

选定任务 A，单击【任务】选项卡选择【信息】，弹出【任务信息】对话框，选中【常规】选项卡，在"完成百分比"中输入"100%"，表示任务 A 已经完成，如图 12-63 所示。

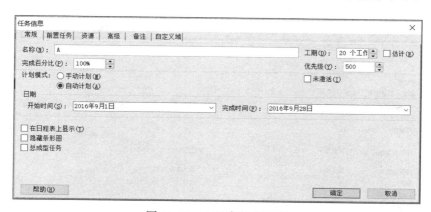

图 12-63　A 工序的完成率

2. 任务 B 已完成 50%

选定任务 B，单击【任务】选项卡选择【信息】，弹出【任务信息】对话框，选中【常规】选项卡，在"完成百分比"中输入"50%"，如图 12-64 所示。

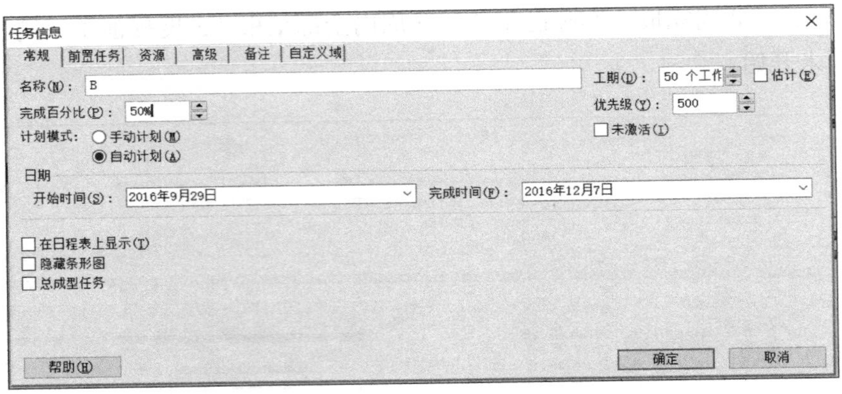

图 12-64　B 工序的完成率

3. 任务 C 尚未开始

选定任务 C，单击【任务】选项卡选择【信息】，弹出【任务信息】对话框，选中【常规】选项卡，在"开始时间"中选择 10 月 27 日。选中【高级】选项卡，任务 C 的自动设定为"不得早于……开始"的限制方式，如图 12-65 所示。

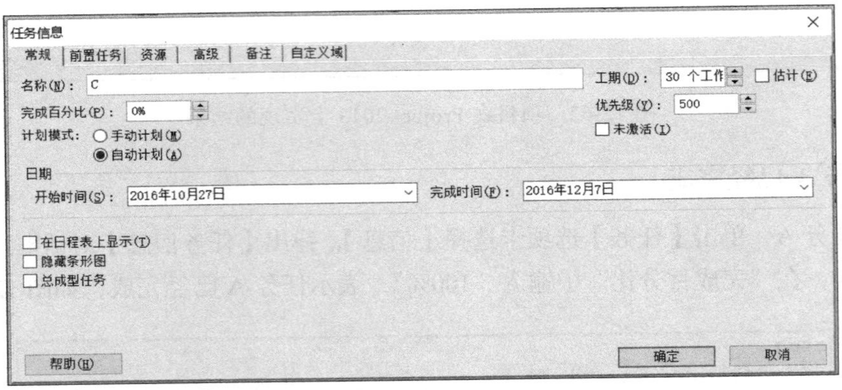

a）

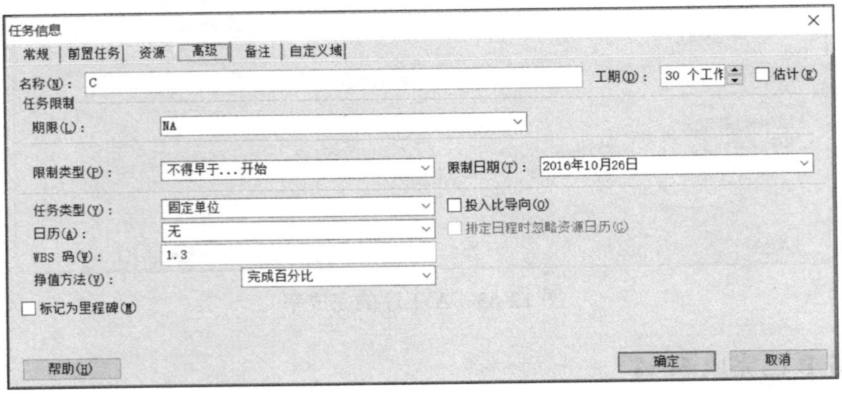

b）

图 12-65　C 工序的完成率

4. 任务 D 已完成 30%

选定任务 D，单击【任务】选项卡选择【信息】，弹出【任务信息】对话框，选中【常规】选项卡，在"完成百分比"中输入"30%"，如图 12-66 所示。

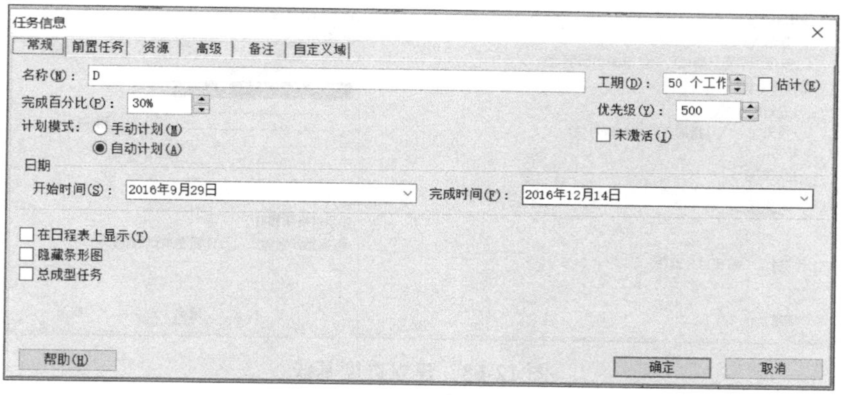

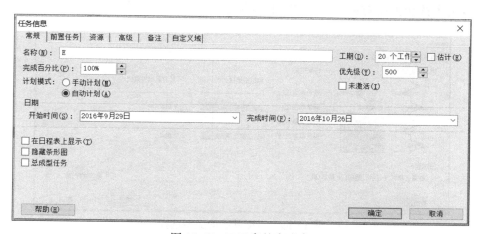

图 12-66　D 工序的完成率

5. 任务 E 已经完成

选定任务 E，单击【任务】选项卡选择【信息】，弹出【任务信息】对话框，选中【常规】选项卡，在"完成百分比"中输入"100%"，表示任务 E 已经完成，如图 12-67 所示。

图 12-67　E 工序的完成率

6. 添加进度线

在其"甘特图"的条形图上右击，从弹出的菜单中选择【进度线】命令，弹出【进度线】对话框。在"当前进度线"区域勾选【显示】复选框，以显示进度线，并选中【在当前日期】单选按钮，以在当前日期显示进度线。

在"周期性间隔"区域勾选【显示进度线】复选框，并指定按不同间隔中的某一日期来显示进度线，比如按月在第一个工作日显示。

在"开始于"区域选中【项目开始】单选按钮，在"选定的进度线"区域中勾选【显示】复选框，单击【确定】按钮，如图 12-68 所示。

图 12-68　建立进度基线

7. 设置进度线的类型和样式

在【进度线】对话框中切换到【线条样式】选项卡，在"进度线类型"区域指定进度线的线条类型；在"线条样式"区域设置线条的类型、颜色和进度点的形状、颜色；在"日期显示"区域设置是否在每条进度线的顶部显示日期，以及日期的格式和字体。单击【确定】按钮关闭对话框，如图 12-69 所示。

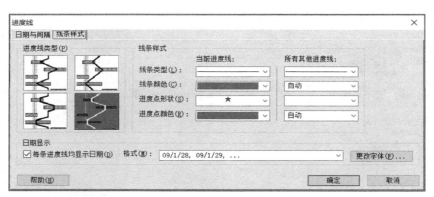

图 12-69　进度基线的类型选择

8. 更新项目

单击【项目】选项卡选择【更新项目】，弹出【更新项目】对话框，选中【重排未完成任务的开始时间】单选按钮，并在下拉列表中选择时间为"2016 年 10 月 26 日"，如图 12-70 所示。

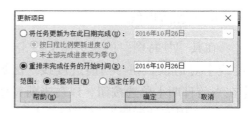

图 12-70　预测新的工期

项目的前锋线如图 12-71 所示。

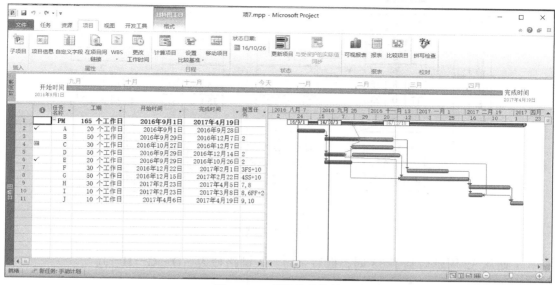

图 12-71　项目的前锋线

在目前状态的基础上，利用网络分析测算工程的总工期。

（1）将已完成的活动划去（如 A、E），将已开始但未完成的活动的持续时间修改为预计还需要的时间，例如 $D_B = 5$ 周，$D_D = 7$ 周。

（2）研究计划变更或新的计划对网络的影响。

1）网络活动中逻辑关系的变化，无变化。

2）网络活动持续时间的变化，剩余工作量。

3）网络中活动的增加或减少，完成的工作从网络中删除。

（3）定义一个开始节点 P，它的持续时间为"0"，开始时间为前锋期，则得到一个新网络，如图 12-72 所示。

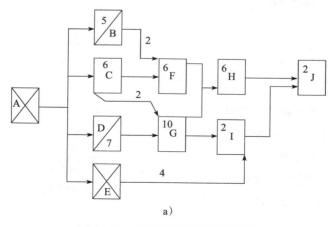

a)

图 12-72　未完工工作新的网络图

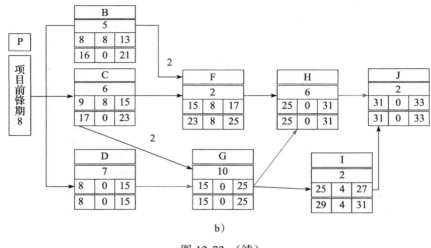

b）

图 12-72 （续）

工期从 32 周延后到了 33 周，拖后 1 周。关键路径为：D—G—H—J。

12.7 文档的加密与另存为其他格式

12.7.1 文档加密

1. 文档加密的含义

文档加密即为 Project 文档设置打开密码。首先，单击界面上方的【文件】选项卡，选择【另存为】，会弹出【另存为】对话框。单击对话框的底部【工具】列表，在下拉菜单中选择【常规选项】，弹出【保存选项】对话框，如图 12-73 所示。

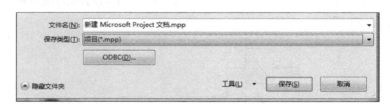

图 12-73 加密设置

分别输入保护密码和修改权密码，单击【确定】按钮进行保存，在弹出的【确认密码】对话框中重新输入保护密码，在原来的【另存为】对话框中选择保存路径，单击右下角的【保存】按钮，完成加密文件的保存，如图 12-74 所示。

图 12-74 密码设置

2. 加密文档再次打开

重新打开加密文档时，会弹出如图 12-75 所示的【密码】对话框，要求输入密码。

输入之前设置的密码后，对话框会继续要求输入修改密码，如图 12-76 所示。如果输入修改密码，则操作者拥有查看和修改文档的权限。如果操作者不输入修改权密码，单击【只读】按钮，可以查看但不能编辑原文档，同时可在原文档基础上创造可编辑的文档副本；或者单击【取消】按钮，则会自动打开一个新的空白文档，如图 12-76 所示。

图 12-75　打开加密文件

图 12-76　输入修改权密码

3. 文档密码的取消

接下来介绍加密过的文档取消密码的方法。首先分别输入文档密码和修改权密码，打开文档。重复进行加密时的步骤，分别选择【文档】|【另存为】|【工具】|【常规选项】，弹出【保存选项】对话框，如图 12-77 所示。

直接删除这两个密码，选择【确定】|【保存】，在弹出的图 12-78 所示对话框单击【确定】按钮。完成以上步骤，文件就又恢复无密码状态了。

图 12-77　取消密码

图 12-78　文件保存

12.7.2　文档另存为其他格式

有时候，我们需要将文档保存为 mpp 以外的形式，如 pdf、excel 等，接下来就对如何操作进行介绍。

前面的步骤同 12.7.1 节，分别选择【文档】|【另存为】，在弹出的【另存为】对话框下方单击【保存类型】列表框，如图 12-79 所示，即可以将文档导出成为不同格式的文件。

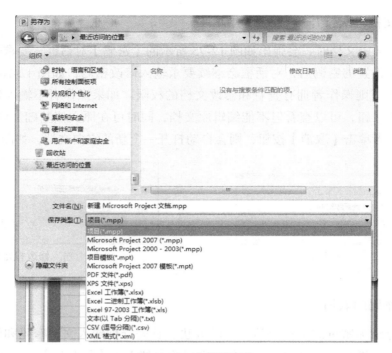

图 12-79 文档另存为

第13章
CHAPTER 13

项目经理的相关认证

§ **本章的内容**

- PMP 认证
- IPMP 认证
- 建造师认证
- CPMP 认证
- 系统集成项目管理师、项目管理工程师
- 复习思考题

13.1 PMP 认证

PMP 认证，是指项目管理专业人员（Project Management Professional）资格认证，是由美国项目管理协会（Project Management Institute，PMI）发起的，评估项目管理人员知识技能是否具有高品质的资格认证考试，目的是给项目管理人员提供统一的行业标准。

PMP 认证是一种以考试为依据的专家资质认证项目，PMP 认证考试有 200 道单选题，其中有 25 道题随机抽取不计分。目前，国内 PMP 考试成绩分五个过程组（启动、规划、执行、监控、收尾）评价。而从 2021 年 9 月开始，则分三个领域（人员、过程、商业环境）评价。考生看到的成绩不是直接的分数，而是以 Above Target（高于目标）、Target（达到目标）、Below Target（低于目标）、Needs Improvement（有待提高）四个标准来分别体现过程组（或领域）的成绩状态，考生最终得到的成绩就是每个过程组（或领域）所获得的等级。A、T、B、N 四个级别是有区间的，同时每个领域的题目数量也是不一样的，因此，查看成绩报告时不能简单根据 A、T、B、N 的数量，仍需以 PMI 给出的通过（PASS）或未通过（FAIL）为准。

国内自 1999 年开始推行 PMP 认证，由 PMI 授权中国国际人才交流基金会（由原中国国际人才交流基金会与原外国专家局培训中心整合而成）负责在国内进行 PMP 认证的报名和考试组织。中国国际人才交流基金会为引进机构，不参加培训事宜。中国区的 PMP 培训由 PMI 的注册教育机构（Registered Education Provider，REP）和中国国际人才交流基金会授权的机构来进行培训。

13.1.1　考试报名

按照报名须知和填表指南中的要求在中英文报名网站先后提交报名材料，中英文报名成功后在中文网站缴纳考试费用。这个过程涉及英文网站信息的注册，登录 PMI 网站进行填报，各大培训机构均有很专业的报考指导。①提交英文报名材料：在 PMI 网站（www.pmi.org）提交完成英文申请材料，PMI 将会以邮件方式回复确认，建议考生在中文网站报名开始前完成英文网站的材料提交。②提交中文报名材料：收到 PMI 回复确认后，登录中国国际人才交流基金会网站进行中文注册报名，报名成功后 3 个工作日内请再次登录报名系统查看审核状态，建议及时登录系统查询审核结果以便进行下一步付费（审核通过后）或修改注册信息（审核未通过）的操作。中文报名审核通过之后就可以交纳考试费，交纳成功之后由系统自动预约当期考试。当前考试费是个人汇款至中国国际人才交流基金会指定的账户中，而考试费的发票则是由中国国际人才交流基金会在报名截止后 2～3 个月内按付费日期先后顺序快递至考生缴费时提供的邮寄地址和联系人。如遇特殊情况需申请延期考试或办理退考，需于规定的截止日期前在中文网站办理。申请缓、退考（扣除人民币 850 元）的考生可以登录中文报名系统下载缓、退考申请表格并上传。请留意申请材料是否被审核通过，如有问题，请及时联系所报考点考试中心的工作人员。请注意：只有付费成功并且预约完成的考生才能办理缓、退考。

13.1.2　资格审核

在 PMI 网站提交英文报名后 PMI 会随机审查考生的报名材料，审核考生提交的资料是否符合要求。当考生被抽中审查后需要提交以下纸质资料邮寄至 PMI 总部进行审核：

（1）项目管理经验证明表，需要由证明人签字；

（2）学历、学位证明及翻译件；

（3）35 小时或以上的项目管理培训证明。

PMI 收到资料后会在一周之内通过邮件形式告知资料审核是否通过，如果考生报名材料未通过审核，考生需要按照要求提交补充材料，如考生出于个人原因不能向 PMI 提交补充材料视为自动放弃申请当次考试。如果考生提交补充材料仍不合格或超过最后期限，则只能在提交材料合格后延至下一次考试。

13.1.3　准考证

在考试日期前一个星期左右，中国国际人才交流基金会将在网站重要信息及考试新闻栏目中发布消息公布下载准考证的通知，不直接通知每位考生。考生可登录中文网站输入用户名和密码下载自己的准考证，并打印留存。消息发布后，仍无法下载准考证的考生可以联系中国国际人才交流基金会工作人员或所报考点的考试中心工作人员处理。请考生务必保留考号，以供后续处理事务之用。

13.1.4　考试时间

PMP 认证考试每年四次，时间一般是在每个季度最后一个月的某个周末。

考试时间：9:00 ～ 13:00，7:30 ～ 8:30 之间进考场，8:40 各教室会开始播放"考试注意事项"，指导考生进行相关项的填涂，介绍考场注意事项。9:15 后禁止迟到的考生进入考场。

13.1.5　成绩查询

考试后 6 ～ 8 周，PMI 会以邮件形式通知考生，考生可登录 PMI 网站输入用户名及密码查询自己的成绩。

13.1.6　证书领取

中国国际人才交流基金会在收到 PMI 邮寄的证书后，在网站重要信息及考试新闻栏目中发布领取证书的信息，不直接通知每位考生。考生可在发布信息中截止日期内登录中文报考网站选择合适的方式领取证书。

13.1.7　相关问题

PMP 认证考试的报名条件分为两类：第一类是学士学位或同等学力及以上者，第二类是学士学位或同等学力以下者。

PMI 要求第一类申请者工作年限要达到 3 年，在项目管理相关领域中至少具有 36 个月的项目管理经验，描述的项目工作起止时间是在申请之日前 6 年内；具备 35 小时以上涵盖美国项目管理知识体系中十大知识领域的项目管理学习、培训经历，以及正规机构颁发的项目发展单元（Project Development Unit，PDU）35 学时证书。

PMI 要求第二类申请者工作年限要达到 5 年，在项目管理相关领域中至少具有 60 个月的项目管理经验，描述的项目工作起止时间是在申请之日前 8 年内；具备正规机构颁发的 PDU 35 学时证书。

　　PMP 认证考试通过后每三年进行一次续证，续证需要积累 60 学时 PDU 以及交纳 150 美元给 PMI。

　　其他资料可以参考官方网站：https://www.pmi.org/ 或 http://exam.chinapmp.cn/。

13.2　IPMP 认证

　　国际项目经理资质认证（International Project Manager Professional，IPMP）是国际项目管理协会（International Project Management Association，IPMA）在全球推行的四级项目管理专业资质认证体系的总称。IPMP 是对项目管理人员知识、经验和个人素质的综合评估证明，根据 IPMP 认证等级划分获得 IPMP 各级项目管理认证的人员，将分别能够管理复杂的项目组合或项目群；能够管理复杂项目；有能力管理一般复杂程度的项目和（或）能够应用所有项目管理能力要素（CE）协助复杂项目的项目经理；能够掌握所有的项目管理能力要素，并将任何一个能力要素付诸实践。项目管理专业人员资质认证划分为四个等级，即 A 级、B 级、C 级、D 级，每个等级授予不同级别的证书。

13.2.1　IPMP 全球四级证书体系

　　IPMP A 级（Level A）证书分为三个领域，分别为国际特级项目经理（Certified Project Director）证书、国际特级项目集群经理（Certified Programme Director）和证书国际特级项目组合经理（Certified Portfolio Director）证书。

　　IPMP B 级（Level B）证书分为三个领域，分别为国际高级项目经理（Certified Senior Project Manager）证书、国际高级项目集群经理（Certified Senior Programme Manager）证书和国际高级项目组合经理（Certified Senior Portfolio Manager）证书。获得这一级认证的项目管理人员可以管理大型复杂项目，或者管理一项国际合作项目。

　　IPMP C 级（Level C）证书是指国际项目经理（Certificated Project Manager）证书。获得这一级认证的项目管理专业人员能够管理一般复杂项目，也可以在所在项目中辅助高级项目经理进行管理。

　　IPMP D 级（Level D）证书是指国际助理项目经理（Certificated Project Management Associate）证书。获得这一级认证的项目管理人员具有项目管理从业的基本知识，并可以将它们应用于某些领域。

13.2.2　申请资格

1. A 级

　　项目管理领域： 在最近 12 年中，有 5 年以上承担非常复杂项目领导职能的项目经理经历，其中 3 年以上为战略层面的管理经历。

项目集群管理领域：在最近 12 年中，有 5 年以上承担非常复杂项目集群战略层面领导职能的项目集群经理经历，或有 4 年以上承担非常复杂项目集群领导职能的项目集群经理经历及 3 年以上承担非常复杂项目战略层面领导职能的项目经理经历。

项目组合管理领域：在最近 12 年中，有 5 年以上承担非常复杂项目组合战略层面领导职能的项目组合经理经历，或有 4 年以上承担非常复杂项目组合领导职能的项目组合经理经历及 3 年以上承担非常复杂项目或项目集群战略层面领导职能的项目经理经历或项目集群经理经历。

2. B 级

项目管理领域：在最近 8 年（特殊情况可延长至 12 年）中，有 5 年以上担任项目经理的经历，其中 3 年以上承担复杂项目的领导职能。

项目集群管理领域：在最近 8 年（特殊情况可延长至 12 年）中，有 5 年以上担任项目集群经理的经历，其中 3 年以上承担复杂项目集群的领导职能。

项目组合管理领域：在最近 8 年（特殊情况可延长至 12 年）中，有 5 年以上担任项目组合经理的经历，其中 3 年以上承担复杂项目组合的领导职能。

3. C 级

最近 6 年（特殊情况可延长至 10 年）中，有 3 年以上担任一般项目的项目经理经历，或 3 年以上承担复杂项目的项目管理职能的经历。

4. D 级

没有具体的从事项目管理经历的要求，项目管理能力要素的经验不是必需的。

13.2.3　申请流程与通过规则

1. A/B 级

A 级和 B 级的申请者需要提交项目管理报告，参加面试。报告要求、面试的程序和时间以及"通过"需要达标的"CE"数是一样的，A 级和 B 级可以随时提交申请。对于未获得 C 级的 B 级申请者需要参加笔试，笔试考试时间为 3 小时。

第一阶段——报名与初审。本人提出申请，填写申请表，同时交纳报名费。由 IPMP 中国认证委员会鉴定申请者是否符合申请条件，符合申请条件可以填写报名表。

第二阶段——撰写项目管理报告。应试者从自己负责过或参与过的项目中选择一个典型项目进行案例总结。项目管理报告须涉及相应领域 80% 以上的能力要素，每个能力要素以及哪些 KCI（Key Competency Index，关键胜任能力指标）和 KCI 的数量由应试者自行酌情决定，以能够证明能力要素"达标"为原则。认证的国际高级项目经理项目管理报告长度为 20 ～ 35 页 A4 纸（不包括封面、摘要与目录），并附带 15 ～ 20 页的附录。

第三阶段——项目管理报告评审。IPMP 中国认证委员会收到应试者的所有材料后，将指定两名 IPMP 评估师对应试者提交的项目管理报告进行评审。

第四阶段——项目管理报告 + 面试。从 IPMP 中国认证委员会收到应试者的全部材料起，一般 3 个月之内将安排考生进行项目管理报告陈述与面试，考试的时间和地点将视应试者的情况而定，并提前一个月通知应试者。

面试由两名 IPMP 评估师主持，时间为 120 分钟。应试者陈述项目报告约 30 分钟；评估师提问 90 分钟左右。两名 IPMP 评估师综合评估应试者是否符合 IPMP A 级认证的国际高级项目经理三个领域的能力要求，合格标准如表 13-1 所示。

表 13-1　IPMP A/B 级各项成绩的合格标准

领域	B 级笔试要求	A 级和 B 级案例模拟与面试	
	满分：150	CE 总数 / 个	"通过"要求达标的 CE 数量 / 个
项目管理	≥ 90	28	≥ 23
项目集群管理	≥ 90	29	≥ 24
项目组合管理	≥ 90	29	≥ 24

注：IPMP B 级笔试成绩合格为必要条件但不计入总分。

应试者如未通过认证，其单项成绩将保留 18 个月，18 个月之内再次申请成绩有效，应试者可选择全部或其中未通过部分进行再次申请。

2. C 级

第一阶段——报名与初审。本人提出申请，填写 IPMP 报名表，递交报名表的同时交纳报名费。由 IPMP 中国认证委员会设立的考点鉴定申请者是否符合申请条件。

第二阶段——笔试、案例模拟与面试。笔试为定期考试，以《个人项目管理能力基准 ICB》为准，时间为 3 小时，由 IPMP 中国认证委员会在全国统一安排。案例模拟和面试时间根据申请情况不定期举行。案例模拟和面试由两名评估师主持，有两种选择路径。

路径一：案例模拟和面试——案例模拟以 4 ～ 6 人的小组形式进行，时间为 6 小时。提交完整的项目管理过程报告后，每人进行 5 分钟的陈述。接下来，每个应试者的面试时间不少于 60 分钟。

路径二：面试。每个应试者的面试时间不少于 90 分钟。应试者可展示相关资料（项目状态报告、手册、论文等）。

IPMP C 级认证考试总成绩分为笔试、案例模拟和面试，或者笔试、面试部分。其各项成绩的总分、能力要素的数量及通过标准如表 13-2 所示。

表 13-2　IPMP C 级通过标准

项目	笔试（R）				案例模拟和面试（I）/长时面试	总分（I+R）
满分	150 分（考试 10 个 CE）				CE：18 个	CE：28 个
通过标准	通过标准 R ≥ 90				通过 CE 数量 ≥ 10 个	通过 CE 数量 ≥ 23 个
	90 ≤ R < 100	100 ≤ R < 110	110 ≤ R < 120	R ≥ 120		
	通过 8 个 CE	通过 9 个 CE	通过 10 个 CE	认证委确定		

注：①笔试考试面覆盖 10 个 CE；②笔试成绩过 60%，即 90 分，折合 8 个 CE；③总体超过 23 个 CE。

应试者如未通过认证，其单项成绩将保留 18 个月，应试者可选择全部或其中未通过部分进行再次申请，但如果再次申请案例模拟和面试，两次申请的间隔时间不能少于半年。

3. D 级

第一阶段——报名。递交报名表，表示申请者正式提出认证申请，此外还应附带其他相关资料，如在读证明或学历证明、身份证复印件、一寸蓝色底色免冠照片等，同时缴纳认证费。

第二阶段——笔试。笔试为定期考试，由 IPMP 中国认证委员会在全国统一安排。笔试考核以《个人项目管理能力基准 ICB》为准，时间为 3 小时。

成绩的总分为 150 分，达到 90 分以上为合格。

更多资讯可以登录网站查询：http://www.huading.net.cn。

13.3　建造师认证

13.3.1　一级建造师

1. 报考条件

凡遵守国家法律、法规，具备以下条件之一者，可以申请参加一级建造师执业资格考试：

（1）取得工程类或工程经济类大学专科学历，工作满 6 年，其中从事建设工程项目施工管理工作满 4 年。

（2）取得工程类或工程经济类大学本科学历，工作满 4 年，其中从事建设工程项目施工管理工作满 3 年。

（3）取得工程类或工程经济类双学士学位或研究生毕业，工作满 3 年，其中从事建设工程项目施工管理工作满 2 年。

（4）取得工程类或工程经济类硕士学位，工作满 2 年，其中从事建设工程项目施工管理工作满 1 年。

（5）取得工程类或工程经济类博士学位，从事建设工程项目施工管理工作满 1 年。

2. 考试时间与考试内容

一级建造师执业资格考试每年举行一次，考试时间一般安排在 9 月中旬，考试设 4 个科目，具体时间和科目如下。

第一天上午：9:00 ～ 11:00《建设工程经济》。

下午：2:00 ～ 5:00《建设工程法规及相关知识》。

第二天上午：9:00 ～ 12:00《建设工程项目管理》。

下午：2:00 ～ 6:00《专业工程管理与实务》（10 个专业）。

《专业工程管理与实务》科目分为建筑工程（合并）、公路工程、铁路工程、民航机场工程、港口与航道工程、水利水电工程、市政公用工程、通信与广电工程、矿业工程、机电工程（合并）10 个专业类别，考生在报名时可根据实际工作需要选择其一。

3. 成绩有效期与通过标准

一般以各门考试科目满分的 60% 为合格标准。

一级建造师考试成绩实行两年为一个周期的滚动管理办法，参加全部 4 个科目考试的人员必须在连续的两个考试年度内通过全部科目；免试部分科目的人员必须在一个考试年度内通过应试科目。

13.3.2　二级建造师

1. 报考条件

凡遵纪守法，并具备以下条件之一者，均可报名参加二级建造师执业资格考试。

（1）取得工程类或工程经济类中专以上学历，并从事建设工程项目施工管理工作满 2 年。

（2）符合上述（1）的报名条件，具有工程（工程经济类）中级及以上专业技术职称或从事建设工程项目施工管理工作满 15 年的人员，同时符合下列条件的，可免试部分科目：

- 已取得建设行政主管部门颁发的《建筑业企业一级项目经理资质证书》，可免试《建设工程施工管理》和《建设工程法规及相关知识》科目，只参加《专业工程管理与实务》一个科目的考试。
- 已取得建设行政主管部门颁发的《建筑业企业二级项目经理资质证书》，可免试《建设工程施工管理》科目，只参加《建设工程法规及相关知识》和《专业工程管理与实务》两个科目的考试。
- 已取得《二级建造师执业资格证书》的人员，可根据实际工作需要，选择《专业工程管理与实务》科目的相应专业，报名参加"二级建造师相应专业考试"，报考人员须提供资格证书等有关材料方能报考。

上述报名条件中有关学历或学位的要求是指经国家教育行政主管部门承认的正规学历或学位；从事建设工程项目施工管理工作年限的截止日期为考试当年年底。

2. 考试时间与考试内容

一般在每年的 2 月和 3 月报名，考试时间是在 5 月和 6 月，具体时间以当地人事考试院通知为准。考试时间与科目详细安排如下。

第一天上午：9:00 ～ 12:00《建设工程施工管理》。

第一天下午：14:00 ～ 16:00《建设工程施工法规及相关知识》。

第二天上午：9:00 ～ 12:00《专业工程管理与实务》。

二级建造师考试《专业工程管理与实务》科目分为 6 个专业类别：建筑工程、公路工程、水利水电工程、市政公用工程、矿业工程和机电工程。

3. 成绩有效期与通过标准

一般以各门考试科目满分的 60% 为合格标准。

二级建造师考试成绩实行两年为一个周期的滚动管理办法，参加全部 3 个科目考试的人员必须在连续的两个考试年度内通过全部科目，但并不要求在一个考试年度必须通过几个科目或必须通过哪些科目。不过，免试部分科目的人员必须在一个考试年度内通过应试科目。

一级建造师的其他资料可登录官方网站 www.coc.gov.cn 查询。

13.4　CPMP 认证

中国项目管理师（China Project Management Professional，CPMP）认证作为国家职业资格考试，按照国家制定的项目管理职业技能标准或任职资格条件，通过政府认定的考核鉴定机构，对参加考试人员的技能水平或职业资格的评价和鉴定，对合格者授予相应的国家职业资格证书。CPMP 共分为四个等级：高级项目管理师（一级）、项目管理师（二级）、助理项目管理师（三级）、项目管理员（四级）。

13.4.1　申报条件

（1）高级项目管理师国家职业资格一级申报条件（符合以下条件之一者）：

1）取得本职业项目管理师职业资格证书后，连续从事本职业工作 3 年以上，经高级项目管理师正规培训达到规定标准学时数，并取得毕（结）业证书。

2）取得博士学位，连续从事本职业工作 3 年以上，并担任项目管理领导工作 1 年以上，负责过 2 ～ 4 项以上复杂项目管理工作，取得一定的工作成果（含研究成果、奖励成果、论文著作），经高级项目管理师正规培训达到规定标准学时数，并取得毕（结）业证书。

3）具有大学本科以上学历，连续从事本职业工作 8 年以上，并担任项目管理领导工作 3 年以上，负责过 3～5 项以上复杂项目管理工作，取得一定的工作成果（含研究成果、奖励成果、论文著作），经高级项目管理师正规培训达到规定标准学时数，并取得毕（结）业证书。

（2）项目管理师国家职业资格二级申报条件（符合以下条件之一者）：

1）取得本职业助理项目管理师职业资格证书后，连续从事本职业工作 3 年以上。

2）具有大学本科以上学历（或同等学力），申报前从事本职业工作 5 年以上，担任项目管理领导 2 年以上。

3）具有研究生学历（或同等学力），申报前从事本职业工作 3 年以上，担任项目管理领导 1 年以上，能够管理一般复杂项目。

（3）助理项目管理师国家职业资格三级申报条件（符合以下条件之一者）：

1）取得本职业项目管理员职业资格证书后，连续从事本职业工作 2 年以上，经助理项目管理师正规培训达到规定标准学时数，并取得毕（结）业证书。

2）具有大专以上学历（或同等学力），连续从事本职业工作 5 年以上，经助理项目管理师正规培训达到规定标准学时数，并取得毕（结）业证书。

3）具有大学本科学历，连续从事本职业工作 3 年以上，经助理项目管理师正规培训达到规定标准学时数，并取得毕（结）业证书。

（4）项目管理员国家职业资格四级申报条件（符合以下条件之一者）：

1）具有高中以上学历（或同等学力），连续从事本职业工作 3 年以上，经项目管理员正规培训达到规定标准学时数，并取得毕（结）业证书。

2）具有大专以上学历，从事项目管理工作 1 年以上。

13.4.2　认证程序

（1）填写报名表（初审合格后）。

（2）提交材料（复审合格后）。

1）身份证复印件一份。

2）学历证明复印件一份。

3）职称证明复印件一份。

4）两寸黑白（彩色）免冠照片六张。

5）个人相关业绩证明正本一份（需加盖本人所在单位的公章）。

6）国家职业资格鉴定表原件两份（需加盖本人所在单位的公章）。

7）项目管理相关论文一篇（高级项目管理师适用）。

（3）交纳培训及考试鉴定费。

（4）参加考前培训班（结束发准考证）。

（5）考试（合格人员）。

（6）颁发相应级别的国家职业资格证书。

13.4.3　报名和考试时间

报名时间一般为每年的 3 月和 9 月；考试时间为每年的 5 月和 11 月的第三个周末。

13.4.4　考试形式

考试分为理论知识考试和专业能力考核两大部分，其中还包括职业道德考试。理论考试的题型以单选、多选为主。理论知识考试主要考查学员对项目管理概念、知识体系整体的掌握程度。专业能力考核的题型主要为单选、多选、判断、计算以及案例题。专业能力考试主要考查学员对项目管理实践操作的掌握程度。

中国项目管理师（CPMP）考试鉴定合格标准，分为理论知识考试和专业能力考核，均采用百分制，成绩皆达 60 分及以上者为合格。

其他资料可以登录官方网站 www.mohrss.gov.cn 查询。

13.5　系统集成项目管理师、项目管理工程师

系统集成项目管理师、项目管理工程师是人力资源和社会保障部、工业和信息化部联合组织和举办的"全国计算机技术与软件专业技术资格（水平）考试"（简称"软考"）中新增的一门国家级考试。

13.5.1　考试级别

软考分为两个级别，即系统集成项目管理师、项目管理工程师。项目管理师属于软考中的"高级"，相当于高级职称；项目管理工程师属于软考中的"中级"，相当于中级职称。

13.5.2　考试科目

系统集成项目管理师、项目管理工程师都考核《系统集成项目管理基础知识》和《系统集成项目管理应用技术（案例分析）》，虽然题型一样，但是项目管理工程师考题中 IT 技术题目的比重大过项目管理师，而项目管理师考题中项目管理题目的比重大过项目管理工程师。项目管理师还有一门作文考试。

（1）《系统集成项目管理基础知识》，考试时间为 150 分钟，笔试，单选题，总分 75 分，45 分合格，其中有 5 道题是英文题。

（2）《系统集成项目管理应用技术（案例分析）》，考试时间为150分钟，笔试，问答题，总分75分，45分合格。项目管理师共3道案例分析题，项目管理工程师共5道案例分析题。

（3）系统集成项目管理师还有2个小时写3 000字作文的考试，包括摘要与正文，满分75分，45分合格。

考试成绩当年有效，所有科目一次通过，才能通过考试。

其他资料可以登录网站 www.ceiaec.org 查询。

复习思考题

■ 案例分析1

城市立交桥建设项目案例

项目背景：某城市有两条主干道，为了有效连接这两条主干道，需要修建一座将纵向主干道和横向主干道连接在一起的互通式双层立交桥。该桥为双向单侧4车道，其中纵向桥380延长米，横向桥1 400延长米。该工程费用为8 000万元人民币，工程开工日期为2016年1月1日，工程工期为1年时间。

问题

1. 作为项目经理对该项目的工作范围进行描述，确定项目的目标要求，制定项目工作描述表。要求目标明确、范围清晰、形式规范、易于检查。

2. 结合该项目背景，先对该项目团队的上级组织结构做出假设，并基于这一假设说明采用什么样的组织结构形式来组建该项目团队并陈述理由，同时请描述该项目团队的主要角色及其职责。

3. 针对项目工作范围，在考虑项目主要目标的基础上，对该项目实施的过程进行分解，并编制进行时间进度控制的项目实施计划。为了实施过程易于监控，要求使用现代项目管理所提供的方法和工具表示。

4. 为了使项目的时间进度计划按照预期计划进行，需要有资源、费用等方面与之配套的计划，请结合项目特点制订与时间进度计划相配套的其他项目计划。

5. 分析该项目生命周期过程中可能出现的与"人"相关的问题，并对如何解决这些问题提出建议。

6. 结合该项目的具体环境和特点，对该项目的风险进行分析并制定相应的应对措施，要求列出风险类型、风险事件、风险来源及风险应对措施等内容。

7. 结合项目特点确定如何描述进度管理过程，怎样报告项目进展状态，并制订对项目各种计划进行控制的操作方案。

8. 根据该项目特点，自行设计一套用于该项目计划与控制的文件或表格，并说明每份文件或表格的作用及体现该项目特点的地方，不少于10张。

9. 结合项目特点就项目实施过程中的信息、冲突、沟通等问题提出具体的操作方案。

10. 就如何进行该项目的收尾与验收工作进行深入讨论，提出该项目的收尾与验收的具体方案。

11. 画出不少于 5 个该项目管理过程中需要用到的流程图。

■ **案例分析 2**

项目经理根据项目总体要求制定了某项目的网络资源计划图（如图 13-1 所示，单位为日，为简化起见，不考虑节假日），并向公司申请了 2 名分析师负责需求分析，3 名设计师负责系统设计，10 名程序员负责子系统开发和集成，2 名测试工程师负责系统测试和发布。项目经理估算总人力成本为 27 400 元。技术人员人力成本如表 13-3 所示。

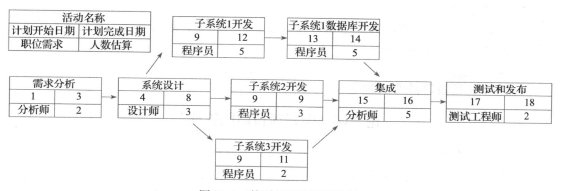

图 13-1 某项目网络资源计划

表 13-3 技术人员人力成本   （单位：元）

技术人员	人力成本	技术人员	人力成本
分析师	350	程序员	400
设计师	300	测试工程师	300

问题

1. 请指出项目经理在人力成本的估算中使用了哪些成本估算方法。

2. 第 9 日的工作结束时，项目组已完成需求分析、系统设计工作，子系统 1 的开发完成了 1/4，子系统 3 的开发完成了 1/3，其余工作尚未开展，此时人力部门统计应支付总人力成本 9 400 元。请评价项目当前的进度绩效和成本绩效，给出调整措施，并预测按原计划继续执行所需要的 ETC（完工尚需成本）。

3. 假设各项目组成员均可胜任分析、设计、开发、集成、测试和发布工作，在不影响工期的前提下，可重新安排有关活动的顺序以减少项目所需人数，此种情况下，该项目最少需要（ ）人，子系统 3 的开发最晚应在第（ ）日开始。

■ 软考项目管理师作文题 1

论"信息系统项目的质量控制"

质量控制包括监控特定的项目成果，以判断他们是否符合有关的质量标准，找出方法消除造成项目成果不令人满意的原因，并采取相应措施。质量控制应该贯穿项目执行的全过程。请围绕"信息系统项目的质量控制"论题，分别从以下三个方面进行论述：

（1）概述你参与管理过的信息系统项目（项目的背景、项目规模、发起单位、目的、项目内容、组织结构、项目周期、交付的产品等）。

（2）围绕以下几点，结合项目管理的实际情况论述你对大型项目质量控制的认识。

1）质量控制的依据。

2）质量控制的工具和技术。

3）质量控制的输出。

（3）请结合论文中所提到的信息系统项目，介绍你如何对其执行质量控制（可叙述具体做法），并总结你的心得体会。

■ 软考项目管理师作文题 2

论"如何做好项目团队管理"

一个项目的成功离不开一个好的团队，团队管理在项目实施过程中起着非常重要的作用。在项目管理时，项目管理师要跟踪个人和团队的执行情况，提供反馈和协调变更，以此来提高项目的绩效，保证项目的进度。项目管理师必须注意团队的行为、管理冲突、解决问题和评估团队成员的绩效。请围绕"如何做好项目团队管理"论题，分别从以下三个方面进行论述：

（1）概述你参与管理过的信息系统项目（项目的背景、项目规模、发起单位、目的、项目内容、组织结构、项目周期、交付的产品等）。

（2）围绕以下几点，结合项目管理的实际情况论述你对项目团队管理的认识。

1）项目团队管理的依据。

2）项目团队管理的工具和技巧。

3）项目团队管理的输出。

（3）请结合论文中所提到的信息系统项目，介绍你如何进行团队管理（可叙述具体做法），并总结你的心得体会。

复习思考题参考答案

第1章参考答案

案例分析1

答：（1）对双方的需求（项目范围）做一次全面的沟通和说明，达成一致，并记录下来，请建设方签字确认。

（2）就合同中的验收标准、步骤和方法与建设方协商一致。

（3）就完成的工作与建设方沟通确认，并请建设方签字。

（4）就待完成的工作列出清单，以便完成时请建设方确认。

（5）必要时可签署一份售后服务承诺书，将此项目周期内无法完成的任务做一个备忘录，承诺在后续的服务期内完成，先保证项目能按时验收。

（6）对于建设方提出的新需求，可与建设方协商进行合同变更，或签订补充合同。

案例分析2

1. 答：①全面地、科学地对待文物。②遵循尊重原物的基本原则。③修缮加固和修复必须修旧如旧。④整体移位，异地原样和原材料复建。⑤冻结保存的保护方法。⑥建立标识的方法。⑦周边环境控制的方法。

2. 答：①协调总分包之间的关系。②协调好与劳务作业层之间的关系。③协调土建与安装分包的关系。④重视公共关系。

第2章参考答案

案例分析1

1. 答：①投标前的项目启动会议上，没有邀请技术和实施部门。②没有把以往的经验教训进行归纳和积累，形成组织知识资产。③没有建立完善的内部评审机制，或虽有评审机制但未有效执行。④项目中没有实现有效的变更管理。⑤公司级的项目管理体系不健全，或执行不好。

2. 答：①改进项目的组织形式，明确项目团队和职能部门之间的协作关系和工作程序。②做好项目当前的经验教训收集、归纳工作。③明确项目工作的交付物，建立和实施项目的质量评审机制。④建立项目的变更管理机制，识别变更中的利益相关方并加强沟通。⑤加强对项目团队成员和相关人员的项目管理培训。

3. 答：①建立企业级的项目管理体系和工作规范。②加强对项目工作记录的管理。③加强项目质量和相应的评审制度。④加强项目经验教训的收集、归纳、积累和分享工作。⑤引入合适的项目管理工具平台，提升项目管理的工作效率。

案例分析 2

1. 答：不正确。其包括施工积水和施工顺序、施工段划分、施工方法和施工机械选择、安全施工设计、环境保护内容及方法。

2. 答：单位工程质量验收内容还包括：①单位工程所含分部工程的质量均应验收合格。②质量控制资料应完整。③单位工程所含分部工程有关安全和功能的检测资料应完整。④主要功能项目的抽查结果应符合相关专业质量验收规范规定。⑤观感质量验收应符合要求。

3. 答：若在正常使用条件下，则属于保修期限内，因为按规定，正常的电气管线、给排水管道、设备安装的保修期默认为两年。

第 3 章参考答案

案例分析 1

1. 答：创建项目的 WBS 的一般过程如下：①识别可交付成果与有关工作。②确定工作分解结构的结构与编排。③将工作分解结构的上层分解到下层的组成部分。④为工作分解结构组成部分提出并分配标识编码。⑤核实工作分解的程度是否必要且足够。

2. 答：创建项目 WBS 时需要注意以下四点：①分解出的工作是充分且必要的。②工作的独立性，即工作一旦开始，就可以在不中断的条件下完成。③工作完成度的可判断性，即可以清楚地判断工作是否已经开始，工作完成了多少以及工作是否完成。④工作的可交付成果，即工作完成后将得到什么样的成果。

3. 答：①在"同 K 企业负责人沟通后明确项目的范围"中，小张进行了范围定义的工作。之后，小张又编写了"关于×××系统第三方机构测评计划备忘录"的文档，并发给 K 企业的负责人确认，让项目范围在各相关方中得到一致的认识。②在"将配合第三方机构进行评测的工作加入到项目的 WBS"中，小张进行了范围控制的工作。

案例分析 2

1. 答：造成上述问题的原因有：①需求分析报告没有经过甲方相关责任人的正式确认同意。②制订计划时忽略了甲方高层领导作为重要项目相关方的管理。③管理层没有在关键地方做好把关和指导工作。④进度计划依据的方案没有经过评审，资源没有经过评估，进度没有经过合理的估计，结果制订出的计划的质量是没有保障的。⑤进度计划的评审流于形式。评审过程不合理，评审会议时才第一次看到计划。⑥质量保证人员没有检查评审情况，欠缺质量保证经验。

2. 答：WBS 的制定过程如下：①识别和确认项目的阶段和主要可交付物。②对 WBS 的结构进行组织。③对 WBS 进行分解，并确认每一组成部分是否分解得足够详细。④为 WBS 的工作单元分配代码，并确认项目主要可交付成果的组成要素。⑤确认工作分解的程度是必要和充分的。

WBS 的监控过程如下：①确定范围变更是否已经发生。②对造成范围变更的因素施加影响，以确保这些变更得到一致的认可。③当范围变更发生时，对实际的变更进行管理，按照整体变更控制流程进行。

3. 答：要检查和控制项目的进度执行情况，应做到：①制定统一模板的项目进度报告，检查当前的完成情况。②制定进度变更控制系统，管理进度变更。③计算进度偏差（SV）与进度绩效指数（SPI），数量化偏差情况。④综合运用制定进度的工具、项目管理软件，以减轻管理工作量。⑤使用计划比较甘特图，节省用于分析进度的时间。⑥偏差分析，将需要关注的偏差按项目绩效原因、计划估算原因和特殊事件原因分门别类，并分别采取措施。⑦资源平衡，在资源之间均匀地分配工作。⑧假设条件情景分析，以评审各种可能的情景，使实际进度跟上项目计划。⑨对关键路径活动和非关键路径活动设置不同的阈值，以决定是否采取纠正措施。⑩定期举行项目会议，如每天早上的 10 分钟会议、周例会。

第 4 章参考答案

案例分析 1

答：（1）无遗漏地识别出项目相关方。每个项目都会涉及很多的项目相关方，每个相关方又会顾及项目对自己产生的不同程度利害影响。因此，项目管理的首要任务就是全面识别出项目相关方及其角色。只有从项目相关方识别开始分析，才有可能将项目做成功。

在项目相关方识别中，重点集中在对甲方相关方做重点分析。通过对上面案例的分析，画出一张甲方项目相关方结构图如下：

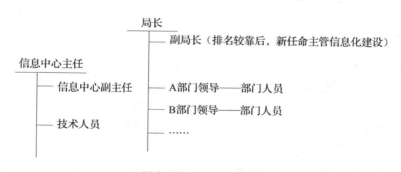

甲方项目相关方结构图

在识别出项目相关方之后，还需要分析相关方之间的关系和历史渊源，如果不做这进一步的分析，会在项目过程中遇到不小的麻烦。比如在上述案例中，信息中心主任就是局长三年前提拔起来的，而且和局长的关系非常不错，只是业务能力有些不足而已。信息中心主任很担心这个整合项目一旦由信息中心副主任做成功了，对自己今后会有很大的影响，从心理上就希望项目做不好，从行动上也倚仗局长，处处对项目设置障碍。有几个部门领导对系统整合也不太支持，认为不仅剥夺了自己本部门系统的建设权，而且以后业务运作都处在领导监控之下，自然就不怎么好好配合项目了。

（2）按重要性对相关方进行分析。在项目的不同阶段对项目目标达成的影响程度是有很大差别的。项目的甲方相关方主要有出资人、决策者、辅助决策者、采购者、业务负责人、业务人员、技术负责人、技术人员、使用者等，如下图所示。

技术人员、部门人员、信息中心副主任、部门领导、信息中心主任、副局长、局长

相关方重要程度由弱到强

甲方项目相关方重要性排序图

本案例中最重要的局长，说出来的需求是将信息系统整合好，没说出来的需求是最好不要否定他三年前提拔的信息中心主任，否则有领导决策错误之嫌。副局长和信息中心副主任说出来的需求也是将信息系统整合成功。副局长未说出来的需求是希望很快能出政绩，为自己排名靠前争取更大的机会，为以后接任局长提供更大的胜算。信息中心副主任由于刚刚被提拔上来，未说出来的需求自然是新官上任的第一把火要做好，这为在信息中心站稳脚跟非常重要，他自己也会全力协助推进项目的，他的"不怕死"的性格特点将会起到很大的作用，而其他人员如各部门人员和信息中心技术人员就不必花同样的力气去分析了，因为项目经理的时间和精力毕竟有限，需要重点处理好与重要相关方的关系，让他们满意甚至感动，这将提高项目成功的概率。

还需要注意的就是有些相关方虽然不那么重要，但项目经理也不能忽略他们的一些需求。他们会对项目起反作用，所以，项目经理在分析重要项目相关方的同时，一定也不要忽略了一些不怎么重要的相关方可能的影响。

案例分析 2

1. 答：项目相关方中需要重点关注客户、用户、项目投资人、项目经理、高层管理人员、反对项目的人和施加影响者等。

2. 答：首先要识别项目相关方，然后再分析项目相关方的重要程度，接着进行项目相关方的支持度分析，最后针对不同的项目相关方，特别是重要的项目相关方，给出管理项目相关方关系的建议，并予以实施。

3. 答：案例中存在的主要问题如下：①没有仔细分析项目的相关方，导致项目相关方关系管理失败。②项目缺乏新动力信息技术部门的支持。③项目计划沟通不够。④作为项目的承建方承担的责任过重。

4. 答：如果我是谢经理，我将采取如下措施：①与公司销售部门负责此项目的营销人员做一次细致的沟通，全面识别并分析项目相关方。②申请并取得公司领导的支持，通过公司领导与新动力的陈总接触，取得陈总的支持，再由陈总去推动项目的实施。

③与新动力进行谈判，表示鉴于项目实施的复杂性，建议将项目系统的开发与实施分为两个子项目，当开发子项目验收后支付部分费用；后续实施子项目由新动力主导，谢经理的团队全力配合，主要是完成系统的培训和完善工作。

案例分析 3

1. 答：①项目都是在组织里执行的，项目的组织结构制约着项目对所需资源的获得，但项目经理无论在何种组织结构下都有按照目标完成项目的责任。本例中的弱矩阵组织结构使项目经理小刘权责不对称，是其为难的主要原因。②本例中研发部经理的行为会对项目造成重大影响，是重要的项目相关方。其解雇 M 的要求与项目的客户要求的工期存在冲突，是造成小刘为难的另一个原因。

2. 答：①与 M 沟通，了解其行为的真正原因，争取其遵守公司规定。②搞好项目团队建设活动，使 M 融入项目团队之中。③争取外部资源，避免 M 的对实现项目目标的不可替代性。④建立项目团队工作激励制度。⑤与研发部经理沟通，争取其对本项目工作的支持。

3. 答：该公司和项目经理应采取的措施如下：①制定公司级项目资源使用政策和过程，保证项目执行的资源可用性。②提升项目经理的职级，使公司变为平衡矩阵或强矩阵，使项目经理有和职能经理对等的谈判权，利于项目执行。③将项目经理和职能经理在项目中的职责做清晰划分，争取权责对等。④项目经理要执行项目团队建设，提升项目绩效。⑤项目经理要履行管理项目团队职责，及时处理项目团队问题。⑥项目经理要在风险管理中关注人力资源风险。⑦项目经理要分析并管理好项目相关方。⑧项目经理对关键路径任务要准备可替代资源。

第 5 章参考答案

案例分析 1

答：人员配置，通过评估候选人的工作经验、工作能力、素质能力等，进行"人岗匹配"的分析，结合候选人的胜任能力，安排人员具体工作。人员配置的前提是工作分析，在人员配置的过程中，通过工作分析可以重点明确岗位职责、任职资格。

在本案例中，L 公司目前的项目中一种是新项目，需要组建团队，设计方案，实施项目方案。另一种是售后项目，主要是进行软件系统的升级、硬件配置优化，通常由售后服务人员完成。我们不难发现，新项目对项目经理的管理能力、技术能力要求都比较高；成熟的售后项目对项目经理的管理要求比较低，对技术能力的要求较高。所以，本案例中结合两个项目经理的特点，项目经理优化配置为吴先生负责武汉的新项目（团队管理能力强），王先生负责内蒙古的售后项目（技术能力强），将两个项目进行调换即可解决目前的主要问题。

案例分析 2

答：这个项目主要失败在对人力资源的管理上，在其各过程的控制中都存在问题。

（1）制订人力资源计划：识别和记录项目角色、职责、所需技能以及报告关系，并编制人员配备管理计划。这个过程中应该特别关注稀缺或有限人力资源的可得性，或者各方面对这些资源的竞争。编制人力资源计划时，必须认真考虑这些因素对成本、进度、风险、质量各方面的影响，并编制人力资源配备的备选方案，应该拟定人员配备管理计划，说明需要每个团队成员的时间段，特别针对成员 A 和 C 应有资源日历；针对成员 B 应有培训计划。

（2）组建项目团队：确认可用人力资源并组建项目所需团队的过程。项目经理或项目管理团队应该进行有效谈判，并影响那些能为项目提供所需人力资源的人员。在本例中表现为小王应该与其职能经理就成员 A 的使用问题进行有效的沟通。如果不得不使用替代资源，项目经理应该在项目管理相关计划中说明缺少所需人力资源可能造成的影响。

（3）建设项目团队：提高工作能力、促进团队互动和改善团队氛围，以提高项目绩效的过程。团队协作是项目成功的关键因素，而建设高效的项目团队是项目经理的主要职责之一。在本例中，成员生产率低下，团队成员之间缺乏认同与合作，团队环境恶化。建议开展项目团队建设工作（如培训、团队建设、集中办公、基本规则宣传等），在过程中对团队进行正式或非正式的项目绩效评价，对成员的优良行为给予认可与奖励。项目团队建设会经历几个阶段（形成阶段—震荡阶段—规范阶段—成熟阶段—解散阶段），这里要凭借项目经理的力量有效带领团队经历所有阶段。

（4）管理项目团队：跟踪团队成员的表现，提供反馈，解决问题并管理变更，以优化项目绩效的过程。在本例中，针对种种突发状况，小王缺乏积极的应对，事前无预防，事中无监控，事后无评估，从而造成进度延迟、质量低下。

案例分析 3

答：人力资源部应该收集公司的组织结构图、部门职能说明书；了解部门岗位配置、岗位说明书；确定现阶段人力资源工作的不足和改善方向。具体而言，在制度建设方面：①应明确需要制定的主要制度，比如人员招聘管理制度、公司薪酬管理办法、劳动合同管理办法、公司绩效管理办法等，明确人力资源部和各部门在管理制度执行中的分工和责任。②在具体的实施步骤中，应该和各部门沟通，找到解决现有问题的最佳执行步骤。制度制定好之后，应该组织评审收集意见。意见收集后，进行制度的完善修订。③制度正式发布后应该组织宣传和学习。

第 6 章参考答案

案例分析 1

1. 答：①在网络图的开始和结束增加虚拟的起点节点和终点节点，保证网络计划有一个起点、一个终点。②网络图中严禁出现循环回路。③网络图中严禁出现双箭头或无箭头的连线。④网络图中除起点节点和终点节点外，不允许出现没有内向箭线的工作节点和没有外向箭头的工作节点。⑤网络图中不允许出现重复编号的工作，一个编号只能代表一项工作。⑥网络图中的编号应是紧后工作的节点编号大于紧前工作的节点编号。

2. 答：有单一时间估计法和三种时间估计法两种。单一估计法用于组成网络图的各项工作可变因素较少，能够确定一个时间消耗值的情况，后者用于当各项可变因素多，因而有工作历时不能确定一个单一时间值的情况。

3. 答：①首先设置一个起点节点，然后根据表中各工作的逻辑关系，从左至右进行绘制，最后设置一个终点节点。②整理、编号，整理后的单代号网络图如下图所示。

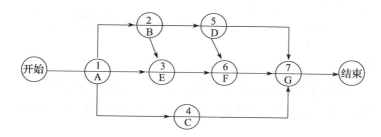

案例分析 2

1. 答：无节奏流水施工组织方式，也称分别流水施工组织方式。当各施工段（区）的工程量不相等，各专业施工队的生产效率互有差异，并且没有可能组织全等节拍或成倍节拍流水时组织的一种无节奏流水方式。其实质是各专业施工队连续流水作业，流水步距 K 经过计算后确定，使专业施工队之间在一个施工段（区）内不互相干扰，或前后两专业施工队之间工作紧紧衔接。

2. 答：无节奏流水的流水步距 K 值的计算，是采用"相邻队组每段作业时间累加数列错位相减取最大差"的方法，即首先分别将两相邻工序每段作业时间逐项累加得出两个数列，后续工序累加数列向后错一位对齐，逐个相减最后得到第三个数列，从中取最大值，即为两工序施工队间的流水步距。

3. 答：计算流水步距。

累加数据数列：施工过程 A 为 2、5、9、12；施工过程 B 为 3、7、9、11；施工过程 C 为 3、5、8、12。相邻两个施工过程的累加数据数列错位相减如下。

A、B 两施工过程的流水步距：

$$
\begin{array}{rrrrr}
 & 2 & 5 & 9 & 12 & \\
- & & 3 & 7 & 9 & 11 \\
\hline
 & 2 & 2 & 2 & 3 & -11
\end{array}
$$

B、C 两施工过程的流水步距：

$$
\begin{array}{rrrrr}
 & 3 & 7 & 9 & 11 & \\
- & & 3 & 5 & 8 & 12 \\
\hline
 & 3 & 4 & 4 & 3 & -12
\end{array}
$$

由以上计算可知：$K_{AB} = 3$，$K_{BC} = 4$，其无节奏流水作业图如下。

施工过程	施工进度/d																		
	1	2	3	4	5	6	7	8	9	10	11	12	13	14	15	16	17	18	19
A	①		②			③				④									
B				①			②			③		④							
C						①			②		③				④				

案例分析 3

1. 答：实际进度与计划进度的比较是建设工程进度监测的重要环节。常用的进度比较方法有横道图比较法、S 形曲线比较法、"香蕉"形曲线比较法、前锋线比较法和列表比较法。

2. 答：从图中可以看出，目前只有工作 D 的开始时间拖后了 15 天，从而影响其后续工作 G 的最早开始时间，其他进度均正常。由于工作 D 的总时差大于 30 天，故此时 D 的实际进度不会影响总工期。

3. 答：工作 D 实际进度拖后 10 天，但不影响其后续工作，也不影响总工期；工作 E 实际进度正常，既不影响后续工作，也不影响工期；工作 C 实际进度拖后 10 天，使其后续工作 F、H、I 开始时间推迟 10 天，也就是总工期延长了 10 天。如果该工程总工期不允许拖延，则必须压缩后续工作 F、H、J 共 10 天。

案例分析 4

1. 答：流水作业的基本组织方式可分为全等节拍流水方式、异节拍流水方式和无节奏流水方式三种。

2. 答：本工程宜采用全等节拍流水方式。它的特点是在流水组中，每个施工过程本身在施工段中的作业时间（流水节拍）都相等，各个施工过程之间的流水节拍也相等，这是最理想的一种流水组织方式。

3. 答：本工程流水步距为 $K = 3d$，流水工期为 TP = (5 + 4–1) × 3–2 + 4 = 26d，其流水施工指示图标如下图所示。

分项工程编号	施工进度/d																									
	1	2	3	4	5	6	7	8	9	10	11	12	13	14	15	16	17	18	19	20	21	22	23	24	25	26
A	①			②			③			④																
B			①			②			③			④														
C					①			②			③			④												
D								①			②			③			④									
E										①			②			③			④							

甘特图

案例分析 5

1. 答：在流水施工组织中，各施工过程在每个施工段上的流水节拍相等，而不同的施工过程之间，由于劳动量的不等以及技术或组织上的原因，其流水节拍互成倍数。根据实际情况，异节拍流水施工组织方式又可以分为一般成倍节拍流水和加快速度节拍流水施工。

2. 答：流水节拍是指某个专业施工队在各个施工段完成各自施工过程所必须持续的作业时间，通常以 t_i 表示，其计算公式是：

$$t_i = \frac{Q_i}{S_i R_i N} = \frac{P_i}{R_i N}$$

式中　t_i——某施工过程在某施工段上的流水节拍；

　　　Q_i——某施工过程在某施工段上的工程量；

　　　S_i——某专业工程或机械的产量定额；

　　　R_i——某专业工作队人数或机械台数；

　　　N——某专业工作队或机械的工作班次；

　　　P_i——某施工过程在某施工段上的劳动量。

（1）确定流水步距

$$t_1 < t_2, \quad K_2 = t_1 = 7\text{d}$$
$$t_2 = t_3, \quad K_3 = t_2 = 14\text{d}$$
$$t_3 > t_4, \quad K_4 = mt_3 - (m-1)t_4 = 4 \times 14 - 3 \times 7 = 35\text{d}$$

（2）确定流水工期

$$T_P = (7 + 14 + 35) + 4 \times 7 = 84\text{d}$$

（3）绘制流水指示图标

施工过程	施工进度/d											
	7	14	21	28	35	42	49	56	63	70	77	84
基础工程	①	②	③	④								
结构安装		①		②		③		④				
室内装修工程			①		②		③		④			
室外工程								①	②	③	④	

案例分析 6

网络图如下：

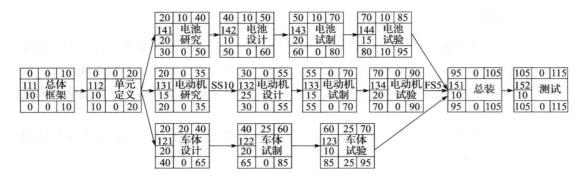

案例分析 7

答：因为东西桥台的后工序时间一样，所以东桥台工序时间短，先做东前台，再做西桥台，工期 55 天就行了，满足 60 天的要求。

因为东桥台的时间从 10 天延长到 13 天，只是节点 6 的时间由 15 天延长到 18 天，节点 7 的时间由 23 天延长到 26 天，其他时间均不影响。因此，工期是不应该赔的，但是增加了工作量，所以费用是要赔的。

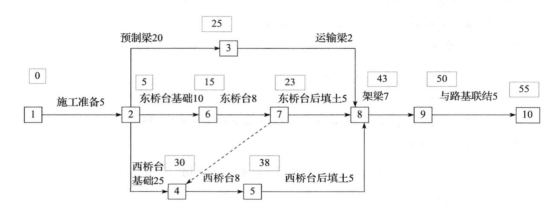

案例分析 8

答：零件 A 在车床上的加工顺序安排在第 3 位。四个零件加工共需 22 小时。

第 7 章参考答案

案例分析 1

1.答：根据《中华人民共和国招标投标法》（简称《招标投标法》）规定，省、自治区、直辖市人民政府确定的地方重点项目中不适宜公开招标的项目，要经过省、自治区、直辖市人民政府批准，方可进行邀请招标。因此，本案例建设单位自行对省重点工程项目决定采取邀请招标的做法是不妥的。

2. 答：根据《招标投标法》规定，投标人在招标文件要求提交投标文件的截止时间前，可以补充、修改或者撤回已提交的投标文件，并书面通知招标人。

本案例中 G 施工单位于投标文件的截止时间前向招标人书面提出撤回已提交的投标文件，其要求是合理的，并有权收回其已交纳的投标保证金。

3. 答：E 施工单位向招标人递交的书面说明有效。根据《招标投标法》的规定，投标人在招标文件要求提交投标文件的截止时间前，可以补充、修改或者撤回已提交的投标文件，补充、修改的内容作为投标文件的组成部分。

4. 答：B、C、D、F、G 五家施工单位的投标不是有效标。G 是因为撤回标书，所以无效。

B 单位标书逾期送达。

C 单位的报价可以认定为是"双低"中的低于成本，且无说明解释。

D 单位的标书无法定代表人签字，也无法定代表人的授权委托书。

F 单位的情况可以认定为是明显不符合技术规格和技术标准的要求，属重大偏差。

A、E、H 三家单位的投标是有效标，它们的情况不属于重大偏差。A 以大写为准；H 默认理解所有业主需求，必须包含在投标书的报价内完成；E 是非常有效。

5. 答：（1）根据《招标投标法》规定，开标应当在投标文件确定的提交投标文件的截止时间公开进行，本案例招标文件规定的投标截止时间是 10 月 18 日下午 4 时，但迟至 10 月 19 日下午才开标，是不妥之处一。

（2）根据《招标投标法》规定，开标应由招标人主持，本案例由属于行政监督部门的当地招投标监督管理办公室主持，是不妥之处二。

（3）根据《招标投标法》规定，开标时由投标人或者其推选的代表检查投标文件的密封情况，也可以由招标人委托的公证机构检查并公证，本案例由招标人检查投标文件的密封情况，是不妥之处三。

6. 答：评标委员会委员不应全部由招标人直接确定，而且评标委员会成员组成也不符合规定。根据《招标投标法》规定，评标委员会由招标人的代表和有关技术、经济等方面的专家组成，成员人数为 5 人以上的单数，其中技术、经济等方面的专家不得少于成员总数的 2/3。

7. 答：在中标通知书发出后第 45 天签订施工合同不妥，依照《招标投标法》，应于 30 天内签订合同。

在签订施工合同后双方又另行签订一份合同金额比中标价降低 10% 的协议不妥。依照《招标投标法》，招标人和中标人不得再行订立背离合同实质性内容的其他协议。

案例分析 2

1. 答：企业投标决策包括两个主要方面，一是对投标工程项目的选择，二是工程项目的投标决策。前者从整个企业角度出发，基于对企业内部条件和竞争环境的分析，为实现企业经营目标而考虑；后者是就某一具体工程投标而言，一般称它为工程项目投标决策。工程项目投标决策又包括工程项目成本估算决策及投标报价决策两大内容。

2. 答：预付款为 $800 \times 25\% = 200$（万元）。

起扣点为 $800 - 200/70\% = 514.3$（万元）。

3. 答：2 月拨付工程款 130 万元，累计工程款 $80 + 130 = 210$（万元）。

3 月拨付工程款 215 万元，累计工程款 $80 + 130 + 215 = 425$（万元）。

4 月拨付工程款为 $180 - (180 + 425 - 514.3) \times 70\% = 116.5$（万元）。

累计工程款为 $425 + 116.5 = 541.5$（万元）。

4. 答：该工程总造价为 $800 + 800 \times 70\% \times 10\% = 856$（万元）。

应付工程尾款为 $856 - 541.5 - (856 \times 5\%) - 200 = 71.7$（万元）。

案例分析 3

1. 答：除案例中提到的成本加奖励方式的合同类型以外，还有固定总价合同、计量估价合同、单位价格合同等。

2. 答：按工程实际发生的成本，可按商定的总管理费和利润来确定工程总造价的承包方式，称为成本加奖励合同。

3. 答：按索赔目的，施工索赔可分为工期索赔和费用索赔两类。本例中施工方可同时提出工期索赔和费用索赔。

4. 答：产生索赔的主要原因如下：

（1）由于业主（包括业主的项目管理者）没能正确地履行合同义务，应当给予补偿。

（2）由于业主（包括业主的代理人）因行使合同规定的权力而增加了承包商的费用和延长了工期，按合同应给予补偿。

（3）由于某一个承包商完不成合同中的责任而造成的连锁反应损失，也应当给予补偿。

（4）由于环境的巨大变化，如战争、地震、洪涝灾害等也会发生施工赔偿。

本例中产生索赔的主要原因是环境的巨大变化，即由于遭遇到季节性特大暴雨而导致了工期延迟和费用增加，从而施工方可向业主提出工期索赔和费用索赔。

案例分析 4

1. 答：①第 3 条"发布招标邀请书"，应改为"发布（刊登）招标通告（公告）"。②第 2、3 条中间应加一条制定标底。③第 5、6 条中间应加一条组织投标单位踏勘现场，并对投标文件答疑。

2. 答：应主要对以下条件进行比较：①投标报价合理。②建设工期适当。③施工方案先进可行。④企业质量业绩充分，社会信誉良好。

3. 答：主要有扩大标价法、开口升级报价法、多方案报价法、突然袭击法。

4. 答：①建设单位必须是法人，依法成立的其他组织。②有与招标工程相适应的经济、技术管理人员。③有组织编制招标文件的能力。④有审查投标单位资质的能力。

⑤有组织开标、评标、定标的能力。

案例分析 5

1. 答：因为固定价格合同适用于工程量不大且能够较准确计算、工期较短、技术不太复杂、风险不大的项目。该工程基本符合这些条件，所以是合适的。

2. 答：（1）变更形式不妥。建设工程合同应采取书面形式，合同变更也应采取书面形式。若在紧急情况下，可采取口头形式，但事后应予以书面确认。

（2）在施工期间，甲方因资金紧缺要求乙方停工 1 个月，此时，乙方应行使索赔权，乙方未能及时提出，丧失了索赔权，但仍在诉讼时效内。所以，甲方应对停工承担责任，赔偿乙方停工 1 个月的实际经济损失，工期顺延 1 个月。工程因质量问题返工，造成逾期交付，责任在乙方，故乙方应支付逾期 1 个月的违约金，承担返工费。

第8章参考答案

案例分析 1

1. 答：①系统集成商 B 内部管理有问题，至少监管缺位或不得力。②系统集成商 B 没有或极少与客户进行直接沟通。③没建立现场管理制度，或现场管理制度不严密、不明确，或现场管理制度执行不力。④总承包商与分包商责任不是十分清楚。⑤客户从总承包商或其他承包商那里获得的信息失真，总承包商报告渲染了问题，推卸了责任。⑥客户自己本身的原因。⑦监理工作做得不好。

2. 答：①承建方要正确认识监理的作用，他们和监理方不是对立关系，而是有共同的目标，就是把项目做好。②双方都采用项目管理的方法，承建方协助和配合监理方对项目的"四控三管一协调"，接受监理方的协调和监督，中间成果需要通过监理方的评审。③承建方和监理方要进行周期性的沟通。

3. 答：①调研各集成商的沟通需求，进行项目相关方分析。②发挥总承包商的牵头作用和监理方的协调作用。③对共用资源的可用性进行分析，引入资源日历。④建立健全的项目管理制度并监管其执行。⑤采用项目管理信息系统。

案例分析 2

答：①三个月的时间太长。②循序渐进不能保证公平。③董事会主席和贺先生分别发布有多头发布的问题。④个人网页不合适，是公司行为。⑤第一人称不合适，是公司行为。⑥匿名会产生谣言。⑦半个月后才回复，反馈不及时。⑧上任才三周，不了解情况。⑨内部网络渠道单一。⑩用错了部门，不是公共关系部，而应该是 HR 部。⑪部门经理告知员工去留，沟通渠道是断裂的。

第 9 章参考答案

案例分析 1

1. 答：应依据以下规定对建筑工程施工质量进行验收：①应符合《建筑工程施工质量验收统一标准》和相关"专业验收规范"规定。②应符合工程勘查、设计文件（含设计图纸、图集和设计变更单）等的要求。③应符合政府和建设行政主管部门有关质量的规定。④应满足施工承发包合同中有关质量的规定。

2. 答：《建筑工程施工质量验收统一标准》规定，隐蔽工程隐蔽前应由施工单位通知有关单位进行验收，并填写隐蔽工程验收记录。这是对难以再现部位和节点质量所设的一个停止点，应重点检查，共同确认，并宜留下影像资料做证。

3. 答：事件 1 可以提出工期补偿和费用补偿要求，因造成延长的责任在甲方且影响了后续工程的施工；事件 2 不能提出工期补偿和费用补偿，因为乙方没有按规定验收；事件 3 可以提出费用补偿，因造成费用增加的责任在甲方，如果该工程造成时间的增加超过了该项工作的总时差，还可以提出工期补偿。

4. 答：①实际费用法，就是以承包商为某项索赔工作所支付的实际开支为依据，向业主要求费用补偿。②总费用法，即总成本法，就是当多次发生索赔事件后，重新计算工程的实际总费用，实际总费用减去报价时的估算总费用即索赔金额。③修正的总费用法，即在总费用法的基础上，去掉一些不合理的因素，使其更为合理。

案例分析 2

1. 答：①缺少软件相关文档；从"对系统进行支持有帮助的资料就只有政府网站的网页 HTML 文档及其内嵌代码"可看。②没有质量管理计划；网络出现问题，要到现场逐个环节查遍网络，绘出网络的实际连接图。③没有实施质量保证；项目网络出现问题。④没有实施质量控制；"项目组省掉一些环节和工作"。⑤工期太短，人手不够。从"滨海新区政务网的网络系统架构复杂，赶工期"可以看出。

2. 答：在项目建设时可采取的质量控制方法或工具有测试、检查、统计抽样、6σ、因果图、直方图、检查表、散点图、排列图、控制图、相互关系图、亲和图、树状图、矩阵图、优先矩阵图、过程决策程序图和活动网络图。

3. 答：①给小李增加人手或延长工期。②对小李进行质量管理方面的培训。③对小李实施质量管理过程进行跟踪和指导。

案例分析 3

1. 答：张工只是定期向客户发送测试报告，而没有分析问题出现的原因以及相应的解决方案。于是客户看到的只是系统测试出来的各种问题，而客户又不能从专业的角度来看这些问题，所以客户总会担心，导致没信心。

2. 答：质量管理计划包括：①先明确项目将采取的质量标准、质量目标。②结合信息系统项目的具体特性和组织自身的实际情况。③与其他知识领域协调。

3. 答：质量保证是为了提供足够的信任表明能满足质量要求，在质量体系中实施并根据需要进行证实的全部有计划、有系统的活动。内部质量保证向管理者提供信任；外部质量保证向顾客或他方提供信任；质量控制是为达到质量要求所采取的作业技术和活动。

案例分析 4

1. 答：①制定质量标准。②制定质量保证流程。③提出质量保证所采用的方法和技术。④建立质量保证体系。

2. 答：①选择控制对象。②为控制对象确定标准或目标。③制订控制措施的实施计划。④按计划执行。⑤对项目实施情况进行跟踪监督、检查，并将检测的结果与计划或标准相比较。⑥发现并分析质量偏差。⑦根据质量偏差采取相应的对策。

第 10 章参考答案

案例分析 1

1. 答：该项目管理存在的问题主要有：①项目计划编制过程缺乏各个相关方。②小刘缺乏对分包项目的监控。③小刘缺乏对项目风险的认识，没有采取应对措施。④小刘对项目缺乏整体变更控制。

2. 答：①积极与公司高层领导沟通，派有经验的人前往工作。②招聘有相似经验的工作人员。③在控制风险情况下将工作外包。

3. 答：①回避策略：与对方公司沟通，争取合同变更。②转移策略：在分包合同中明确具体责任在对方公司。③减轻策略：选择优质的分包商。④应急应对策略：预留进度的提前量、资金、建立分享管理制度。

案例分析 2

1. 答：业主应承担（1）与（2）两项与工程相关的风险。损失（1）中，业主方需要提供进场施工条件；损失（2）中，业主方提供进场施工条件。

2. 答：承包商应承担（3）、（4）和（5）的有关风险。损失（3）中，对于自然灾害的发生，施工单位应该有足够的经验预估；损失（4）中施工方搭建的，自己要负责；损失（5）中，不可预防的灾害，业主免责，施工方可以投保。

第 11 章参考答案

案例分析 1

1. 答：挣值（EV）

$EV = BAC \times$ 进度 $= 50 \times 50\% = 25$（万元）

2. 答：项目结束时总成本

$EAC = BAC/CPI = BAC/(EV/AC) = 50/(25/28) = 56$（万元）

3. 答：项目执行情况

$EV = 25$ 万元　$AC = 28$ 万元　$PV = 26$ 万元

$CV = EV{-}AC = -3$（万元）< 0

$SV = EV{-}PV = -1$（万元）< 0

说明项目费用超支，与计划工作量相比出现工期拖延。

4. 答：重新预计的项目完工总成本

重新核算 $AC = 28{-}4{-}3 \times (1{-}40\%) = 22.2$（万元）

$EAC = BAC/(EV/AC) = 50/(25/22.2) = 44.4$（万元）

案例分析 2

1. 答：

$PV = 10 + 7 + 8 + 9 + 5 + 2 = 41$（万元）　　　$AC = 9 + 6.5 + 7.5 + 8.5 + 5 + 2 = 38.5$（万元）

$EV = 10 \times 80\% + 7 \times 100\% + 8 \times 90\% + 9 \times 90\% + 5 \times 100\% + 2 \times 90\% = 8 + 7 + 7.2 + 8.1 + 5 + 1.8 = 37.1$（万元）

$SV = EV - PV = -3.9$（万元）　进度落后 $SPI = EV/PV = 0.905$

$CV = EV - AC = -1.4$（万元）　成本超支 $CPI = EV/AC = 0.964$

2. 答：不是的，如果同时进度落后，则很有可能即使 AC 小于 PV，也有可能 EAC 大于 BAC。

3. 答：$EAC = BAC/CPI = PV/CPI = 41/0.964 = 42.5$（万元）

案例分析 3

1. 答：

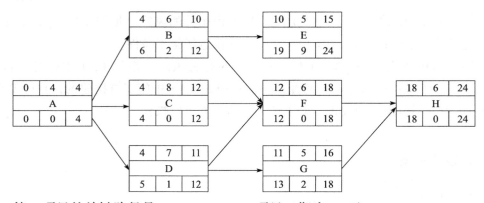

2. 答：项目的关键路径是 A—C—F—H；项目工期为 24 天。

3. 答：项目压缩 3 天，赶工情况是第一次 C 压缩 1 天，第二次 F 压缩 1 天，第三次

C 和 D 各压缩 1 天，最后综合结果是 C 赶工 2 天，D 赶工 1 天，F 赶工 1 天，3 天赶工费用为 600 元。

案例分析 4

1. 答：

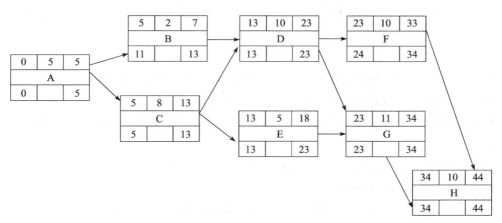

2. 答：应将 C 压缩 1 天，D 压缩 1 天。

3. 答：利润增加了 5 万元，因为缩短 C、D 工期各 1 天，会增加 5（= 3 + 2）万元的费用，但是节约了间接费用 2 万元（每天的间接费用为 1 万元），且客户额外支付 8 万元的项目款，因此，项目的利润增加了 5（= 8 + 2 - 5）万元。

第 13 章参考答案

案例分析 1：建议小组讨论完成。

案例分析 2

1. 答：采用的是参数估计方法。

2. 答：

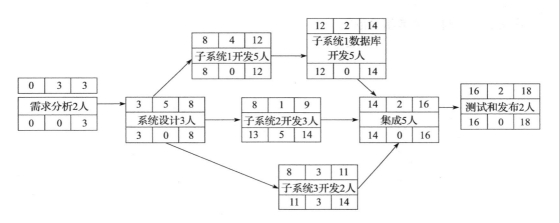

首先根据题目得知 BAC = 26 900 元

第 9 日，预计成本 PV = 需求分析 + 系统设计工作 + 子系统 1 的 1/4 + 子系统 2 的 + 子系统 3 的 1/3 = 350 元 × 2 人 × 3 天 + 300 元 × 3 人 × 5 天 + 400 元 × 5 人 × 1 天 + 400 元 × 3 人 × 1 天 + 400 元 × 2 人 × 1 天 = 10 600 元

实际成本 AC = 9 400 元

完成的预计成本 EV = 需求分析 + 系统设计工作 + 子系统 1 的 1/3 + 子系统 3 的 1/3 = 350 元 × 2 人 × 3 天 + 300 元 × 3 人 × 5 天 + 400 元 × 5 人 × 1 天 + 400 元 × 2 人 × 1 天 = 9 400 元

CPI = EV/AC = 9 400/9 400 = 1，表明成本刚好预算平衡，不需要调整

SPI = EV/PV = 9 400/10 600 = 0.903，表明进度落后

方法：用高效人员替换低效率人员（1 分），加班（或赶工）或在防范风险的前提下并行施工

ETC = (BAC – EV)/CPI = (26 900 元 –9 400 元)/1 = 17 500 元

3. 答：7 人，第 12 天开始。

15 日集成前，子系统 3 完成即可，子系统 3 需要 3 天，而且在第 11 ～ 14 天间只能有 2 个人供支配，所以最晚第 12 天开始。

由此可得出在 18 天中，最多需要 7 人。

第几天	1	2	3	4	5	6	7	8	9	10	11	12	13	14	15	16	17	18
活动和人数	需求分析 2人	需求分析 2人	需求分析 2人	系统设计 3人	系统设计 3人	系统设计 3人	系统设计 3人	系统设计 3人	子系统1开发 5人	子系统1开发 5人	子系统1开发 5人	子系统1开发 5人	子系统1数据库开发 5人	子系统1数据库开发 5人	集成 5人	集成 5人	测试和发布 2人	测试和发布 2人
									子2开发 2人	子2开发 1人	子系统3开发 2人	子3开发 2人	子3开发 2人					
总人数	2	2	2	3	3	3	3	3	7	6	7	7	7	5	5	5	2	2

作文题：可自行参考相关范文。

参 考 文 献

［1］ Project Management Institute. 项目管理知识体系指南：PMBOK 指南［M］. 许江林，译. 5 版. 北京：电子工业出版社，2013.

［2］ 白思俊. 现代项目管理［M］. 升级版. 北京：机械工业出版社，2010.

［3］ 戚安邦. 项目管理［M］. 北京：高等教育出版社，2015.

［4］ 康乐，张莉. 项目管理［M］. 北京：北京大学出版社，2015.

［5］ 汪小金. 汪博士解读 PMP 考试［M］. 4 版. 北京：电子工业出版社，2015.

［6］ 汪小金，雷晓凌. 项目管理实验教程［M］. 北京：中国人民大学出版社，2010.

［7］ 孙新波. 项目管理［M］. 2 版. 北京：机械工业出版社，2016.

［8］ 科兹纳. 项目管理：计划、进度和控制的系统方法：第 11 版［M］. 杨爱华，王丽珍，洪宇，等译. 北京：电子工业出版社，2014.

［9］ 骆珣. 项目管理［M］. 2 版. 北京：机械工业出版社，2016.

［10］ 特纳. 项目管理手册：第 5 版［M］. 丁杉，译. 北京：中国电力出版社，2014.

［11］ 高屹. 项目管理资质认证系列：PMP 考点精粹［M］. 2 版. 北京：中国电力出版社，2013.

［12］ 金英勋，石泉，杨磊. 如何准备 PMP 考试［M］. 4 版. 北京：机械工业出版社，2012.

［13］ 戚安邦. 项目管理学［M］. 2 版. 北京：科学出版社，2013.

［14］ 徐勇戈，马继伟，林熹. 项目管理学［M］. 西安：西安交通大学出版社，2014.

［15］ 宋伟. 项目管理学［M］. 北京：人民邮电出版社，2013.

［16］ 梅雷迪思，曼特尔. 项目管理：管理新视角：第 7 版［M］. 戚安邦，等译. 北京：中国人民大学出版社，2011.

［17］ 菲尔德，凯勒. 项目管理：第 2 版［M］. 严勇，贺丽娜，译. 大连：东北财经大学出版社，2006.

［18］ 格雷，拉森. 项目管理教程［M］. 徐涛，张扬，译. 北京：人民邮电出版社，2005.

［19］ 代宏坤，徐玖平. 项目沟通管理［M］. 北京：经济管理出版社，2008.

［20］ 王万勇. 项目经理沟通管理技巧与实务［M］. 北京：中国电力出版社，2015.

［21］ 海因斯. 管理沟通：策略与应用［M］. 贾佳，许勉君，译. 北京：北京大学出版社，2006.

［22］ 阿尔达格，约瑟夫. 领导与远景：激励属下的 25 个诀窍［M］. 陈荣，译注. 北京：北京大学出版社，2000.

［23］ 左小德. 项目管理与项目经理认证［M］. 广州：暨南大学出版社，2010.

［24］ 左小德. 应急仓库建设与物流困境案例［M］. 广州：暨南大学出版社，2012.

［25］ 左小德，梁云. 管理决策理论与实践［M］. 广州：暨南大学出版社，2014.

［26］ 左小德，薛声家. 管理运筹学［M］. 5 版. 广州：暨南大学出版社，2016.

［27］ 左小德，余晓峰，李杨，等. 工程项目物资 JIT 管控准时率评价研究［J］. 智能电网，2014（5）：175-179.

［28］ 左小德，余晓峰，吴海泉，等. FIDIC 建造合同条件在我国电气工程项目中的应用研究［J］. 价值工程，2014（11）：6-8.

［29］ 左小德，汪任安，赵菊. FIDIC 黄皮书在我国电力工程项目中的实用性问题研究［J］. 项目管理技术，2015，139（1）：118-121.

［30］ 宋协清，何亚伯. 流水进度计划与网络计划的比较研究［J］. 华中科技大学学报（城市科学版），2002，19（2）：75-78.

数据科学与大数据管理丛书

运筹学：原理、技术及应用

作者：肖勇波 编著 ISBN：978-7-111-67203-6 定价：49.00元

Python基础与应用

作者：林志杰 陈宇乐 编著 ISBN：978-7-111-70454-6 定价：55.00元

Python应用基础

作者：谢志龙 李庆 著 ISBN：978-7-111-68513-5 定价：49.00元

人工智能：技术、商业与社会

作者：闵庆飞 刘志勇 ISBN：978-7-111-67648-5 定价：49.00元